Uni-Taschenbücher 1756

W0049241

FÜR WISSEN
SCHAFT

Eine Arbeitsgemeinschaft der Verlage

Wilhelm Fink Verlag München
Gustav Fischer Verlag Jena und Stuttgart
Francke Verlag Tübingen und Basel
Paul Haupt Verlag Bern · Stuttgart · Wien
Hüthig Verlagsgemeinschaft
Decker & Müller GmbH Heidelberg
Leske Verlag + Budrich GmbH Opladen
J.C.B. Mohr (Paul Siebeck) Tübingen
Quelle & Meyer Heidelberg · Wiesbaden
Ernst Reinhardt Verlag München und Basel
Schäffer-Poeschel Verlag · Stuttgart
Ferdinand Schöningh Verlag Paderborn · München · Wien · Zürich
Eugen Ulmer Verlag Stuttgart
Vandenhoeck & Ruprecht in Göttingen und Zürich

Jeremy Hawthorn

Grundbegriffe moderner Literaturtheorie

Ein Handbuch

Übersetzt von Waltraud Kolb

Francke Verlag Tübingen und Basel

Jeremy Hawthorn ist Professor für neuere englische Literatur an der Universität Trondheim (Norwegen).

Lizenzausgabe des Verlages Edward Arnold (London, New York, Melbourne, Auckland).

Das Original erschien unter dem Titel: *A Glossary of Contemporary Literary Theory* © 1992 Jeremy Hawthorn.

Übersetzung: Dr. Waltraud Kolb (Wien)

Die Deutsche Bibliothek – CIP-Einheitsaufnahme

Hawthorn, Jeremy:
Grundbegriffe moderner Literaturtheorie: ein Handbuch /
Jeremy Hawthorn. Übers. von Waltraud Kolb. – Tübingen;
Basel: Francke, 1994
   (UTB für Wissenschaft: Uni-Taschenbücher; 1756)
   Einheitssacht.: A glossary of contemporary literary theory <dt.>
   ISBN 3-8252-1756-6 (UTB)
   ISBN 3-7720-2226-X (Francke)
NE: HST; UTB für Wissenschaft / Uni-Taschenbücher

Deutsche Ausgabe © 1994 · Francke Verlag Tübingen und Basel
Postfach 25 60 · D-72015 Tübingen
ISBN 3-7720-2226-X

Einbandgestaltung: Alfred Krugmann, Stuttgart
Satz: Nagel, Reutlingen
Druck und Bindung: Presse-Druck, Augsburg
Printed in Germany

ISBN 3-8252-1756-6 (UTB-Bestellnummer)

Inhalt

Vorwort zur deutschen Übersetzung

Die Ankündigung meines Verlegers, daß das vorliegende Handbuch ins Deutsche übersetzt werden würde, war eine freudige Überraschung. Es ist schön zu wissen, daß das, was man geschrieben hat, auch für Leser eines anderen Sprachkreises von Interesse und nützlich ist und die harte Arbeit der Übersetzung lohnt; übersetzt werden ist ein wenig, wie wenn man einen Blick in jene ideale Welt werfen darf, in der keinerlei Sprachbarrieren die intellektuelle Diskussion behindern. Schon bei einem kurzen Blick in das Buch wird man bemerken, daß sich die Literaturtheorie in den letzten Jahrzehnten ohne Rücksicht auf nationale oder kulturelle Grenzen entwickelt hat und ein internationales, interkulturelles Phänomen ist, und daß sie ihre Problemstellungen, Konzepte und Lösungen aus vielen verschiedenen intellektuellen Traditionen herleitet – auch dann, wenn es um Fragen kultureller Eigenarten geht. In einer Zeit, in der Begriffe wie 'Nationalismus' und 'ethnische Säuberung' mit erschreckender Regelmäßigkeit in den Nachrichten auftauchen und für sehr beunruhigende Tendenzen im öffentlichen und politischen Leben stehen, kann die Internationalisierung der intellektuellen Diskussion vielleicht einen kleinen Beitrag zur Stärkung positiverer, offenerer und menschlicherer Tendenzen leisten.

Die Literaturtheorie ist ein Werkzeug. Sie ist eher Weg, denn Ziel, eher sekundär, nicht so sehr primär. Das stelle ich deshalb so kategorisch fest, weil man in akademischen Kreisen gern dazu neigt, Forschungsbereiche nach ihrem Abstraktionsgrad zu beurteilen. Nachdem es in der Literaturtheorie mehr um Abstraktes und um Generalisierungen geht als bei der literarischen Interpretation oder Analyse, wird sie wohl – so die übliche, wenn auch oft unausgesprochene Überlegung – einer höheren Ebene zuzurechnen sein als die anderen Bereiche. Das erinnert mich immer an die Bemerkung, die einmal ein Universitätsbibliothekar mir gegenüber machte, nämlich daß er sich zugegebenermaßen oft überlegte, daß seine Arbeit leichter wäre, wenn nicht dauernd Leute kämen, die Bücher ausleihen wollten. Es gibt die Literaturtheorie, die sich nicht mit den lästigen Fragen auseinandersetzen will, die konkrete literarische Werke für Leser aufwerfen. Aber, und das sei nochmals betont, diese Fragen sind das Primäre, die Theorien, die sie hervorbringen und ausbilden, sind sekundär.

Das heißt natürlich nicht, daß Literaturtheorien für die literarischen Texte, mit denen sie in Interaktion treten und die sie durchleuchten, nicht auch eine Bereicherung darstellen. Auch läßt sich nicht leugnen, daß die moderne Literaturtheorie, indem sie oft andere Disziplinen – die Philosophie, die Soziologie, die Medienwissenschaft, Kulturwissenschaften, die Frauenforschung – miteinbezieht, eine synthetisierende und kontrastive Kraft besitzt, die über das in der Literaturwissenschaft übliche Maß hinausgeht. Die Literaturwissenschaft war allerdings zu keiner Zeit eine reine Wissenschaft. Sie hat 'Betreten verboten'-Schilder immer ignoriert und sich immer und überall das genommen, was sie wollte. Wenn es in der Literatur um das gesamte Leben ging, mußte auch die Literaturtheorie ähnlich allumfassend sein. Die Geschichte der Literaturwissenschaft ist übersät mit den Überresten gescheiterter präskriptiver Theorien, Theorien, die genau deshalb versagten, weil sie die *Offenheit* verschiedener literarischer Genres Innovation und Veränderung gegenüber nicht einkalkulierten. Die Literatur ist der Literaturtheorie immer zumindest um einen Schritt voraus. Jene, die das bedauern, sollten sich meiner Meinung nach überlegen, wie schlimm es wäre, wäre das nicht der Fall. Schachfreunde müssen sich damit abfinden, daß es in Zukunft, vielleicht schon sehr bald, Computer geben wird, gegen die kein Mensch mehr wird gewinnen können. Literaturfreunde können sich damit trösten, daß das, was ihnen so sehr am Herzen liegt, immer gerade außerhalb der Reichweite der Literaturtheorie bleiben wird.

Nicht wenige Studenten stehen heute der Theorie grundsätzlich ablehnend gegenüber, und das sollte uns zu denken geben. Wie kann diese Hinwendung zur Theorie, die für so viele Studenten und Lehrer meiner Generation in den 60er und 70er Jahren als Befreiung kam, heute als mühsam und irrelevant empfunden werden? Darauf gibt es natürlich mehr als nur eine Antwort, aber ein wichtiger Punkt scheint mir zu sein, daß Studenten zu selten die Möglichkeit haben, problemorientiert an die Literaturtheorie heranzugehen. Die Theorie wird sehr oft von dem getrennt, *dessen* Theorie sie ist; sie wird nur zu einer Ansammlung von Daten und Fakten (Schulen, Kritiker, Begriffe), die gelernt werden müssen, bevor man endlich das tun kann, was einem eigentlich Freude macht – nämlich Literatur zu lesen und zu untersuchen.

Ich habe deshalb in diesem Buch vor allem versucht, die diskutierten Begriffe als Elemente möglicher *Lösungen* einzuführen, Lösungen für die verschiedensten Fragen und Problemstellungen auf den verschiedensten Ebenen. 'Wie kann ich die vielen und komplexen Möglichkeiten, die unter das fallen, was man einst als "point of view" bezeichnete, klassifizieren?' 'Wie "spricht" ein Dichter, der vor dreihundert Jahren geschrieben hat, zu einem Leser von heute – oder zu verschiedenen Lesern von heute?' 'In welchem Maße ist ein Schriftsteller von den in seiner Gesellschaft dominierenden Denksystemen beeinflußt?' 'Warum und wie lassen einige Schriftsteller Vertrautes seltsam und anders erscheinen?' Dickens stellte in *Bleak House* ironisch (aber deshalb nicht ganz ohne Ernst) fest, daß der wichtigste Grundsatz des englischen Rechtssystems der sei, für sich selbst Arbeit zu schaffen: Der wichtigste Grundsatz der Literaturtheorie darf nun nicht die Arbeitsplatzsicherung für Literaturtheoretiker werden.

Ich danke meiner Übersetzerin Waltraud Kolb für ihre genaue und gewissenhafte Arbeit, dank derer die deutschen Leser einen weit weniger fehlerhaften Text vor sich haben als die Leser des englischen Originals. Ich hoffe, daß die Übersetzung dazu beiträgt, Probleme zu lösen, und nicht neue schafft, obwohl ich mir dessen bewußt bin, daß Lösungen in der Regel neue Probleme mit sich bringen. Die schlimmste Krankheit, der man als Wissenschaftler zum Opfer fallen kann, ist, wie ein Kollege vor vielen Jahren treffend bemerkte, die, 'keine Probleme mehr zu haben'.

Trondheim, Norwegen   JEREMY HAWTHORN
November 1993

Vorbemerkung der Übersetzerin

Viele übersetzerische Entscheidungen stehen im Interesse einer gewissen Internationalisierung des Sprachgebrauchs. So wurden englische oder französische Begriffe, die entweder inzwischen auch im deutschen Sprachraum eingeführt sind (z.B. New Criticism oder langue/parole) oder besonders aussagekräftig sind, so daß sie durch eine Übersetzung viel von ihrer Prägnanz verlieren würden (z.B. wet-diaper writing oder bricoleur), im Original belassen. Auf ähnlichen Überlegungen beruht die Entscheidung, 'literary criticism' in den meisten Fällen (vor allem auch im Nebeneinander mit 'literary theory') als 'Literaturkritik' und nicht als 'Literaturwissenschaft' zu übersetzen, ungeachtet der Warnung, die u.a. Jakobson äußerte, wenn er meinte, 'die Bezeichnung "Literaturkritiker" für einen Literaturwissenschaftler ist ebenso irrig wie, wenn man den Linguisten "Grammatik- (oder Wort)kritiker" nennen wollte'.

Während im englischen Original sehr oft von 'he/she' die Rede ist, wenn es um den/die Leser/in oder den/die Autor/in geht, wurde im Deutschen fast immer darauf verzichtet, da der Preis extremer Umständlichkeit zu hoch schien. Kapitälchen verweisen auf einen eigenen Eintrag unter diesem Stichwort, wobei der Eintrag auch unter einem von diesem Wort abgeleiteten Begriff stehen kann; so verweist DEKONSTRUIEREN auf den Eintrag DEKONSTRUKTION. Kursivierungen dienen dagegen der allgemeineren Hervorhebung eines Ausdrucks. Jahreszahlen und Seitenangaben in Klammern verweisen auf die Bibliographie im Anhang, in die grundsätzlich nur Werke aufgenommen wurden, aus denen zitiert wird. Wann immer von einem zitierten Werk bereits eine deutsche Übersetzung existiert, wurde (bis auf sehr wenige Ausnahmen, wenn die eine oder andere Stelle sich als nicht adäquat übersetzt herausstellte, oder die Existenz einer Übersetzung möglicherweise meiner Aufmerksamkeit entging) aus dieser Übersetzung zitiert. Aus französischen Werken zitierte Stellen wurden aus dem Französischen übersetzt, während zitierte Passagen anderssprachiger, z.B. russischer oder tschechischer Quellen aus dem vom Verfasser benutzten englischen Text übersetzt wurden; in diesen Fällen ist das französische oder englische Werk in die Bibliographie aufgenommen, ansonsten die deutsche Übersetzung.

Wien, Februar 1994   WALTRAUD KOLB

Einführung

1 Zur Auswahl der Begriffe

Das vorliegende Handbuch hat sich zum Ziel gesetzt, seine Leser mit Fachbegriffen vertraut zu machen, die in neueren literaturkritischen oder literaturtheoretischen Texten häufig verwendet werden, aber kaum in allgemeineren literaturwissenschaftlichen Wörterbüchern oder Nachschlagewerken zu finden sind. Mit 'neuer' ist grundsätzlich die Zeit ab 1970 gemeint, wobei ich mich allerdings nicht ganz streng an diese Zeitbegrenzung gehalten und auch einige ältere Begriffe wie etwa den New Criticism aufgenommen habe, wenn dies mit Blick auf den intendierten Leserkreis günstig erschien. Ebenfalls aufgenommen wurden Begriffe, die auf dem Umweg über neuere Übersetzungen älterer Werke (etwa von Bachtin) Eingang in die moderne theoretische Diskussion gefunden haben.

Ein Begriff wurde aber nicht einfach deshalb aufgenommen, weil er in jüngster Zeit besonders in Mode gekommen ist, sondern nur, wenn er zugleich eine markante Bedeutungsverschiebung oder -veränderung erfahren hat. So wird man zum Beispiel einen Eintrag zu AUTOR, nicht aber zu *Tropen* finden.

Der Gedanke, dieses Handbuch zusammenzustellen, kam mir, als ich merkte, wie viele in zeitgenössischen literaturwissenschaftlichen Texten häufig vorkommende Ausdrücke man in gängigen literaturwissenschaftlichen Wörterbüchern oder Nachschlagewerken nicht oder zumindest nicht in ihrer neuen Bedeutung findet. Die Verwendung von Fachbegriffen in der theoretischen Diskussion ist an sich nichts Neues, allerdings stellen sie für Studenten heute eher ein Problem dar als noch vor dreißig Jahren. Das hat verschiedene Gründe. Die zunehmende Zahl von Schulen und theoretischen Positionen bedingt nicht nur ein immer größer werdendes Fachvokabular, sondern eine wachsende Zahl unterschiedlicher Terminologien. Natürlich hatten in der Literaturwissenschaft (im weitesten Sinne) in den 30er Jahren die Marxisten, die Freudianer und die New Critics alle ihre eigene Terminologie. Doch bewegt sich die Zahl der heute kursierenden Theorien mit ihrer jeweils eigenen Terminologie in einer ganz anderen Größenordnung, als es vor fünfzig Jahren der Fall war. Die rasche Konsolidierung der Literaturtheorie als eigene Disziplin in den vergangenen drei Jahrzehnten hat zweifellos auch zu einem zunehmenden Abstraktionsgrad der Literaturwissenschaft beigetragen, und die natürliche Folge scheint die Herausbildung von immer mehr sehr spezialisierten Terminologien zu sein – oder zumindest der Import von Fachbegriffen aus anderen Disziplinen.

2 Zum Gebrauch und Mißbrauch des Fachjargons

Der stete Zuwachs von Fachterminologien wird vielfach als Maß dafür betrachtet, was mit der Literaturwissenschaft nicht stimmt und was mit jedem Tag, der vergeht, immer weniger stimmt. Die Studenten, so behauptet man, haben immer weniger Zeit, um sich mit der Literatur auseinanderzusetzen, und müssen immer mehr Zeit einer sich selbst genügenden und von sich selbst besessenen Literaturtheorie opfern, die zunehmend abstruse Terminologien hervorbringt, um über sich selbst sprechen zu können.

Es wäre dumm zu leugnen, daß hinter solchen Behauptungen – wie übertrieben sie auch formuliert sein mögen – reale Probleme stehen. Wenn man die Literaturtheorie in den Literaturunterricht integriert, ist es oft schwierig, ein ausgewogenes Verhältnis zu finden, und nur zu leicht gerät die Theorie selbstzentriert und übermaßen abstrakt. Auf der anderen Seite hat es aber, wie Frank Kermode unlängst festgestellt hat, 'nie, soweit man sich zurückerinnern kann, eine Zeit gegeben, zu der nicht einige der Ansicht waren, daß die Literatur von der Theorie überrollt werde', und, so Kermode weiter, 'neu an der gegenwärtigen Hegemonie der Theorie ist daher nur ihre viel größere Reichweite und Macht' (1989, 7).

Schon beim Durchblättern wird man sehen, daß die Mehrzahl der erläuterten Ausdrücke dahingehend ausgewählt wurden, ob sie sowohl für das literaturwissenschaftliche Studium im allgemeinen als auch für die Arbeit mit konkreten literarischen Werken von unmittelbarer praktischer Relevanz und Brauchbarkeit sind. Ich möchte nur ein Beispiel anführen: Die akademische Beschäftigung mit Erzählungen hat in den letzten Jahrzehnten ein umfangreiches Fachvokabular hervorgebracht, doch immer mit dem alleinigen Ziel, Konzepte zu isolieren, die bei der Analyse von Erzählungen, vor allem literarischen Erzählungen, praktisch verwendet werden konnte ..

Doch auch Termini, die in erster Linie der Erforschung und Erfassung abstrakter und theoretischer Fragestellungen dienen und keine unmittelbare Hilfe bei der praktischen Untersuchung konkreter literarischer Werke sind, haben oft wichtigere Funktionen, als man auf den ersten Blick vielleicht glaubt. Das trifft sogar auf sehr viele in diesem Bereich gängige Ausdrücke zu, die nicht immer verwirrend oder selbstzentriert sind, sondern oft, wie ich schon angedeutet habe, eine wesentliche klärende und demystifizierende Funktion haben. Die Ablehnung aller Begriffe, die nicht der praktischen Arbeit mit konkreten literarischen Texten dienlich und allgemein verständlich sind, ist unter Umständen an sich schon intellektuell beschränkend.

Ein gutes Beispiel führt Heinz Schlaffer in seiner Einführung zu einer neuen englischen Übersetzung von Clemens Lugowskis *Die Form der Individualität im Roman*, das 1932 in deutscher Sprache erstmals herauskam, an. Er zitiert aus einem Nachruf auf Lugowski einen seiner Kollegen, der meinte, daß das Buch (Lugowskis erstes) 'in seiner Wortwahl noch recht seltsam anmutet; er versucht darin noch, die besondere Bedeutung, die er ausdrücken will, vermittels ausgesprochen künstlicher Begriffe einzufangen, die nur schwer verständlich sind' (Lugowski 1990, xviii). Angesichts solcher Reaktionen seitens seiner Zeitgenossen verzichtete Lugowski in seinem zweiten Buch ausdrücklich darauf, neue Begriffe zu formulieren, und stellte (mit Worten, die die Herzen jener höher schlagen lassen dürften, die die Uhr der Literaturwissenschaft gerne zurückdrehen würden) fest: 'Begriffe ... dürfen [bei der unmittelbaren Begegnung mit dem literarischen Werk] nur als leichte Chiffren der *Anschauung* gelten. Sie verlieren ihr Recht, wo sie von dem Jetzt und Hier der dichterischen Gegenwart abgelöst werden' (1936, vii). Was folgte aus diesem Kurswechsel? Nach Schlaffer ging in Lugowskis späterer Habilitationsschrift 'der Verzicht auf eine neue Terminologie Hand in Hand mit dem Verlust neuer Konzeptualisierungen. Das Ergebnis war ein integriertes, adaptiertes und "erfolgreiches" Buch' (1990, xviii). 'Erfolgreich' unter Anführungszeichen: Indem er den Versuch aufgab, 'eine besondere Bedeutung ... vermittels ausgesprochen künstlicher Begriffe einzufangen, die nur schwer verständlich sind', büßte seine Arbeit an Reiz und Originalität ein. Um einen neuen Gedanken zu denken, ein neues Konzept zu isolieren oder eine neue und notwendige Unterscheidung zu machen, muß oft ein neuer Begriff verwendet werden. Nach einem halben Jahrhundert hat Lugowskis Habilitationsschrift ihre intellektuelle Kraft verloren, das Buch voll 'ausgesprochen künstlicher Begriffe' hat sie bis heute behalten.

Auf der anderen Seite kann man der alten Weisheit, daß Wörter immer dann besonders vonnöten sind, wenn Gedanken fehlen, einen wahren Kern nicht absprechen. Die Herausbildung eines Fachvokabulars geht immer mit der Entwicklung spezialisierter Tätigkeiten einher, und die Literaturwissenschaft ist in unserem Jahrhundert immer mehr zu so einer spezialisierten Tätigkeit geworden – indem sie nicht nur immer mehr nur von Spezialisten geschrieben, sondern auch immer mehr nur von Spezialisten gelesen wird.

Diese Professionalisierung der Literaturwissenschaft hat sich auf die Literaturkritik und die Literaturtheorie zweifellos in verschiedener Hinsicht negativ ausgewirkt. Fachleute sind oft in Versuchung, sich zunehmend nur an andere Fachleute zu richten anstatt an die Menschen, denen ihr Fach dienen soll. Sobald Literaturkritiker und -theoretiker andere Literaturkritiker und -theoretiker als ihr wichtigstes Publikum anpeilen, scheinen sie automatisch zu einem Fachjargon zu greifen, der für Nicht-Fachleute immer weniger zugänglich ist, als ob sie dadurch ihre Originalität unter Beweis stellen könnten. (Manchmal scheint die Überlegung zu sein: 'Nachdem neue und wichtige Ideen oft schwer verständlich sind, werden meine Formulierungen um so mehr als neu und originell betrachtet werden, je schwerer verständlich sie sind.') In einer ansonsten positiven Besprechung von Terry Eagletons Werk aus dem Jahre 1975 kritisiert Arnold Kettle Eagletons Verwendung von Wörtern wie 'quotidian' anstatt des gängigen 'everyday', oder 'penetrative' anstatt 'penetrating', und stellt weiter fest, daß man zwar, wenn man die Dinge wissenschaftlicher sehen und sagen will, mit dem Vorwurf, in einem unverständlichen Fachjargon zu sprechen, rechnen muß, unnotwendiges Fachvokabular aber undemokratisch und sektiererisch sei, indem es das Publikum in normale Menschen und 'theoretische' Intellektuelle unterteilt (1975, 5). Kettle erlebte nicht mehr die volle Entfaltung der Dekonstruktion, die eine Terminologie und einen Sprachgebrauch mit sich brachte, die Wörter wie 'quotidian' oder 'penetrative' sehr umgangssprachlich erscheinen lassen.

Was Kettle als akademisches oder intellektuelles Sektierertum betrachtet, gibt es tatsächlich, und es ist für das literaturwissenschaftliche Äquivalent dessen verantwortlich, was man in der Wirtschaft als 'Stagflation' bezeichnet: die Prägung von immer neuen Begriffen, die immer weniger wert werden. Angesichts dieser Entwicklung hat der Verfasser eines Handbuches wie des vorliegenden eine ähnliche Aufgabe wie Tristram Shandys Vater beim Verfassen seiner *Tristropaedia*: er kann nicht nur mit der ständigen Erweiterung seines Themas nicht Schritt halten, sondern ist dazu verurteilt, immer weiter zurückzufallen. Bei der Zusammenstellung des Handbuchs mußte ich ständig Werturteile fällen: Ausdrücke, die mir rein idiosynkratisch erschienen und von denen ich glaube, daß sie kaum von jemand anderem als ihrem Schöpfer verwendet werden, wurden nur in sehr knapper Form oder überhaupt nicht aufgenommen.

Ich bin, wie inzwischen wohl klar geworden sein dürfte, der Überzeugung, daß man nicht generell für oder gegen die im Laufe der letzten zehn Jahre mit der zunehmenden literarischen Theoriebildung ständig wachsende Zahl von Neuprägungen eintreten kann. Einerseits ist ihr Wert unschätzbar, indem sie uns gestatten, literarische Werke und damit zusammenhängende Problemstellungen analytisch anzugehen; andererseits zeugen sie aber oft auch nur vom Profilierungswunsch ihrer Urheber.

Die Versuchung war groß, einfach alle Begriffe, die mir verzichtbar erschienen, auszuklammern – verzichtbar, weil entweder annehmbare Alternativen bereits existieren oder der in Frage stehende Begriff kein brauchbares oder zusammenhängendes Konzept isoliert. Ich habe dieser Versuchung jedoch nicht nachgegeben, wenn Begriffe, die ich dieser Kategorie zurechnen würde, zumindest begrenzt Eingang in die literaturkritische oder literaturtheoretische Diskussion gefunden haben. Das hat drei Gründe. Erstens, weil ich nicht davon überzeugt bin, daß meine Unterscheidung zwischen legitim und nicht legitim das einzig verläßliche Maß ist. Zweitens, weil ein gutes Handbuch die Entscheidung über die Berechtigung eines Ausdrucks in vielen Fällen seinen Lesern überlassen sollte. Drittens, weil es für Leser oft ebenso wichtig ist zu wissen, was solche unproduktiven Begriffe bedeuten, wie die Bedeutung brauchbarer Begriffe zu kennen. Nachdem Samuel Johnson sich einverstanden erklärt hatte, sein *Lives of the English Poets* zu schreiben, fragte ihn Boswell besorgt, ob er denn über 'das Werk jedes Narren' schreiben würde, wenn ihn die Verleger oder Buchhändler darum bäten. 'Ja, Sir, und dazusagen, daß er ein Narr war', antwortete ihm Johnson. Einige der erläuterten Begriffe erscheinen mir tatsächlich verzichtbar oder wenig hilfreich (obwohl ich keinerlei Druck seitens meines Verlegers erfuhr, und auch nicht der Ansicht bin, daß diese Begriffe von Narren kreiert wurden!). Erläuterungen über die Bedeutung und den Gebrauch solcher Termini können aber zumindest den Lesern die Entscheidung erleichtern, ob man besser auf sie verzichten sollte oder nicht.

Ich habe auch meine persönliche Meinung in die Darstellung ein-
fließen lassen, doch habe ich versucht deutlich zu machen, wann ich
von, wie ich hoffe, relativ unvoreingenommenen Erläuterungen zur
Darlegung meiner persönlichen Meinung übergehe. Deshalb finden sich
persönliche Überlegungen im allgemeinen am Ende der einzelnen Einträge, so daß Leser, die sich nicht dafür interessieren, leicht darüber
hinweg gehen können.

Zusammengehörende Begriffe werden nach Möglichkeit in einem
gemeinsamen Eintrag diskutiert, um Wiederholungen zu vermeiden und
den einzelnen Einträgen eine gewisse Vollständigkeit zu geben. Anstatt
getrennter Einträge für *Plot*, *Story*, *fabula* und *sjužet* findet sich ein
einziger Eintrag unter STORY UND PLOT, in dem die genannten Begriffe
besprochen werden. Der Nachteil dieser Vorgangsweise ist natürlich,
daß sich Leser, die nach der Bedeutung einzelner Begriffe suchen, in
manchen Fällen mit Hilfe von Querverweisen zum richtigen Eintrag
durchfinden müssen. Ich hoffe aber, daß die Vorteile diesen Nachteil
doch mehr als aufwiegen.

3 Schulen und Ansätze

Als Hilfestellung für die Benützer dieses Handbuchs sind im folgenden
die erläuterten Begriffe in Gruppen nach intellektuellen Assoziationen
und Hintergründen geordnet. Die einzelnen Gruppen gehören verschiedenen Kategorien an: es handelt sich um akademische Disziplinen wie
die Linguistik, kritische Schulen wie den 'Bachtin-Kreis' und die Prager
Schule, ideologische und politische Gruppierungen wie den Marxismus
und Feminismus, Gruppen, die nach ihrem methodischen Ansatz oder
hauptsächlichem Forschungsinteresse organisiert sind, wie den reader-response criticism usw.

Die nur sehr grobe Einteilung in Gruppen versteht sich in erster Linie als Hinweis, welche der erläuterten Begriffe für Leser, die sich zum
Beispiel besonders für die Dekonstruktion oder den Feminismus interessieren, von Belang sind. Sternchen vor einzelnen Begriffen bedeuten,
daß diese Begriffe innerhalb der Gruppe, in der sie stehen, zentrale
Konzepte sind oder daß diese Einträge Informationen über die betreffende Schule oder den betreffenden Ansatz enthalten. Mehr zu derartigen
Gruppierungen findet sich in Ann Jefferson und David Robey (eds.),
Modern Literary Theory (2nd edn., Batsford, 1986).

Anthropologie und Cultural Studies *Binarität/Binarismus; *Bricoleur; *Cultural Studies; Fiktion; Formelhafte Literatur; *Gefühlsstrukturen; *Kultur; *Mythos

Bachtin-Kreis Äußerung; Assimilation; Brechung; *Dialogisch; Diskurs; Dominante; Exotopie; Horizont; Hybrid; *Karneval; Kontiguität; Orchestrierung; *Polyphonie; *Redevielfalt; Reifikation; Semantische Position; Skaz; *Zentrifugal; Zone des Helden

Dekonstruktion Agon; Aporie; Begehren; Brisur; *Dekonstruktion; *Différance; Dissemination; Durchstreichung; Echolalie; *Écriture; Ephebe; *Grammatologie; Kohärenz; Kopernikanische Wende; *Logos; *Logozentrismus; *Ludismus; Mise-en-abyme; New Readers; Ort; Phallogozentrismus; *Poststrukturalismus; *Präsenz; *Radikale Andersheit; Referenz; Revisionismus; Subjekt und Subjektivität; Textualismus; *Transzendentale Prätention/transzendentales Signifikat/transzendentales Subjekt; *Urschrift; *Zentrum

Diskursanalyse Äußerlichkeit; *Äußerung; *Archäologie des Wissens; *Diskurs; Dispositiv; *Épistémè; Genotext und Phänotext; Glissade; Multivalent; Naht; New Historicism und Cultural Materialism; Schluß; *Signifikante Praxis; Text und Werk; Topic

Erzähltheorie Abweichung; Achronizität/Achronie; *Adressat der Erzählung; Akt/Aktant; Aktualisierung; Anachronie; Analepse; Architext; Aspekt; Brisur; Cancelled Character; Deixis; *Diegese und Mimesis; Digitale und analoge Kommunikation; *Diskurs; Distanz; Ellipse; Énonciation; Ereignis; *Erlebte Rede; *Erzähler; Erzählereingriff; *Erzählsituation; *Erzähltheorie; *Erzählung; Erzählzeit; Figur; Figur und Grund; Fiktion; Flicker; Frequenz; Funktion; Homologie; Homonymie; Innerer Dialog; Interpolation; *Intertextualität; Isochronie; *Konnotation und Denotation; Krise; *Linguistisches Paradigma; Macht; Magischer Realismus; Metalepse; Mise-en-abyme; Modus; Montage; Naht; Paralepse; *Perspektive; Privileg; Prolepse; Rahmen; Semantische Achse; Skaz; Spannung; *Story und Plot; Syllepse; Synonyme Figuren; *Text und Werk; Thema und Thematik; Topos; Verfremdung; Verzögerte Bedeutung; Wiederholung; Zeitlupendarstellung

Feminismus   *Androgynie; Androzentrisch; *Begehren; Bodice-ripper-Romane; *Consciousness raising; *Differenz; *Écriture féminine; Erotologie; *Feminismus; Gattung; *Gender; Gynokratisch; *Gynokritik; Logik des Selben; Lust; Magischer Realismus; *Marginalität; *Matriarchat; *Patriarchat; *Phallozentrismus; Pornoglossie; Quest narrative; Realismus; *Sexismus; *Stereotyp; Subjekt und Subjektivität; *Verstummt; Wet-diaper writing

Linguistik   *Arbitrarität; Aspekt; *Diachron und synchron; Diakritisch; *Diskurs; *Funktionen der Sprache; Idiolekt; Interpunktion; *Kompetenz und Performanz; Kratylismus; *Langue und parole; Linguistisches Paradigma; Metasprache; Register; Shifter; Soziolekt; *Sprechakttheorie; *Syntagmatisch und paradigmatisch; Text und Werk; *Versetzung; *Zeichen

Marxismus   Absenz; Augenblick; Aura; *Basis und Überbau; *Dialektik; *Entfremdung; *Fetischismus; Flaneur; Glissade; *Hegemonie; Heimholung; Homologie; Ideologem; *Ideologie; *Intellektuelle; *Interpellation; *Klasse; Kohärenz; Kopernikanische Wende; Literarische Produktionsweise; *Marxistische Literaturtheorie und Literaturkritik; *Materialismus; Montage; Mythos; Ökonomismus; Populär; Praxis; Problematik; *Realismus; *Reifikation; Struktur mit Dominante; Subjekt und Subjektivität; *Verfremdungseffekt; *Wissenschaftstheoretischer Einschnitt

Media Studies/Medienwissenschaft   *Agenda setting; Digitale und analoge Kommunikation; *Gatekeeping; Hot and cool media; *Media Studies; *Technologischer Determinismus; *Uses and gratifications

New Criticism   *Ambiguität; *Bild; Essentialismus; Ikon; Kohärenz; *New Criticism; *Organizismus; *Werkimmanente Literaturkritik

New Historicism und Cultural Materialism   *New Historicism; Resonanz; Zirkulation

Phänomenologie   Eidetisch; Epoche; *Phänomenologie; Polyphonie

Pragmatik   *Diskurs; Double-bind; *Höflichkeit; *Pragmatik; *Sprechakttheorie

Prager Schule Aktualisierung; *Deformierung; *Dominante; *Konkretisierung; Norm; *Prager Schule

Psychologie und Psychoanalyse Anders; Archetypal Criticism; Crosstalk; Double-bind; *Fetischismus; Figur und Grund; *Fort/da; Gestalt; Hommelette; *Jouissance; Kontiguität; *Linguistisches Paradigma; Lösung von oben/unten; Lust; Méconnaissance; Nachträglichkeit; Primärvorgang; *Psychoanalytische Literaturkritik; Revisionismus; *Spiegelstadium; Syntagmatisch und paradigmatisch; *Topographisches Modell der Persönlichkeit; Überdeterminierung; *Übertragung; *Unbewußt; *Verdichtung und Verschiebung; Verdrängung; *Zensur

Reader-response criticism *Bedeutung und Signifikanz; Code; Crosstalk; Darstellung; Exegese; Gattung; Gegen-den-Strich-lesen; Hermeneutik; Ideation; Interpretation; *Interpretationsgemeinschaft; Interrogation; Intersubjektivität; Jouissance; Koduktion; *Lektüreposition; *Leser und Lektüre; *Lesergemeinschaft; *Offene und geschlossene Texte; Ontologischer Status; Parabolischer Text; *Rezeptionsästhetik; *Self-consuming artifact; *Transaktionstheorie des literarischen Werkes; Würdigung

Russischer Formalismus Abweichung; *Deformierung; *Dominante; Fantastisch; Figur und Grund; *Funktion; *Funktionen der Sprache; *Literarizität; *Russischer Formalismus; *Verfremdung

Semiotik und Informationstheorie *Code; *Digitale und analoge Kommunikation; Echolalie; Epoche; Ikon; Index; *Kommunikationsmodell von Shannon & Weaver; Mythos; *Redundanz; Semem; *Semiologie/Semiotik; *Zeichen

*Strukturalismus und *Poststrukturalismus* *Arbitrarität; *Autor; *Bricoleur; *Diachron und synchron; Diakritisch; *Differenz; Digitale und analoge Kommunikation; *Écriture; *Formelhafte Literatur; *Funktion; *Funktionen der Sprache; Homologie; Konvention; *Langue und parole; *Linguistisches Paradigma; Poststrukturalismus; Struktur mit Dominante; Strukturalismus; Syntagmatisch und paradigmatisch; *Zeichen

Stil und Stilistik Abweichung; Affektiv; Chiasmus; Interpunktion; Kernwort/Kernsatz; *Konnotation und Denotation; Schluß; *Stil und Stilistik; Substitutionstest; Terrorismus; Text und Werk

A

Absenz Auch *Abwesenheit*. Was fehlt in einem WERK oder in mehreren Werken eines AUTORS – im Gegensatz zu dem, was vorhanden ist? Diese Frage scheint LESER wie Literaturkritiker schon immer, nicht erst in unserem Jahrhundert, beschäftigt zu haben. Dennoch setzte die theoretische Auseinandersetzung mit der Frage der Abwesenheit erst relativ spät, im wesentlichen mit der Veröffentlichung von Pierre Machereys *Pour une Théorie de la Production Littéraire* (1966; *Zur Theorie der literarischen Produktion*, 1974), ein. Machereys Theorie zufolge ist ein Buch nicht autonom, sondern notwendig von gewissen 'Absenzen' begleitet, die seine Existenz erst begründen. Macherey verweist hier auf Freud, der die Abwesenheit bestimmter Wörter in den Bereich des UNBEWUßTEN relegierte. Je weniger bewußt ein Autor – in den Augen von Kritikern oder Theoretikern – seine Schöpfung zu steuern scheint, desto eher wird man, kaum überraschend, Abwesenheiten in seinem Werk Bedeutung zumessen. Als Macherey sein Buch verfaßte, war er ein Schüler des französischen MARXISTISCHEN Philosophen Louis Althusser. Nach Althusser sind wir in der Lage, bei der Lektüre von Romanen die IDEOLOGIE, aus der sie entstanden sind und die sie durchdringt, von innen zu sehen (wenn auch nicht zu verstehen) (1971, 204). In ähnlicher Weise statteten Macherey und seine Nachfolger ihr Konzept der Abwesenheit mit einem spezifisch ideologischen Zug aus. Da Ideologien, so behaupten sie, eine Auseinandersetzung mit ihren eigenen Existenzbedingungen typischerweise nicht zulassen, bedingen sie bei jenen, die ihnen anhängen, notwendig unbesetzte Stellen und Absenzen. Indem man nun bedeutende Absenzen in einem Werk auffindet und isoliert, kann man auf den ideologischen 'Unterbau' dieses Werkes schließen. So gesehen sind die Abwesenheiten in einem Werk ebenso bedeutend wie es der Hund, der nicht bellte, für Sherlock Holmes war.

Man spricht von einer *bestimmenden* Abwesenheit, wenn diese von so zentraler Bedeutung ist, daß sie Struktur und Form des ganzen Werkes bestimmt. So sieht etwa Graham Holderness (1982, 12) unter Berufung auf Althusser und Macherey die bestimmende Absenz in D.H. Lawrences Roman *Sons and Lovers* in der Bourgeoisie; sie sieht er als das fehlende Element, das den Roman bestimmt und gestaltet, und erst, wenn man das erkennt, kann man, so glaubt er, den Roman ganz verstehen. Die Bourgeoisie wird in dem Roman nirgends direkt behandelt, war aber für Lawrence und in der damaligen Gesellschaft so bedeutend, daß ihre Ausklammerung aus dem Roman als bestimmend betrachtet werden muß. Neben solchen inhaltlichen Abwesenheiten finden sich Abwesenheiten auch auf formaler und erzähltechnischer Ebene: So fällt uns etwa im letzten Abschnitt von James Joyces *Ulysses* oder in den Gedichten von e e cummings auf, daß viele Satzzeichen, die nach den traditionellen Regeln der INTERPUNKTION zu erwarten wären, fehlen.

Die zentrale Bedeutung des Begriffs der PRÄSENZ bei Jacques Derrida legt eine ähnliche Bedeutung der Absenz nahe, einer Absenz, die die vollkommene Antithese der Präsenz und jeder LOGOZENTRISCHEN Beschränkung auf das Spiel darstellt.

> Einzig und allein die *reine Abwesenheit* – nicht jedoch die Abwesenheit von diesem oder jenem, sondern die Abwesenheit von allem, in der sich jede Präsenz ankündigt – kann *inspirieren*, anders ausgedrückt, kann wirken und zur Arbeit zwingen. (1972, 17)

Abweichung   Je mehr Gewicht in einer Theorie oder einem Ansatz auf Normen und KONVENTIONEN gelegt wird, desto größere Bedeutung wird Abweichungen von diesen Normen und Konventionen beigemessen werden. (Wir können nur dann von Abweichungen in einer KULTUR sprechen, wenn wir genau wissen, oder zu wissen glauben, was normal ist.) Das Konzept der Abweichung hängt eng mit dem vom RUSSISCHEN FORMALISMUS eingeführten Begriff der VERFREMDUNG zusammen, wonach die LITERARIZITÄT von Sprache darin besteht, daß sie von der nichtliterarischen Sprache abweicht oder eine Abweichung von alltäglichen Wahrnehmungsgewohnheiten fördert. Im Kontext des russischen Formalismus sind die Begriffe Abweichung und Verfremdung annähernd bedeutungsgleich.

Um Abweichung geht es auch im Zusammenhang mit den Begriffen der DIFFERENZ und der DIFFÉRANCE, da die Bedeutung der Abweichung ebenso (wenn nicht sogar mehr) darin liegt, was sie *nicht* ist, wie darin, was sie *ist*. Des weiteren spielt der Begriff auch in der STILISTIK und in der ERZÄHLFORSCHUNG eine große Rolle: Ein Stil kann sich zumindest zum Teil auch aus Abweichungen von der sprachlichen Norm konstituieren; so bemerkt etwa Gérard Genette, daß Marcel Prousts *À la Recherche du Temps Perdu* durch die Handhabung der singulativen und iterativen Erzählmodi von den damals gültigen Gesetzen des ERZÄHLENS abweicht – indem sein Erzählrhythmus nicht, wie es im klassischen Roman der Fall ist, auf dem Alternieren von summarischer Darstellung (*récit sommaire*) und Szene (*scène*) basiert, sondern auf dem Wechsel zwischen iterativem und singulativem Erzählmodus (1972a, 170).

Abwesenheit → ABSENZ

Achronizität/Achronie

Von Achronizität spricht man, wenn sich keine zeitlichen Beziehungen herstellen lassen; dies bedeutet im Falle von ERZÄHLUNGEN, daß die chronologische Abfolge der erzählten Ereignisse nicht eindeutig festgelegt werden kann. Unter Achronie versteht man ein EREIGNIS in einer Erzählung, das sich zeitlich nicht genau einordnen läßt, das sich mit anderen Ereignissen in der Erzählung zeitlich nicht in Beziehung setzen läßt.

So erfahren wir in dem Satz 'John und Albert sollten eine unglückliche Liebesaffäre mit derselben Frau haben', daß es zu zwei unglücklichen Liebesaffären kommen wird, aber nicht, welche von beiden sich zuerst ereignen wird (oder ob sie sich gleichzeitig ereignen werden). Achronizität ist in Erzählungen sehr häufig. So läßt sich trotz der weitreichenden Festlegung zeitlicher Beziehungen in Henry James' *The Turn of the Screw* nicht eindeutig sagen, ob Miss Jessel vor oder nach Peter Quint starb, was der Erzählung ein gewisses Maß an produktiver AMBIGUITÄT verleiht.

Die beiden Begriffe sind nicht mit ANACHRONIE zu verwechseln! → ISOCHRONIE

Adressat einer Erzählung

Englisch *narratee*. Jene 'Zielinstanz', an die sich eine ERZÄHLUNG richtet. Der Adressat einer Erzählung ist nicht einfach jene Person, die die Erzählung rezipiert; es bedarf dazu noch, daß die Erzählung tatsächlich für eine bestimmte Zielinstanz gedacht ist, um von einem (oder einem der) Adressaten zu sprechen. In diesem Sinne muß, so Prince (1988), der Adressat im TEXT eingeschrieben sein. Er ist weder mit dem LESER noch mit dem IMPLIZITEN LESER identisch. Im letzten Abschnitt von James Joyces *Ulysses* wäre daher nach Prince die Adressatin Molly Bloom, der implizite Leser dagegen jemand, der zum Beispiel die im gesamten Text von *Ulysses* vorkommenden klassischen Analogien versteht, und der reale Leser jeder, der das Buch tatsächlich liest.

Die Adressaten einer Erzählung können einzelne oder mehrere, personalisierte oder nicht-personalisierte Zielinstanzen sein. In einem komplexen Werk wie etwa Joseph Conrads *Heart of Darkness* sind jene Zuhörer, denen Marlow seine Geschichte erzählt, die Adressaten seiner Erzählung, jedoch sind sie nicht die Adressaten der RAHMENERZÄHLUNG. Marlow spricht zu Personen, die Figuren im Roman sind, während der anonyme Rahmenerzähler seine Erzählung an einen nicht-personalisierten und nicht näher bestimmten Adressaten richtet, der nur als Adressat existiert und im Roman nicht auftritt.

Eine klare Bestimmung des Adressaten wirkt sich natürlich auf die Konzeption des impliziten Lesers sowie auf das Verhalten und die Reaktionen des realen Lesers aus.

Ästhetisch   Eine zentrale Rolle spielt das Konzept des Ästhetischen in den Schriften der Theoretiker der PRAGER SCHULE, vor allem im Kontext der AKTUALISIERUNG. So meint etwa Jan Mukařovský, daß ein bestimmtes Element in einem literarischen WERK nur dadurch eine ästhetische Wirkung erzielen kann, 'daß es sich von den anderen Elementen unterscheidet, also *aktualisiert* wird' (1964, 65). Er schreibt weiter:

> Indem das Gedicht eine Struktur, das heißt ein untrennbares Ganzes ist, stellt es einen *ästhetischen Wert* dar, eine komplexe Erscheinung, die zugleich einzigartig und regelmäßig ist. Seine Einzigartigkeit besteht in der Unteilbarkeit seiner Komposition, seine Regelmäßigkeit im Gleichgewicht der Beziehungen zwischen den Elementen; indem es einzigartig ist, ist das Gedicht nicht wiederholbar und zufällig; indem es regelmäßig ist, beansprucht es jedoch allgemeine und dauernde Anerkennung. (1964, 65)

Mukařovský beschränkt seine Definition des ästhetischen Wertes an sich nicht auf Werke der Literatur oder anderer Künste. Dieser Ansatz findet sich in vielen jüngeren Theorien wieder. Vor allem in den letzten zwei Jahrzehnten ist man verstärkt der Frage nachgegangen, was literarische und andere Kunstwerke mit dem Nicht-Künstlerischen gemeinsam haben, anstatt danach zu fragen, worin ihre Einzigartigkeit liegt. Frank Kermode schreibt dazu in seinem Buch *An Appetite for Poetry*: 'Obwohl es beiden um die Komplexität der Sprache zu tun ist, unterscheiden sich die neuen Kritiker von den alten New Critics darin, daß sie "die Spezifität des Ästhetischen" in Frage stellen' (1989, 10). Aus diesem Grund dient das Wort *ästhetisch* in theoretischen Diskussionen nun vor allem als Korrektiv für eine REDUKTIONISTISCHE Auffassung von Literatur und weniger als Einstimmung auf eine Debatte um die Spezifität von Kunst oder Literatur. In *The Ideology of the Aesthetic* (1990) versucht Terry Eagleton, wie der Titel schon vermuten läßt, das Konzept des Ästhetischen zu DEKONSTRUIEREN und seine historischen und ideologischen Wurzeln und Ausprägungen zu erforschen.

Der Begriff des Ästhetischen wurde traditionell auf Phänomene angewandt, die man als universell und/oder nicht reduzierbar und nicht als kontextabhängig betrachtete, neuere Theorien stehen jedoch einer Auffassung von Literatur und Kunst, die auf solchen universellen oder nicht reduzierbaren Elementen gründet, vielfach ablehnend gegenüber. Jüngere Literaturwissenschaftler, in deren Schriften der Begriff des Ästhetischen eine zentrale Rolle spielt, befassen sich in den meisten Fällen auch mit der Ästhetik als einem Teilbereich der Philosophie, also einem Bereich, in dem man sich auf die Kunstauffassung der Antike beruft.

In diesem Sinne kann das folgende Zitat aus dem Vorwort zu Stein Haugom Olsens *The Structure of Literary Understanding* (1978) als repräsentativ betrachtet werden: 'Für jene, denen die Literatur am Herzen liegt, besteht kein Zweifel, daß der Leser ein Werk, vorausgesetzt, er liest es als literarisches Werk, zumindest zu einem Teil nach seinen ästhetischen Qualitäten beurteilt' (1978, ix). Hand in Hand mit der Berufung auf eine lange Tradition geht die Überzeugung, daß man ein literarisches Werk nicht *als* literarisches Werk (und nicht etwa als geschichtliches Werk oder als technischen Ratgeber) lesen kann, ohne sich mit seinen ästhetischen Qualitäten auseinanderzusetzen.

Ästhetische Norm → NORM

Äußerlichkeit Nach Michel Foucault soll der Analytiker nicht vom DISKURS 'in seinen inneren und verborgenen Kern' eindringen, 'in die Mitte eines Denkens oder einer Bedeutung, die sich in ihm manifestieren', sondern im Gegenteil vom Diskurs aus, 'von seiner Erscheinung und seiner Regelhaftigkeit aus, ... auf seine äußeren Möglichkeitsbedingungen zugehen; auf das, was der Zufallsreihe dieser Ereignisse Raum gibt und ihre Grenzen fixiert' (1991, 35).

Foucaults Empfehlung fügt sich in eine Reihe von neueren theoretischen Richtungen ein, die die Suche nach einem verborgenen, inneren ZENTRUM oder einer solchen PRÄSENZ ablehnen und statt dessen den Untersuchungsgegenstand in bezug auf die Möglichkeiten erklären wollen, die sich aus seiner Eingebundenheit in einen Komplex sich verändernder Beziehungen ergeben. Ein entsprechender literaturkritischer Ansatz wäre etwa das Abgehen von einer ESSENTIALISTISCHEN Sichtweise des literarischen TEXTES hin zu einer Untersuchung der 'Möglichkeitsbedingungen' des literarischen Textes in verschiedenen LESER- oder INTERPRETATIONSGEMEINSCHAFTEN.

Äußerung Unter einer Äußerung versteht man im allgemeinen eine natürliche Einheit sprachlicher *Kommunikation*. In ihrem Vorwort zur englischen Übersetzung von M.M. Bachtins *Probleme der Poetik Dostoevskijs* stellt die Herausgeberin Caryl Emerson fest, daß die Unterscheidung zwischen Äußerung und Satz

> von [Bachtin] stammt: ein Satz ist eine syntaktische Einheit, eine Äußerung dagegen eine kommunikative Einheit. Sätze sind relativ abgeschlossene Gedanken innerhalb der Rede eines einzelnen Sprechers, und die Pausen zwischen den Sätzen sind 'grammatikalisch', eine Frage der Interpunktion. Äußerungen sind dagegen Impulse, die sich nicht so normativ transkribieren lassen; ihre Grenzen sind nur durch den Wechsel des Redesubjekts markiert. (Bachtin 1984, xxxiv)

Ganz ähnlich weist Mukařovský in seinem Aufsatz 'Die Ästhetik der Sprache' Äußerungen das Attribut der 'Einzigartigkeit' zu (1974, 101).

Äußerungen können mündlich oder schriftlich (bzw. wohl auch nur still in Gedanken) erfolgen.

→ DISKURS; ÉCRITURE; ÉNONCIATION; LANGUE UND PAROLE

Affektiv Das Adjektiv *affektiv* (englisch *affective*) wird heute im allgemeinen in der Bedeutung von 'gefühls-, affektbetont, durch heftige Gefühlsäußerungen gekennzeichnet' verwendet. In der Literaturkritik findet der Begriff jedoch in anderem Sinne Verwendung: 'etwas beeinflussen, auf etwas einwirken, einflußreich, wirksam'. Dieser Sprachgebrauch geht vor allem auf zwei Quellen zurück, nämlich auf I.A. Richards' *Principles of Literary Criticism* (1924) und den Aufsatz 'The Affective Fallacy' ('Der affektive Trugschluß') von W.K. Wimsatt & Monroe Beardsley (1946). Richards, von einem psychologisierenden Ansatz ausgehend, sprach von 'Affekten', wenn er das Erleben literarischer WERKE durch LESER meinte, während die dem NEW CRITICISM verpflichteten Autoren Wimsatt und Beardsley davor warnten, die *Ergebnisse* eines Gedichtes mit dem Gedicht selbst zu verwechseln (Wimsatt 1970, 212). Mit *Ergebnissen* meinten sie 'lebhafte Vorstellungen oder gesteigertes Bewußtsein' (Wimsatt 1970, 220). Obwohl Richards in den *Affekten* eines literarischen Werkes ein legitimes Untersuchungsobjekt für den Literaturkritiker sah und Wimsatt und Beardsley der gegenteiligen Ansicht waren, scheinen sie unter diesem und verwandten Begriffen im wesentlichen dasselbe verstanden zu haben.

In neuerer Zeit wehrt man sich vielfach (im Zuge einer allgemeineren Gegenbewegung zum New Criticism) dagegen, die rationale BEDEUTUNG eines literarischen Werkes auf Kosten seiner emotionalen Wirkung überzubewerten, und der Begriff *affektiv* hat zumindest teilweise wieder Eingang in das akzeptierte literaturkritische Vokabular gefunden, wenn auch im allgemeinen nun ohne Richards' psychologisierenden Aspekt. Das von Stanley Fish geprägte Konzept der *affective stylistics* (*affektive Stilistik*) zielt auf die Regelmäßigkeit von Reaktionen innerhalb einer bestimmten INTERPRETATIONSGEMEINSCHAFT. Der Begriff ersetzt den Ausdruck *new stylistics* und beschreibt, so Fish, eine STILISTIK, 'in der nicht mehr die räumlichen Bezüge auf einer Textseite und die dort beobachtbaren Regelmäßigkeiten im Mittelpunkt stehen, sondern der zeitliche Kontext eines Leserbewußtseins und seines Leseerlebnisses' (1980, 91).

Der Ausdruck *affektive Bedeutung*, so wie er meist gebraucht wird, gehört in das unmittelbare Umfeld der KONNOTATION.

Affektive Stilistik → AFFEKTIV

Agenda setting   Durch die Festlegung der Tagesordnung einer Sitzung kann man verhindern, daß bestimmte Dinge besprochen bzw. behandelt werden. Der englische Begriff *agenda setting* (Festlegung der Tagesordnung) entstammt ursprünglich dem Bereich der MEDIA STUDIES und bezeichnet die Art und Weise, wie vor allem durch das Fernsehen das Denken der Zuseher manipuliert wird, und zwar, indem ihnen nicht nur vorgegeben wird, *was* sie denken sollen, sondern auch, *worüber* sie überhaupt nachdenken sollen. Der Terminus wurde von der Literaturkritik übernommen und steht für die Art und Weise, wie ein literarisches WERK einen LESER dazu veranlassen kann, sich auf Grund der vom Autor bewußt oder unbewußt gesetzten Prämissen mit bestimmten Problemen auseinanderzusetzen.

→ GATEKEEPER; IDEOLOGIE

Agon Vom griechischen Wort für Wettkampf: der Hauptteil der atti-
schen Komödie, in dem der Chor geteilt wird und zwei Schauspieler in
ihrem Streitgespräch unterstützt. Der Begriff wurde von Harold Bloom
in seiner unter demselben Titel 1982 erschienenen Sammlung von
Essays wieder aufgegriffen, vor allem im Kapitel 'Agon: Revisionism and
Critical Personality', in dem er seine Theorie der Fehllektüre und Mißdeutung entwickelt.

Der Geist des REVISIONISMUS kann sich, so Bloom, nur im Wettkampf entfalten, der Revisionismus ist eine agonale Haltung und steht in
direktem Zusammenhang mit der 'amerikanischen Religion des Wett-
bewerbs', 'die unser Ruhm und zugleich (ohne Zweifel) unser Unglück
ist' (1982, viii). Für Bloom wird im Revisionismus damit eine Wett-
kampftradition weitergetragen, die bis in die Anfänge unserer KULTUR
und unserer Literatur zurückreicht.

Akt/Aktant Mieke Bal definiert Aktanten als handelnde Instanzen
in einer ERZÄHLUNG, wobei diese Instanzen entweder ein EREIGNIS in
der Erzählung verursachen oder erleben (1985, 5). Der französische
Narratologe A.J. Greimas unterscheidet zwischen Aktanten des Aussage-
vorgangs (*énonciateur* = Sender; *énonciataire* = Empfänger), die dem
Diskurs äußerlich sind, und den Aktanten der Aussage, die als handelnde Instanzen im Diskurs selbst anzutreffen sind (z.B. *destinateur* =
Auftraggeber; *destinataire* = Beauftragter). Jeder Aktant kann im Diskurs
in der Gestalt von verschiedenen Akteuren auftreten, und ein Akteur
kann als Synthese mehrerer Aktanten in Erscheinung treten. Aktanten
müssen demnach nicht unbedingt Einzelpersonen oder überhaupt
menschliche Wesen sein und sind nicht durch Bezeichnungen wie
'Protagonist' oder 'Person' zu ersetzen, da auch Kollektive und Begriffe
Aktanten sein können (wie etwa die 'Partei', die 'Wahrheit' oder die
'Wissenschaft') (Zima 1991, 308–9).

Englische Autoren bezeichnen Aktanten in der Regel als *actors*,
vereinzelt aber auch als *actants*, obwohl Prince (1988, 1) *actant* vornehmlich als Rolle und nicht als handelnde Instanz definiert. Steven
Cohan und Linda M. Shires (1988) sprechen nur von *actors* und unter-
teilen diese Aktanten grundsätzlich in *Subjekt-* und *Objektrollen*, je
nachdem, ob sie selbst handeln oder Objekt einer Handlung sind. Weiter schlagen sie, zum Teil dem von SHANNON und WEAVER entwickelten
KOMMUNIKATIONSMODELL folgend, vier Unterkategorien vor, die sich indirekt auf Ereignisse beziehen: *sender* (Sender), *receiver* (Empfänger),

opponent (Widersacher) und *helper* (Helfer) (1988, 69). Unter dem
Einfluß Greimas' finden sich in englischen Texten oft anstelle von
sender und *receiver* die französischen Termini *destinateur* und *destinataire*.

Gérard Genette unterteilt (nach Spitzer) das Subjekt jeder autobio-
graphischen Erzählung in zwei Aktanten: in das erzählende Ich und das
erzählte Ich (1972a, 259).

Akteur → AKT/AKTANT

Aktualisierung   In vielen modernen literaturwissenschaftlichen und
sprachwissenschaftlichen Theorien wird zwischen den zugrundeliegenden abstrakten SYSTEMEN und den jeweiligen Durchführungen, konkreten Erscheinungen oder *Aktualisierungen*, die dadurch ermöglicht
oder hervorgebracht werden, unterschieden. So kann die PAROLE als
Aktualisierung der LANGUE verstanden werden, PERFORMANZ als Aktualisierung von KOMPETENZ, eine bestimmte literarische LEKTÜRE als Aktualisierung einer allgemeinen literarischen Kompetenz, ein bestimmtes
Märchen als Aktualisierung von Möglichkeiten, die in den Märchen-
FUNKTIONEN angelegt sind, und so fort. PRAGMATIK kann ganz allgemein
als die Beschäftigung mit Aktualisierungen definiert werden.

In der Linguistik und in der Literaturwissenschaft zeichnen sich
Aktualisierungen gegenüber formalisierten Systemen typischerweise
durch größeren Reichtum aus. Anders ausgedrückt heißt das, daß das
tatsächliche, reale System, das nach Ansicht der Wissenschaftler hinter
den Aktualisierungen liegt, viel komplexer, weitreichender und fruchtbarer ist als jedes formalisierte System, das man in der Wissenschaft zu
konstruieren vermochte. Kein Sprachwissenschaftler ist in der Lage, eine
Grammatik zu schaffen, die so unfehlbar zwischen grammatikalischen
und nicht-grammatikalischen Äußerungen unterscheiden kann, wie wir
das in unserer Muttersprache können. Eine Untersuchung der Aktualisierungen hat demnach indirekte Auswirkungen auf die Konstruktion eines Systems: wir verfeinern unsere Systeme zwar zum Teil durch abstrakte Verfahren, zu einem anderen Teil aber auch, indem wir sie den
Ergebnissen pragmatischer Untersuchungen anpassen.

Claude Bremond (1966) zufolge besteht eine ERZÄHLUNG aus Funktionen, die jeweils zwei Möglichkeiten eröffnen: Aktualisierung oder
Nicht-Aktualisierung. Jede Funktion weist somit in zwei mögliche Richtungen, die eine Geschichte einschlagen kann.

In einigen Fällen wird *Aktualisierung* bedeutungsgleich mit dem Begriff der Konkretisation eines literarischen Werkes durch den Leser verwendet (→ diesen Eintrag).

Darüber hinaus taucht der Begriff *Aktualisierung* besonders in Zusammenhang mit den Theorien der Prager Schule auf. Das Aktualisierungskonzept im weiteren Sinne ist ein zentrales Anliegen der Prager Wissenschaftler. So sind sie etwa der Auffassung, daß die Ausdrucksmittel auf den verschiedenen Sprachebenen, die in der Alltagskommunikation automatisiert werden, in der dichterischen Sprache aktualisiert werden, oder, anders ausgedrückt, daß die dichterische Sprache alle einem Zeichen innewohnenden Möglichkeiten, seine volle Potenz, sichtbar macht. Indem die volle Zeichenpotenz sichtbar gemacht oder aktualisiert wird, wird die Aufmerksamkeit des Lesers zwangsläufig auf dieses Zeichen gelenkt – es tritt 'in den Vordergrund'. Der Begriff *Aktualisierung* wird daher auch oft nur in diesem engeren Sinne von *foregrounding* (in den Vordergrund treten lassen; eine bestimmte Form von Aktualisierung) verwendet (→Verfremdung).

Ambiguität   Der Begriff, der heute viel von seiner Attraktivität verloren hat, geht, so wie er vor allem von den New Critics verwendet wurde, auf William Empsons Buch *Seven Types of Ambiguity* (1930) zurück. Darin lieferte Empson eine sehr weite Definition des Terminus, und obwohl er versuchte, ihn in den nachfolgenden Auflagen seines Buches enger zu fassen, blieb es im wesentlichen dabei. In der dritten Auflage definierte Empson, wie auch Terry Eagleton feststellt, Ambiguität lediglich als 'jede noch so geringfügige sprachliche Nuance, die Raum läßt für verschiedene Auffassungen derselben Textstelle' (Eagleton 1988, 66).

Empsons Begriff hat wohl auch deshalb an Attraktivität verloren, weil er MehrfachBedeutungen im Werk angelegt sieht und nicht als vom Leser oder dem Leseakt hervorgebracht oder im Wesen der Literarizität verankert. Alternative Begriffe wie *Polysemie* und *Mehrdeutigkeit* machen die fehlende semantische Geschlossenheit an anderer Stelle fest: im Leser, in der Sprache selbst oder im Wesen der Literarizität. Empsons Ambiguitäten waren, wenn auch mannigfaltig, begrenzt und endlich, während die Polysemien der Dekonstruktion unendlich sind. (Der Begriff *Polysemie* lokalisiert Mehrfachbedeutungen im einzelnen Wort, während sich Ambiguität normalerweise auf die Ausdrucksebene bezieht.)

Darüber hinaus war Empson, obwohl er oft als New Critic bezeichnet wird, nie damit einverstanden, dem Autor – wie dies W.K. Wimsatt und Monroe Beardsley 1946 in ihrem Aufsatz 'The Intentional Fallacy' taten – seine Autorität abzuerkennen, weder vor noch nach Erscheinen dieses Aufsatzes, und die stark biographische Ausrichtung seines Ambiguitätskonzepts hat jene abgeschreckt, die vom 'Tod des AUTORS' überzeugt sind. Dennoch ging es Empson auch um die Art und Weise, wie Ambiguitäten in einem Werk *Bedeutungen* generieren, und darum, wie diese oft widersprüchlichen Bedeutungen doch zu einer ÄSTHETISCHEN oder künstlerischen Einheit verschmelzen können – wobei auch diese Positionen heute nicht mehr auf eine sehr breite Zustimmung stoßen dürften.

→ FLICKER

Anachronie   Nach Bal (1985) auch *chronologische Abweichung.* Wenn die Anordnung der Ereignisse im PLOT oder SJUŽET nicht mit der Reihenfolge dieser Ereignisse, wie sie sich für die STORY oder FABULA rekonstruieren läßt, übereinstimmt, spricht man von Anachronie. Darum handelt es sich zum Beispiel bei der ANALEPSE und der PROLEPSE.

Bal unterscheidet zwischen *punktueller Anachronie* (wenn nur ein Augenblick der Vergangenheit oder der Zukunft evoziert wird) und *durativer Anachronie* (wenn eine längere Zeitspanne oder eine allgemeine Situation evoziert wird).

→ ERZÄHLZEIT

Analepse   Auch Rückblende, Rückverweis. Prince (1988) definiert den entsprechenden englischen Begriff *analepsis* als *flashback, retrospection, retroversion, cutback* oder *switchback.* Eine Analepse bezeichnet 'jede Evokation eines Geschehens, das sich an einem früheren Punkt im Text ereignet hat' (Genette 1972a, 82).

Der Begriff Analepse ist, indem er, ebenso wie der Begriff PROLEPSE, sowohl erzählte als auch evozierte Ereignisse miteinbezieht, viel weiter gefaßt als etwa der vorstrukturalistische Terminus 'Rückblende'. In diesem Sinne kann der gesamte Abschnitt in Emily Brontës Roman *Wuthering Heights*, der von der zweiten Generation getragen wird, als Analepse betrachtet werden, da dieser Abschnitt – für uns und für Figuren im Roman wie etwa Heathcliff – ständig Ereignisse evoziert, die sich an einem früheren Punkt im Roman zugetragen haben. Wie auch bei der von Genette vorgeschlagenen erweiterten Verwendung des

Terminus Prolepse besteht dabei allerdings die Gefahr, daß der Begriff verwässert und vage wird.

Eine *interne Analepse* greift chronologisch nicht vor den Zeitpunkt zurück, zu dem die Geschichte begonnen hat, im Gegensatz zu einer *externen Analepse*. Nach Genette füllt eine *komplettierende Analepse* eine früher in der ERZÄHLUNG ausgesparte Leerstelle oder ELLIPSE aus, während eine *Wiederholungsanalepse* etwas wiederholt, was bereits erzählt worden ist. Jede Analepse kann nach ihrem *Umfang* (je nachdem, wie groß die Zeitspanne ist, die sie umfaßt) und nach ihrer *Reichweite* (je nachdem, wie weit sie zeitlich zurückgreift) bestimmt werden (Genette 1980, 48; Prince 1988, 5).

Genette bezeichnet eine Analepse, die sich in der Handlungslinie oder DIEGESE inhaltlich vom zuerst Erzählten unterscheidet, als *heterodiegetisch* und im Gegensatz dazu eine Analepse als *homodiegetisch*, wenn diese denselben Handlungsverlauf schildert wie die vorangegangene Erzählung (1972a, 91–2).

Analoge Kommunikation → DIGITALE UND ANALOGE KOMMUNIKATION

Analyse   Nach T.S. Eliot sind Vergleich und Analyse die wichtigsten Werkzeuge des Literaturkritikers. Herkömmlicherweise wird zwischen Analyse und INTERPRETATION unterschieden; die Analyse zerlegt im Gegensatz zur Interpretation ihren Untersuchungsgegenstand in seine Bestandteile. So wie Substanzen bei der chemischen Analyse in die einzelnen chemischen Elemente, aus denen sie aufgebaut sind, zerlegt werden, werden bei der Analyse literarischer WERKE (oder auch der Reaktionen darauf) diese in die einzelnen Elemente zerlegt, aus denen sie bestehen.

Literarische Werke werden dabei, wie auch aus dem Vergleich mit chemischen Substanzen hervorgeht, als Objekte behandelt. Für die NEW CRITICS etwa, die literarische Werke in der Regel als Objekte auffaßten, spielte die Analyse erwartungsgemäß eine bedeutendere Rolle als für Literaturwissenschaftler, die literarische Werke nur ungern als Objekte ansahen. Die Analyse literarischer *Werke* hat daher – sowohl als Konzept als auch als Tätigkeit – viel von ihrer einstigen Popularität eingebüßt, die sie vor allem in den 40er und 50er Jahren, dem Höhepunkt des New Criticism, besaß.

Während die Analyse literarischer *Werke* also kaum mehr attraktiv ist, hat sich die Analyse von Dingen wie IDEOLOGIEN, MYTHEN und selbst KULTUREN in den letzten Jahrzehnten zu einer regelrechten Wachstumsindustrie entwickelt. Repräsentativ dafür ist etwa Perry Andersons vielbeachteter Aufsatz 'Components of the National Culture' (1969), dessen Titel bereits impliziert, daß eine ganze Kultur objektiviert oder sogar REIFIZIERT und dann durch Zerlegung in ihre Einzelteile analysiert werden kann. Solche Analysen können natürlich historisch sein, in den letzten Jahren tendieren Literatur- und Kulturwissenschaftler aber weniger zu DIACHRONEN als zu SYNCHRONEN Analysen, die häufig nach dem Muster synchroner syntaktischer oder grammatischer Analysen angelegt sind. Die Popularität des LINGUISTISCHEN PARADIGMAS hat – so etwa in der ERZÄHLTHEORIE – wesentlich zur Verbreitung von Analyseformen beigetragen, die aus der Sprachwissenschaft stammen.

Die verschiedenen Analyseverfahren innerhalb der Literaturkritik verdanken auch sehr viel Freud und der PSYCHOANALYSE, vor allem durch die Übernahme einiger wichtiger Konzepte wie ZENSUR und VERDICHTUNG UND VERSCHIEBUNG. Das Hauptaugenmerk liegt in diesen Fällen dann meist auf dem AUTOR bzw. dem LESER und nicht auf dem literarischen Werk.

Anders   Wenn man eine Person, eine Gruppe oder eine Institution als 'anders' bezeichnet, stellt man sie außerhalb des Normen- und Konventionssystems, dem man selbst angehört. Solche Ausschließungsverfahren durch Kategorisierung spielen in vielen IDEOLOGISCHEN Mechanismen eine zentrale Rolle. Wenn Frauen anders sind, dann ist das, was am Frausein besonders ist, dafür, 'wie die Dinge sind', für die bestimmenden Konventionen, nach denen man lebt, nicht relevant. Wenn die Angehörigen einer bestimmten ethnischen Gruppe kollektiv als anders gesehen werden, dann ist es hinsichtlich der Grundsätze der Menschlichkeit irrelevant, wie sie behandelt werden – weil sie anders und nicht menschlich sind.

Hinter der Verwendung des Begriffs der Andersheit steht die Erkenntnis, daß bei der Zerlegung der Realität in Komponenten diese Komponenten typischerweise nach dem FIGUR-GRUND-Schema gesehen werden, das heißt, daß eine Komponente die Norm darstellt und alle anderen Komponenten Abweichungen von dieser Norm sind.

Der Andere mit großem A steht im Zentrum von Jacques Lacans Theorie, daß das SUBJEKT in der Reaktion des Anderen nach Selbstbestätigung sucht. An einer einmal nicht so undurchsichtigen Stelle in 'Das Drängen des Buchstabens im Unbewußten oder die Vernunft seit Freud' schreibt er:

Wenn ich gesagt habe, das Unbewußte sei der Diskurs des Andern mit großem A, so wollte ich damit auf das Jenseits hinweisen, in dem die Anerkennung des Begehrens sich mit dem Begehren nach Anerkennung verbindet.

Anders gesagt, dies andere ist der Andere, den noch meine Lüge anruft als Garant der Wahrheit, in der sie Bestand hat. (1975, 51)

Sehr aufschlußreich in diesem Zusammenhang ist auch die Feststellung Lacans in 'Über eine Frage, die jeder möglichen Behandlung der Psychose vorausgeht', daß der Andere der 'Ort' ist, 'von dem aus die Frage nach [der] Existenz [des Ich] sich an es richten kann' (1975, 82). Anthony Wilden zufolge

steht der Andere Lacans für die patrozentrische Ideologie unserer Kultur. Der Andere ist nur theoretisch *ne-utral*, weil er nicht nur einfach die 'Andersheit' ist. Der Andere ist das Prinzip des Ortes der Sprache und des Signifikanten, der für Lacan natürlich der Phallus ist ... (1972, 261)

→ Stereotyp

Andersheit → Exotopie

Androgynie   Ursprünglich bezeichnet der Ausdruck die körperlich-seelische Mischung beider Geschlechter in einer Person und entspricht damit dem biologischen Begriff des Hermaphrodismus, der Zweigeschlechtigkeit. In der neueren Feministischen Literaturwissenschaft werden mit diesem Terminus jedoch zumeist nicht biologische Merkmale beschrieben, sondern Kulturell erworbene Eigenschaften.

Diese Akzentverschiebung geht vor allem auf Virginia Woolf zurück. Gegen Schluß ihres langen Essays *A Room of One's Own* (1929; dt. *Ein eigenes Zimmer*, 1992) berichtet sie davon, was sie dachte, als sie an einem für sie besonderen Tag (dem 26. Oktober 1928) aus dem Fenster sah und beobachtete, wie ein Taxi anhielt, ein Mädchen und ein junger Mann einstiegen, und das Taxi losfuhr.

Doch der Anblick der zwei Menschen, die in das Taxi stiegen, und die Zufriedenheit, die er mir verschaffte, ließen mich darüber hinaus fragen, ob es im Geiste zwei Geschlechter gibt, die den zwei Geschlechtern des Körpers entsprechen, und ob auch diese nach ihrer Vereinigung streben, um vollkommen zufrieden und glücklich zu sein... Ihre normale und angenehmste Daseinsform ist dann erreicht,

> wenn die beiden harmonisch miteinander leben und geistig zusam-
> menwirken. Auch wenn einer ein Mann ist, muß er den weiblichen
> Teil seines Denkens wirken lassen, und ebenso muß die Frau mit
> dem Mann in ihr selbst Umgang haben. Vielleicht meinte Coleridge
> das, als er sagte, ein großer Geist ist androgyn. (1992, 96)

Virginia Woolfs Gedanke ist verschiedentlich aufgegriffen und weiterentwickelt worden, doch hat man sich dann im allgemeinen weniger
mit dem GESCHLECHT des Schriftstellers/der Schriftstellerin als, wie man
es formulieren könnte, mit dem Geschlecht ihrer Werke auseinandergesetzt – das heißt, mit den Vorstellungen, IDEOLOGIEN und Annahmen,
die darin codiert sind.

  Innerhalb der feministischen Literaturwissenschaft blieb dieser Ansatz nicht unwidersprochen. Vielfach sah man darin zwar wohl einen
Weg, die SEXISTISCHE Trennung zwischen den Geschlechtern aufzubrechen, bei einigen – vor allem radikalen Feministinnen (→ FEMINISMUS)
– stieß er aber auf heftige Kritik. So schreibt etwa Mary Daly über den
Begriff der *Androgynie*:

> Die Erfahrung zeigte, daß dieses Wort, das, wie wir nun erkennen,
> durch die Zusammenfassung verzerrter Geschlechterbeschreibungen
> eine Pseudoganzheit ausdrückt, unser Denken verraten hat... Als
> wir das Wort aus dem Munde derer vernahmen, die unser Denken
> mißinterpretierten, wurde uns klar, daß durch die Zusammenfüh-
> rung der 'Hälften', die dem Bewußtsein von der patriarchalen Spra-
> che angeboten werden, eher ein Nichts denn ein Ganzes hervorge-
> bracht wird. (1979, 387)

K.K. Ruthven zitiert in diesem Zusammenhang Adrienne Rich, die
kritisiert, daß 'schon die Struktur des Wortes die geschlechtliche Dicho-
tomie und die Vorherrschaft von *andros* (männlich) über *gyne* (weiblich) widerspiegelt' (Ruthven 1984, 106; Zitat aus Rich 1976, 30).
Sandra Gilbert und Susan Gubar haben als Antwort auf diese Einwände
den alternativen Begriff *gyandry* (*Gyandrie*) vorgeschlagen, der sich
allerdings nicht durchsetzen konnte.

Androkratisch → GYNOKRATISCH

Androzentrisch   Wörtlich: auf den Mann gerichtet. Der Begriff
wurde von FEMINISTISCHEN Literaturwissenschaftlerinnen geprägt und
beschreibt Grundhaltungen und Denkmuster, die von der Perspektive

des Mannes ausgehen und weibliche Erfahrungen und Interessen ignorieren. Das Gegenteil von androzentrisch ist *gynozentrisch*: auf die Frau gerichtet. Von feministischer Seite wird vielfach Gynozentrizität als Gegengewicht zur Androzentrizität gefordert, was im Bereich der Literatur bedeuten würde, daß Schriftsteller/innen und LESER/INNEN versuchen, von weiblichen Erfahrungen auszugehen und die Welt von der Perspektive der Frau aus zu betrachten.

Anisochronie → ISOCHRONIE

Ankündigung → PROLEPSE

Antizipation → PROLEPSE

Anxiety of Influence → REVISIONISMUS

Apophrades → REVISIONISMUS

Aporie   Der Begriff stammt aus dem Griechischen und bezeichnet eine scheinbare Ausweglosigkeit, die Unmöglichkeit, zur Auflösung eines Problems zu gelangen, weil in der Sache selbst oder in den verwendeten Begriffen Widersprüche enthalten sind (Schmidt 1978). In der Literaturwissenschaft versteht man unter Aporien grundsätzlich Reden – meist Monologe – von Personen, die sich in einer solchen Situation befinden. (Ein Beispiel ist Hamlets 'Sein-oder-Nichtsein'-Monolog.)

In jüngster Zeit wurde der Terminus von Jacques Derrida wieder aufgegriffen und weiterentwickelt. Alan Bass, der englische Übersetzer von Derridas *Die Schrift und die Differenz* (*Writing and Difference*, 1978), schreibt über Derridas Verwendung des Begriffs: 'Wenn ein System einmal "erschüttert" worden ist, weil es seiner Logik bis zur letzten Konsequenz gefolgt ist, bleibt ein Überschuß, der innerhalb der Regeln der Logik nicht gelöst werden kann, weil er nur als *weder* dies *noch* jenes, oder beides zugleich, erfaßt werden kann – ein Abgehen von allen Regeln der Logik' (Derrida engl. 1978, xvi). Für Derrida, so Bass, tritt dieser Überschuß oft in Form einer Aporie auf.

In der Nachfolge Derridas wird der Begriff nun häufig verwendet, um unauflösbare Zweifel und Bedenken zu beschreiben, die bei der LEKTÜRE eines TEXTES auftauchen. Dabei ist der Begriff in der Regel nicht abwertend oder ablehnend konnotiert, sondern beschreibt einfach jene ORTE in der Lesererfahrung mit einem Text, an denen der Leser durch die Unauflösbarkeit des Textes an bestimmten Bruchstellen mit dem Text spielen kann.

Arbitrarität   Auch Willkürlichkeit, Beliebigkeit. In der Sprachwissenschaft wird ein ZEICHEN als beliebig bezeichnet, wenn die Beziehung zwischen diesem Zeichen und seiner Bedeutung durch KONVENTIONEN festgelegt ist und zwischen ihnen kein natürlich notwendiger innerer Zusammenhang besteht, der über das Zeichensystem, dem das Zeichen angehört, hinausgreift. Die menschliche Sprache besteht hauptsächlich aus beliebigen Zeichen. Das französische Wort *chien*, das deutsche *Hund* und das englische *dog* bezeichnen in den jeweiligen Sprachen dasselbe Tier; keines dieser Wörter hat, unabhängig von den Konventionen, die den Gebrauch des Wortes in den drei genannten Sprachen bestimmen, in seiner gesprochenen oder geschriebenen Form etwas mit einem Hund zu tun. Ein Chinese, der keine europäische Sprache spricht, verfügt über keine Möglichkeit zu wissen, was diese Wörter bedeuten oder daß sie alle dasselbe Tier bezeichnen. Onomatopoetische Wörter, wie etwa *peng* oder *grunzen*, haben dagegen, wenn man sie ausspricht, eine gewisse Ähnlichkeit mit den Lauten, für die sie stehen. Als Zeichen sind diese Wörter also, so könnte man sagen, nicht ganz beliebig. Schriftsysteme sind mehr oder weniger beliebig: *Piktogramme* sind zum Beispiel weniger beliebig als in *Lautschrift* dargestellte Wörter. Aus diesem Grund enthalten Schilder, die von Menschen verschiedener Nationalität gelesen werden sollen, häufig Bilder anstatt in einer bestimmten Sprache geschriebene Wörter. Sieht jemand, der ausschließlich Chinesisch spricht, die geschriebenen Wörter *ein lachendes Gesicht* vor sich, wird er die Bedeutung davon keinesfalls verstehen, in der Photographie eines lachenden Gesichtes wird er aber wahrscheinlich, selbst wenn er noch nie Dinge wie Photographien oder Gemälde gesehen hat, einen gewissen Sinn erkennen, wie sehr auch die INTERPRETATION solcher Darstellungen von KULTURELL bedingten Codes und Konventionen abhängig ist.

Die Begriffe *motiviert* und *unmotiviert* oder *natürlich* und *konventionell* haben in diesem Zusammenhang eine ähnliche Bedeutung: Von einem motivierten oder natürlichen Zeichen spricht man, wenn zwischen diesem Zeichen und dem, wofür es steht, eine von den Konventionen des Zeichensystems, dem das Zeichen angehört, unabhängige Ähnlichkeit oder Verbindung besteht. Diese Termini werden aber nicht nur für formale

Zeichensysteme verwendet. Bei einem motivierten oder natürlichen Symbol, zum Beispiel, besteht zwischen diesem Symbol und dem, wofür es steht, eine natürliche, außersystemische Ähnlichkeit oder Verbindung. Die *Nacht* ist ein natürlicheres Symbol für Gefahr als ein *Bonbon*: Die Nacht ist für gewöhnlich eine gefährlichere Zeit als der Tag, weil sie Verbrechern Schutz gewährt. Als Symbol für das Böse ist die *Nacht* daher stärker motiviert als das *Bonbon*; ein Autor kann von bereits vorhandenen Assoziationen zwischen Nacht und Gefahr ausgehen, während er im Falle des Bonbons eine solche Assoziation erst herstellen muß.

Vermögen und Flexibilität der menschlichen Sprache beruhen ganz wesentlich darauf, daß sie mit beliebigen Beziehungen arbeitet; nicht-beliebige Systeme mögen manchmal vorteilhafter erscheinen, weil sie für die, die sie benützen, leichter zu verstehen und zu erlernen sind, doch sind sie in ihren Möglichkeiten in der Regel sehr beschränkt. So wäre etwa das System der Autonummerntafeln sehr beschränkt, wenn jede Nummer irgendwie dem Auto, an dem sie befestigt ist, ähneln müßte.

Besonders einflußreich in diesem Jahrhundert war Ferdinand de Saussures Betonung, daß zwischen dem SIGNIFIKANT und dem SIGNIFIKAT eine beliebige Beziehung besteht, wenn dieser Einfluß auch zum Teil auf Mißverständnisse von Saussures Theorie zurückging. Einige Schüler Saussures verstanden die Arbitrarität dieser Beziehung (zwischen einem Lautbild oder seinem geschriebenen Äquivalent einerseits und der Vorstellung, auf die es sich bezieht, andererseits) als Bestätigung dafür, daß die Sprache ein in sich abgeschlossenes System ohne notwendige Verbindung zu einer außersprachlichen Realität sei. Das war aber eine Fehlinterpretation dessen, was Saussure gesagt hatte. Das Prinzip der Arbitrarität besagt nur, wie Thomas G. Pavel es formuliert, daß es zwischen der begrifflichen und der phonetischen Seite eines sprachlichen Zeichens keinen motivierten Zusammenhang gibt, 'es leugnet aber nicht die Stabilität sprachlicher Bedeutung, ist das semiotische System einmal festgelegt' (1986, 8). Das heißt, obwohl man sich natürlich einen anderen Verlauf der Geschichte vorstellen könnte, durch den im Englischen das Wort *car* möglicherweise durch ein anderes (zum Beispiel *auto*) ersetzt worden wäre, ist die Beziehung zwischen dem Wort *car*, wenn es einmal eine feste Bedeutung erlangt hat, und dem, wofür es in der englischen Sprachgemeinschaft steht, relativ fixiert.

Archäologie des Wissens   Der Titel eines einflußreichen Buches von Michel Foucault, in dem Foucault versucht, DISKURSE (wie er sie definiert) zu beschreiben, ihre inneren Regeln und Strukturen, Beziehungen, Kontinuitäten und Diskontinuitäten, Transformationsregeln sowie die Bedingungen für ihre Entstehung, ihre Entwicklung und ihr Ende. Er weist ausdrücklich darauf hin, daß er durch die Verwendung des Wortes Archäologie nicht andeuten will, daß es dabei um etwas Versteinertes oder Unzeitgemäßes geht. Die Rolle der Archäologie besteht darin, das ARCHIV, die Domäne des Gesagten, zu analysieren.

Für Foucault ist das Archiv die Ebene zwischen der LANGUE, die das Konstruktionssystem möglicher Sätze definiert, und dem *Korpus*, das die gesprochenen Worte passiv aufnimmt. Das Archiv ist eine 'Praxis, die eine Vielfalt von Aussagen als ebenso viele regelmäßige Ereignisse' auftauchen läßt, es ist '*das allgemeine System der Formation und der Transformation der Aussagen*' (1973, 188). 'Das niemals vollendete, niemals restlos vollzogene Hervorbringen dieses Archivs bildet den allgemeinen Hintergrund, zu dem die Beschreibung der diskursiven Formationen, die Analyse der Positivitäten, das Ermitteln des Aussagefeldes gehören.' Und alle diese Untersuchungen werden durch den Begriff Archäologie beschrieben (1973, 190).

Archetypal Criticism   Eine vor allem im anglo-amerikanischen Raum verbreitete Richtung der Literaturbetrachtung, die seit den siebziger Jahren wieder verstärkt Beachtung findet. Hierfür hat in erster Linie die FEMINISTISCHE Literaturwissenschaft den Ausschlag gegeben, die hofft, über eine neue Form des Archetypal Criticism zu einem tieferen Verständnis der weiblichen Erfahrung des PATRIARCHATS zu gelangen.

Der Archetypal Criticism hat allerdings selbst eine gewissermaßen patriarchalische Geschichte: als seine Gründungsväter gelten gemeinhin Sir James Frazer und Carl Gustav Jung. Zwischen 1890 und 1915 erschien in zwölf Bänden Frazers *The Golden Bough*, eine ausführliche Untersuchung der Beziehungen zwischen Kunst, Religion und MYTHOS als Folge komplexer historischer Übertragungs- und Transformationsprozesse. Frazers Werk hatte nicht nur großen Einfluß auf das Studium der Kunst und KULTUR vergangener Epochen, sondern hinterließ auch in der *modernen* Literatur prägende Spuren: in dem den Anmerkungen zu *The Waste Land* (1922) vorangestellten Kommentar hält T.S. Eliot die außerordentliche Bedeutung fest, die Jesse Westons *From Ritual to Romance* (1920) für ihn hatte, und schreibt weiter:

> Einem andern anthropologischen Werk, das unsere Generation aufs tiefste beeinflußt hat, bin ich im allgemeinen verpflichtet: Frazers

The Golden Bough; ich habe besonders die beiden Bände *Attis Adonis Osiris* benutzt. Jeder, der mit diesen Werken vertraut ist, wird sogleich in dem Gedicht gewisse Beziehungen auf Vegetationskulte erkennen. (1975, 81)

Die bedeutende Rolle, die Eliots Gedicht im 20. Jahrhundert spielte, war sicher mitverantwortlich für das steigende Interesse an Archetypen (von griech. *arché*, Ursprung, und *typos*, [durch Schlag] Geformtes), d.h. an symbolischen Mustern und Motivkomplexen, die über kulturelle und historische Grenzen hinweg bestehen. (Wenn es gilt, ihr Entstehen zu erklären, sind die Archetypal Critics tendenziell in zwei Lager gespalten: die einen führen Archetypen, grob gesprochen, auf einen 'spontanen Entstehungsvorgang' zurück, die anderen auf 'komplexe Übertragungsprozesse'.) Auch andere Autoren der MODERNE, wie z.B. Yeats, Joyce und Lawrence, befaßten sich eingehend mit dem archetypischen Gehalt von Mythen.

Archetypische Konzepte finden sich nicht nur in der Kunst, sondern ansatzweise auch im Werk Sigmund Freuds, und einige freudianische Gestaltungen etwa des Ödipuskomplexes kommen universellen, über kulturelle Grenzen hinaus verbreiteten Bedeutungsmustern nahe genug, um dabei von 'Archetypen' sprechen zu können. Als direktere theoretische Grundlage der Archetypentheorie ist jedoch Jungs Lehre des kollektiven UNBEWUßTEN anzusehen, wonach urtümliche Bilder in der Psyche der Menschen höher entwickelter Kulturen weiterleben.

Die wichtigste Quelle für Archetypen ist die Mythologie, weshalb der Archetypal Criticism während seiner ersten Blütezeit auch eng mit der Erforschung der Mythen alter Völker zusammenhing: die Gemeinsamkeit war so ausgeprägt, daß man diese Richtung auch als mythische oder mythopoetische Literaturkritik bezeichnete.

Mit Maud Bodkins *Archetypal Patterns in Poetry* (1934) erlangte die archetypische Literaturbetrachtung Eigenständigkeit, und vor allem in den Vereinigten Staaten folgte dieser Untersuchung eine Flut von Literaturanalysen, die dem Auffinden von Mythen gewidmet waren.

Mit den fünfziger Jahren geriet der Archetypal Criticism jedoch zunehmend unter Druck. Von den NEW CRITICS wurde er als Spielart einer außerliterarische Wege beschreitenden Literaturinterpretation betrachtet, während man ihm gleichzeitig von seiten der MARXISTISCH und soziologisch orientierten Literaturkritik vorwarf, den sozial- oder kulturspezifischen Charakter von Mythen zu negieren. Dennoch lebte der Archetypal Criticism in den Jahrzehnten nach dem Zweiten Weltkrieg in der Literaturkritik Northrop Fryes weiter, und Leslie Fiedler bewies mit *Love and Death in the American Novel* (1960), daß die Literatur- kritik sehr wohl in der Lage war, kulturspezifisch und auch schöpferisch archetypische Muster in der modernen Literatur aufzuspüren.

Mit dem Erstarken der feministischen Literaturwissenschaft tauchten neue Ansätze in der Archetypenforschung auf. Wenn die Unterdrückung der Frau universell vorhanden war, würde dies erklären, weshalb My- then, in denen sich diese Unterdrückung manifestiert, zu allen Zeiten und an allen Orten entstanden – ohne dafür auf eine mystische oder sogar biologische Erklärung zurückgreifen zu müssen. Annis Pratts *Archetypal Patterns in Women's Fiction* (1982) kann stellvertretend für die feministische Literaturkritik genannt werden, die sich dem Archety- pal Criticism zuwendet. Pratt behauptet, Jung habe Archetypen als aus dem präverbalen Bereich des Unbewußten stammende Urformen defi- niert und seine Archetypenkategorien nicht als unveränderbar und absolut aufgefaßt, sondern vielmehr als 'Bilder, Symbole und narrative Muster, die sich von Stereotypen dadurch unterscheiden, daß sie kom- plexe Variable sind, und unterschiedlicher Wahrnehmung unterworfen' (1982, 4). In ihrem Buch untersucht sie verschiedene Beispiele von Archetypen, wie etwa den 'Archetypus des Vergewaltigungstraumas', der vom Apollo-Daphne-Mythos ausgehend in den Werken zahlreicher Schriftstellerinnen aufzufinden ist, den 'Archetypus der Natur-Welt', der sich in vielen Bildungsromanen von Frauen als eine besondere Welt der Natur manifestiert, in der der Schmerz und das Leiden der Heldin unbekannt sind, oder den 'Archetypus von den grotesken Bedingungen des Erwachsenwerdens'. Sie stellt einen Zusammenhang fest zwischen weiblichem Schreiben und drei zueinander in Beziehung stehenden Quellen archetypischen Materials, nämlich

> den *Demeter/Kore* und *Ischtar/Dumuz*-Mythen der Wiedergeburt, den *Gralssagen* des späten Mittelalters und dem Fundus von Ar- chetypen und Ritualen aus dem Bereich des *Hexenwesens*. (1982, 167)

Pratt kommt zu dem Schluß, daß von schreibenden Frauen verwendete archetypische Muster Signale einer verschütteten weiblichen Tradition darstellen, die nicht den kulturellen Normen entsprechen. Auf dieser Auffassung von Archetypen als der Anlage nach *oppositionell* basiert zu einem guten Teil das Interesse, das die feministische Literaturwissen- schaft heute der Archetypenforschung entgegenbringt.

Architext Nach Gérard Genettes Buch *L'introduction à l'architexte* (1979; dt. *Einführung in den Architext*, 1990) der ideale TEXT, wie er in der Tradition der Gattung, der er angehört, impliziert ist.

Archiv → ARCHÄOLOGIE DES WISSENS

Askese → REVISIONISMUS

Aspekt   Mieke Bal versteht unter den Aspekten einer bestimmten STORY oder Geschichte die dieser Geschichte eigentümlichen Merkmale, die sie von anderen Geschichten unterscheiden (1985, 7). Gerald Prince beschreibt einen Aspekt dagegen als die *Vision* oder den Standpunkt, von dem aus eine Geschichte dargestellt wird (1988, 7), während Gérard Genette wiederum denselben Terminus als 'die Art und Weise, wie die Geschichte vom Erzähler wahrgenommen wird' definiert (1972a, 74). Der Begriff *Aspekt* ist, wie sehr viele neuere Begriffe in der ERZÄHL-THEORIE, aus der Linguistik entlehnt und geht von einer angenommenen HOMOLOGIE zwischen der STRUKTUR von Erzählungen und der Struktur von Sätzen aus.

Was Grammatiktheoretiker als Aspekt bezeichnen, ist in Genettes Terminologie die FREQUENZ (1972a, 145).

Assimilation   Im Kontext von Michail Bachtins DIALOG-Theorien: der Prozeß, durch den jemand vorübergehend den Standpunkt oder die IDEOLOGIE einer anderen Person übernimmt oder diesen bzw. diese seinem eigenen Bewußtsein *assimiliert*. Die Assimilation ist mehr oder weniger vollkommen, mehr oder weniger rückhaltlos, je nachdem, inwieweit sich die Standpunkte bzw. Ideologien der beiden Personen decken oder unterscheiden.

Assoziativ → SYNTAGMATISCH UND PARADIGMATISCH

Aufführung → DARSTELLUNG

Augenblick   In den 20er und 30er Jahren bekam das Wort *Augenblick* bzw. *Moment* (*moment*) in den Schriften Virginia Woolfs eine besondere Bedeutung, nicht unähnlich James Joyces *Epiphanie* (*epiphany*). Ein Woolfscher Augenblick implizierte die Empfindung stillstehender Zeit, die Empfindung, daß eine Reihe menschlicher und/oder nicht-menschlicher Faktoren sich zu einer Einheit verbanden, die einzigartig war, aber auch die Kraft besaß, eine innere Wahrheit oder innere Wahrheiten zu 'verraten', und zwar sowohl über die Teilnehmenden und einzelnen Teilen als auch dem Beobachter gegenüber. Der Beobachter, der Zeuge eines solchen Augenblicks im Woolfschen Sinne ist, erkennt etwas von grundlegender Bedeutung über das Beobachtete, zugleich aber auch über sich selbst, etwas Tiefgreifendes, Vollständiges, voll visionärer Intensität. Woolf bewunderte Thomas de Quinceys Fähigkeit, solche Augenblicke in seinen Werken darzustellen, die Fähigkeit, 'sich vom geheimnisvollen Ernst bestimmter Empfindungen überwältigen zu lassen; zu begreifen, wie ein Augenblick fünfzig Jahre an Wert übersteigen kann' (Woolf in 'De Quinceys Autobiographie' [1990, 162]).

In den letzten zwei Jahrzehnten hat *Augenblick* oder auch *Moment* eine andere Bedeutung angenommen; zwar wird noch immer die Intensität betont, die plötzlich entstehen kann, wenn mehrere Elemente zusammentreffen, doch stehen nun soziokulturelle und historische ebenso wie individuelle und subjektive Kräfte im Vordergrund. Der 'Augenblick' der *Left Review* etwa war jene besondere Konzentration gesellschaftlicher, politischer, kultureller Kräfte, aus der der Anstoß zur Gründung der Zeitschrift hervorging sowie auch deren Publikum und der Kontext, in dem das geschehen konnte.

In diesem Sinne weist der Begriff des Augenblicks einige Berührungspunkte mit Althussers Begriff der *Verschmelzung* auf, der für das – vergleichsweise stärker mechanische – Zusammenkommen sozialer und politischer Kräfte steht.

Vergleiche PROBLEMATIK.

Auktorial → ERZÄHLER

Aura Walter Benjamin verwendet den Begriff Aura (Adj.: auratisch) zur Beschreibung jener Mystik, die Kunstwerke oder rituelle Gegenstände wie ein Heiligenschein umgibt; durch mechanische Reproduktionstechniken wie die Photographie wird diese Aura, so Benjamin, letztlich zerstört.

Autodiegetisch → DIEGESE UND MIMESIS

Automatisierung → VERFREMDUNG

Autor Bis vor relativ kurzer Zeit bot der Begriff des Autors kaum Anlaß zu Diskussionen. Seit der Veröffentlichung von im besonderen zwei Aufsätzen – nämlich 'Der Tod des Autors' von Roland Barthes (1977) und 'Was ist ein Autor?' von Michel Foucault (1979) – ist der Terminus *Autor* zu einem ORT heftiger Debatten avanciert. Auf der einfachsten Ebene ist ein Autor natürlich jemand, der ein WERK verfaßt: Emily Brontë ist die Autorin von *Wuthering Heights*. Aber nicht alles, was jemand schreibt, macht ihn, wie Foucault betont, deshalb zu einem Autor: Ein persönlicher Brief trägt zwar die Unterschrift des Schreibers, hat aber trotzdem keinen Autor. Ebensowenig spricht man im allgemeinen bei wissenschaftlichen Theorien von Autoren: wissenschaftliche Arbeiten stehen zu der Person, die sie verfaßt hat, in einer anderen Beziehung als literarische Werke zu ihrem Autor.

Durch den Terminus *Autor* wird, so könnte man auch sagen, nicht einfach nur irgendetwas Schriftliches auf dessen jeweiligen menschlichen Ursprung bezogen: Es muß sich um etwas besonderes Schriftliches handeln, und die durch den Terminus postulierte Beziehung ist mehr als nur ein Ursprungszertifikat. Foucault schreibt dazu: 'Die Funktion Autor ist also charakteristisch für Existenz-, Verbreitungs- und Funktionsweise bestimmter Diskurse in einer Gesellschaft' (1974, 17–8). Postuliert werden damit die allgemeine Kenntnis dieser DISKURSE und die ihre Übertragung und Verbreitung bestimmenden KONVENTIONEN.

Nach Foucault entsteht der Begriff der Autorenschaft im Gefolge dessen, was er 'widerrechtliche Aneignung' nennt: Erst wenn Verfasser von schriftlichen Werken für das, was sie geschrieben haben, bestraft werden, haben diese Werke Autoren, und, so meint Foucault weiter, die Autorenschaft begann damit, daß die, die schrieben, in das 'Eigentumssystem unserer Gesellschaft aufgenommen' wurden (1974, 18). Barthes kommt Foucault hier sehr nahe, indem er den Autor als moderne Gestalt auffaßt, als

> Produkt unserer Gesellschaft insofern, als man, indem man mit dem englischen Empirismus, dem französischen Rationalismus und dem persönlichen Glauben der Reformation das Mittelalter hinter sich ließ, den Wert der Einzelperson, oder, eleganter ausgedrückt, der 'menschlichen Person', entdeckte. (1977, 142–3)

Am meisten Anlaß zu Diskussionen gibt wohl Foucaults Behauptung, daß der *Autor* nicht mit *dem realen Individuum, das das Werk verfaßte,* gleichgesetzt werden darf, da die Autorfunktion 'gleichzeitig mehreren

Egos in mehreren Subjekt-Stellungen Raum geben [kann], die von verschiedenen Gruppen von Individuen besetzt werden können' (1974, 23). Mit einem Autor verbinden wir also eine Reihe typischer Handlungen und Beziehungen, die wir nicht jeder schreibenden Person zuerkennen. Worin diese Handlungen und Beziehungen genau bestehen, ist erwartungsgemäß nicht einfach zu beantworten – vor allem auch deshalb, weil (so Barthes und Foucault) die Autorfunktion sich im Laufe der Geschichte verändert hat und sich weiter verändert.

Vor allem Barthes stellt (wie schon der Titel seines Aufsatzes andeutet) die Macht des Autors *in Frage*, eine Macht, der er spezifisch IDEOLOGISCHE Funktionen zuschreibt. Ein Werk unter Bezugnahme auf die Person, die es verfaßt hat, erklären zu wollen, bedeutet für ihn (indirekt), einem gefährlichen Individualismus anzuhängen und das Werk im vorgestellten Selbst seines jeweiligen Produzenten einzusperren. Die Alternative sieht er in der Bewegung vom Werk zum TEXT, der nicht als persönliche Erklärung des Autor-Gottes zu verstehen ist, sondern als 'Gewebe von Zitaten, die von unzähligen kulturellen Zentren stammen' (1977, 146). Damit wird der Autor im POSTSTRUKTURALISTISCHEN Sinne als Ort und nicht als erzeugende PRÄSENZ aufgefaßt.

Die Position Barthes' ist im Kontext seiner ÉCRITURE-Theorien zu sehen. Für ihn ist die Schrift

> die Zerstörung jeder Stimme, jeden Ursprungs. Die Schrift ist jener neutrale, zusammengesetzte, oblique Raum, wo unser Subjekt entgleitet, der negative Raum, wo jede Identität verloren geht, angefangen von der Identität des schreibenden Körpers. (1977, 142)

Von einem ähnlichen theoretischen Ansatz geht Barthes aus, wenn er feststellt, daß es für Mallarmé die Sprache ist, die spricht, nicht der Autor. 'Der Tod des Autors' ist damit eine Spielart der von der POSTMODERNE und dem POSTSTRUKTURALISMUS geführten Attacke gegen jede Ursprungskonzeption, gegen den Glauben, daß wir alles auf einen *Ursprung* oder einen Kausalprozeß zurückführen und damit (zumindest teilweise) erklären können. Impliziert ist hier in jedem Fall (darüber sind sich Befürworter und Kritiker einig) die Überzeugung, daß es unmöglich ist, zu einer endgültigen BEDEUTUNG oder INTERPRETATION eines Textes zu gelangen. Barthes schließt seinen Aufsatz mit der Feststellung, daß 'die Geburt des LESERS nur um den Preis des Todes des Autors stattfinden kann': das heißt, der Leser kann nur dann unbeschränkte interpretatorische Freiheit erreichen, wenn der Text der Macht des Autors entrissen wird.

Auch jüngere Literaturkritiker, die nicht mehr in der postmodernen und poststrukturalistischen Tradition stehen, lehnen eine Individualisierung des literarischen Werkes ab. Textkritiker wie Jerome J. McGann (1983) etwa machen auf die Kluft aufmerksam, die zwischen dem Autor, als alleiniger Schöpfer eines Werkes betrachtet, und dem tatsächlichen literarischen Produktionsprozeß besteht, zu dem auch die Beziehung zwischen dem Verfasser und einer Reihe anderer Personen und Institutionen – Verleger, Herausgeber, Mitarbeiter, Zensur, Kritiker usw. – gehört.

Nun ist zwar richtig, daß der Begriff des Autors vor der Veröffentlichung der genannten Arbeiten relativ unproblematisch war; ganz so einfach, wie man heute vielfach behauptet, scheinen es sich die Leser und Kritiker früherer Zeiten (ganz zu schweigen von den Autoren selbst) aber doch nicht gemacht zu haben. Die folgenden Kommentare mögen hier genügen: 'Ist ein Autor, ist er erst einmal tot, so gut wie er zu Lebzeiten war, könnte er genausogut schon zu Lebzeiten tot sein'; 'Wenn der wirkliche Autor von seinen zeitgenössischen Kritikern schon so wenig beachtet wird, wird es ihm bei seinen zeitgenössischen Lesern nicht viel besser ergehen'. Diese Kommentare stammen von William Hazlitt, einem angesehenen Essayisten im frühen 19. Jahrhundert; sie sind seinen Essays 'On Thought and Action' bzw. 'On Criticism' entnommen (Hazlitt o.J., 107, 214).

Wayne C. Booth prägte in seinem Buch *Die Rhetorik der Erzählkunst* (1974; engl. Original 1961) das Begriffspaar *impliziter Autor* und *impliziter Leser*. Der *implizite Autor* (*implied author*) ist in der Literaturwissenschaft inzwischen ein durchaus gängiger Terminus und bezeichnet die Vorstellung, die sich der Leser vom Autor, der als Schaffender hinter dem literarischen Werk steht, macht, und zwar auf Grund jenes Bildes, das der Autor selbst im Werk angelegt hat. Der implizite Autor kann von der real existierenden Person, die das Werk tatsächlich geschrieben hat, sehr verschieden sein, eine Tatsache, der sich ein Leser im allgemeinen nicht vordergründig (oder überhaupt nicht) bewußt ist. Wenn also ein Literaturkritiker oder -wissenschaftler über die Romane 'Jane Austens' spricht, meint er entweder die historische Persönlichkeit Jane Austen, oder aber, was sehr oft der Fall ist, die Autorin, wie sie in einem oder mehreren Romanen impliziert ist.

Autorrede → Diskurs

Avantgarde → Moderne und Postmoderne

Axiologischer Horizont → Horizont

B

Backgrounding → VERFREMDUNG

Basis und Überbau Im Mittelpunkt der traditionellen MARXISTI-
SCHEN Geschichts- und Gesellschaftsphilosophie steht die analytische
Unterscheidung zwischen Basis und Überbau. Die berühmteste Formulierung dieser Unterscheidung findet sich in Karl Marx' *Zur Kritik der
politischen Ökonomie* (1859):

> In der gesellschaftlichen Produktion ihres Lebens gehen die Men-
> schen bestimmte, notwendige, von ihrem Willen unabhängige Ver-
> hältnisse ein, Produktionsverhältnisse, die einer bestimmten Ent-
> wicklungsstufe ihrer materiellen Produktivkräfte entsprechen. Die
> Gesamtheit dieser Produktionsverhältnisse bildet die ökonomische
> Struktur der Gesellschaft, die reale Basis, worauf sich ein juristischer
> und politischer Überbau erhebt, und welcher bestimmte gesellschaft-
> liche Bewußtseinsformen entsprechen. Die Produktionsweise des
> materiellen Lebens bedingt den sozialen, politischen und geistigen
> Lebensprozeß überhaupt. Es ist nicht das Bewußtsein der Men-
> schen, das ihr Sein, sondern umgekeht ihr gesellschaftliches Sein,
> das ihr Bewußtsein bestimmt. (1964, 838)

Traditionelle Marxisten unterscheiden demnach zwischen – hinsichtlich
ihrer Entstehung und ihrer historischen Wirkung – primären und sekundären Elementen in einer Gesellschaft: auf der einen Seite steht die
ökonomische Struktur der Gesellschaft, die reale Basis (als das Primäre), auf der anderen Seite der *Überbau* (als das Sekundäre). Außer den
(von Marx genannten) juristischen und politischen Erscheinungsformen
werden zum Überbau in der Regel auch andere kulturelle und intellektuelle Phänomene gezählt, wie etwa (in einigen Darstellungen) die
Literatur.
   Eine solcherart analytische Betrachtungsweise impliziert unweigerlich
die Auffassung, daß man, um Literatur verstehen zu können, das primäre Phänomen, als dessen sekundäre Widerspiegelung sie gilt, verstehen
muß: nämlich die ökonomische Basis der Gesellschaft. Die marxistische
Literaturwissenschaft hat daher mehr oder weniger nachdrücklich versucht, die Literatur mit dieser 'realen Basis' – als deren Widerspiegelung
oder als deren Ausdruck – in Beziehung zu setzen.

Terry Eagleton ist zum Beispiel der Ansicht, daß die 'marxistische Literaturtheorie Teil eines größeren theoretischen Analyseapparates ist, mit dessen Hilfe man *Ideologien* zu verstehen sucht', wobei er IDEOLO-GIEN im Überbau ansiedelt (1976, viii, 4).

Es gab innerhalb des Marxismus zahlreiche Versuche, die oben skizzierte Position Marx' zu modifizieren und zu mildern, und nach Marx' Tod räumte Friedrich Engels ein, daß sie beide, um das theoretische Primat der ökonomischen Basis zu betonen, das Ausmaß, in dem der Überbau auf die Basis zurückwirkt, zu niedrig veranschlagt hatten.

Darüber hinaus zählen zu den 'materiellen Produktivkräften' nicht nur Maschinen und Fabriken, sondern auch menschliche Fähigkeiten. Ein Beispiel: Eine ganz oder größtenteils aus Analphabeten bestehende Gesellschaft ist in unserer modernen Welt in geringerem Maße in der Lage, Reichtum zu produzieren als eine Gesellschaft, deren Arbeiter lesen und schreiben können. Die Bildung spielt hinsichtlich der Produktivkräfte also eine Rolle. Marx' Feststellung im ersten Band des *Kapitals*, daß der Unterschied zwischen dem schlechtesten Baumeister und der besten Biene darin liegt, daß der Baumeister 'die Zelle in seinem Kopf gebaut hat, bevor er sie in Wachs baut' (1988, 193), läßt den Schluß zu, daß auch die Vorstellungskraft der Menschen zu den Produktivkräften zu zählen ist. Wenn also die Literatur zur Entwicklung der Bildung und der Vorstellungskraft beiträgt, kann man sie schwerlich ganz und gar in Marx' Überbau relegieren.

Richard Harland prägte vor einigen Jahren den Begriff *superstructuralism* für die Richtung, die eine Gruppe jüngerer Theoretiker einschlugen und die 'unsere gewohnten Basis-und-Überbau-Modelle auf den Kopf stellt, so daß das, was wir bisher als Überbau betrachtet haben, Priorität hat vor dem, was für uns bisher die Basis war' (1987, 1–2). Harland bezieht sich hier nicht nur auf STRUKTURALISTEN und POST-STRUKTURALISTEN, sondern auch auf SEMIOTIKER, Foucaultianer und Althussersche Marxisten.

Bedeutung und Signifikanz   (*Meaning* und *significance*) In der literaturkritischen Diskussion hat der Begriff *Bedeutung* immer eine zentrale Rolle gespielt, war aber nie so umstritten wie er es in jüngster Zeit ist (siehe weiter unten). Die Paarung der Begriffe *Bedeutung* und *Signifikanz* (*meaning* und *significance*) geht auf den amerikanischen Hermeneutiker E.D. Hirsch zurück. In seinem Buch *Validity in Interpretation* definiert er die beiden Begriffe wie folgt:

Bedeutung ist das, was von einem Text dargestellt wird; das, was der Autor durch eine bestimmte Zeichenfolge ausdrücken wollte; das, wofür die Zeichen stehen. *Signifikanz* bezeichnet andererseits die Beziehung zwischen dieser Bedeutung und einer Person, einer Konzeption, einer Situation oder irgend etwas Beliebigem. (1967, 8)

Diese Definition ist natürlich im Kontext einer immer heftiger geführten Debatte um Rolle und Autorität von AUTOR und LESER bei der INTERPRETATION literarischer WERKE zu sehen; sie verfügt eine klare Trennung der Gewalten: Der Autor ist für die Bedeutung verantwortlich, während die Signifikanz sich aus der Wechselwirkung zwischen dieser Bedeutung und dem, was außerhalb des Werkes liegt, ergibt. Wenn also Milton die Wahrheit sagte, als er behauptete, daß er durch die Verwendung der 'bestimmten Zeichenfolge', die 'Paradise Lost' ist, das Walten Gottes gegenüber den Menschen rechtfertigen wollte (dies mag hier als Kürzel für eine weit komplexere Intention stehen), dann *ist* genau das die Bedeutung von 'Paradise Lost'. Wenn nun aber ein bestimmter Leser bei der Lektüre des Gedichts an seinen eigenen Glaubenswechsel denkt, nachdem eine frühere Lektüre diesen wesentlich mitbedingt hat, dann besteht darin (zum Teil) die *Signifikanz* dieses Werkes für diesen Leser.

Für Hirsch muß Signifikanz nicht immer so persönlich und idiosynkratisch sein, und sie ist auch nicht ganz willkürlich: Wenn das Papier der ersten Ausgabe, in der jemand 'Paradise Lost' gelesen hat, gelb war, so daß er jedesmal, wenn er das Gedicht liest, an Bananen denkt, dann handelt es sich dabei nach Hirschs Definition *nicht* um Signifikanz, weil hier keine Beziehung zwischen der auktorialen *Bedeutung* (wie er sie definiert) und etwas anderem besteht. Nach Hirsch gebietet der Autor also sowohl über die Bedeutung als auch über die Signifikanz, nur ist seine Macht über letztere in stärkerem Maße VERMITTELT und weniger absolut.

Diese Unterscheidung kommt jenen entgegen, die den Autor noch nicht ganz begraben wollen, aber zugleich doch der Ansicht sind, daß bei der Lektüre eines literarischen Werkes auch persönliche Elemente mitspielen und daß Leser – einzeln oder im Kollektiv – auch zu den künstlerischen und ÄSTHETISCHEN Erfahrungen, die ein Werk vermittelt, beitragen, daß diese nicht alle vom Autor im Werk angelegt werden wie etwa CODES vom Programmierer in einem Computerprogramm festgeschrieben werden.

Hirsch ist mit seiner Theorie aber auch auf Kritik gestoßen. Vor allem widersprachen ihm die Verfechter des 'intentionalen Trugschlusses', die davon ausgehen, daß ein literarisches Werk mit seinem Autor nichts mehr zu tun hat, sobald es geschaffen worden ist, und die seine Bedeutung fortan im Werk selbst sehen und nicht darin, was der Autor beabsichtigte. Auf Ablehnung stieß Hirsch aber auch im Lager derjenigen, die den Tod des Autors proklamieren und seine Position noch der METAPHYSIK DER PRÄSENZ verpflichtet sehen, die nach einem feststehenden ZENTRUM strebt, um das freie Spiel der SIGNIFIKANTEN im Werk zu hemmen.

Kritik ist auch noch von anderen Seiten gekommen. Trotz der späteren Modifikation seiner Position dahingehend, daß er auch die *Implikationen* berücksichtigte, die sich aus der Intention des Autors ergeben, aber dem Autor, als er das Werk verfaßte, nicht klar waren oder klar sein konnten, hat Hirsch mit seinem Beharren auf der Autorintention bei vielen Unbehagen ausgelöst. So hält man etwa seine Überbetonung der Bedeutung an sich schon für verfehlt, nachdem ein literarisches Werk nicht wie eine ÄUßERUNG eine Bedeutung habe: es sei vielmehr Gegenstand der Interpretation oder der WÜRDIGUNG. Von diesem Standpunkt aus betrachtet ist die Frage, was ein literarisches Werk bedeutet, nicht viel sinnvoller als die Frage nach der Bedeutung einer griechischen Urne oder eines Tauchgangs im Meer: literarische Werke sind keine Äußerungen, sondern ÄSTHETISCHE Gegenstände. (Siehe dazu Stein Haugom Olsens Aufsatz 'The "Meaning" of a Literary Work' [1987, 53–72].)

Diese Überlegungen spielen vor allem in Hinblick auf die Interpretation literarischer Werke eine wesentliche Rolle, denn vertritt man die Auffassung, daß 'die' Bedeutung eines literarischen Werkes davon abhängt, was der Autor meinte, indem er bestimmte ZEICHEN verwendete, dann versteht man unter Interpretation eben einfach nur den Versuch herauszufinden, was der Autor mit 'seiner Verwendung einer bestimmten Zeichenfolge' meinte. Von 'einfach' kann man hier natürlich nur auf theoretischer Ebene sprechen: in der Praxis wird es sicher nicht einfach und bisweilen sogar unmöglich sein, aber wenigstens wird der Interpret wissen, was er denn herauszufinden versucht. Wenn der Interpret nun aber davon überzeugt ist, daß der Autor entweder tot ist bzw. es nicht sehr gut um ihn bestellt ist, oder er, soweit es ums literarische Werk geht, ORT und nicht Ursprung ist, dann wird jede Interpretation theoretisch und praktisch zum Problem. Der nächste Schritt wäre dann unter Umständen die Schlußfolgerung, daß jede Interpretation an sich eine unsinnige Tätigkeit ist, denn wenn literarische Werke auch im Kontext ihrer ABSENZEN und Leerstellen gesehen werden müssen, oder im Licht der Tatsache, daß sie von Kräften, die nicht in ihnen selbst oder im Autor angelegt sind, in Bedeutungssysteme eingefügt werden, dann kann sich die Suche nach Bedeutung nicht vorrangig innerhalb des Werkes oder der Autorintention bewegen. Ist man nun dieser Ansicht, wird man im allgemeinen aber nicht sehr gerne akzeptieren, daß man sich dann mit der *Signifikanz* des Werkes – wie Hirsch sie definiert – auseinandersetzt, weil man damit implizit auch Hirschs Definition von *Bedeutung* akzeptieren würde.

→ VERZÖGERTE BEDEUTUNG; AUTOR

Begehren   In einer Reihe moderner Theorien – häufig in Verbindung mit dem Bestreben, das SUBJEKT oder die Subjektivität zu DEKONSTRUIEREN oder in eine Theorie zu fassen – spielen die Termini *Begehren* bzw. *Verlangen* sowie die entsprechenden Verben eine zentrale Rolle, sind aber keineswegs klar definiert und werden auch nicht einheitlich verwendet. Nach Michel Foucault haben moderne Wissenschaften wie die Psychoanalyse, die Linguistik und die Ethnologie 'das Subjekt im Verhältnis zu', unter anderem, 'den Gesetzen seines Verlangens ... dezentriert' (1973, 24), und das Verlangen bzw. Begehren erfüllt nun in Theorien, die das Subjekt als ORT und nicht mehr als bestimmenden Ursprung oder als PRÄSENZ auffassen, eine wichtige, wenn auch nicht immer dieselbe, Funktion. Für Jacques Lacan ist, nachdem das Subjekt zwischen dem Bewußtsein, dessen Inhalte problemlos abgerufen werden können, und den unbewußten Trieben gespalten ist und auch weiß, daß das, was es weiß, nicht alles ist, das Begehren dieses *Anderen* ein wesentlicher Bestandteil des Subjekts. So könnte man zumindest die Position dieses berüchtigt schwierigen Autors umreißen; für eine umfassendere Auseinandersetzung sei, unter anderem, auf Lacans *Schriften* (1975, 165–204) verwiesen. Ein Zitat daraus soll an dieser Stelle genügen:

> Hier läßt sich erkennen, daß die Unwissenheit, der der Mensch in bezug auf sein Begehren verhaftet bleibt, weniger eine Unwissenheit ist in bezug auf das, was er beansprucht (das läßt sich ja letztlich ausmachen), als vielmehr eine Unwissenheit hinsichtlich des Punkts, von wo aus er begehrt.
> Eine Antwort darauf stellt unsere Formel dar, daß das Unbewußte Diskurs des Andern ist, besser: über den Anderen im Sinne des lateinischen (als objektive Bestimmung): *de Alio in oratione (tua res agitur,* wie man ergänzen könnte).

> Dem wäre aber hinzuzufügen, daß das Begehren des Menschen das Begehren des Andern ist, wobei diesmal das "des" in dem Sinn zu nehmen ist, den die Grammatiker subjektiv nennen, d.h. daß der Mensch als Anderer begehrt (worin die wahre Tragweite der menschlichen Leidenschaft liegt). (1975, 190)

Für Lacan hat Begehren auch immer mit PHALLOZENTRISMUS zu tun, weil das Kind das Begehren der Mutter begehrt und sich 'mit dem imaginären Objekt dieses Begehrens identifiziert, sofern die Mutter selber es im Phallus symbolisiert' (1975, 87).

Wie wohl zu erwarten, stehen FEMINISTISCHE Kritikerinnen dem Konzept des Begehrens, wie immer es im einzelnen definiert werden mag, sehr interessiert, aber zugleich auch argwöhnisch gegenüber. Catharine A. MacKinnon etwa wählt den Begriff 'Begehren', wie sie sagt, als Parallele zum 'Wert' in der MARXISTISCHEN Theorie, um etwas zu beschreiben, 'das man als primordial oder ursprünglich empfindet, das aber in der Theorie als gesellschaftlich und zufällig eingestuft wird' (1982, 2). MacKinnon distanziert sich vehement davon, wie der Begriff etwa von Jean-Paul Sartre oder auch von Gilles Deleuze und Félix Guattari in *Anti-Ödipus. Kapitalismus und Schizophrenie* verwendet wird. In den Werken dieser Autoren, so MacKinnon, führt das Begehren zu sexueller Verdinglichung, wodurch 'die Unterwerfung der Frau hauptsächlich' bewerkstelligt wird (1982, 27). Deleuzes und Guattaris Sicht des Menschen als 'Wunschmaschine' hält sie etwa entgegen, daß 'Frauen keine Wunschmaschinen' sind (1982, 27).

→ SYNTAGMATISCH UND PARADIGMATISCH (Metonymie als Begehren)

Bild   Der Begriff (englisch *image*) hat seit der Blütezeit des NEW CRITI-CISM, in dem er eine zentrale Rolle spielte, sehr an Popularität verloren. Zu einem Teil muß das darauf zurückgeführt werden, daß man sich der Bedeutung des Begriffs nicht mehr sicher war; in seinen 1970 gerade zur rechten Zeit veröffentlichten *Reflections on the Word 'Image'* legte P.N. Furbank diese Zweifel unmißverständlich und polemisch dar.

> Das Problem mit dem Wort 'imagery' ist, daß es sich wohl auf einen technischen Aspekt von Literatur zu beziehen scheint – wie 'Rhythmus' oder 'Strophe' oder 'Metapher' –, daß sich aber nicht so einfach sagen läßt, *worauf.* (1970, 60)

Das Wort *image* bzw. *Bild* wird, so schreibt Furbank weiter, in ganz verschiedenen und widersprüchlichen Bedeutungen verwendet, so etwa als Ausdruck für 'geistiges Bild' bis hin zu einer Bezeichnung für META-PHER, Vergleich oder Symbol. Es liegt eine gewisse Ironie darin, daß er dabei mit den Waffen der New Critics gegen einen ihrer bevorzugten Begriffe vorgeht: Bilder in einem Werk zu abstrahieren, so behauptet er, heißt, eines der wichtigsten Prinzipien der modernen Literaturkritik zu ignorieren, nämlich daß ein literarisches Werk 'ein vollständiges Ganzes ist und die einzelnen Teile, aus denen es besteht, nur als Teile dieses Ganzen Bedeutung haben' (1970, 12).

Obwohl der Begriff seine große Popularität eingebüßt hat und trotz der etwa von Furbank festgestellten Unklarheit seiner Bedeutung, sprechen Literaturkritiker auch heute noch gerne von *Bildern* oder *Bildlichkeit*, wenn es um bildliche Sprache im allgemeinen geht oder um jene Elemente in literarischen Werken, die man eher als KONKRET denn als *abstrakt* bezeichnen würde und die die *Sinne* anzusprechen scheinen – den Leser auf besondere Art und Weise den Geschmack, das Gefühl, den Geruch, den Klang oder die Erscheinung von etwas sinnlich erfahren lassen.

Binär/Binarismus

Binäre Oppositionen bilden die Grundlage DIGITA-LER Kommunikationssysteme, wobei *kontinuierliche Variationen* auf *diskrete Entweder/Oder-Unterscheidungen* reduziert werden. Dieser Prozeß ist für die menschliche Sprache fundamental: Ein klassisches Beispiel ist das Farbspektrum, das eigentlich kontinuierlich ist, aber vom Menschen in diskrete Segmente zerlegt wird, für die es in den verschiedenen Sprachen verschiedene Bezeichnungen gibt. Dabei digitalisieren nicht alle menschlichen Sprachen das Farbspektrum genau gleich bzw. vermittels derselben Reihe von DIFFERENZEN. Viele KULTURELLE Phänomene beruhen auf binären Oppositionen: Mit der Aussage 'Wer nicht für uns ist, ist gegen uns' wird zum Beispiel etwas, was oft eine Reihe ANALOGER Variationen wäre, kulturell bedingt in eine binäre Opposition gezwängt.

Binäre Oppositionen spielen auch in der modernen Sprachwissenschaft eine bedeutende Rolle. Jonathan Culler zitiert in diesem Zusammenhang den Linguisten Charles Hockett: 'Wenn wir im Umkreis von etwas, was wir als Sprache erkennen, auf kontinuierliche Kontraste stoßen, schließen wir diese aus der Sprache aus' (Culler 1975, 14).

Der STRUKTURALISMUS hat dieses Prinzip von der modernen Sprachwissenschaft übernommen und zu einem wichtigen – vielleicht sogar dem wichtigsten – Grundsatz der strukturalistischen Theorie erhoben. Bei der strukturalen ANALYSE wird typischerweise im zu untersuchenden

Material oder TEXT nach hierarchischen Ketten binärer Oppositionen gesucht: Der Titel von Claude Lévi-Strauss' *Das Rohe und das Gekochte* mag dafür als symptomatisch betrachtet werden. Auch Jacques Derridas Wortprägung DIFFÉRANCE leitet sich direkt von der strukturalistischen Betonung binärer Oppositionen ab.

Die Frage nach dem Status binärer Oppositionen ist noch umstritten: Sind sie ein brauchbares *analytisches Werkzeug* oder sind sie *fundamentale sprachliche (oder andere) Einheiten*?

Siehe dazu den ausführlicheren Eintrag DIGITALE UND ANALOGE KOMMUNIKATION.

Binnenerzählung → RAHMEN

Biokritik   Eine (im allgemeinen, wenn auch nicht notwendig) FEMINISTISCHE literaturkritische Richtung, die biologische Faktoren als in der Hauptsache für die Produktion oder Rezeption literarischer WERKE verantwortlich betrachtet. Von der feministischen Biokritik wird erwartungsgemäß großes Gewicht auf den UNTERSCHIED im biologischen GESCHLECHT gelegt.

→ ÉCRITURE FÉMININE

Biologismus   Die Auffassung, daß biologische Merkmale und UNTERSCHIEDE in sozialen oder KULTURELLEN Dingen eine wichtige oder (meist sogar) bestimmende Rolle spielen, wobei biologischen Kräften zugeschrieben wird, was eigentlich auf das Konto von IDEOLOGIEN und von sozial bedingtem Rollenverhalten geht. Von diesem Standpunkt aus gesehen, gehen die Unterschiede zwischen Männern und Frauen auf angeborene biologische Merkmale zurück und sind nicht das Ergebnis sozialen Drucks, sozialer Einflüsse oder kultureller Konditionierung. Hierher gehört auch die Ansicht, daß Kriege die Folge eines dem Menschen angeborenen biologischen Triebes sind. Diese Haltung wird manchmal auch als *Naked-ape-ism* bezeichnet, nach dem erfolgreichen populärwissenschaftlichen Buch *The Naked Ape* (dt. *Der nackte Affe*, 1968), in dem der Autor Desmond Morris die Menschen als 'nackte Affen' betrachtet.

Der Begriff ist vor allem in FEMINISTISCHEN und dem Feminismus nahestehenden Kreisen im Zusammenhang mit der Frage geläufig, welche Rolle biologischen Faktoren in der Herausbildung GESCHLECHTspezifischen Verhaltens zukommt.

Bodice-ripper-Romane Der Begriff wurde von der Verlagsindustrie geprägt und steht für eine besondere Art von Schundromanen für Frauen, in denen ein gewisses Maß an ritualisierter, aber normalerweise nicht extremer Gewalt gegen Frauen (vor allem gegen die Heldin) vorkommt. Die schlechte Behandlung, die der Heldin zuteil wird, kann als eine Art VERDRÄNGTER Erotik gesehen werden. Die *bodice-ripper*-Literatur ist ein Beispiel für FORMELHAFTE POPULÄRE Literatur. Diesem Subgenre können etwa die Romane von Catherine Cookson zugerechnet werden.

Brechung Nach Michail Bachtin sind, wie der Herausgeber der englischsprachigen Aufsatzsammlung *The Dialogic Imagination* es formuliert, die Intentionen eines Prosaschriftstellers der Brechung durch 'bereits beanspruchtes Territorium' unterworfen (1981, 432). Geschriebenes ändert auf dem Weg vom Verfasser zum LESER ebenso seine Richtung wie ein Lichtstrahl, wenn er auf ein Prisma auftrifft. Metaphorische Prismen finden sich sowohl innerhalb eines WERKES (die verschiedenen Stimmen, die der AUTOR im Textverlauf annimmt) als auch außerhalb: Sprachgebräuche und Assoziationen in der KULTUR des Lesers oder Kritikers, durch die sich die Worte eines Autors durchkämpfen müssen, um zum Leser bzw. Kritiker vorzudringen – in dessen Bewußtsein es noch zu vielen weiteren Brechungen kommen kann.

Wenig überzeugend scheint allerdings die Unterscheidung, die Bachtin in diesem Zusammenhang zwischen Prosa und Lyrik trifft.

Bricoleur In seinem Buch *Das wilde Denken* unterscheidet Claude Lévi-Strauss zwischen ZEICHENsystemen des modernen und des primitiven Menschen. Der moderne Mensch bedient sich wie ein Ingenieur spezialisierter und eigens angefertigter Werkzeuge und Materialien, während der primitive Mensch eher einem Bastler oder *bricoleur* gleicht, der das an Material verwendet, das ihm gerade zur Hand ist, um daraus seine *Bastelei* (*bricolage*) anzufertigen.

> Die Eigenart des mythischen Denkens besteht nun aber darin, sich mit Hilfe von Mitteln auszudrücken, deren Zusammensetzung merkwürdig ist und die, obwohl vielumfassend, begrenzt bleiben; dennoch muß es sich ihrer bedienen, an welches Problem es auch immer herangeht, denn es hat nichts anderes zur Hand. Es erscheint somit als eine Art intellektueller Bastelei... (1968, 29)

Als ein literarisches Beispiel eines *bricoleur* nennt Lévi-Strauss die Figur des Wemmick in Charles Dickens' *Great Expectations*, weil Wemmick aus dem ihm zur Verfügung stehenden Rohmaterial einen Art MYTHOS schafft: Die Teile seiner Vorstadtvilla werden mythisch zum Schloß (1968, 30).

Die ZeichenSYSTEME des primitiven Menschen sind, so Lévi-Strauss weiter, tendenziell weniger WILLKÜRLICH oder unmotiviert – also MOTIVIER-TER – als die des modernen Menschen. Das hängt mit den unterschied-lichen Denksystemen und -gewohnheiten zusammen, denn während der moderne Mensch in der Lage ist, die abstrakten Zeichensysteme, die er verwendet, von der KONKRETEN Wirklichkeit, die sie beschreiben, zu un-terscheiden, nimmt der primitive Mensch durch den motivierten Charak-ter seiner Zeichensysteme die Interdependenz zwischen der Wirklichkeit und den Zeichensystemen stärker wahr. Für Lévi-Strauss hat das parado-xerweise zur Folge, daß das Denken des primitiven Menschen sowohl konkret als auch abstrakt ist, und daß die Trennung des Konkreten vom Abstrakten für den modernen Menschen leichter ist.

In derselben Erörterung der *bricolage* stellt Lévi-Strauss fest, daß 'jeder weiß, daß der Künstler zugleich etwas vom Gelehrten und etwas vom Bastler hat', und daß sich 'die Kunst auf halbem Wege zwischen wissenschaftlicher Erkenntnis und mythischem oder magischem Denken einfügt' (1968, 36). Des weiteren, so Lévi-Strauss, ist das Kunstwerk vom Mythos zu unterscheiden, insofern als der Künstler von einer Gesamtheit ausgeht, 'die aus einem oder mehreren Objekten und einem oder mehreren Ereignissen besteht und die der ästhetischen Schöpfung durch das Sichtbarmachen einer gemeinsamen Struktur den Charakter der Totalität verleiht', während der Mythos eine Struktur verwendet, 'um ein absolutes Objekt hervorzubringen, das den Aspekt einer Ge-samtheit von Ereignissen bietet (denn jeder Mythos erzählt eine Ge-schichte)' (1968, 40). Diese Unterscheidung ist mit jener vergleichbar, die zwischen dem Epos oder anderen ERZÄHLFORMEN, die vor dem Roman existierten, und dem 'eigentlichen Roman' getroffen wird. Dabei wird das Revolutionäre des Romans vor allem darin gesehen, daß er von konkreten (und 'neuen') Einzelheiten ausgeht, nicht von überlieferten Geschichten oder Charakteren. Beim Roman wird nach Lévi-Strauss die ÄSTHETISCHE Struktur gefunden oder geschaffen, während sie beim Epos als Ausgangspunkt vorgegeben ist.

Jacques Derrida unternahm den Versuch, die Opposition zwischen dem bricoleur und dem Ingenieur zu DEKONSTRUIEREN, indem er behauptete, wenn es sich bei der bricolage um die Notwendigkeit handle, 'seine Begriffe dem Text einer mehr oder weniger kohärenten oder zerfallenen Überlieferung entlehnen zu müssen', müsse man zugeben, daß 'jeder Diskurs Bastelei ist' (1972a, 431). Dieser Gedanke war für Derrida natürlich vor allem interessant, weil sich eine Einheit oder absolute Quelle im Falle der bricolage leichter leugnen läßt als im Falle anderer TEXTE – es sei denn, daß es sich bei *allen* Texten um bricolages handelt, da dann kein Text eine solche Einheit oder absolute Quelle besitzen kann – ebensowenig wie eine PRÄSENZ, ein ZENTRUM oder irgendeine andere hierarchische Ordnung.

Auch für Autoren, die sich mit der MODERNE und der POSTMODERNE beschäftigen, hat das bricolage-Konzept eine gewisse Relevanz, und zwar im Kontext der für die (Post-)Moderne typischen Verbindung von 'gefundenen' Objekten zu neuen STRUKTUREN, die ihre Diversität und Heterogenität herausstreichen.

Brisur   Unter einer *Brisur* (frz. *brisure*) versteht Jacques Derrida ein spezielles Wort, dessen paradoxe Logik vermittels einer dekonstruktivistischen Analyse erforscht werden muß. Solche Brisuren bewirken, so Robert Young in seiner Erörterung dieses Begriffs bei Derrida, daß 'die Oppositionen, in denen wir gewöhnlich denken und die für das Überleben der Metaphysik in unserem Denken verantwortlich sind, niedergerissen werden' (1981, 18).

C

Cancelled character   Der englische Begriff *cancelled character* (annullierte Figur) wurde von Brian McHale geprägt und bezeichnet eine literarische Figur, die als textuelle Funktion enthüllt und nicht mehr als 'ganzes Wesen' mit eigener Identität gesehen wird. McHale nennt als Beispiel Tyrone Slothrop aus Thomas Pynchons *Gravity's Rainbow*, der

> dieses textualisierte Konzept der literarischen Figur repräsentiert: Er beginnt bestenfalls als marginales Selbst und wird dann buchstäblich zu einer Anhäufung von *Buchstaben*, nichts als Wörtern. Der Raum, in dem er sich verliert, ist nicht nur ein heterotopisch projizierter Raum, sondern, wortwörtlich, ein geschriebener Raum, und sein Zerfall 'enthüllt' die Absorbierung der Figur durch den Text. (1987, 105)

Nach McHale läßt dieses Beispiel klar erkennen, was viele POSTMODERNE literarische Figuren mehr oder weniger auszeichnet: 'die unumgängliche Geschriebenheit der Figur' (1987, 105). Auch Autoren der MODERNE bedienten sich für ihre literarischen Charakterentwürfe dieser Technik, wie etwa Kafka für die Figur des Klamm in *Das Schloß*.

Chiasmus   Eigentlich eine rhetorische Stilfigur, der in mehr oder weniger komplizierter Form das Muster AB BA zugrundeliegt. So beginnt etwa der letzte Satz in James Joyces Erzählung 'The Dead': 'His soul swooned slowly as he heard the snow falling faintly through the universe, and faintly falling ...'. Die WIEDERHOLUNG mit gleichzeitiger Inversion der Wörter *falling* und *faintly* ist ein Beispiel für Chiasmus. In der deutschen Übersetzung geht der Chiasmus verloren: Georg Goyert übersetzte: 'Langsam schwand seine Seele, als er den Schnee leise durch das Universum fallen hörte, leise herabfallen hörte...'. Dieter E. Zimmer: 'Langsam schwand seine Seele, während er den Schnee still durch das All fallen hörte, und still fiel er...'.

Der finnische Literaturkritiker Ralf Norrman verwendet den Begriff in seinen zwei Büchern über Henry James (1982) und Samuel Butler (1985) in einem erweiterten Sinne. Er versucht nachzuweisen, daß symmetrische Muster eine fixe Idee beider Schriftsteller waren und daß sich ihre Werke auf der Makroebene entsprechend durch chiastische Muster auszeichnen.

Clinamen → REVISIONISMUS

Chronologische Abweichung → ANACHRONIE

Code   Bedingt durch den Einfluß der Linguistik und SEMIOTIK hat der Begriff *Code* in den letzten zwei Jahrzehnten in der Literaturkritik und Literaturtheorie zunehmend Verwendung gefunden. Vor allem für Theoretiker, denen es um literatursoziologische Zusammenhänge und Fragen der LITERARIZITÄT geht, ist der Begriff auch deshalb attraktiv geworden, weil er eine zwischen Autor und LESER bestehende Beziehung impliziert und davon ausgeht, daß beide über dieselben für systematische Transformationen maßgeblichen KONVENTIONEN verfügen. Daneben impliziert der Terminus aber auch, daß ein literarisches Werk immer einiges enthält, was einem Leser, der nicht über den richtigen Code verfügt, verborgen bleiben muß. (Siehe in diesem Zusammenhang auch den Eintrag INTERPRETATIONSGEMEINSCHAFT.)

Roland Barthes entwickelte eine Theorie der literarischen Codes, wonach fünf verschiedene Codes dem Leser bei der Lektüre gestatten, im literarischen Werk einzelne Elemente zu erkennen und zu identifizieren und sie bestimmten Funktionen zuzuordnen. Diese fünf Codes beschreibt er wie folgt:

Der *proairetische Code* bestimmt das Textverständnis des Lesers (Verständnis des PLOT, des Handlungsablaufes).

Der *hermeneutische Code* ist auf die INTERPRETATION gerichtet, vor allem auf die auf Plot-Ebene aufgeworfenen Fragen und Antworten.

Der *semische Code* bezieht sich auf jene Textelemente, auf die der Leser seine Wahrnehmung der literarischen Figuren gründet.

Der *symbolische Code* bestimmt, wie der Leser symbolische Bedeutungen auslegt.

Der *Referenzcode* besteht aus Bezugnahmen im Text auf KULTURELLE Phänomene. (Nach Barthes 1990, 23–4; die Codes werden auch in Barthes 1975 diskutiert.)

Außer Barthes selbst haben nur wenige Literaturkritiker diese Begriffe bisher verwendet; einer dieser wenigen ist Robert Scholes, der in seinem Buch *Semiotics and Interpretation* die von Barthes entwickelten Codes auf die Kurzgeschichte 'Eveline' von James Joyce anwendet (1982, 99–104).

In seinen anderen Schriften verweist Barthes auf eine Reihe weiterer Codes. So nennt er etwa auf zwei Seiten seiner 'Textanalyse einer

Erzählung von Edgar Allan Poe' (1988, 272–4) den metasprachlichen Code, den sozio-ethnischen Code, den symbolischen Code, den sozialen Code, den narrativen Code, den kulturellen Code, den wissenschaftlichen Code und den wissenschaftlich-deontologischen Code. Damit deutet Barthes an, daß verschiedene DISKURSE in einer Kultur- oder Interpretationsgemeinschaft so codiert sind, daß sie den Leser an einem bestimmten Punkt der Lektüre eines literarischen Werkes auf das richtige Interpretationsverfahren hinweisen.

In der literaturkritischen Diskussion spielt der Begriff Code eine wichtige Rolle, wenn es um Fragen der INTERPRETATION geht. Ein ZEICHEN oder eine Zeichenfolge zu decodieren heißt, auf eine bereits vorhandene BEDEUTUNG oder NACHRICHT zurückzugreifen, wohingegen es sich bei der Interpretation (zumindest in den Augen einiger Theoretiker) um eine Neuschöpfung handelt.

Da sich die Debatte vor allem darum dreht, ob der Interpretierende auch etwas Neues erschafft oder nicht, wird der Kritiker, der mit Begriffen wie *Code* oder *decodieren* operiert, dem Lager derjenigen zugerechnet, die in der Interpretation keine schöpferische Tätigkeit sehen. Jonathan Culler trat als einer der ersten gegen die Verwendung dieser Begriffe auf, indem er feststellte, daß 'man Sätze, die man hört, eher interpretiert als decodiert' (1975, 19). Zwar bezog er sich damit auf die Erlernung natürlicher Sprachen, doch gilt sein Einwand wohl in noch stärkerem Maße für die Literaturkritik.

Obwohl, wie bereits erwähnt, der Begriff Code impliziert, daß Autor und Leser über gemeinsame Regeln hinsichtlich systematischer Transformationen verfügen, hat sich die Forschung bisher weit mehr mit dem Prozeß der Decodierung durch den Leser als mit dem Codierungsprozeß auf Autorseite beschäftigt – was damit zusammenhängen mag, daß zumindest ein auf diesem Gebiet führender Theoretiker (Roland Barthes) auch an der Diskussion um den Tod des AUTORS beteiligt war.

Umberto Eco prägte den Begriff *Übercodierung* für die Metakommunikation über einen Ausdruck. Danach lassen übercodierte Regeln den Leser erkennen, ob ein bestimmter Ausdruck rhetorisch gebraucht wird: So deutet ein Satz wie 'Es war einmal' an, daß (i) die Ereignisse sich zu einer unbestimmten nicht-historischen Zeit abspielen, (ii) die berichteten Ereignisse nicht 'real' sind, (iii) der Sprecher eine erfundene Geschichte erzählen will (1987, 97).

Von Ian Watt stammt der Begriff der *verzögerten Decodierung* (*delayed decoding*). In seinem Buch *Conrad in the Nineteenth Century*

(1980) beschreibt er damit eine von Joseph Conrad verwendete impressionistische Technik, wodurch Conrad den Leser die Erfahrungen einer Romanfigur mitmachen läßt, die das, was mit ihr geschieht, erst im Laufe dieser Erfahrungen oder danach versteht. So glauben wir in Conrads *Heart of Darkness* mit Marlow, daß viele kleine Stöckchen auf das Schiff fallen, und zwar solange, bis Marlow klar wird, daß die 'Stöckchen' eigentlich Pfeile sind und daß das Schiff angegriffen wird.

→ INTERPRETATION; FUNKTIONEN DER SPRACHE

Consciousness raising Der Begriff wurde in den späten 60er Jahren im anglo-amerikanischen Raum im Zuge der Frauenbewegung geprägt und beschreibt einen Prozeß IDEOLOGISCHER Erneuerung, der auf Interaktion und Diskussion innerhalb jener Gruppen von Frauen gründet, die sich dieser Erneuerung verschrieben haben. Dieser Prozeß kann als ideologische Parallele zum wirtschaftlichen Protektionismus angesehen werden: Ein Staat kann seine Wirtschaft stärken, wenn er sie sehr früh vor ausländischem Wettbewerb schützt. Ganz ähnlich hat man *consciousness raising* typischerweise (wenn auch nicht nur) als temporäre Strategie betrachtet, deren man sich in der ersten Phase des Aufbaus einer starken Frauenbewegung bediente, die nicht von PATRIARCHALISCHEN Ansichten oder Einflüssen dominiert oder infiltriert war.

Man entlehnte einige Methoden aus der PSYCHOANALYSE und der Praxis von Encountergruppen, im allgemeinen versuchte man aber (erfolgreich), neue STRUKTUREN und Prozesse zu schaffen, in denen FEMINISTISCHE und antipatriarchalische Ideologien, Verhaltensweisen und Annahmen reflektiert würden. Man war sich einig, daß diese nicht-hierarchisch sein müßten.

Der Begriff taucht in der Diskussion über die Rolle der Literatur bei der Bekämpfung patriarchalischen Gedankengutes auf und hat auch einen gewissen Einfluß auf Diskussions- und Debattenführung und -techniken gewonnen – etwa in Seminaren, Vorträgen oder bei wissenschaftlichen Konferenzen.

→ FEMINISMUS

Cool media → HOT AND COOL MEDIA

Crosstalk Der Begriff wurde von Psychologen im Zusammenhang mit der Erforschung von Wahrnehmungsprozessen geprägt. Man stellte fest, daß das menschliche Gehirn mit *aufeinanderfolgenden* Nachrichten weit besser umgehen kann als mit gleichzeitigen. (Vergleiche: 'Gott Hände schütze die hoch Königin' mit 'Gott schütze die Königin' und 'Hände hoch'.) Wenn wir jemandem genau zuhören wollen, bitten wir normalerweise alle anderen, still zu sein: *Crosstalk* beeinträchtigt unsere Fähigkeit, Sprache zu verarbeiten. Ein vergleichbares Beispiel wäre unsere Unfähigkeit, Wittgensteins Hase-Ente-Figur zugleich sowohl als Hase als auch als Ente zu sehen.

Experimente zur Erforschung dieser Tatsache und der verschiedenen Strategien zur Überwindung der entstehenden Probleme sind vor allem auch für jene von Interesse, die sich mit den Massenmedien oder aber auch mit dem NARRATIVEN Prozeß und dem LEKTÜREprozeß auseinandersetzen. Obwohl geschriebene Sprache den Leser mit einer im Grunde linearen Abfolge von ZEICHEN konfrontiert, können diese Zeichen, wenn sie gelesen werden, verschiedene (und potentiell gleichzeitig vorhandene) BEDEUTUNGEN hervorbringen. Das einfachste Beispiel dafür wäre ein Wortspiel, aber auch in einem literarischen TEXT manifestiert sich eine Abfolge von Wörtern auf mehreren verschiedenen Ebenen, die man nicht alle gleichzeitig verfolgen kann. Wahrscheinlich müssen wir deshalb, um ein literarisches WERK WÜRDIGEN zu können, von Zeit zu Zeit die Lektüre unterbrechen und das Gelesene rekapitulieren, unsere Reaktion darauf nochmals durchdenken und eventuelle alternative Reaktionsweisen erwägen. Wenn wir einen Roman lesen, halten wir immer wieder inne; bei TheaterAUFFÜHRUNGEN sind in der Regel Pausen vorgesehen.

→ INTERPUNKTION

Cultural Materialism → NEW HISTORICISM UND CULTURAL MATERIALISM

Cultural Studies   KULTUR (siehe diesen Eintrag) ist ein sehr komplexer Begriff, mit dem sich eine ganze Reihe verschiedener Wissenschaftszweige auseinandersetzen (u.a. die Anthropologie, die Sozialgeschichte, die Linguistik, die Soziologie und die Literaturwissenschaft). Seit den 60er Jahren haben sich, ursprünglich vor allem in Großbritannien, dann aber auch in den Vereinigten Staaten und in vielen anderen Ländern, die sogenannten *Cultural Studies* als eigenständiger interdisziplinärer Wissenschaftszweig herausgebildet.

Der vielleicht wichtigste institutionelle Schritt in dieser Hinsicht war die Gründung des 'Centre for Contemporary Cultural Studies' an der

Universität Birmingham 1964. Das Centre begann als Forschungsgruppe junger graduierter Akademiker innerhalb des English Department, hat inzwischen aber den Status eines eigenen Universitätsdepartments. Die Verbindung mit dem English Department war nicht zufällig: Die treibende Kraft in der Einrichtung des Centres war Richard Hoggart, der dem Lehrkörper des Departments angehörte, obwohl er sich in den frühen 60er Jahren in seinen eigenen Arbeiten (wie zum Beispiel *The Uses of Literacy*, 1957) bereits nicht mehr vorrangig mit dem literarischen KANON beschäftigte. Richard Hoggart und Raymond Williams waren zweifellos die wichtigsten Kräfte in der Entwicklung der Cultural Studies in den 60er Jahren. Trotz aller Verschiedenheiten hatten die beiden viel gemeinsam. Beide kamen von den 'English Literary Studies', und beide zog es über die damaligen Grenzen der akademischen Disziplin hinaus hin zu größeren historischen, kulturellen und politischen Fragen pragmatischer und theoretischer Natur.

Von Anfang an waren die Cultural Studies damit, akademisch gesehen, auf Expansion, wenn nicht schlicht und einfach auf Kolonialisation ausgerichtet, indem sie sich der in der Literaturwissenschaft entwickelten Methoden und Prinzipien bedienten, diese aber anders und für andere Forschungsgegenstände einsetzten. So konnte Richard Hoggart 1970 einen Essay mit dem Titel 'Contemporary Cultural Studies: An Approach to the Study of Literature and Society' verfassen, in dem sich einiges aus den Debatten zwischen F.R. Leavis und den MARXISTISCHEN Kritikern der 30er Jahre wiederfindet, während er zugleich auf das vierte 'Occasional Paper' verwies, das das Centre herausbrachte, nämlich 'Lévi-Strauss and the Cultural Sciences' von Tim Moore. Hoggart hat seinem Artikel eine bibliographische Anmerkung vorangestellt, die vor allem wegen ihres Aufbaus interessant ist. Er beginnt mit Literaturangaben zur, wie er es nennt, 'englischen Kultur- und Gesellschaftsdebatte' und nennt natürlich Raymond Williams' *Culture and Society* (1958; dt. *Gesellschaftstheorie als Begriffsgeschichte*, 1972), aber auch L.C. Knights' *Drama and Society in the Age of Johnson* (1937), Lionel Trillings *Beyond Culture* (1966), Georg Lukács' *Der historische Roman* (1955b; engl. 1962) und einige andere 'literatursoziologische' Arbeiten. Ein wichtiger Zweig im Stammbaum der Cultural Studies ist nämlich auch eine Literaturkritik, die antiformalistisch ist und nach Verbindungen zur Geschichte und zu Gesellschaftstheorien strebt. Gleich am Anfang seines Aufsatzes stellt Hoggart fest, daß das, was Raymond Williams als 'die Kultur- und Gesellschaftsdebatte' bezeichnet hatte, 'sich von Blake über Coleridge, Arnold, Carlyle, Ruskin, Morris und viele andere bis T.S. Eliot zieht' (1970, 155–6).

Als nächstes verzeichnet die Bibliographie Literaturangaben zur Analyse POPULÄRER oder VOLKSTÜMLICHER Literatur, von Q.D. Leavis' *Fiction and the Reading Public* (1932) bis zu *The Popular Arts* von Stuart Hall und Paddy Whannel (1964). Es folgen Arbeiten über Massenkommunikation und Werke aus dem Bereich der Sozialwissenschaften, unter anderem aus der Psychologie, darauf Arbeiten zum STRUKTURALISMUS und zur SEMIOTIK, mit Texten über 'Massenkultur' und die Soziologie des Wissens. Den Schlußpunkt des komplexen Stammbaumes bilden die Publikationen des Centres.

In bezug auf die genannte 'Kultur- und Gesellschaftsdebatte' schreibt Hoggart:

> 'Kultur' steht dabei für das ganze Leben einer Gesellschaft, die Überzeugungen, Einstellungen und Stimmungen einer Gesellschaft, die sich in allen möglichen Strukturen, Ritualen und Gesten sowie in den traditionellen Kunstformen ausdrücken. (1970, 156)

Dieses Bestreben nach Totalität, nach dem Aufspüren von Verbindungen, Beziehungen und Einflüssen sowie die gleichzeitige Ablehnung akademischen Schubladendenkens waren von Anbeginn an charakteristisch für die Cultural Studies, und es ist daher auch kaum möglich, diesen Forschungsbereich unter Berufung auf traditionelle akademische Kategorisierungen wie etwa die Unterscheidung zwischen Sozial- und Geisteswissenschaften abzugrenzen. In einem Artikel aus dem Jahre 1976 mit dem Titel 'Cultural Studies at Birmingham University' nennt Michael Green sechs große Forschungsbereiche des Centres: *Massenmedien*, *Kulturgeschichte*, *Women's Studies*, *Kunst und Politik* (vor allem Marxismus und Semiologie), *Subkulturen* und *Arbeit*. Wie Green auch feststellt, ging man damit schon weit über die ursprünglich gesetzten Schwerpunkte populäre Kunst und Rettung und Bewertung verschiedener Formen von Arbeiterklassenkultur hinaus (1976, 140). (Ein weiterer Einflußfaktor, der hier genannt werden sollte, war die *Mass Observation*-Bewegung der 30er Jahre.)

Im Laufe der 70er und 80er Jahre wurden in Großbritannien an mehreren Orten Lehrgänge für Cultural Studies eingerichtet, die sich in der Regel inhaltlich am Birmingham Centre orientierten, theoretisch ausgerichtet waren und sich im allgemeinen einen radikalen Anstrich gaben.

Seitens der Cultural Studies hat man zwar sehr vieles von der Literaturwissenschaft übernommen, doch war dies keineswegs ein einseitiges Verhältnis. Vor allem, wo es um populäre, nicht dem Kanon angehörende schriftstellerische Werke geht, oder darum, das Verhältnis zwischen Literatur und Kultur zu bestimmen, oder auch um die Entwicklung theoretischer Ansätze, hat die Literaturwissenschaft vielfach von den Leistungen der Cultural Studies profitiert.

Der deutsche Ausdruck Kulturwissenschaften scheint als direkte Übersetzung der durch ihre Entstehungsgeschichte sehr klar definierten Cultural Studies ungeeignet.

D

Dämonisierung → REVISIONISMUS

Darstellung Die Unterscheidung zwischen darstellender und nicht-darstellender Kunst (*performing arts* und *non-performing arts*) hat in der Literaturwissenschaft immer schon eine große Rolle gespielt und wurde in der Regel als solche auch anerkannt; eine Ausnahme stellen hier Kritiker dar, die übermäßig viel Gewicht auf das gedruckte Wort legen und die Unterscheidung deshalb vernachlässigen. (So wurde zum Beispiel der NEW CRITICISM dafür kritisiert, daß er Theaterstücke mehr als TEXTE denn als Manuskripte für eine Aufführung behandelte.) Die Dichtung war ursprünglich eine darstellende Kunst: Ein Gedicht still und nur für sich zu LESEN, ist, im Vergleich zur gesamten Geschichte der Dichtung, eine relativ junge Entwicklung.

In neuerer Zeit haben verschiedene Theoretiker darauf hingewiesen, daß es sehr aufschlußreich sein kann, die Lektüre oder INTERPRETATION als eine Form der Darstellung oder Aufführung zu betrachten: Auch der stille Leser eines Romans 'führt' den Text im Geiste auf, und so wie zwei Theateraufführungen niemals genau gleich sind, sind auch zwei Lektüren eines literarischen Werkes niemals genau gleich. Das zeigt unter anderem ganz deutlich, daß das konkrete Leben, das man bei einer Darstellung oder Aufführung einem Text einhaucht, nur eine von vielen Möglichkeiten ist, eine Auswahl, zu der der Darsteller, der AUTOR und sein Text gemeinschaftlich (oder im Konflikt miteinander) beitragen.

Siehe die Diskussion zu *performativen Akten* im Eintrag zur SPRECH-AKTTHEORIE; und den Eintrag KOMPETENZ UND PERFORMANZ.

Datengestützt → LÖSUNGEN VON OBEN/UNTEN

Decodierung → CODE

Deformierung In seinem Aufsatz 'Über den Realismus in der Kunst' verwendet Roman Jakobson den Begriff *Deformierung* ganz ähnlich wie die RUSSISCHEN FORMALISTEN den Begriff der VERFREMDUNG. Nach Jakobson wird, wenn sich künstlerische Traditionen entwickeln, 'ein gemaltes Bild zu einem Ideogramm, zu einer Formel, mit der unverzüglich auf-

grund der Korrespondenz ein Gegenstand verbunden wird' (1969, 377).
(Vergleiche die Ausführungen über den Begriff *Automatisierung* im
Eintrag zur Verfremdung.) Um diese STEREOTYPISIERTE Codierung der
Realität in der Kunst aufzubrechen, muß, so Jakobson, das Ideogramm
'deformiert werden' (1969, 377), wofür er eine Reihe von Möglichkeiten nennt. Jakobson relativiert damit den Begriff des REALISMUS, indem
er ihn von Zerschlagungsprozessen abhängig macht, die verhindern, daß
künstlerische KONVENTIONEN sich zu Stereotypen, oder wie er sie nennt,
Ideogrammen, verhärten.

Für die Vertreter der PRAGER SCHULE hängt Deformierung eng mit
Aktualisierung bzw. *foregrounding* zusammen (siehe dazu den Eintrag
zur Verfremdung). Durch Deformierung kann entweder ein Element
aktualisiert werden oder (wie vor allem Jurij Tynjanov meint) in umge-
kehrtem Sinne kann ein aktualisiertes Element auf diesem Weg neutrali-
siert werden.

→ ABWEICHUNG; DOMINANTE

Deixis Die Funktion oder Eigenschaft sprachlicher Ausdrücke, wodurch Äußerungen zeitlich oder räumlich festgemacht werden: zum
Beispiel die Adverbialausdrücke 'hier' oder 'jetzt'. *Deiktische Ausdrücke*
spielen in der ERZÄHLENDEN Literatur eine bedeutende Rolle; so sind sie
etwa ein wichtiges Charakteristikum der ERLEBTEN REDE.

Deklarativa → SPRECHAKTTHEORIE

Dekonstruktion Der Begriff stammt von dem französischen Philosophen Jacques Derrida und impliziert, wie Jonathan Culler es formuliert,
daß die hierarchischen Oppositionen des westlichen metaphysischen
Denkens Konstruktionen oder IDEOLOGISCHE Auflagen sind (1988a, 20).
Die Dekonstruktion zielt darauf ab, das westliche metaphysische Denken
zu unterminieren, indem sie diese hierarchischen Oppositionen zer-
schlägt oder dekonstruiert und deutlich werden läßt, wie das metaphysische, LOGOZENTRISCHE Denken sich auf ein ZENTRUM oder eine PRÄSENZ
beruft – worin sich das idealistische Bestreben widerspiegelt, das Spiel
der Signifikanten zu steuern, indem man sie einem außersystemischen
TRANSZENDENTALEN SIGNIFIKAT unterordnet. Derrida hat eine Vielzahl
neuer Begriffe geprägt, um aber Wiederholungen zu vermeiden, sei hier
nur auf die entsprechenden Einträge, wie etwa DIFFÉRANCE, DISSEMINA-
TION oder PHONOZENTRISMUS, verwiesen. Die Dekonstruktion wird im

allgemeinen als wichtiges – oder sogar wichtigstes – Element des POST-
STRUKTURALISMUS betrachtet.

Bislang herrscht noch keine Einigkeit darüber, welche Folgen Derridas allgemeinere Positionen für Literaturkritik und Literaturwissenschaft
haben. Einige Wissenschaftler wollen nur bescheidene Auswirkungen
erkennen: Jonathan Culler zitiert in diesem Zusammenhang Barbara
Johnson, die unter Dekonstruktion 'das sorgfältige Entwirren einander
bekämpfender Bedeutungskräfte im Text' sieht (Culler 1988b, 237) –
eine Formulierung, der wohl auch die NEW CRITICS zugestimmt hätten.
In einem Interview mit Imre Salusinszky stellt Johnson weiter fest:

> [W]enn es tatsächlich so ist, daß die Menschen durch die Literatur
> etwas über die Welt erfahren wollen, und wenn es weiter so ist,
> daß das literarische Medium nicht transparent ist, dann ist es un-
> erläßlich, in Hinblick auf diesen Wunsch, durch die Literatur etwas
> über die Welt zu erfahren, diese Nicht-Transparenz zu untersuchen.
> (Salusinszky 1987, 166)

Johnson macht hier so viele Einschränkungen, daß man ihr kaum widersprechen kann – allerdings legt sie sich nicht fest, ob es nun tatsächlich
möglich ist, durch die Literatur etwas über die Welt zu erfahren, oder
ob es sich dabei nur um die Illusion einiger 'Menschen' handelt, die von
diesem verfehlten 'Wunsch' befreit werden können, indem man die
Nicht-Transparenz des literarischen Mediums untersucht.

In der Folge distanziert Johnson jedoch sich und die Dekonstruktion
von dem 'sich selbst genügenden "close reading"' der New Critics; sie
stellt fest, daß die Dekonstruktion notwendig auch eine politische Haltung impliziert, die sich mit Autorität in der Sprache auseinandersetzt,
und meint weiter, daß Karl Marx der Dekonstruktion so nahe war wie
viele moderne Dekonstruktivisten – indem er die im wirtschaftlichen
System ruhenden Bedingungen, versteckte Vorurteile und Widersprüche
an die Oberfläche holte (Salusinszky 1987, 167).

Eine wichtige Erkenntnis der Dekonstruktion besteht darin, daß man
durch die INTERPRETATION eines TEXTES nie zu einer endgültigen und
vollständigen 'Bedeutung' des Textes gelangen kann. Derrida schreibt in
bezug auf die LEKTÜRE marxistischer 'Klassiker':

> Man darf diese Texte nicht mit einer hermeneutischen oder aus-
> legenden Methode lesen, einer Methode, die unter der Textober-
> fläche ein vollendetes Signifikat sucht. Die Lektüre wirkt verän-
> dernd. (1986, 126)

Nicht einfach nur die Lektüre, sondern (das ist klar impliziert) jede Lektüre. Für Derrida entfaltet sich die BEDEUTUNG eines Textes immer erst vor dem Lesenden und Interpretierenden, indem sie wie ein endloser Teppich, dessen Ende nie sichtbar wird, vor ihm aufgerollt wird. In ihrer Einführung zu dem Essayband *Post-structuralist Readings of English Poetry* stellen die Herausgeber Richard Machin und Christopher Norris fest, daß poststrukturalistische Lektüren 'den Text als aktives Objekt sehen' (1987, 3): Der AUTOR wird nicht mehr als Schöpfer der Bedeutung gesehen; mitschuldig am Tod des Autors ist die Dekonstruktion. An anderer Stelle in ihrer Einführung betonen sie, daß, obwohl jede Lektüre in dem Sammelband 'in sich selbst kohärent ist und auf endgültige und unwiderlegbare Schlußfolgerungen gerichtet ist', dennoch 'eine Vielzahl widerstreitender Bedeutungen' möglich sind (1987, 7). Diese paradoxe Vermischung linearer Strenge und pluralistischer Koexistenz ist allerdings vielfach auf Skepsis gestoßen, und einer der häufigsten Einwände gegen dekonstruktivistische Lektüren oder Interpretationen ist, daß sie sich nicht falsifizieren lassen. Ein weiterer Kritikpunkt ist auch, daß diese Lektüren und Interpretationen letztlich alle gleich aussehen und nicht viel mehr als das unaufhörliche Spiel der Signifkanten illustrieren, ähnlich wie die oberflächlichen psychoanalytischen Lektüren in den 30er und 40er Jahren letztlich alle auf eine Demonstration der immer gleichen Freudschen Theorien hinausliefen. Je mehr man davon ausgeht, daß eine Interpretation nicht durch die Bedeutung des Textes (wie immer man diese definieren mag) bestimmt wird, desto weniger wichtig wird die Auswahl eines Textes. Wie kann man einen Text rigoros anpacken, wenn es – angeblich – nichts 'im' Text Fixiertes gibt?

→ KOHÄRENZ

Denotation → KONNOTATION UND DENOTATION

Destinataire → AKT/AKTANT

Destinateur → AKT/AKTANT

Dezentrierung des Subjekts → ZENTRUM

Diachron und synchron Eine diachrone Betrachtung oder ANALYSE beschäftigt sich mit der Entwicklung und den Veränderungen, die das untersuchte Objekt im Laufe der Zeit durchläuft: Die diachrone Sprachwissenschaft wird auch als historische Sprachwissenschaft bezeichnet, da sie sich mit der Entwicklung einer Sprache bzw. von Sprachen im Laufe der Zeit auseinandersetzt. Eine synchrone Betrachtung oder Analyse beschränkt sich dagegen auf einen bestimmten Zeitpunkt. Die synchrone Sprachwissenschaft faßt eine Sprache als ein zu einem bestimmten Zeitpunkt funktionierendes System auf, ohne wissen zu wollen, wie sie sich zu diesem Stand entwickelt hat. Ein Grund, weshalb Ferdinand de Saussures Arbeiten Anfang dieses Jahrhunderts so revolutionierend waren, war die Tatsache, daß er die Möglichkeit aufzeigte, Sprache synchron untersuchen zu können und damit den Weg zu einer STRUKTURALISTISCHEN Linguistik wies. Allerdings ist David Lodge nicht ganz zuzustimmen, wenn er behauptet, Saussure sei der Auffassung gewesen, 'daß eine wissenschaftliche Linguistik niemals auf solch einer "diachronen" Betrachtung basieren könne, sondern die Sprache immer als "synchrones" System auffassen müsse' (1988, 1). Ähnliche Behauptungen finden sich in vielen neueren Kommentaren zu Saussure, doch ist Saussures Position, wie sie sich in der einzigen verläßlichen Quelle, die wir haben, darstellt (nämlich in den von seinen Studenten nach seinem Tod rekonstruierten und als *Grundfragen der allgemeinen Sprachwissenschaft* veröffentlichten Vorlesungen), um vieles nuancierter. Tatsächlich scheint Saussure von der Notwendigkeit sowohl der diachronen als auch der synchronen Sprachbetrachtung überzeugt gewesen zu sein; am Anfang des zweiten Kapitels der *Grundfragen* nennt er als eine der Aufgaben der Sprachwissenschaft auch, 'die Beschreibung und Geschichte von allen erreichbaren Sprachen zu liefern' (1967, 7). An anderer Stelle schreibt er:

> Aber gleichwohl ist es nicht [der soziale Charakter der Sprache, der] uns verhindert, die Sprache als eine bloße Übereinkunft zu betrachten, die nach dem Belieben der Interessenten umgestaltet werden könnte; es ist die Wirkung der Zeit, die sich mit der Wirkung der sozialen Kräfte vereinigt; außerhalb des zeitlichen Verlaufes wäre die Sprache nichts vollkommen Reales, also auch keine Schlußfolgerung möglich. (1967, 92)

(Diese Aussage widerlegt wohl auch noch einen anderen 'Saussure-Mythos' unserer Tage – nämlich daß mit dem Begriff der ARBITRARITÄT von Sprache gemeint ist, daß Wörter jede Bedeutung annehmen können, die man ihnen gibt.)

In den *Grundfragen* nennt Saussure die Gründe, die für 'zwei Arten von Sprachwissenschaft' sprechen, nämlich die *evolutive Sprachwissenschaft* und die *statische Sprachwissenschaft* (1967, 95–6).

Die Beschränkung der synchronen Betrachtungsweise auf, so könnte man sagen, ein tiefgekühltes Stück Geschichte ist auch keineswegs absolut: Wenn man von einem SYSTEM spricht, impliziert man unweigerlich Bewegung und Interaktion, und Bewegung und Interaktion können nur in der Zeit stattfinden. So untersuchte der Anthropologe Claude Lévi-Strauss im Zuge seiner synchronen Betrachtung ganzer KULTUREN auch, um nur ein Beispiel zu nennen, symbolische Handels- und Austauschtätigkeiten des Menschen, die nicht gleichzeitig, sondern nacheinander stattfanden, so daß die zeitliche Abfolge auch bei solchen STRUKTURALISTISCHEN Untersuchungen ein Faktor ist.

Auch innerhalb der Literaturwissenschaft hat man Versuche einer synchronen Betrachtung unternommen (die diachrone Literaturbetrachtung hat natürlich eine lange Geschichte). Roman Jakobson war etwa der Ansicht, daß die synchrone Beschreibung von Literatur nicht nur 'auf die literarische Produktion eines bestimmten Zeitpunktes [zielt], sondern auch auf den Teil der literarischen Tradition, der für diesen Zeitpunkt lebendig oder wiederbelebbar geblieben ist' (1972, 120). Gérard Genette stellt in Weiterführung Jakobsons fest, daß die strukturale Literaturgeschichte 'nichts weiter tut, als diese aufeinanderfolgenden Schnitte in eine diachronische Perspektive zu bringen' (1972b, 85). Dabei bleibt allerdings die Frage unbeantwortet (bzw. ungestellt), ob es isolierbare Transformationsregeln gibt, nach denen eine synchrone Liste durch eine nachfolgende ersetzt wird, mit anderen Worten, ob sich die historische Entwicklung überhaupt nach Ursache und Wirkung analysieren läßt. (Ein weiterer Punkt ist die Interaktion zwischen verschiedenen, zeitgleichen Strukturen, die möglicherweise nur historisch beobachtbar ist.)

Der Begriff 'Strukturgeschichte' impliziert seinerseits, daß die grundlegende Realität die synchrone Struktur ist und die Geschichte eine sekundäre Realität darstellt, die aus aufeinanderfolgenden Strukturen gebildet wird.

Diakritisch Der Begriff kommt aus dem Griechischen und bedeutet 'unterscheidend': Diakritische Zeichen sind graphische Zeichen, durch die die besondere Aussprache bestimmter Buchstaben angezeigt wird – zum Beispiel die Cedille, die c zu ç verändert.

Im STRUKTURALISTISCHEN Sprachgebrauch hat *diakritisch* eine allgemeinere Bedeutung angenommen: Bezeichnet man die Sprache als diakritisches System, meint man damit, daß sie ein durch signifikante DIFFERENZEN konstituiertes System ist.

Dialekt → IDIOLEKT

Dialektik Der Begriff kommt aus dem Griechischen und bedeutet ursprünglich die Kunst der Unterredung, das Verfahren, durch Rede und Widerspruch das Wesen der Dinge zu erhellen – vor allem auch durch die Aufdeckung von Widersprüchen in der Argumentation des Gegners. In neuerer Zeit versteht man darunter (i) eine Weltsicht, die alle Dinge in dynamischen Beziehungen zueinander stehend und von inneren Spannungen und Widersprüchen gezeichnet auffaßt, und (ii) eine Methode, die Wirklichkeit zu erforschen, bei der das Hauptgewicht auf die dynamischen Beziehungen zwischen den Dingen in der Welt und auf deren innere Spannungen und Widersprüche gelegt wird.

Der Begriff taucht vor allem (aber nicht nur) im Zusammenhang mit dem MARXISMUS auf, und zwar meist in Form des *dialektischen Materialismus* – ein Begriff, den Plechanov zur Beschreibung von Marx' Philosophie 1894 prägte. Jorge Larrain weist allerdings darauf hin, daß entgegen Lenins Behauptung, Marx selbst habe den Begriff mehrfach zur Beschreibung seiner Weltsicht gebraucht, weder Karl Marx noch Friedrich Engels genau diesen Ausdruck verwendeten, wenn auch beide häufig von Dialektik sprachen (1986, 32–3). In seiner *Dialektik der Natur* stellt Engels fest, daß die Gesetze der Dialektik aus der Geschichte der Natur und der menschlichen Gesellschaft abstrahiert werden und nichts anderes sind als 'die allgemeinsten Gesetze dieser beiden Phasen der geschichtlichen Entwicklung sowie des Denkens selbst' (1973, 348). Nach Engels lassen sich diese Gesetze 'der Hauptsache nach' auf drei reduzieren:

> das Gesetz des Umschlagens von Quantität in Qualität und umgekehrt;
> das Gesetz von der Durchdringung der Gegensätze;
> das Gesetz von der Negation der Negation. (1973, 348)

Diese Gesetze sind, so Engels weiter, von Hegel in idealistischer Denkart als bloße Denkgesetze entwickelt worden, wenn man sie aber nun, anstatt sie der Natur und Geschichte aufzuoktroyieren, aus ihnen ableitet, wird alles 'sofort einfach und sonnenklar' (1973, 348). Von Hegel stammen die Begriffe *Thesis*, *Antithesis* und *Synthesis*, die in der Folge vom Marxismus auf die Menschheitsgeschichte übertragen wurden, die sich in seinen Augen in diesem Dreischritt bewegt.

In der Praxis werden die von Engels genannten Gesetze von ihm und den Marxisten, die ihm hier folgen, dahingehend interpretiert, daß (i) langsame, regelmäßige Veränderungen ('Quantität') zu plötzlichen, revolutionären Veränderungen ('Qualität') führen; daß (ii) Dinge, die scheinbar nichts miteinander zu tun haben, weil sie ganz gegensätzlich sind, sehr oft einander definieren und gegenseitig durchdringen (zum Beispiel gegensätzliche KLASSEN in einer Gesellschaft); und daß (iii) die Negation der Faktor ist, der Alt von Neu trennt: Eine neu auftauchende Eigenschaft negiert die, die sie ersetzt, und wird ihrerseits im Laufe der Zeit negiert und ersetzt werden.

Umstritten ist, inwieweit Marx Engels' Ansichten über die Dialektik teilte – vor allem, ob Marx glaubte, daß die Gesetze der Dialektik auf die Welt an sich anwendbar sind, oder nur eine Methode zur Untersuchung dieser Welt darstellen (die verschiedenen Positionen sind in Larrain 1986, 32–8 zusammengefaßt). Die genannten Theorien haben in verschiedener Hinsicht auf die Literaturwissenschaft gewirkt. Das marxistische Beharren darauf, daß einzelne literarische WERKE nicht isoliert betrachtet werden können, hängt mit der Auffassung zusammen, daß alle Dinge dieser Welt nur im Kontext ihrer widersprüchlichen und dynamischen Beziehungen zur übrigen sozialen und historischen Realität verstanden werden können. Auch in der Literaturgeschichtsschreibung ist der Einfluß einer dialektischen Sicht großer historischer Veränderungen spürbar – vor allem in bezug auf 'Revolutionen' wie die Romantik oder die MODERNE.

Es lassen sich auch Berührungspunkte zwischen der marxistischen Auffassung der inneren Dialektik aller Dinge und der Betonung der inneren Spannungen und Ambiguitäten literarischer Werke seitens der NEW CRITICS aufzeigen. Von einem direkten Einfluß ist jedoch insofern nicht zu sprechen, als die New Critics dem Marxismus in der Regel ablehnend gegenüberstanden und, was die Autonomie des Kunstwerks betrifft, genau entgegengesetzter Auffassung waren. Marxistische Literaturkritiker wie etwa Georg Lukács forderten außerdem, daß literarische Werke (im besonderen der Roman) die dialektischen Spannungen der Gesellschaft inhaltlich wie formal widerspiegeln.

Dialog → DIALOGISCH

Dialogisch   Der fachsprachliche Gebrauch der Wörter *Dialog*, *Dialogismus* sowie *dialogisch* geht auf die Schriften Michail Bachtins zurück, die in Westeuropa und in den Vereinigten Staaten sehr große Beachtung fanden, als sie in den 70er und 80er Jahren erstmals übersetzt wurden. Bachtin hatte seine Schriften in den 20er und dann vor allem in den 30er Jahren in der ehemaligen Sowjetunion unter schwierigen Bedingungen verfaßt (sein erstes Werk kam 1919 heraus; er schrieb bis zu seinem Tod im Jahre 1975). Aus diesem Grund dürften auch einige seiner Werke unter dem Namen seiner Freunde V.N. Vološinov und P.N. Medvedev erschienen sein (wenn dies auch vereinzelt angezweifelt wird). In den folgenden Ausführungen werden die Personen als Quelle angegeben, unter deren Namen das Werk ursprünglich veröffentlicht wurde.

Im allgemeinen Sprachgebrauch versteht man unter einem Dialog die von zwei Personen abwechselnd geführte Rede und Gegenrede, im besonderen auch in literarischen Werken. Vološinov (1975) greift in verschiedener Hinsicht auf diese allgemeinsprachliche Bedeutung zurück. Grundsätzlich sieht er in der sprachlichen *Interaktion* die eigentliche Realität der Sprache: Sprache wird nicht – und das gilt für die Entwicklung des einzelnen Menschen ebenso wie für die Geschichte der Menschheit – isoliert im Inneren eines einzelnen Menschen erzeugt, sondern entsteht in der Interaktion zwischen zwei oder mehreren Menschen. Was heute vor dem Hintergrund der Entwicklung der PRAGMATIK in der Linguistik und in der Literaturwissenschaft naheliegend erscheint, hat in einigen wichtigen Sprachtheorien keine Berücksichtigung gefunden. Bachtin war außerdem der Auffassung, daß es auch in DISKURSEN oder in ÄUSSERUNGEN, die nicht ausgesprochen interaktiv sind, Dialogisches gibt. Nachdem in jeder Äußerung sozusagen auch fremde Rede 'importiert' und naturalisiert ist, gibt es in jeder Äußerung – dem Dialogprozeß (im allgemeinsprachlichen Sinne) durchaus vergleichbar – innere Spannungen, Zusammenarbeit, Verhandlungen. Für Bachtin waren Wörter nicht neutral; abgesehen von Neologismen (die er selbst natürlich gerne verwendete) waren Wörter, so Bachtin, immer bereits von jemand anderem gebraucht, also *second hand*, und indem man sie in seinen eigenen Wortschatz aufnahm, mußte man mit ihrem Vorbesitzer in einen Dialog treten und sie ihm entreißen. In Bachtins Sprachtheorien finden sich immer wieder Ausdrücke wie 'gesättigt'; 'verunreinigt'; 'durchtränkt'; ein Wort ist für ihn wie ein oftmals übertragenes Kleidungsstück, aus dem sich der Geruch der Vorbesitzer nicht herauswaschen läßt. Gesprochene oder geschriebene Äußerungen sind

wie Palimpseste: Wenn man ein wenig daran kratzt, kommen verborgene Bedeutungen ans Licht, Bedeutungen, die mit denen, die an der
Oberfläche erkennbar sind, sehr oft nicht übereinstimmen.

In den 70er und 80er Jahren wurden, wie bereits erwähnt, Literaturkritiker im Westen auf Bachtins Theorien aufmerksam; diese Kritiker
faßten ein literarisches Werk nicht mehr hauptsächlich nur als Ausdruck
eines einzelnen Menschen auf, den AUTOR nicht mehr als Ursprung und
als Autorität, durch die ein TEXT bestimmt wird, ja nicht einmal mehr
als PRÄSENZ im WERK. Für sie wies auch das reinste lyrische Gedicht
nicht nur eine einzelne Stimme auf, sondern eine Kakophonie vieler
Stimmen, Vielstimmigkeit oder, wie Bachtin es nannte, REDEVIELFALT.

Bachtins Auffassung des Dialogischen ist auch in Zusammenhang mit
Fragen der INTERTEXTUALITÄT und Transtextualität sowie mit Harold
Blooms ANXIETY OF INFLUENCE zu sehen. Denn wenn ein Autor ein bestimmtes Wort oder einen bestimmten Ausdruck verwendet, wird er auf
die eine oder andere Weise mit dem Text, in dem er das Wort oder den
Ausdruck das erstemal gelesen hat oder in dem diese in einer besonderen Bedeutung vorkommen, in eine Art dialogische Beziehung treten.

In denselben Kontext gehören auch psychoanalytische Theorien über
das UNBEWUßTE und marxistische Theorien darüber, wie HEGEMONIE
ausgeübt werden kann. Bringen wir jemanden dazu, mit unseren Worten zu sprechen, ist es leicht möglich, daß diese Person letztendlich
auch unsere Gedanken denkt. In dieser Hinsicht läßt sich hier auch ein
Zusammenhang zur FEMINISTISCHEN Beschäftigung mit SEXISMUS in der
Sprache herstellen.

Das Gegenteil von dialogischen Äußerungen sind für Bachtin natürlich *monologische* Äußerungen:

> Der *Monologismus* leugnet letztendlich, daß es noch ein anderes
> Bewußtsein mit denselben Rechten gibt, das gleichermaßen antwor-
> ten kann, ein anderes und gleichberechtigtes *Ich* (*Du*)... Der Mono-
> log ist abgeschlossen und für die Antwort des anderen taub; er
> erwartet sie nicht und gesteht ihr keine *entscheidende* Kraft zu.
> (Zitiert in Todorov 1984, 107)

Verschiedensprachigkeit (Polyglossie) ist Bachtins Ausdruck für das
gleichzeitige Vorhandensein mehrerer Nationalsprachen innerhalb eines
KULTURELLEN Systems im Gegensatz zur *Einsprachigkeit* (Monoglossie),
wenn es in einer Kultur nur eine einzige Nationalsprache gibt.

→ INNERER DIALOG

Diegese und Mimesis Im dritten Buch von Platons *Staat* verwendet Sokrates die beiden Begriffe zur Unterscheidung von zwei Arten der Rede. Als Diegese bezeichnet er die Fälle, in denen der Dichter selbst der Sprecher ist und dies auch nicht verheimlichen will, als Mimesis dagegen jene, in denen der Dichter die Illusion schaffen will, daß er nicht der Sprecher ist. Wenn eine Figur in einem Theaterstück spricht, würde es sich demnach um Mimesis handeln, wenn der Dichter 'selbst' über Figuren spricht, dagegen um Diegese. Durch moderne Konzepte wie etwa das des impliziten AUTORS wird die Sache allerdings beträchtlich verkompliziert.

In seiner *Poetik* dehnte Aristoteles den Begriff der Mimesis auch auf die Nachahmung von Handlungen aus, und nachdem diese natürlich in der indirekten Rede wiedergegeben werden konnten, wurde damit Platons doch sehr klare Unterscheidung sehr abgeschwächt.

Im Anhang zur englischen Ausgabe von Aristoteles' *Poetik* (*Poetics*, Oxford 1968) stellt D.W. Lucas fest, daß für Platon und Aristoteles nicht nur Dichtung, Malerei, Bildhauerei und Musik Formen von Mimesis waren, sondern ebenso der Tanz. Er weist außerdem auf die große Bedeutungsbreite des Begriffs hin und die damit verbundene Schwierigkeit festlegen zu wollen, was die Griechen mit Mimesis genau meinten, wenn sie vom Tun der Dichter und Künstler sprachen. Je nach Zusammenhang, so Lucas weiter, ist Mimesis daher mit unterschiedlichen Begriffen wie 'nachahmen', 'hinweisen', 'andeuten' oder 'ausdrücken' zu übersetzen, obwohl die genannten Wörter sich alle auf menschliches Handeln ('Praxis') beziehen.

Seit Aristoteles haben beide Begriffe in verschiedene Terminologien Eingang gefunden, und ihre ursprüngliche klare Bedeutung wurde entsprechend ausgeweitet und modifiziert. So bezeichnet man heute als 'Mimesis' die allgemeine Fähigkeit der Literatur, die Realität nachzuahmen, wobei der Begriff im Sprachgebrauch jener, die in dieser Nachahmung das Wesentliche der Kunst sehen, gelegentlich einen polemischen Beigeschmack erhält – etwa im Sprachgebrauch MARXISTISCHER Kritiker, in deren Augen Literatur und Kunst die außerliterarische Realität 'widerspiegeln'.

Mit der Entwicklung der modernen ERZÄHLTHEORIE ist vor allem der Begriff der Diegese wieder in den Vordergrund gerückt. Verschiedene Theoretiker sprechen im Sinne von Diegese und Mimesis von *telling* und *showing*; die beiden Begriffe gehen auf Henry James zurück, wurden in der Folge aber von Percy Lubbock übernommen und vereinfacht.

Die Bedeutung von Diegese hat sich damit allerdings stark verschoben. In einem Roman wie zum Beispiel Jane Austens *Pride and Prejudice* erfährt der LESER Dinge auf dem Wege der *Erzählung* (*telling*), nicht durch eine *Aufführung*, wie im Fall eines Theaterstücks. Man könnte daher das Werk *in toto* als Beispiel von Diegese betrachten, da selbst die direkte Rede der literarischen Figuren dem Leser *erzählt* wird. Jedoch wird jeder Leser des Romans zugeben, daß er bei Passagen, in denen durch den Dialog und die Interaktion der Figuren eine dramatische Wirkung erzielt wird, die Existenz des ERZÄHLERS vergißt und das Gefühl hat, unmittelbar Zeuge des Geschehens zu sein. (Man beachte, daß es hier nicht mehr um den Autor, sondern um den Erzähler geht.) Von einer James'schen Perspektive aus gesehen würde man derartige Passagen als *showing* und nicht *telling* kategorisieren, so daß, wenn man Diegese und Mimesis als Äquivalente dazu auffaßt, *Pride and Prejudice* nicht ein Beispiel reiner Diegese ist, sondern sowohl diegetische als auch mimetische Elemente enthält. Gérard Genette schreibt dazu:

> [K]eine Erzählung kann die Geschichte, die sie erzählt, 'zeigen' oder 'nachahmen'. Sie kann sie nur detailliert, genau, 'lebendig' erzählen und dadurch mehr oder minder die *Illusion von Mimesis* schaffen, und das ist die einzige narrative Mimesis, denn eine Erzählung, ob mündlich oder schriftlich, ist ein Sprachfaktum, und Sprache übermittelt Bedeutung ohne Nachahmung. (1972a, 185)

In der modernen Erzähltheorie werden die beiden Begriffe auch noch in einer anderen Bedeutung verwendet, nämlich im Sinne von STORY und PLOT, so daß die diegetische Ebene die Ebene der 'Realität' der Story, der erzählten Ereignisse, ist und die mimetische Ebene die des 'Lebens und Bewußtseins des Erzählers'. Genette und Rimmon-Kenan verwenden beide *Diegese* als 'im großen und ganzen äquivalent zu "story"' (Rimmon-Kenan 1983, 47). Durch diese Begriffsausweitung ergeben sich einige terminologische Widersprüche. Wenn nämlich Diegese gleichbedeutend mit Story ist, dann heißt *extradiegetisch* 'außerhalb der Story' und könnte uns auf das *telling* der Geschichte verweisen, auf die Kommentare eines Erzählers, der nicht der Welt der Geschichte angehört. Aber damit sind wir beim Gegenteil dessen, womit wir begonnen haben: Sokrates bezeichnete als Diegese jene Fälle, in denen der Dichter selbst der Sprecher ist, was wir im großen und ganzen eben als *extradiegetisch* definiert haben! In den Schriften von Erzähltheoretikern wie Shlomith Rimmon-Kenans oder Gérard Genettes ist daher ein extradiegetischer Erzähler ein Erzähler, der, wie in *Pride and Prejudice*, auf einer anderen narrativen Ebene existiert als die erzählten Ereignisse oder die Story, während ein intradiegetischer Erzähler so dargestellt wird, als existiere er auf derselben Realitätsebene wie die Figuren in der Geschichte, die erzählt wird: ein Beispiel dafür wäre Esther Summerson in Charles Dickens' *Bleak House*. Ein weiteres Problem in diesem Zusammenhang ist der nicht-personalisierte Erzähler, wobei es aber auch in diesem Fall noch möglich ist, von einer 'extradiegetischen Erzählung' zu sprechen, da die Erzählung von Dingen 'weiß', von denen die Figuren nichts wissen bzw. wissen können.

In seinem Buch *Figures III* verwendet Gérard Genette, um, wie er zugibt, die Sache noch weiter zu komplizieren, den Begriff *metadiegetisch* zur Beschreibung 'des Universums der zweiten Erzählung' und den Begriff *Metaerzählung* für 'eine Erzählung in der Erzählung' (1972a, 239, Anm. 1). Die Verwirrung kommt daher, daß eine META-SPRACHE eine Sprache über eine Sprache ist – also mit anderen Worten eine 'Rahmensprache', nicht eine Sprache, die ihrerseits in einen Rahmen gesetzt wird. Wohl aus diesem Grund konnten sich Genettes Definitionen bis jetzt nicht weiter durchsetzen (man vergleiche etwa Jean-François Lyotards Definition der Postmoderne als 'Skepsis gegenüber den Metaerzählungen', womit er Erzählungen *über* andere und nicht *innerhalb* von anderen Erzählungen meint: → MODERNE UND POSTMODERNE). Dabei ist Genette selbst nicht konsequent und folgt in den in *Figures I* gesammelten Aufsätzen einer anderen Terminologie: *Metasprache* definiert er darin als 'Diskurs über einen Diskurs' (er nennt als Beispiel die Kritik), Metaliteratur als 'eine Literatur, der als Gegenstand eben die Literatur aufgegeben ist' (1972b, 71). Weniger verwirrend ist der von Rimmon-Kenan geprägte Terminus *hypodiegetisch* für die Ebene der eingebetteten Erzählung (1983, 92).

In jüngster Zeit kam von einigen Erzähltheoretikern der Vorschlag, Mimesis und Diegese nicht als zwei einander ausschließende Kategorien zu betrachten, sondern als Kontinuum mit einem vom Erzähler minimal gefärbten und einem vom Erzähler maximal gefärbten Ende.

Weitere Komplikationen ergeben sich auch aus Gérard Genettes Wortprägungen *homodiegetisch* und *heterodiegetisch*, mit denen er verschiedene Formen der ANALEPSE oder Rückblende bezeichnet: Während eine homodiegetische Analepse Informationen über dieselbe literarische Figur oder Ereignisfolge oder Umgebung liefert, um die es bereits bis zu diesem Punkt im Text gegangen ist, verweist eine heterodiegetische Analepse auf eine *andere* Figur, eine *andere* Ereignisfolge oder eine *andere* Umgebung zurück als die, um die es bisher gegangen ist. 'In Anbetracht des seltsamen Verhaltens Johns ist es wohl notwendig, einiges über seine Kindheitserlebnisse zu erfahren', leitet eine homodiegetische Analepse ein; 'Wir müssen nun dreißig Jahre zurückgehen, um die Bekanntschaft eines Mannes zu machen, der in unserer Erzählung bisher noch nicht aufgetaucht ist', leitet eine heterodiegetische Analepse ein. Die beiden und eine Reihe verwandter Begriffe lassen sich auch in einem allgemeineren Sinn verwenden. In seinen Ausführungen über die Erzählungen des RAHMENerzählers und Marlows in *Heart of Darkness* nennt Robert Burden einige dieser Begriffe:

> der erste |Rahmen-|Erzähler ist *extradiegetisch* und *homodiegetisch* (als Erzähler steht er außerhalb der Hauptgeschichte, an der er als Adressat aber teilnimmt). Marlow ... ist ... *intradiegetisch* und *autodiegetisch* (er befindet sich als Erzähler in der Hauptgeschichte, während er auch deren Hauptprotagonist ist). (1991, 54)

Die Berechtigung dieser Terminologie sei unbestritten, doch ist sie in vielerlei Hinsicht eher verwirrend als klärend (worauf schon die Erläuterungen in den Klammern hindeuten).

Différance Ein von Jacques Derrida geprägter Neologismus, der die Bedeutung der DIFFERENZ und den Prozeß des permanenten Aufschiebens subsumiert. Für Derrida ist die différance (von einigen deutschen Autoren durch die Neuprägung *Differänz* wiedergegeben) das Gegenteil des LOGOZENTRISMUS bzw. dessen Alternative. Während der Logozentrismus die Existenz feststehender, durch eine außersystemische PRÄSENZ oder einen außersystemischen Ursprung gesicherter BEDEUTUNGEN postuliert, impliziert die différance eine permanente Aufschiebung der Bedeutung, insofern als die Bedeutung durch den Unterschied anderer Bedeutungen gegenüber bestimmt und durch diesen Unterschied hervorgebracht wird, also flüchtig und nicht stabil ist. Bedeutung ist immer relational und niemals selbstpräsent bzw. selbstkonstituierend. Derrida diskutiert den différance-Begriff in fast allen seiner Schriften, die klarste Darlegung findet sich aber vielleicht in *Positionen* (1986, 64ff), worin er drei Grundbedeutungen der différance unterscheidet:

> *Erstens* verweist die *différance* auf eine (aktive und passive) Bewegung, die darin besteht, mittels Aufschub, Übertragung, Zurückstellen, Zurückweisung, Umweg, Verzögerung, Beiseitelegen zu un-

terscheiden... *Zweitens* ist die Bewegung der *différance*, insofern sie Unterschiedliches hervorbringt, insofern sie unterscheidet, die gemeinsame Wurzel aller begrifflichen Gegensätze, die unsere Sprache skandieren, Gegensätze wie, um nur einige Beispiele zu nennen: sinnlich wahrnehmbar/intelligibel, Intuition/Bedeutung, Natur/Kultur usw... *Drittens* ist die *différance* auch die Herstellung, wenn man so sagen kann, jener Differenzen, jener Diakritizität, die Vorbedingung jeglicher Bedeutung und jeglicher Struktur sind; darauf haben sowohl die von Saussure ausgehende Linguistik als auch alle strukturellen Wissenschaften, die sie zum Vorbild nahmen, hingewiesen... Von diesem Gesichtspunkt aus ist der Begriff der *différance* weder bloß strukturalistisch, noch bloß genetistisch, weil eine derartige Alternative selbst eine Wirkung der *différance* ist. (1986, 41–2)

Derrida hat auch eine Reihe alternativer Termini für den Begriff der différance vorgeschlagen, wie etwa (in *Positionen*) den Terminus *gramma*.

Aus dem bisher Gesagten geht eindeutig hervor, daß jeder Versuch einer sauberen Definition der différance von vornherein zum Scheitern verurteilt sein muß, denn die Bedeutung der différance, folgt man Derridas Argumentation, ist ebenso wie die Bedeutung jedes anderen Wortes, von der Differenz abhängig und wird unendlich aufgeschoben: Es existiert keine feste Präsenz, die die Bedeutung des Begriffs sicherstellen oder bestätigen könnte. Wäre das der Fall, würde der Theorie, die den Begriff hervorgebracht hat, jede Grundlage genommen.

Dennoch finden sich in vielen Darstellungen des Werks Derridas und der DEKONSTRUKTION oberflächliche Erläuterungen des différance-Begriffs, die die Problematik in keiner Weise erahnen lassen. Dem könnte man entgegnen, was Antonio in Shakespeares *The Tempest* über Gonzalos Beschreibung seines Idealstaates – in dem es keine Souveränität geben und in dem er, Gonzalo, als König regieren sollte – bemerkt: 'The latter end of his commonwealth forgets the beginning.' Alan Bass etwa, der englische Übersetzer von Derridas *Die Schrift und die Differenz*, schickt in seiner Einleitung voraus, daß die Bedeutungen des Begriffs 'zu zahlreich sind, um hier erschöpfend dargestellt werden zu können' (Derrida 1978, xvi). Damit faßt er nun aber seinerseits die Bedeutungen eines Wortes im Sinne des Logozentrismus als gewissermaßen endlich und zum Wort gehörend auf und negiert, daß die Bedeutungen selbst zum Gegenstand des Spiels der Differenzen werden.

Differenz In einem Aufsatz über die unterschiedlichen Bedeutungen, die dieser Terminus allein schon in der FEMINISTISCHEN Literaturtheorie hat, stellt Michèle Barrett überrascht fest, was alles 'in dieses aufnahmefähige Konzept hineingepackt werden kann', und weiter, daß auch keineswegs Klarheit darüber herrscht, was der Begriff je nach Kontext bedeutet (1989, 38). Vor allem in den letzten zwei Jahrzehnten ist der Differenzbegriff sehr in den Vordergrund getreten. Ein Schlüsselwerk in diesem Zusammenhang ist Ferdinand de Saussures *Grundfragen der allgemeinen Sprachwissenschaft*. Saussure geht davon aus, daß die Sprache wie ein System von Oppositionen oder Differenzen funktioniert – daß, wie er es formuliert, 'bei einem Sprachzustand alles auf Beziehungen' beruht (1967, 147). So meint er etwa, daß das französische Wort *mouton* und das englische Wort *sheep* dieselbe Bedeutung (*signification*) haben, nicht aber denselben Wert (*valeur*) besitzen, weil das eine französische Wort im wesentlichen *zwei* englischen Wörtern entspricht: *sheep* und *mutton*. Der Wert des Wortes *sheep* ist teilweise auch dadurch bestimmt, daß es *nicht mutton* ist – also von *mutton differiert*.

'Was von den Wörtern gesagt wurde', fügt Saussure hinzu, 'findet Anwendung auf jedes beliebige Glied der Sprache, z.B. auf die grammatikalischen Erscheinungen' (1967, 138). Zweifellos gilt das für das Lautsystem, insofern als es nicht notwendig ist, daß alle Sprecher einer Sprache genau gleich klingende Phoneme produzieren, sondern daß dieselben lautlich signifikanten *Differenzen* zwischen Lauten erkannt werden. Auf syntaktischer Ebene unterscheidet Saussure zwischen SYNTAGMATISCHEN und PARADIGMATISCHEN Entscheidungen und liefert damit zwei Hauptachsen bedeutungsgenerierender Differenz in der Syntax.

Saussures Arbeiten waren von größter Bedeutung für die Entwicklung einflußreicher theoretischer Bewegungen, wie etwa des STRUKTURALISMUS, und die Auffassung, daß Differenzen oder Verschiedenheiten wichtiger sind als Identität oder PRÄSENZ, ist inzwischen in einer Reihe theoretischer Richtungen fest verankert. Derridas Neuprägung DIFFÉRANCE ist eine Weiterentwicklung des Saussureschen Begriffs – wobei allerdings der Sprößling seinen Stammvater dekonstruiert hat. Die Auffassung, daß bei der Bedeutung (*signification*) das, was etwas *ist*, davon abhängt, was es *nicht ist* (Bedeutung also zumindest zu einem Teil dadurch hervorgebracht wird, daß sich etwas von dem unterscheidet, was *nicht gemeint* ist), weist klare Berührungspunkte mit Theorien auf, die sich mit der Rolle bestimmender ABSENZEN bei der INTERPRETATION komplexer TEXTE – einschließlich literarischer Texte – beschäftigen. BEDEU-

TUNG wird in literarischen und KULTURELLEN Texten zum Teil (oder in den Augen jener, für die Bedeutungssysteme geschlossen sind, vollkommen) durch paradigmatische Ausschließung generiert, durch die Differenz zum Nicht-Gemeinten. Ein eleganter dreiteiliger Herrenanzug erhält zumindest zu einem Teil seine Bedeutung auch durch das, was er nicht ist, durch die Differenz, die ihn von anderen Kleidungsstücken unterscheidet.

Jonathan Culler will einige dieser Erkenntnisse auch auf die Literatur anwenden:

> Wenn es in der Sprache nur Verschiedenheiten und keine positiven Einzelglieder gibt, so haben wir in der Literatur noch viel weniger Grund dazu, das Spiel der Differenzen zu hindern, indem wir eine bestimmte kommunikative Intention als Wahrheit oder als Ursprung des Zeichens anrufen. Stattdessen behaupten wir, daß ein Gedicht viele Dinge bedeuten kann. (1975, 133)

In ihrem eingangs erwähnten Aufsatz nennt Michèle Barrett einige repräsentative Beispiele dafür, wie der Differenzbegriff von der feministischen Literaturtheorie aufgegriffen und weiterentwickelt worden ist: (i) Differenz wird als 'sexuelle Differenz' aufgefaßt; man geht (zum Beispiel in der psychoanalytischen Diskussion) von einer ESSENTIALISTISCHEN Konzeption GESCHLECHTsbedingter Identität und Subjektivität aus und weist die Unterscheidung zwischen natürlichem und grammatischem Geschlecht ausdrücklich zurück; (ii) man faßt – stärker an Saussure angelehnt – Bedeutung auf als positions- oder beziehungsbestimmt, wobei etwa in Form einer POSTSTRUKTURALISTISCHEN und anti-MARXISTISCHEN Totalitätskritik Geschlecht, RASSE und KLASSE als ORTE der Differenz (und nicht, wie Barrett betont, Orte der Machtausübung) betrachtet werden, und DEKONSTRUIERT die Auffassung von geschlechtsbedingter Subjektivität; (iii) der Begriff der Differenz wird in einem allgemeineren Sinn gebraucht, um Pluralität und Diversität, etwa innerhalb des Feminismus, zu betonen. Barrett ist der Ansicht, daß die Verwendung des Differenzbegriffs in diesen verschiedenen Kontexten nicht vereinbar ist, und schlägt daher vor, auf andere Termini auszuweichen.

Digitale und analoge Kommunikation   Watzlawick *et al.* vergleichen die digitale und die analoge Kommunikation mit der Kommunikation im menschlichen Organismus:

> Im Nervensystem werden Signale grundsätzlich auf zwei verschiedene Arten übermittelt: durch die Neuronen mit dem ihnen eigenen

Alles-oder-nichts-Charakter ihrer Entladungen und durch die Aktivität der innersekretorischen Drüsen, die Hormone als Informationsträger in den Blutkreislauf einführen. (1969, 61)

Einmal werden also Informationen mittels BINÄRER Oppositionen DIGITALISIERT: Ein Neuron entlädt sich entweder oder es entlädt sich nicht: es gibt nichts dazwischen. Das humorale System funktioniert dagegen ganz anders; es werden geringe Mengen bestimmter Substanzen in den Blutkreislauf abgegeben. Die Wirkung hängt wesentlich von der Menge ab. Die beiden intraorganismischen Kommunikationssysteme existieren, so Watzlawick *et al.*, 'nicht nur nebeneinander, sondern ergänzen und durchdringen einander in oft sehr komplexer Form' (1969, 61).

Ein einfacheres Beispiel für diese Unterscheidung wären die unterschiedlichen Arten der Lautstärkenanzeige auf einem Kassettenrecorder. Die herkömmliche Anzeige durch einen Zeiger, der sich bewegt, ist ein analoges System: Jede kleinste Veränderung der Lautstärke verändert die Position des Zeigers. Die LED-Anzeige dagegen besteht aus einer Reihe von Lichtchen, die entweder aufleuchten oder nicht. Bei modernen Computersystemen wird Information digitalisiert.

In der Sprachwissenschaft sind Theorien, die auf der Digitalisierung von Information basieren, inzwischen sehr wichtig. Ein phonetisches System funktioniert zum Beispiel auch, wenn verschiedene Mitglieder einer Sprachgemeinschaft bestimmte phonetische Einheiten durch relativ unterschiedliche Laute wiedergeben, solange diese Laute erkennbare *Oppositionen* oder binäre Unterscheidungen produzieren. In Ferdinand de Saussures Linguistik ist die Erkennung von DIFFERENZEN zwischen binären Oppositionen ein zentrales Element.

Dies scheint auf den ersten Blick sehr wenig mit Literatur und Literaturkritik zu tun zu haben. Wie Jonathan Culler feststellt, hat aber die Linguistik die STRUKTURALISTEN dahingehend beeinflußt, daß sie in Binaritäten denken und in ihrem Untersuchungsmaterial nach funktionalen Oppositionen suchen (1975, 14), was wiederum von großem Einfluß auf die ERZÄHLFORSCHUNG und die Literaturkritik war.

Man ist sich nun etwa verstärkt der Tatsache bewußt, daß neben subtileren 'analogen' Reaktionen der Wahrnehmung binärer Oppositionen durch den LESER bei der LEKTÜRE eines literarischen WERKES eine notwendige Funktion zukommt. Das gilt sowohl für die Makroebene der GATTUNG (so schafft zum Beispiel die Opposition zwischen Tragödie und Komödie bestimmte Entweder-Oder-Erwartungen, die einen starken

Einfluß auf unsere Reaktion auf das literarische Werk haben) als auch für die Mikroebenen innerhalb einzelner TEXTE. Als Beispiel wäre hier Claude Bremonds Erzähltheorie zu nennen, wonach jede Funktion in einer Erzählung zwei Möglichkeiten eröffnet: AKTUALISIERUNG oder Nicht-Aktualisierung.

In FORMELHAFTER Literatur scheinen Leserreaktionen klar durch die Funktion einfacher binärer Unterscheidungen bedingt: 'Wenn die blonde, schüchterne Frau die Heldin ist, dann muß die dunkle, selbstbewußte Frau die attraktive, aber hinterhältige Rivalin sein.'

Direktiva → SPRECHAKTTHEORIE

Diskurs   Der Ausdruck *Diskurs* ist in den letzten Jahrzehnten in einigen wissenschaftlichen Disziplinen zu einem regelrechten Modewort avanciert. Im allgemeinen Sprachgebrauch versteht man unter *Diskurs* (i) eine 'methodisch aufgebaute Abhandlung über ein bestimmtes [wissenschaftliches] Thema; (ii) 'Gedankenaustausch, Unterhaltung' bzw. 'heftiger Wortstreit, Wortwechsel'. Die dritte der im Duden Fremdwörterbuch (5. Aufl., 1990) angeführten Bedeutungen stammt aus der Sprachwissenschaft: (iii) 'die von einem Sprachteilhaber auf der Basis seiner sprachlichen Kompetenz tatsächlich realisierten sprachlichen Äußerungen'.

Die Rolle, die der Begriff heute in der Sprachwissenschaft spielt, hängt wesentlich mit dem wachsenden Einfluß der PRAGMATIK zusammen; Diskurs ist Sprache, die in Gebrauch ist, und nicht Sprache als abstraktes System. Dennoch ist die Verwendung des Begriffs auch innerhalb der Sprachwissenschaft keineswegs einheitlich. So stellt Michael Stubbs richtig fest, daß die Unterscheidung zwischen den Termini TEXT und *Diskurs* oft sehr unklar und verwirrend ist. *Diskurs* wird, so Stubbs, eher als etwas Längeres aufgefaßt als *Text* und kann, muß aber nicht, Interaktion implizieren (1983, 9). Bei einem wissenschaftlichen Seminar, zum Beispiel, werden einige Sprachwissenschaftler den gesamten Prozeß sprachlicher Interaktion als Diskurs auffassen, einige andere nur einen längeren Vortrag eines Redners, während wieder andere auch kurze Stellungnahmen einzelner Teilnehmer als Diskurse bezeichnen werden. Für einige Linguisten sind Diskurse nicht zählbar, für andere sehr wohl, und für wieder andere sind sie in manchen Fällen zählbar, dann wieder nicht. Wenn Diskurse tatsächlich zählbar *sind*, stellt sich als nächstes die Frage, wie man einzelne Diskurse voneinander abgrenzen kann: Nach Michael Stubbs kann die Einheit eines Diskurses in struktureller, in semantischer oder in funktionaler Hinsicht bestimmt werden (1983, 9).

In der ERZÄHLTHEORIE weist Gerald Prince dem Begriff *Diskurs* zwei Bedeutungen zu: Danach bezeichnet *Diskurs* erstens die Ausdrucksebene einer Erzählung im Unterschied zur Inhaltsebene, das Erzählen im Unterschied zum Erzählten. Zweitens unterscheidet Prince, Benveniste folgend, zwischen *Diskurs* und *Geschichte* (frz. *discours* und *histoire*), wobei *Diskurs* eine Verbindung herstellt zwischen 'einem Zustand oder einem Ereignis und der Situation, in der dieser Zustand oder dieses Ereignis sprachlich evoziert werden' (Prince 1988, 21). Man vergleiche 'Johns Frau war tot' (Geschichte) mit 'Er erzählte ihr, daß Johns Frau tot war' (Diskurs). (Vergleiche die Unterscheidung zwischen *énonciation* und *énoncé* im Eintrag ÉNONCIATION.) Verschiedentlich wird auch von deutsch- oder englischsprachigen Erzähltheoretikern für Diskurs im Sinne von Benveniste das französische Wort *discours* beibehalten.

Von großem Einfluß auf den Diskursbegriff in einer ganzen Reihe verschiedener Disziplinen sind die Schriften Michel Foucaults. Für Foucault sind Diskurse 'große Familien von Aussagen' – regelbestimmte Sprachfelder, die durch, wie Foucault sie nennt, 'strategische Möglichkeiten' definiert werden (1973, 57), was in gewissem Sinne dem Begriff des REGISTERS in der Sprachwissenschaft entspricht. So gibt es für Foucault zu einer bestimmten Zeit in der Geschichte Frankreichs etwa einen ganz bestimmten medizinischen Diskurs: Regeln und KONVENTIONEN sowie SYSTEME der VERMITTLUNG und Transposition, die festlegen, wie, wann, wo und von wem über Krankheiten und deren Behandlung gesprochen wird. Hier stellt sich natürlich, wenn auch in einem anderen Kontext, eine ähnliche Frage wie oben: Wie lassen sich die einzelnen Diskurse voneinander abgrenzen?

Den Begriff *diskursive Formation* verwendet Foucault oft im Sinne von *Diskurs*:

> In dem Fall, wo man in einer bestimmten Zahl von Aussagen ein ähnliches System der Streuung beschreiben könnte, in dem Fall, in dem man bei den Objekten, den Typen der Äußerung, den Begriffen, den thematischen Entscheidungen eine Regelmäßigkeit (eine Ordnung, Korrelationen, Positionen und Abläufe, Transformationen) definieren könnte, wird man übereinstimmend sagen, daß man es mit einer *diskursiven Formation* zu tun hat... (1973, 58)

Alle Gesellschaften verfügen, so Foucault, über Verfahren, durch die die Produktion von Diskursen kontrolliert, selektiert, organisiert und kanalisiert wird, und die die Aufgabe haben, 'die Kräfte und die Gefahren des Diskurses zu bändigen' (1991, 11). Diese Verfahren bestimmen, was Foucault *diskursive Praxis, diskursive Objekte* und *diskursive Strategien* nennt, so daß in allen Diskursen *diskursive Regelhaftigkeiten* beobachtbar sind. Diskurse ermöglichen, wie Paul A. Bové es in seiner Diskussion des Foucaultschen Diskursbegriffs formuliert, 'Disziplinen und Institutionen ..., die ihrerseits diese Diskurse tragen und verbreiten' (Lentricchia & McLaughlin 1990, 57). Lynda Nead dagegen warnt davor, Foucaults Diskursbegriff eindeutig festlegen zu wollen, da Foucault, wie sie meint, den Begriff keineswegs immer, und oft nicht einmal in einem einzigen Werk, gleich verwendet (als Beispiel nennt sie Foucaults *Sexualität und Wahrheit*) (1988, 4).

In den Schriften Michail Bachtins finden wir weitere Bedeutungsvarianten für den Begriff *Diskurs.* Im Glossar zur englischsprachigen Aufsatzsammlung *The Dialogic Imagination* (1981) wird *Diskurs* (*discourse*) als Entsprechung des russischen *slovo* definiert, das entweder ein einzelnes Wort bedeutet oder einen autoritativen Sprachgebrauch (1981, 427). In deutschen Übersetzungen der Werke Bachtins (hier geht es im besonderen um den Aufsatz 'Das Wort im Roman' in dem Sammelband *Die Ästhetik des Wortes*, 1979, und Bachtins Dostoevskij-Studie) wird *slovo* bzw. *Diskurs* in der Regel als *Wort, Rede* oder auch *Sprache* wiedergegeben. Wie nahe Bachtin dem Foucaultschen Diskursbegriff kommt, wird auch an einigen Ableitungen Bachtins deutlich. Unter *Autorrede* versteht er die privilegierte Sprache, die 'von außen an uns herantritt; sie ist distanziert, tabu, und erlaubt kein Spiel mit dem Kontext, in dem sie steht' (1981, 424). Die *innere Rede des Ich* dagegen verwendet die eigenen Worte und stellt sich nicht als 'anders' dar, als Vertreter einer fremden Macht. Als *veredelte Sprache* bezeichnet Bachtin einen Diskurs, der 'literarischer' und edler und damit weniger zugänglich ist. Cvetan Todorov weist jedoch darauf hin, daß Bachtin in seinen Schriften den Diskursbegriff (bzw. *Wort, Rede, Sprache*, das russische *slovo*) unterschiedlich definiert, nämlich als 'Sprache in ihrer konkreten, lebendigen Gesamtheit', als 'Sprache als konkretes, totales Phänomen' und als 'Äußerung (*vyskazyvanie*)' (1984, 25). In seinem Buch *Probleme der Poetik Dostoevskijs* überschreibt Bachtin ein Kapitel mit 'Das Wort bei Dostoevskij', 'weil wir das *Wort*, d.h. die Sprache in ihrer konkreten, lebendigen Gesamtheit im Auge haben und nicht die

Sprache als spezifischen Gegenstand der Linguistik; die Linguistik abstrahiert von einigen Seiten im konkreten Leben des Wortes, was notwendig und gerechtfertigt ist' (1971, 203). Damit ordnet er den Diskurs der
PAROLE zu, nicht der LANGUE, der ÄUßERUNG, nicht dem Satz. Des weiteren spricht Bachtin in diesem Buch vom 'zweistimmigen Wort', das bei
dialogischer Kommunikation unausweichlich entsteht (1971, 206).

Aus obigen Ausführungen geht nun eindeutig hervor, daß sowohl
Foucaults als auch Bachtins Diskursbegriff sich in nächster Nähe zum
Begriff der IDEOLOGIE, wie er im einzelnen auch definiert sein mag,
befindet. Roger Fowler spricht in seiner Diskursdefinition die Ideologie
sogar ausdrücklich an:

> 'Diskurs' ist die Sprache oder die Schrift vom Standpunkt der Über-
> zeugungen, Wertvorstellungen und Kategorien aus betrachtet, die er
> enthält; diese Überzeugungen (etc.) stellen eine Art und Weise dar,
> die Welt zu sehen, sie ordnen und repräsentieren Erfahrungen –
> 'Ideologie' im neutralen, nicht-pejorativen Sinne. Verschiedene Dis-
> kursmodi repräsentieren verschiedene Erfahrungen; und deren Quel-
> le ist der Kommunikationskontext, in den der Diskurs eingebettet
> ist. (1990, 54)

Während für Fowler 'Überzeugungen, Wertvorstellungen und Kategorien' im Diskurs eingeschrieben sind, scheint Foucault einen Schritt
weiter zu gehen, wenn er meint, daß diese Überzeugungen, Wertvorstellungen und Kategorien durch den Diskurs anderen Menschen aufgezwungen werden können. Das heißt, daß bestimmte Diskurse auf Grund
ihrer Regeln es nicht nur möglich machen, bestimmte Dinge zu sagen,
sondern auch, den Teilnehmern an diesen Diskursen bestimmte Sichtweisen der Welt aufzuzwingen bzw. alternative Sichtweisen auszu-
schließen. Es überrascht daher nicht, daß sich in der jüngsten Vergangenheit auch ein MARXISTISCHER oder quasimarxistischer Diskursbegriff
herausgebildet hat, der einigen bzw. allen der genannten Quellen etwas
zu verdanken hat, am meisten wohl Foucault (der allerdings kein Marxist ist). In einem Brief an die *London Review of Books* äußert sich
James Wood sehr kritisch über diese Entwicklung und beschreibt den
gegenwärtigen Sprachgebrauch, wie er ihn sieht:

> Der Diskurs ist, den Cultural Materialists zufolge, ein Netz aus
> Bedeutungen, Zeichen, Rhetorik; und wie eine Ideologie will der
> Diskurs den Status quo legitimieren... Der Text – der arme Text –
> befindet sich am 'Schnittpunkt' der verschiedenen Diskurse und ist

> tatsächlich 'der Ort', an dem die widerstreitenden Diskurse die
> Sache miteinander austragen. Die Rolle des Textes wird dabei als
> vollkommen passiv gesehen. (Wood 1990, 4)

Vor allem wirft Wood der Literaturkritik, die in seinen Augen von
solchen Annahmen ausgeht, vor, zutiefst konservativ und determini-
stisch zu sein. Dem mag man zustimmen oder nicht, wichtig ist in
diesem Zusammenhang, daß Wood in der gegenwärtigen Verwendung
des Diskursbegriffs ein Hauptelement einer bestimmten Richtung der
Literaturkritik sieht (Cultural Materialism |→ KULTUR]).

Zu den Begriffen *monovalenter Diskurs* und *polyvalenter Diskurs*
(Todorov) siehe REGISTER.

→ ARCHÄOLOGIE DES WISSENS; ÉNONCIATION; ERLEBTE REDE; zur
Unterscheidung zwischen Text und Diskurs → TEXT UND WERK

Diskursive Praxis → DISKURS

Dispositiv　Michel Foucault beschreibt mit diesem Begriff 'Gesagtes
ebensowohl wie Ungesagtes', ein heterogenes Ensemble, zu dem er
'DISKURSE, Institutionen, architekturale Einrichtungen, reglementierende
Entscheidungen, Gesetze, administrative Maßnahmen, wissenschaftliche
Aussagen, philosophische, moralische und philanthropische Lehrsätze'
zählt (1978, 119–20).

Dissemination　In Jacques Derridas Buch *La Dissemination* (1972a)
steht der Begriff *Dissemination* für die endlose Streuung und die poten-
tielle Entstehung von BEDEUTUNG, wodurch, so Derrida, in Abwesenheit
von SIGNIFIKATEN das Spiel der SIGNIFIKANTEN bestimmt wird. Nach
Gayatri Chakravorty Spivak, der Derridas *Grammatologie* ins Englische
übersetzt hat, bezieht sich die Dissemination auf 'die Saat, die weder be-
fruchtet noch vom Vater zurückgenommen, sondern die weithin ver-
streut wird' (Derrida 1976, xi). Die Dissemination unterscheidet sich
von Empsons AMBIGUITÄT insofern, als der Strom neuer Bedeutungen
niemals versiegen kann und die Bedeutungen in keiner Weise einem
AUTOR beigelegt werden können: Sie sind das Produkt der Sprache.

Distanz　In der Literaturwissenschaft findet der Begriff in einer Reihe
von Bedeutungen Verwendung. Ganz allgemein dient er zur Beschreibung der Reaktion eines LESERS auf ein literarisches WERK. Während

etwa die Leser der Romane von Dickens typischerweise am Schicksal der Romanfiguren sehr stark emotional Anteil nahmen bzw. nehmen (und sich zum Beispiel in den Vereinigten Staaten am Hafen versammelten, wenn die neueste Fortsetzung von *The Old Curiosity Shop* ankam, um etwas über das Schicksal von Little Nell zu erfahren), stehen sie den Figuren und dem Geschehen in den Werken Joseph Conrads leidenschaftsloser, mit größerer emotionaler Distanz gegenüber.

In der ERZÄHLTHEORIE hat der Begriff eine ähnliche, doch etwas spezifischere Bedeutung angenommen. Wenn der Leser von Conrads 'An Outpost of Progress' dem Schicksal der beschriebenen Figuren relativ distanziert gegenübersteht, so hat dies auch damit zu tun, daß der ERZÄHLER selbst teilnahmslos und distanziert erscheint. Der Begriff Distanz bezeichnet daher den Abstand zwischen STORY und ERZÄHLUNG, wobei dieser Abstand zeitlicher, geographischer oder emotionaler Natur sein kann – oder darauf zurückzuführen ist, daß die mit den Figuren bzw. der Erzählung verbundenen Wertsysteme aufeinanderprallen. Distanz kann sich aber auch auf erzähltechnische Aspekte beziehen: Je anonymer und verdeckter die Erzählung ist, desto geringer ist die Distanz zwischen Story und Erzählung; je stärker die Erzählung die Aufmerksamkeit des Lesers auf sich selbst als Erzählung lenkt (etwa mittels eines personalisierten Erzählers), desto größer ist die Distanz zwischen Story und Erzählung. Dabei ist allerdings zu beachten, daß die Distanz zwischen Erzählung und Story erzähltechnisch sehr gering sein kann, ohne daß die emotionale Anteilnahme des Lesers oder des Adressaten deshalb unbedingt sehr stark sein muß.

Mieke Bal verwendet den Begriff Distanz als Maßstab für verschiedene Stufen von ANACHRONIE: Je weiter ein anachron dargestelltes Ereignis von der 'Gegenwart' entfernt ist (das heißt, von dem Punkt, an dem die Geschichte durch die Anachronie unterbrochen wird), desto größer ist die Distanz (1985, 59).

→ ANALEPSE

Dominante In seinem Aufsatz 'Schriftsprache und dichterische Sprache' schreibt Jan Mukařovský, ein Vertreter der PRAGER SCHULE:

> Die systematische Aktualisierung der Komponenten in einem dichterischen Werk besteht in der Graduierung der Beziehungen dieser Komponenten zueinander, das heißt, in deren Unter- und Überordnung. Die Komponente, die in der Hierarchie ganz oben steht, wird

> die Dominante. Alle anderen Komponenten, ob sie aktualisiert sind
> oder nicht, werden vom Standpunkt der Dominante aus bewertet.
> (1964, 20)

Roman Jakobson schlägt folgendes vor:

> Die Dominante kann als diejenige Komponente eines Kunstwerkes
> definiert werden, an der sich alle andern orientieren: sie regiert und
> transformiert die restlichen Komponenten. Die Dominante garantiert
> die Integrität der Struktur. (1979, 212)

Eine Dominante kann man, so Jakobson weiter, nicht nur im dichterischen WERK eines einzelnen Künstlers oder im poetischen KANON
entdecken, 'sondern auch in der Kunst einer gegebenen Epoche, die als
ein bestimmtes Ganzes betrachtet wird' (1979, 213). In der Kunst der
Renaissance stellten 'die bildenden Künste eine solche Dominante, eine
solche Akme in den ästhetischen Kriterien dieser Zeit' dar (1979, 213).

Hinsichtlich einzelner dichterischer Werke definiert Jakobson 'die
ästhetische Funktion' als deren Dominante (1979, 215). Im Vergleich
dazu erscheint Mukařovskýs Definition noch etwas brauchbarer: Die
'ästhetische Funktion' befriedigend zu definieren, ist so schwierig, daß
man, wenn dies erst einmal gelingt, ein Konzept wie das der 'Dominante' wohl nicht mehr bräuchte.

Brian McHale weist darauf hin, daß der Begriff, wenn dessen Verbreitung auch Roman Jakobson zu verdanken ist, eigentlich auf Jurij
Tynjanov zurückgehen dürfte (1987, 6).

Sehr oft kommt der Begriff der Dominante in den Schriften Michail
Bachtins vor, besonders in seiner Dostoevskij-Studie (Bachtin 1971).

→ KULTUR (dominante Kultur); VERFREMDUNG; DEFORMIERUNG;
ÄSTHETISCH; HEGEMONIE; IDEOLOGIE (dominante Ideologie)

Dominante Ideologie → IDEOLOGIE

Dominanter Diskurs → DISKURS; IDEOLOGIE

Double-bind   Ein Begriff aus der Kommunikationstheorie, meist mit
Doppelbindung ins Deutsche übersetzt. In ihrem Buch *Menschliche
Kommunikation. Formen, Störungen, Paradoxien* definieren Paul Watz-
lawick *et al.* den *double-bind* wie folgt:

> Ein *double-bind* ist eine Mitteilung, die 'a) etwas aussagt, b) etwas
> über ihre eigene Aussage aussagt, und c) so zusammengesetzt ist, daß

diese beiden Aussagen einander negieren bzw. unvereinbar sind... Der Empfänger dieser Mitteilung kann der durch sie hergestellten Beziehungsstruktur nicht dadurch entgehen, daß er entweder über sie metakommuniziert (sie kommentiert) oder sich aus der Beziehung zurückzieht' (1969, 196).

Das mag sehr kompliziert klingen, kommt in der Praxis aber häufig vor. Ein Kind, das von der Mutter gesagt bekommt: 'Wenn du mich liebtest, wärest du nicht ungezogen', ist in einer Doppelbindung gefangen, wenn es nicht in der Lage ist, die Absurdität der Aussage zu durchschauen und zu antworten: 'Meine Ungezogenheit hat keinen Einfluß auf die Tatsache, daß ich dich *liebe*'. Eine andere Definition findet sich in dem Buch *Anti-Ödipus. Kapitalismus und Schizophrenie* von Gilles Deleuze und Félix Guattari: '*der "double bind" ist nichts weiter als Ödipus insgesamt*' (1974, 103; Hervorhebung von Deleuze und Guattari).

Die Doppelbindungstheorie hat in zweierlei Hinsicht in die Literaturkritik Eingang gefunden. Zum einen berufen sich Kritiker bei der Interpretation von in ihren Augen ungesunden oder pathologischen Beziehungskonstellationen darauf. Dabei werden literarische Figuren so behandelt, als ob sie in ihrer Beziehung zueinander dieselben Probleme hätten wie reale Menschen. In ihrem Buch *Families under Stress* (1975) analysieren Tony Manocchio und William Petitt unter Zuhilfenahme verschiedener psychologischer Konzepte, unter anderem auch der Doppelbindung, Familienbeziehungen in WERKEN von Terence Rattigan, Shakespeare, Eugene O'Neill, Arthur Miller und Edward Albee. Ihre Analyse ist als Experiment nicht uninteressant, ist aber dadurch, daß sie den fiktionalen und künstlerischen Aspekt der Werke vollkommen außer acht läßt, nicht sehr befriedigend.

Ganz anders verwendet Harold Bloom den *double-bind*-Begriff in seinem Buch *The Anxiety of Influence*, nämlich für 'die Paradoxie der impliziten Anweisung des Vorgängers an den Epheben'. Das ältere Gedicht spricht zum nachfolgenden Gedicht, so Bloom (wobei er von seiner Argumentationslinie allerdings etwas abweicht): 'Sei wie ich, aber nicht wie ich' (1973, 70). Die Beziehung des EPHEBEN zum Vorgänger ist nach Bloom also grundsätzlich neurotisch und pathologisch.

Eine ausführlichere Darstellung der Position Blooms findet sich im Eintrag REVISIONISMUS.

Dramatisches Theater → VERFREMDUNGSEFFEKT

Durative Anachronie → ANACHRONIE

Durchstreichung   Im modernen theoretischen Sprachgebrauch bezieht sich der Begriff auf eine von Jacques Derrida praktizierte Technik, in seinen Schriften – zum Leidwesen der Setzer und Korrektoren – gestrichene Wörter 'unter der Durchstreichung' (*sous rature*) stehen zu lassen – das heißt, daß die Wörter durchgestrichen, aber nicht aus dem Text entfernt werden. Auf diese Art verwendet er Wörter und Begriffe, die seiner Ansicht nach nicht ganz passend sind, für die er aber keine Alternative findet. Derrida hat diese Technik offenbar von Heidegger übernommen. Die Durchstreichungen erfüllen eine ähnliche Funktion wie Anführungszeichen, die auf die Inadäquatheit oder fragwürdige Gültigkeit eines Wortes aufmerksam machen.

→ Urschrift

In der anglo-amerikanischen Literaturkritik findet sich der Begriff (engl. *erasure*) auch in einem anderen Zusammenhang, und zwar wenn in Modernen oder Postmodernen Werken eine zuerst geschaffene Wirklichkeitsnähe oder ein zuerst gewählter Realismus im nachhinein zurückgenommen wird. Eine Figur, an der in einem literarischen Werk eine solche Streichung vorgenommen wird, wäre demnach eine Figur, die der Leser den realistischen Konventionen entsprechend als 'real' anerkannt hat, die aber später in irgendeinem Sinne als nicht-real präsentiert wird, entweder innerhalb der fiktionalen Welt oder durch ihre Überführung von der fiktionalen in die außerfiktionale Welt des Textes. (Siehe dazu die Diskussion in McHale 1987, 64–6.)

E

Echolalie Der Begriff beschreibt das endlose Echo zwischen ZEICHEN, deren Bedeutung nur relational bestimmt ist und nicht auf eine übermächtige PRÄSENZ oder feststehende Autorität zurückgeht.

Écriture In französisch-deutschen Wörterbüchern wird *écriture* mit *Schrift* übersetzt, im englischsprachigen Raum findet sich an entsprechender Stelle der Ausdruck *writing*. M.H. Abrams definiert in seinem *Glossary of Literary Terms* im Eintrag zur DEKONSTRUKTION écriture als 'den geschriebenen oder gedruckten Text' (1977, 428). Die Tatsache, daß zahlreiche deutsch- und englischsprachige Autoren in ihren Schriften den französischen Ausdruck beibehalten, läßt schon vermuten, daß das deutsche Wort *Schrift* bzw. das englische *writing* nicht als ganz äquivalent betrachtet werden können. Der Begriff écriture in seiner erweiterten Bedeutung, wie er heute in der Literaturkritik verwendet wird, geht auf Roland Barthes und sein 1953 veröffentlichtes Werk *Le Degré Zéro de L'écriture* zurück. Der Titel der deutschen Übersetzung, *Am Nullpunkt der Literatur* (1959), erscheint glücklicher gewählt als jener der englischen Ausgabe, *Writing Degree Zero* (1967b), der, wie die folgenden Ausführungen zeigen werden, irreführend ist. In einem Artikel über die écriture nennt Ann Banfield weitere für die Etablierung dieses Begriffes wichtige Texte: Maurice Blanchots 'The Narrative Voice' (1981); Michel Butors 'L'Usage des Pronoms Personnels dans le Roman' (1964); und Michel Foucaults 'Qu'est-ce qu'un auteur?' (1980b) (Banfield 1985, 2). Barthes' englische Übersetzer merken an, daß écriture im alltäglichen Sprachgebrauch nur 'Handschrift' oder 'die Kunst des Schreibens' bedeutet, bei Barthes aber zu einem fachspezifischen Begriff wird und 'ein neues Konzept bezeichnet' (Barthes 1967b, 7). Wichtig ist in diesem Zusammenhang, daß Barthes dieses 'neue Konzept' der écriture in Opposition zu *littérature* setzt und damit eine ähnliche Unterscheidung trifft wie zwischen *lisible* (*lesbar*) und *scriptible* (*schreibbar*) (→ LESBARE UND SCHREIBBARE TEXTE). Banfield weist hier richtig darauf hin, daß die Unterscheidung zwischen écriture und littérature im Französischen auch deshalb so prägnant ist, weil sich die französische Prosadichtung durch gewisse *grammatikalische* Merkmale von anderen literarischen Formen abhebt, vor allem durch den Gebrauch des *passé simple* und die ERZÄHLUNG in der dritten Person (Banfield 1985, 4). Während die *littérature* durch diese grammatikalischen sowie durch weniger offen zutage tretende IDEOLOGISCHE Merkmale charakterisiert ist, zielt die *écriture* darauf ab, sich durch einen 'Null-Stil' der 'Literarizität' zu entledigen; der erste Roman, der sich offen dazu bekannte, war Albert Camus' *L'Étranger*, der nicht in der dritten, sondern in der ersten Person erzählt wird und auch nicht im *passé simple*, sondern im *parfait composé*, was französische Leser zu schockieren vermag (oder vermochte), in der deutschen oder englischen Übersetzung aber verloren gehen muß. Für Barthes handelt es sich bei der 'Schreibweise im Nullzustand' um 'eine neutrale Sprache ..., die von aller Unterwerfung unter eine von der Sprache gezeichnete Ordnung befreit ist' (1959, 71), und damit um einen Versuch, 'über Literatur hinauszugehen, indem man sich einer Art basischer Sprache anvertraut, die von den lebendigen Sprachen ebenso weit entfernt ist wie von der eigentlichen Literatursprache' (1959, 71).

Welche Bedeutung haben diese Ausführungen nun für nicht-französische Leser? Banfield argumentiert mit Blick auf die englische Sprache, daß, obwohl die écriture im Englischen (und das gilt auch für das Deutsche) nicht derart auffallende grammatikalische Merkmale besitzt, der Begriff dennoch eine Schreibweise impliziert, deren Charakteristikum die ABSENZ ist, das heißt das Fehlen der Merkmale von Literatur, der Vermittlung des Menschen, was nun keineswegs auf die französische Sprache oder KULTUR beschränkt ist. Écriture, so Banfield, ist 'ein Produkt, das mit der Person, die es hervorbrachte, und der Tätigkeit dieser Person nichts mehr zu tun hat', es ist 'die Bezeichnung dafür, daß ein nicht-persönliches Wissen sprachlich wird' (Banfield 1985, 13); Banfield bringt die écriture in Verbindung mit dem Gebrauch des *style indirect libre*, der ERLEBTEN REDE im Roman.

Ähnlich geht auch bei der Übersetzung des Begriffs *écriture*, wie Jacques Derrida ihn verwendet, durch das englische *writing* oder das deutsche *Schrift* viel von der Komplexität des französischen Ausdrucks verloren. In einem in *Positionen* veröffentlichten Interview spricht Henri Ronse mit Derrida über diese Komplexität, und Derrida stimmt darin Ronses Argumentation zu.

> *Ronse:* In Ihren Essays findet man mindestens zwei verschiedene Bedeutungen des Wortes Schrift: die herkömmliche Bedeutung, bei der die (phonetische) Schrift dem Sprechen, das sie zu repräsentieren vorgibt, entgegengesetzt wird (Sie zeigen aber, daß es keine rein

phonetische Schrift gibt), und eine radikalere Bedeutung, die die Schrift im allgemeinen und vor jeder Verbindung mit dem, was die Glossematik als 'Ausdruckssubstanz' bezeichnet, zu bestimmen sucht; eine Schrift, die der gemeinsame Ursprung des geschriebenen und des gesprochenen Wortes wäre. Die Verwendung der Schrift im herkömmlichen Sinn zeigt und verrät die Repression, die gegen die Urschrift ausgeübt wird. (1986, 40)

Zu URSCHRIFT siehe den entsprechenden Eintrag. Für Derrida ist, das scheint klar, die *écriture* fallweise fast bedeutungsgleich mit der *Urschrift*.

Es wäre aber falsch, daraus zu schließen, daß die Bedeutung der écriture damit feststeht: Da die écriture in einer Reihe moderner Theorien, die sich selbst ständig fortentwickeln, eine zentrale Rolle spielt, werden ihre Bedeutungsinhalte eher immer erweitert, als daß sie eine endgültige Definition erhält. Selbst die genannten Theoretiker verwenden den Begriff nicht in allen ihrer Schriften einheitlich.

Die STRUKTURALISTEN, die gerne die entpersönlichte Systematik der LANGUE betonten und es ablehnten, die Sprache auf einen (normalerweise persönlichen) menschlichen Ursprung oder eine PRÄSENZ zu beziehen, waren an den écriture-Theorien sehr interessiert. Hinter der Verwendung des Begriffs im Bereich der Literatur stand typischerweise eine Haltung, die auch den Tod des AUTORS proklamierte sowie autorenloses Schreiben, oder zumindest intransitives und auf sich selbst gerichtetes Schreiben.

→ ÉCRITURE FÉMININE

Écriture féminine   Nach Elaine Showalter 'die Einschreibung des weiblichen Körpers und der Andersartigkeit der Frau in Sprache und Text' (1987, 57). Showalters Diskussion des Begriffs lohnt eine eingehendere Lektüre. Der Begriff wurde von der FEMINISTISCHEN Literaturwissenschaft in Frankreich geprägt und bezeichnet weniger eine bestehende Schreibpraxis, für die es schon viele Beispiele gäbe, als eine ideale und zukünftige Möglichkeit.

Das Konzept ist aber nicht neu und hat interessante Vorläufer. Ein Beispiel findet sich in Virginia Woolfs Essay 'Frauen und erzählende Literatur', der erstmals 1929 veröffentlicht wurde.

Doch trifft immer noch zu, daß eine Frau, bevor sie genau so schreiben kann, wie sie möchte, viele Schwierigkeiten vor sich sieht. Zunächst gibt es die technische Schwierigkeit – dem Anschein nach so einfach, in Wirklichkeit so verzwickt –, daß allein schon die Form des Satzes ihr nicht angemessen ist. Es ist ein von Männern gebauter Satz; zu lose, zu schwer, zu gravitätisch für weiblichen Gebrauch. (1989, 14)

Woolf schließt daraus, daß eine Frau 'den geltenden Satztypus' solange 'abändern und umformen' muß, 'bis sie so schreibt, daß der Satz die natürliche Form ihres Gedankens annimmt, ohne ihn einzuzwängen oder zu verzerren' (1989, 14).

An anderer Stelle erklärt Woolf, daß es nicht nur die Gestalt eines Gedankens ist, die für eine Frau beim Schreiben zum Problem wird, sondern auch die Wirklichkeit ihres Körpers. In ihrem Essay 'Berufe für Frauen', zuerst als Vortrag vor der Women's Service League gehalten, entwirft sie das Bild eines jungen Mädchens, das mit einer Feder in der Hand dasitzt, und vergleicht es mit dem Bild eines Fischers, 'traumverloren am Rand eines tiefen Sees lagernd, die Angel weit übers Wasser hinaushaltend'.

Nun aber kam die Erfahrung, die Erfahrung, die bei schreibenden Frauen, wie ich glaube, weit verbreiteter ist als bei Männern. Die Angelschnur glitt dem Mädchen rasend schnell durch die Finger. Ihre Imagination war mit ihr durchgegangen. Sie hatte die Tümpel, die Tiefen, die dunklen Stellen gesucht, wo die größten Fische schlummern. Und dann kam ein Krachen. Es kam eine Explosion. Es gab ein Schäumen und ein Durcheinander. Die Imagination war gegen etwas Hartes geprallt. Das Mädchen wurde aus seinem Traum gerissen. Ja, sie war in einem Zustand härtester und schwirigster Bedrängnis. Unbildlich gesprochen, sie hatte an etwas gedacht, etwas über den Körper, über die Leidenschaften, was für sie als Frau zu sagen ungehörig war. (1989, 35)

In jüngeren Beiträgen zur *écriture féminine* findet sich die Auffassung, daß das neue Schreiben aus diesem Empfinden des eigenen Körpers heraus entstehen könnte. Nachdem sie feststellt, daß sie eine Sprache annehmen muß, die ihr, obwohl es ihre eigene ist, fremd ist, meint etwa Madeleine Gagnon, daß es eine Alternative gibt:

Wir brauchen nur unseren Körper fließen lassen, von innen heraus; wir brauchen nur alles, was die neuen Formen des Schreibens behindern oder ihnen schaden könnte, wie auf einer Schiefertafel löschen; wir behalten nur das, was paßt und uns gefällt. (1980, 180)

Einige Feministinnen haben jedoch dagegen eingewendet, daß dies nicht so einfach machbar ist: das Empfinden des eigenen Körpers sei möglicherweise bereits mit IDEOLOGISCH fremden Elementen durchsetzt. Es flösse dann, von innen heraus, vielleicht mehr als nur der Körper alleine.

Eidetisch Der Begriff *eidetisch* kommt vom griechischen Wort *eidos* für Urbild und bezeichnet in der PHÄNOMENOLOGIE Edmund Husserls die Methode, aus dem Fluß von Bildern, die in unser Bewußtsein dringen, Universalien zu abstrahieren. Auf diese Art läßt sich herausfinden, was an den Objekten in unserem Bewußtsein konstant und unveränderlich ist, so daß wir aus einer Reihe von Bildern, die notgedrungen nur Teilwissen vermitteln können, Universalien ableiten können. Auf die Literatur angewandt würde das die Abstrahierung dessen, was bei jedem literarischen Erlebnis von – sagen wir – *Hamlet* individuell und zufällig ist, bedeuten, um so zum universalen *Hamlet* zu gelangen, der das Theaterstück in seiner ganzen Spezifität und Konkretheit ist. Dabei stellt sich jedoch das Problem, was zu tun ist, wenn verschiedene Erlebnisse desselben WERKES widersprüchliche und unvereinbare Elemente aufweisen.

Einfluß → REVISIONISMUS

Eingebettetes Ereignis → EREIGNIS

Eingeschriebener Leser → LESER UND LEKTÜRE

Einmalig → FREQUENZ

Einsprachigkeit → DIALOGISCH

Ellipse Auch *Aussparung* oder *Leerstelle* (englisch *ellipsis* oder auch *gap*). Die Aussparung eines Teils oder mehrerer Teile in einer NARRATIVEN Sequenz: jede Aussparung einer Information in zeitlicher oder sonstiger Hinsicht. In dem Roman *Wuthering Heigths* erfahren wir zum Beispiel nie etwas Genaues über Heathcliffs Leben bevor ihn Mr Earnshaw in Liverpool findet oder darüber, wie er nach seinem Verschwinden und vor seinem Wiederauftauchen zu Reichtum gekommen ist. In diesem Fall handelt es sich um eine relativ *unmarkierte* (oder implizite)

Ellipse, da die vorenthaltene Information auch keinem der personalisierten ERZÄHLER bekannt ist. Wenn aber Esther Summerson in Charles Dickens' *Bleak House* zu erklären versucht, was sie an Mrs Woodcourt stört, und mit den Worten 'Ich weiß nicht, was es war. Zumindest, auch wenn ich es jetzt weiß, glaubte ich damals, daß ich es nicht wußte. Oder wenigstens – aber das ist unwichtig' abbricht, dann haben wir es hier mit einer klar *markierten* (oder expliziten) Ellipse zu tun: Der LESER wird darauf hingewiesen, daß ihm etwas, das der Erzähler weiß, vorenthalten wird. Im Falle von *Wuthering Heigths* werden wenige Leser die fehlende Information über Heathcliff vermissen; in ähnlichem Sinne stellte L.C. Knights in einem berühmt gewordenen Artikel fest, daß der Leser von Shakespears *Macbeth* sich eigentlich *nicht* darüber Gedanken machen sollte, wieviele Kinder Lady Macbeth hatte. In der FANTASTISCHEN Literatur wird dagegen die Aufmerksamkeit des Lesers gerne absichtlich auf bestimmte Informationslücken gelenkt, um ihn zwischen einer natürlichen und übernatürlichen Erklärung der dargestellten Ereignisse schwanken zu lassen.

Nach Gérard Genette sind Ellipsen in manchen Fällen *hypothetisch*, nämlich dann, wenn sie sich nicht lokalisieren lassen oder – was auch vorkommt – man sie nirgends einordnen kann und sie erst im nachhinein durch eine ANALEPSE sichtbar werden (1972a, 141).

Ellipsen können von langer oder von kurzer Dauer sein: In den meisten Detektivromanen bleiben bestimmte markierte Leerstellen bis zum Ende erhalten und werden erst auf den letzten Seiten des Romans ausgefüllt.

In einem etwas anderen Zusammenhang haben Theoretiker wie Roman Ingarden und Wolfgang Iser auf Leerstellen und Unbestimmtheiten hingewiesen, die sich in einem literarischen Werk immer finden und die der Leser ausfüllen oder besetzen, mit anderen Worten KONKRETISIEREN, muß.

→ ABSENZ; ANALEPSE; narrative Bewegungen (Eintrag ERZÄHLZEIT); PARALIPSE

Emotiv → FUNKTIONEN DER SPRACHE

Empfänger → FUNKTIONEN DER SPRACHE; KOMMUNIKATIONSMODELL VON SHANNON UND WEAVER

Empirisch → LÖSUNG VON OBEN/UNTEN

Empirischer Leser → LESER UND LEKTÜRE

Empirischer Trugschluß → NORM

Empirismus → LÖSUNG VON OBEN/UNTEN

Énonciation   Viele deutsch- und englischsprachige Autoren (sowie einige Übersetzer aus dem Französischen, etwa der Schriften Roland Barthes') verwenden den französischen Ausdruck *énonciation* (*Aussagevorgang, Äußerung*; englisch *enunciation*, manchmal auch *utterance* oder *statement*) sowie die Ableitungen *énonciateur* (*Sender, enunciator*), *énonciataire* (*Empfänger, enunciatee*) und *énoncé* (*Aussage; enunciated* oder auch *statement*) statt der entsprechenden deutschen bzw. englischen Begriffe auf Grund der größeren Prägnanz der französischen Termini. Umberto Eco spricht dagegen – in einem englisch verfaßten Aufsatz – von *sentence* und *utterance* im Sinne von Aussage/énoncé und Aussagevorgang/Äußerung/énonciation (1981, 16).

Die französischen Termini unterscheiden zwischen dem einzelnen, zeitgebundenen *Akt* des Aussagens und dem *verbalen Ergebnis* dieses Akts, das sich von der für diesen Akt verantwortlichen Person und dem Zeitpunkt frei macht. Der Unterschied zwischen *Äußerung* und *Aussage* besteht im wesentlichen darin, daß mit *Äußerung* eine Beziehung zwischen dem Geäußerten und der Person, von der die Äußerung stammt, hergestellt wird, wohingegen *Aussage* das Schwergewicht auf die verbale Einheit als solche legt. Die französische *énonciation* meint in den meisten Fällen das, was *utterance* bzw. *Äußerung* implizieren, nämlich den *Akt*, durch den von einem menschlichen SUBJEKT eine Wortfolge produziert wird. *Énoncé* zielt dagegen normalerweise darauf ab, eine Wortfolge unabhängig von einem menschlichen Subjekt zu betrachten.

Die französischen Begriffe implizieren darüber hinaus eine menschliche Zielinstanz oder ein menschliches Publikum (während eine Aussage oder eine ÄUSSERUNG auch in Abwesenheit eines solchen Publikums gemacht werden können). Einige englischsprachige Autoren übersetzen daher den Begriff *énonciateur* mit *addresser*, was unweigerlich auch den *addressee* mitschwingen läßt – also die Person, an die eine Äußerung gerichtet ist. Im Deutschen entsprechen diesen Begriffen die weniger prägnanten Ausdrücke *Sender* und *Empfänger*.

Siehe auch die Unterscheidung zwischen DISKURS und STORY im Eintrag DISKURS; ÄUSSERUNG.

Entfaltung   Der Begriff stammt aus der deutschen Übersetzung von Roland Barthes' *S/Z*. Als Beispiel nennt Barthes die Entfaltung bzw. 'Zerfaltung' des Wortes *eintreten* in 'sich ankündigen' und 'eindringen' (1976, 85). Mit anderen Worten handelt es sich dabei um das semantische, KONNOTATIVE oder IDEOLOGISCHE Auseinanderfalten eines Begriffs oder eines Wortes.

Entfremdung   In der marxistischen Philosophie bezeichnet der Begriff Entfremdung jene Erfahrung, die der Mensch – wie Marx glaubte – auf Grund der Entwicklung der kapitalistischen Produktionsweise gemacht hat, nämlich, daß sich der Arbeiter zum Produkt seiner Arbeit als 'einem fremden Gegenstand' verhält. 'Je mehr der Arbeiter sich ausarbeitet, um so mächtiger wird die fremde, gegenständliche Welt, die er sich gegenüber schafft, um so ärmer wird er selbst, seine innre Welt, um so weniger gehört ihm zu eigen... Was das Produkt seiner Arbeit ist, ist er nicht' (Marx und Engels 1973, 512).

In bezug auf die Literatur der MODERNE wird der Begriff der Entfremdung in einem allgemeineren Sinne verwendet und beschreibt ein Gefühl des 'Nicht-Dazugehörens', des Ausgeschlossenseins und der Einsamkeit, ein Gefühl, das als typisch für die Moderne betrachtet wird.

Im Zusammenhang mit Michail Bachtins Theorie, daß Sprache den Stempel anderer Menschen trage, taucht in Übersetzungen seiner Schriften oft der Begriff *fremd* (im Englischen meist *alien*) auf. → DIALOGISCH

Ephebe   Im Griechenland der Antike ein junger wehrfähiger Bürger im Alter zwischen 18 und 20 Jahren. Harold Bloom hat dem Begriff eine etwas andere Bedeutung gegeben, nämlich 'ein junger Bürger der Dichtung' oder 'die Figur des Jünglings als männlicher Dichter' (1973, 10, 31), wobei Blooms Ephebe die väterliche Garnison eher stürmen als verteidigen zu wollen scheint.

Episches Theater → VERFREMDUNGSEFFEKT

Episodenerzählung → PERLENKETTENERZÄHLUNG

Épistémè (Auch die Episteme.)   Der Begriff wurde von Michel Foucault geprägt und ist in der Folge von vielen Theoretikern, wie zum Beispiel Jacques Derrida, übernommen worden. *Épistémè* bedeutet die Totalität aller Beziehungen und Transformationsgesetze, die alle diskursiven Praktiken (→ DISKURS) zu jeder Zeit verbinden.

Épistémè kann sich auch auf eine bestimmte historische Zeit beziehen, in der die oben genannten Beziehungen und Transformationsgesetze konstant und stabil sind. Damit weist der Begriff Berührungspunkte mit Marx' *herrschenden Ideen* und der MARXISTISCHEN IDEOLOGIEauffassung auf, ist aber allumfassender und totaler: Eine *épistémè* läßt keinen Raum – oder versucht es zumindest – für die Hervorbringung oder Organisation eines anderen Wissens. Dabei ergibt sich, wie auch Richard Harland feststellt, für Foucault das Problem, daß er als Theoretiker und Schöpfer des Konzepts Teil dieser *épistémè* sein muß, wenn sie tatsächlich allumfassend sein soll (Harland 1987, 123). Eine ganze Reihe weiterer Probleme ergeben sich aus der Frage, weshalb – und wie – eine *épistémè* einer anderen weicht und von dieser ersetzt wird.

Siehe die Einträge PARADIGMAWECHSEL und PROBLEMATIK zu vergleichbaren Konzepten.

Epoche   (Auch *epoché* im Gegensatz zum allgemeinsprachlichen Wort Epoche.) In der PHÄNOMENOLOGISCHEN Kritik das Aufsichberuhenlassen aller bestehenden Überzeugungen und Meinungen vor der Analyse des Bewußtseins. Nach Gérard Genette erhält der Semiologe

> nach Vornahme der semiologischen Reduktion, der Epoche der Bedeutung hinsichtlich der Objektform, ein mattes Objekt, das von der Farbe zweifelhafter, falscher Bedeutungen, mit denen die soziale Rede es überdeckt hat, gereinigt ist und seine eigentliche Frische und Einsamkeit wieder erlangt hat. (1966, 200)

Epistemologischer Bruch → WISSENSCHAFTSTHEORETISCHER EINSCHNITT

Ereignis   Nach Mieke Bal ist ein Ereignis 'der Übergang von einem Zustand in einen anderen Zustand' innerhalb einer ERZÄHLUNG (1985, 5).

Steven Cohan und Linda M. Shires unterscheiden zwischen *Kern*- und *Satellitenereignissen*: Erstere 'umreißen in groben Zügen eine Abfolge von Transformationen', während letztere 'diese nur skizzierte Sequenz erweitern oder auffüllen, indem sie die Kernereignisse, um die sie sich bewegen, stützen, verzögern oder verlängern' (1988, 54). Ereignisse können, so Cohan und Shires, entweder *verkettet* sein, d.h. sie folgen direkt aufeinander, oder ein Ereignis kann in einem anderen *eingebettet* sein (1988, 57); außerdem können sie *einmalig, mehrmalig* oder *iterativ* sein (1988, 86).

Roland Barthes (1988) unterscheidet ganz ähnlich zwischen *Kataly-sen* und *Kernen* oder *Kardinalfunktionen*: Erstere bezeichnen Ereignisse, auf die in der Erzählung ohne Störung des logischen Zusammenhangs verzichtet werden kann, letztere solche, auf die als handlungskonstituie-rende Elemente nicht verzichtet werden kann.

Vergleiche *Kernfunktion* im Eintrag FUNKTION; siehe auch den Eintrag FREQUENZ.

Erlebte Rede   *Free indirect discourse*; *style indirect libre*. Im großen und ganzen bezeichnen alle der genannten Ausdrücke dieselbe NAR-RATIVE Technik, wobei einige Autoren auch im deutschen Sprachraum den französischen Terminus *style indirect libre* vorziehen. Alle Begriffe umfassen sowohl die Wiedergabe *gedachter* oder *gefühlter* als auch *gesprochener* Erzählinhalte.

Der Sprachgebrauch variiert allerdings. Einige anglo-amerikanische Autoren sprechen von *narrated monologue* bei einer Form der erlebten Rede, bei der die gesprochenen oder gedachten Worte einer Person indi-rekt zitiert werden. Aus dieser Definition sind nicht-verbalisierte innere Vorgänge ausgeklammert, für die man einen anderen Begriff gefunden hat: *psycho-narration*. Nach Steven Cohan und Linda M. Shires kann *psycho-narration* entweder *konsonant* sein (wenn sie dem Selbstver-ständnis einer Person entspricht) oder *dissonant* (wenn sie sich von der Perspektive dieser Person entfernt) (1988, 100).

Die erlebte Rede weist bestimmte grammatikalische und linguistische Merkmale auf. Grundsätzlich ist sie ein Mittelding zwischen direkter und indirekter Rede bzw. eine Mischform, die die grammatikalischen Merkmale der beiden Formen auf charakteristische Art und Weise kombiniert. Das folgende Beispiel stammt von Shlomith Rimmon-Kenan: bei der erlebten Rede wird die dritte Person singular – 'er' – und das Präteritum der indirekten Rede beibehalten, aber ansonsten gleicht sie in ihrer Kürze dem zwischen Anführungszeichen gesetzten Teil der direkten Rede.

> Direkte Rede: Er sagte: 'Ich liebe sie.'
> Indirekte Rede: Er sagte, daß er sie liebte.
> Erlebte Rede: Er liebte sie. (1983, 111)

Die charakteristischen grammatikalischen/linguistischen Merkmale der erlebten Rede sind normalerweise DEIKTISCHE Ausdrücke, die sich auf die Zeit- oder Ortsperspektive der erlebenden Person beziehen (z.B. 'Morgen war Weihnachten'), umgangssprachliche Wendungen etc., die vom ERZÄH-LER sonst wahrscheinlich nicht verwendet worden wären, Kürzungen, die sich normalerweise nur in der gesprochenen, nicht aber in der geschriebenen Sprache finden, sowie die Verwendung der Verben im selben Tempus wie in der indirekten Rede. Wenn sich in einer Passage viele dieser Merkmale finden, ist sie leicht als erlebte Rede identifizierbar, tritt sie aber ohne diese linguistischen Erkennungszeichen auf, läßt sich nur aus dem semantischen Kontext der Passage darauf schließen.

Nach Dorrit Cohn läßt sich die erlebte Rede 'am besten als Stilmittel definieren, das die Gedanken einer Person in deren Idiom wiedergibt, aber die dritte Person und die ursprüngliche Zeitform der Erzählung beibehält' (1978, 100). Wie bereits oben erwähnt, lassen sich durch dieses Stilmittel aber nicht nur Gedanken wiedergeben, sondern auch Reden sowie Einstellungen, IDEOLOGISCHE Haltungen usw. Bei dem Gesprochenen oder Gedachten kann es sich entweder um einzelne Handlungen oder um ITERATIVE Beispiele handeln, oder auch um potentiell in einer Figur angelegte, aber nicht aktualisierte Gedanken. Außerdem können die Gedanken entweder verbalisiert oder nicht-verbalisiert sein.

Verschiedene Auffassungen gibt es, was die Hypothese der 'Zweistimmigkeit' angeht, das heißt, daß sich in der erlebten Rede zwei STIMMEN vereinigen, nämlich die des Erzählers und die der erlebenden Figur; unterstützt wird diese Hypothese zum Beispiel von Pascal (1977), abgelehnt zum Beispiel von Banfield (1982).

Dieses Stilmittel, und darin liegt wohl sein größter Vorteil, bietet einen scheinbar direkteren und dramatischeren Zugang zu den Gedanken oder der Rede einer literarischen Person, ohne daß der Leser durch die Präsenz eines Erzählers und Zusätze wie 'er dachte' oder 'sie sagte' abgelenkt wird. Die Mischung zwischen den drei Gestaltungsarten der Rede, der direkten, der indirekten und der erlebten Rede, gestattet einem AUTOR sehr viel erzählerische Flexibilität.

In diesen Zusammenhang gehört auch der Begriff der *gefärbten Erzählung* (*coloured narrative*), der nach Wales (1989, 77) von Graham Hough geprägt wurde. Damit wird eine Erzählung bezeichnet, die, so Wales, durch die Rede einer Figur 'gefärbt' ist, während es bei der erlebten Rede insofern umgekehrt ist, als die Rede er erlebenden Figur durch die Stimme des Erzählers gefärbt ist.

Erotologie   Die wissenschaftliche Beschäftigung mit den Erscheinungsformen der sinnlichen Liebe. Nach dem neueren, vor allem FEMI-

NISTISCHEN, Sprachgebrauch geht es dabei im besonderen um die Rolle, die neben biologischen Kräften sozialhistorische und KULTURELLE Kräfte bei der Entstehung von Erotik spielen. Dabei liefert die Literatur reichhaltiges Quellen- und Untersuchungsmaterial, nachdem literarische WERKE nicht nur Erotisches darstellen und es häufig in einen größeren Entstehungskontext stellen, sondern darüber hinaus in neuerer Zeit auch oft ein wichtiges vermittelndes Element in der Entstehung von Erotik sind. Eine vergleichende Untersuchung erotischer Elemente in der Literatur gestattet damit wertvolle Einblicke in die sich ändernden Quellen der Erotik und in ihre Entwicklung.

Erwartungshorizont → REZEPTIONSÄSTHETIK

Erzähler　Der Erzähler wird vielfach definiert als 'der, der erzählt' (Gerald Prince 1988, 65), oder als 'eine Person, die erzählt' (Katie Wales 1989, 316); Mieke Bal dagegen beschreibt den Erzähler als erzählende Instanz, als 'das sprachliche Subjekt (als Funktion und nicht als Person), das sich in der Sprache ausdrückt, die den Text konstituiert' (1985, 119). Die Spannung, die zwischen diesen beiden Definitionsansätzen besteht, läßt die Problematik schon ahnen: Zwar denken die meisten Leser bei dem Begriff Erzähler an ein menschliches Individuum, doch handelt es sich in vielen Fällen bei der Quelle einer ERZÄHLUNG nicht eindeutig erkennbar um einen Menschen oder um eine Person, sondern vielmehr um die Position eines SUBJEKTS im Text.

Was das heißt, wird klar, wenn man bedenkt, daß ja der Erzähler nicht nur vom realen, sondern auch vom impliziten AUTOR zu unterscheiden ist. Ganz deutlich tritt dies im Fall eines *personalisierten Erzählers* zutage: Charles Marlow, dem wir in vier Romanen Joseph Conrads begegnen, ist weder Joseph Conrad noch jene auktoriale Präsenz oder jenes ZENTRUM, das wir (wie einige Kritiker behaupten) in jedem abgeschlossenen Roman Conrads spüren und das gerne auch als impliziter Autor bezeichnet wird. Dasselbe kann auch über den Erzähler in George Eliots *Middlemarch* gesagt werden, der weder George Eliot (oder Marian Evans!) ist noch das, was für uns bei der Lektüre des Romans als 'Autor spürbar ist'. (Allerdings sind Erzähler und impliziter Autor in *Middlemarch* schwieriger zu unterscheiden als etwa in Conrads *Lord Jim*.) Wenn der Erzähler in *Middlemarch* nicht der reale oder implizite Autor ist, folgt daraus nicht unbedingt, daß er oder sie (wie Wales meint) 'eine Person' ist. Daß man bei *Middlemarch* vom Erzähler nicht gerne als 'er' oder 'sie' – oder auch 'es' – spricht, kommt daher, daß der Erzähler, auch wenn er in vielen Fällen gewisse menschliche Züge aufweist, doch oft nicht als menschliches Individuum betrachtet werden darf. Man könnte sogar noch weiter gehen und behaupten, daß ein Erzähler (wie eine literarische Figur) selbst dann nicht als menschliches Individuum aufgefaßt werden darf, wenn er personalisiert ist und ganz und gar menschlich erscheint – wie zum Beispiel Charles Marlow. Darüber hinaus kann auch ein personalisierter Erzähler relativ anonym bleiben. Der Erzähler der RAHMENHANDLUNG in Henry James' *The Turn of the Screw* ist so anonym, daß man nicht einmal mit Sicherheit sagen kann, ob es sich um einen Mann oder eine Frau handelt.

Ein wichtiger Aspekt für die Unterscheidung von Erzählern ist demnach *die Ebene der Personalisierung*. Daneben sind aber noch folgende Elemente zu berücksichtigen: die *narrative Ebene* (Gehört der Erzähler derselben 'Realität' an wie die Figuren oder ist er *extradiegetisch?*) (siehe Eintrag DIEGESE UND MIMESIS); *Nimmt* der Erzähler ganz, teilweise oder gar nicht *an der Handlung teil?* (Der Erzähler kann ganz personalisiert und REALISTISCH gezeichnet sein, aber doch nur eine Geschichte erzählen, die er beobachtet hat ohne persönlich damit zu tun zu haben.) Ist der Erzähler *scharfsinnig oder einfältig?* In *Wuthering Heights* kommen ein (relativ) scharfsinniger und ein weniger verständiger Erzähler vor; der Erzähler in *Huckleberry Finn* und in *Gulliver's Travels* ist manchmal scharfsinnig, dann wieder nicht. Ist der Erzähler *offen oder verborgen?* Das heißt, fällt uns das erzählende Subjekt auf oder wirkt der Text transparent, sind Figuren und Situationen so dargestellt, daß sie unsere ganze Aufmerksamkeit beanspruchen und wir uns der Gegenwart eines Erzählers nicht bewußt sind? Ist der Erzähler *glaubwürdig oder nicht?* Glauben wir alles, was er uns erzählt, oder haben wir das Gefühl, daß er uns täuschen will oder zu wenig scharfsinnig ist, so daß wir mehr sehen sollten als er?

Im Deutschen wird neben dem Begriff Erzähler auch der Terminus Narrator verwendet; letzterer dient grundsätzlich nur zur Bezeichnung einer vom Verfasser vorgeschobenen fiktiven Gestalt, die ein episches Werk erzählt und nicht mit dem Autor identisch ist. Der Begriff Erzähler umfaßt dagegen sowohl den Narrator als auch den tatsächlichen Verfasser der Erzählung und ist auch im Sinne des Narrators der üblichere Ausdruck.

Erzählereingriff Von Erzählereingriff spricht man, wenn ein ERZÄHLER in die ERZÄHLUNG einbricht, um eine Figur, ein Ereignis oder eine

Situation zu kommentieren – oder auch einer Meinung Ausdruck zu verleihen, die nicht direkt mit dem Erzählten in Zusammenhang steht. In vielen Fällen wird damit der Erzählton oder eine Illusion durchbrochen, doch handelt es sich oft auch einfach nur um Passagen, in denen der Erzähler 'mit seiner eigenen Stimme' spricht, ohne daß der LESER die Einlassung, wenn diese sich homogen in den Rest der Erzählung einfügt, unbedingt bemerkt.

Erzählsicht → PERSPEKTIVE

Erzählsituation   Von einigen Theoretikern wie Mieke Bal verwendeter Fachausdruck, dessen Definition sich aus der Beantwortung eines typischen Fragenkatalogs ableiten läßt. Ist der ERZÄHLER eine Figur im Werk oder nicht? Tritt der Erzähler in der dargestellten Welt auf? Ist die ERZÄHLUNG durch den Erzähler FOKUSSIERT? (1985, 126) Die Erzählsituation hat also nichts damit zu tun, ob die Geschichte in Paris oder in Rom erzählt wird, oder ob der Erzähler beim Erzählen sitzt oder steht, sondern ist durch das Verhältnis des Erzählers zur Erzählung und zur erzählten Geschichte definiert. Unter diesem Aspekt betrachtet ähneln sich die Erzählsituationen in Joseph Conrads *Heart of Darkness* und in Woody Allens Film *Broadway Danny Rose* in auffallender Weise, wenn auch Hintergrund, Geschichte und Handlung der beiden WERKE kaum etwas gemeinsam haben.

Erzähltheorie   Auch Erzählforschung oder Narrativik. Nach Mieke Bal 'untersucht die Erzählforschung narrative Texte nur in ihrem narrativen Aspekt' (1985, 126). Das heißt, daß ein TEXT wie zum Beispiel *The Catcher in the Rye* auf verschiedene Art und Weise untersucht werden kann, es sich dabei aber nicht immer um eine Untersuchung im Sinne der Erzählforschung oder der Literaturkritik handelt. Eine literaturkritische Betrachtung eines Textes ist außerdem nicht unbedingt gleichbedeutend mit einer erzähltheoretischen Betrachtung. Wenn der Text als Informationsquelle über die Probleme des Erwachsenwerdens behandelt wird, so ist das weder ein literaturkritischer Ansatz – wenn letzterer auch die Darstellung dieser Problematik miteinbeziehen kann – noch ein erzähltheoretischer Ansatz: In der Erzähltheorie geht es einzig um die Frage, wie die EREIGNISSE, aus denen eine bestimmte Geschichte besteht, erzählt werden.

Gerald Prince hat den Begriff mehrfach definiert. Eine seiner Definitionen deckt sich im wesentlichen mit jener Mieke Bals; daneben sieht er die Erzählforschung auch als eine vom STRUKTURALISMUS inspirierte Richtung, die den NARRATIVEN Prozeß mediumunabhängig untersucht. Prince versucht weiter, die narrative KOMPETENZ zu definieren sowie festzustellen, was allen erzählenden Texten gemeinsam ist und worin sie sich unterscheiden (1988, 65).

Erzählung   Einige Theoretiker verstehen unter Erzählung nur das fertige literarische Produkt, andere vornehmlich den Erzählakt. Im Englischen entsprechen dem Begriff *Erzählung* die Termini *narration* und *narrative*, deren Verwendung ebenso uneinheitlich ist. Gerald Prince definiert *narrative* als 'Darstellung von einem oder von mehreren realen oder fiktiven Ereignissen', jedoch als 'Produkt und Prozeß, Objekt und Akt, Struktur und Strukturierung' (1988, 58). Vielfach werden die beiden englischen Begriffe als Synonyme verwendet, dann wieder wird *narration* nur im Sinne des Erzählakts verstanden. Rimmon-Kenan etwa sieht *narration* vornehmlich als Erzählakt, als (i) *Kommunikationsprozeß*, durch den die Erzählung (*narrative*) als Botschaft mitgeteilt wird, sowie (ii) die *Verbalität* des Mediums, durch welches die Botschaft übermittelt wird (1983, 2). Dieser Kommunikationsprozeß ist nach Rimmon-Kenan ein doppelter, indem er einerseits im TEXT enthalten ist (Marlow erzählt seine Geschichte jenen Figuren, die ihm in *Heart of Darkness* zuhören) und andererseits den Text enthält (Joseph Conrads Erzählakt, indem er *Heart of Darkness* für LESER schreibt) – wobei sie ersterem Prozeß mehr Bedeutung beimißt (1983, 3).

Gérard Genette hat den französischen Begriff *récit* in drei Kategorien unterteilt: (i) die narrative Aussage, der mündliche oder schriftliche Diskurs, durch den ein oder mehrere EREIGNISSE dargestellt werden; (ii) die Abfolge realer oder fiktiver Ereignisse, die das Objekt dieses DISKURSES sind, und ihre mannigfaltigen Beziehungen; und (iii) der Akt des Erzählens (1972a, 71). In seinen Schriften verwendet Genette den Begriff *récit* nur im Sinne von (i); im Sinne von (ii) spricht er von *histoire* (STORY oder DIEGESE), im Sinne von (iii) von *narration*. Diese Unterteilung scheint zwar sehr sinnvoll, doch halten sich Theoretiker und Kritiker keineswegs immer daran, sondern folgen ihrem eigenen Sprachgebrauch, so daß die Verwendung des Begriffs in allen drei Sprachen bis heute uneinheitlich ist.

Übereinstimmung herrscht nur in zwei Punkten. Erstens, daß es sich bei einer Erzählung immer um die Darstellung eines Ereignisses oder einer Ereignisfolge handelt, da man es ansonsten nicht mit einer Erzählung, sondern mit einer Beschreibung zu tun hat. Und zweitens, daß diese Ereignisse real oder fiktiv sein können. Wenn jemand einem Fernsehteam erzählt, wie sich ein Unfall, in den er verwickelt war, abgespielt hat, so handelt es sich dabei ebenso um eine Erzählung wie wenn jemand einen Witz erzählt oder wenn Marlow in *Heart of Darkness* etwas erzählt.

→ ÉNONCIATION und REGISTER

Erzählzeit   Die zum Erzählen oder Lesen eines narrativen TEXTES oder von einem oder mehrerer seiner Teile benötigte Zeit, im Gegensatz zur *erzählten Zeit* als dem Zeitraum/die Zeiträume, über den/die sich die erzählte Handlung (die gesamte STORY oder nur ein Teil davon, ein EREIGNIS) erstreckt. Im Englischen wird in beiden Fällen der Begriff der *Dauer, duration*, verwendet und nur vereinzelt zwischen '*text-time*' (die Zeit, die vom Text einer Geschichte oder einem Ereignis gewidmet wird) und '*story-time*' (der Zeitraum, über den sich eine Geschichte oder ein Ereignis erstreckt) unterschieden. Der Begriff der Erzählzeit ist nicht unproblematisch, da sich, wie Rimmon-Kenan meint, 'die Erzählzeit nicht messen läßt' (1983, 51). Grob gesagt kann eine erzählte Zeit von drei Jahren auf drei Seiten dargestellt werden, während an einer anderen Stelle im selben Text eine erzählte Zeit von nur einer Stunde auf fünfzig Seiten abgehandelt wird. Nun sind aber 'Seiten' keine eindeutige und verläßliche Maßeinheit: Zum einen lesen nicht alle LESER gleich schnell, zum anderen wird auch ein und derselbe Leser verschiedene Texte oder Textabschnitte unterschiedlich schnell lesen, abhängig von der Komplexität des Textes, der emotionalen Anteilnahme, der Spannung und ähnlichen Faktoren.

Gerald Prince hält daher Begriffe wie GESCHWINDIGKEIT oder TEMPO als geeigneter für die Analyse narrativer Texte (1988, 24).

Nach Gérard Genette lassen sich grundsätzlich vier narrative Bewegungen (*movements narratifs*) unterscheiden, nämlich *ellipse* (ELLIPSE), *pause* (Pause), *scène* (Szene) und *récit sommaire* (summarische Darstellung), vier Möglichkeiten, die Erzählzeit zu variieren (1972a, 129).

Es → TOPOGRAPHISCHES MODELL DER PERSÖNLICHKEIT

Essentialismus   Der Glaube, daß Eigenschaften Untersuchungsobjekten inhärent sind und daß daher der Kontext, in dem diese existieren bzw. untersucht werden, irrelevant ist. Der Essentialismus ist demnach von DIALEKTISCHEN, kontextbezogenen oder relationalen Theorien und Untersuchungansätzen zu unterscheiden. Der Begriff impliziert auch oft, daß die Eigenschaften von Untersuchungsobjekten selbstverständlich und offensichtlich sind und nicht erst aufgespürt oder erklärt werden müssen (siehe Cameron 1985, 187).

Für den Essentialismus (der Begriff wird heute meist in einem abwertenden Sinn gebraucht) hat man vor allem die NEW CRITICS verantwortlich gemacht, was in einigen Fällen auch berechtigt erscheint. Essentialistische Elemente finden sich aber in jeder Theorie, die davon ausgeht, daß literarische WERKE einen feststehenden und unveränderbaren Bedeutungskern haben – ein Beispiel sind die Theorien E.D. Hirschs.

Exegese Die Wissenschaft von der Auslegung und Erklärung eines Textes, im besonderen der Bibel, durch Erläuterung der Implikationen und Möglichkeiten im Text enthaltener BEDEUTUNGEN. Die römischen Exegeten hatten die Aufgabe, Dinge wie Träume, Gesetze, Omen und Orakelsprüche zu interpretieren, und der Begriff Exegese wird deshalb oft gleichbedeutend mit INTERPRETATION verwendet. Im neueren literaturkritischen Sprachgebrauch spricht man normalerweise allerdings nur bei Analysen im Sinne des *close reading*, die sich eng an das Geschriebene halten, von Exegese.

Cvetan Todorov unterscheidet zwischen *wörtlicher Exegese*, wodurch die Bedeutungen von Wörtern erhellt, Anspielungen erläutert werden sollen usw., und *allegorischer Exegese*, die nach einer weiteren Bedeutung eines TEXTES oder eines Teils eines Textes sucht, der bereits eine Bedeutung hat (1984, xxii).

Exotopie In der englischen Fassung von Cvetan Todorovs Buch über Bachtin (*Mikhail Bakhtin: The Dialogical Principle*, 1984) steht der englische Begriff *exotopy* für Bachtins Konzept eines Prozesses, durch den sich ein AUTOR von einer fiktiven Person wegbewegt, nachdem er sich zuerst mit dieser Person identifiziert, sich in sie hineinversetzt hat.

Für Bachtin sind dabei beide Schritte wichtig: Der Schriftsteller muß eine von ihm geschaffene Person sozusagen von innen heraus verstehen, aber um sie vollkommen zu verstehen, muß er sie auch als das ANDERE, in ihrer *Andersheit* und als von ihm, ihrem Schöpfer, unabhängig wahrnehmen. Ein DIALOG ist außerdem nur mit einem 'Anderen' möglich:

Mit sich selbst kann man nur sprechen, wenn man sich von einem Teil seines Selbst entfernt und diesen Teil als das Andere behandelt.
  Vergleiche CANCELLED CHARACTER.

Expressiv → FUNKTIONEN DER SPRACHE; SPRECHAKTTHEORIE

Expressiva → SPRECHAKTTHEORIE; FUNKTIONEN DER SPRACHE

Extradiegetisch → DIEGESE UND MIMESIS

Extrinsic criticism → WERKIMMANENTE METHODE

F

Fabula → Story und Plot

Fabulation → Moderne und Postmoderne

Faction Eine Wortkreation (*fact + fiction*) des amerikanischen Schriftstellers Truman Capote zur Beschreibung von Werken wie etwa seinem *In Cold Blood*, in denen tatsächliche historische Ereignisse und Personen mit schriftstellerischen Mitteln zum Leben erweckt werden. *Faction*-Werke liegen an der Grenze zwischen Tatsache und Fiktion: Die beschriebenen Menschen und Ereignisse sind nicht fiktiv, wohl aber viele unterstützende Details, durch die der Leser näher an diese Menschen und Ereignisse herangeführt werden soll.

Falsches Bewußtsein → Ideologie

Fantastisch Die Beschäftigung mit dem Fantastischen und mit fantastischer Literatur hat in den letzten Jahren stark zugenommen, was zum einen mit dem im allgemeinen stärkeren Interesse an Populärer oder Volkstümlicher Literatur zusammenhängt, zum anderen aber auch im Kontext wachsender Zweifel an zu einfachen Realismuskonzeptionen zu sehen ist. In diesem Sinne ist es dann auch nicht weiter überraschend, daß sich in der Vergangenheit im besonderen die Russischen Formalisten mit dem Fantastischen auseinandersetzten. In seinem Aufsatz 'Thematik' zitiert Boris Tomaševskij etwa eine aufschlußreiche Passage aus Vladimir Solovévs Einführung zu Aleksej Tolstojs Roman *Der Vampir*, der für Tomaševskij ein 'ungewöhnlich reines Beispiel fantastischer Literatur' darstellt. Solovév beschreibt das wahrhaft Fantastische wie folgt:

> [E]s offenbart sich niemals, sozusagen, nackt. Seine Äußerungen sollen niemals zum Glauben an die mystische Bedeutung der Lebenserscheinungen zwingen, vielmehr nur auf sie hinweisen, sie *andeuten*. Beim wahrhaft Phantastischen bleibt stets eine äußere, formale Möglichkeit einer einfachen Erklärung aus dem gewöhnlichen alltäglichen Zusammenhang der Erscheinungen bestehen, wobei aber diese Erklärung endgültig aller inneren Wahrscheinlichkeit verlustig geht. (Zitiert nach Tolstoj 1922, 10.)

Ob die fantastische Literatur eine unabhängige GATTUNG darstellt, und wenn ja, wie sie zu definieren ist, ist in der neueren Literaturwissenschaft ein strittiger Punkt. Der wahrscheinlich bedeutendste Beitrag eines Theoretikers, der in der fantastischen Literatur eine eigene Gattung sieht, ist Cvetan Todorovs Buch *Einführung in die fantastische Literatur* (1972). Christine Brooke-Rose liefert eine brauchbare Zusammenfassung der drei von Todorov genannten Standardbedingungen für das 'reine' Fantastische: Der LESER muß bis zum Ende zwischen einer natürlichen und einer übernatürlichen Erklärung der Ereignisse, die in dem literarischen WERK geschildert werden, schwanken; dieses Schwanken oder Zögern kann von einem Protagonisten im Werk verkörpert – das heißt, geteilt – werden (nach Todorov ist dies meist der Fall, aber nicht unbedingt notwendig); und der Leser muß sowohl von einer poetischen als auch von einer allegorischen Lesart des Werkes absehen, da beide das für das reine Fantastische grundlegende Zögern zerstören würden (Brooke-Rose 1981, 63). Wenn wir nicht zögern, dann befinden wir uns entweder im Bereich des *Unheimlichen* (die Ereignisse haben in den Augen des Lesers eine natürliche Erklärung) oder im Bereich des *Wunderbaren* (die Ereignisse haben in den Augen des Lesers eine übernatürliche Erklärung). Hier scheint Todorov mit der oben angeführten Definition Solovévs übereinzustimmen.

Wie Brooke-Rose feststellt, gibt es nach Todorovs sehr strengen Kriterien nur wenige Beispiele für das reine Fantastische – das heißt für Werke, in denen das Zögern zwischen einer natürlichen und übernatürlichen Erklärung bis ganz zum Ende der Geschichte durchgehalten wird. Für Brooke-Rose verkörpert das reine Fantastische 'nicht so sehr ein schwindendes *Genre* als vielmehr ein schwindendes *Element*' (1981, 63), was den Bereich der fantastischen Literatur natürlich um ein Vielfaches erweitert.

Kathryn Hume erörtert in ihrem Buch *Fantasy and Mimesis* (1984) ausführlich die Probleme, die sich bei einer Definition des Fantastischen ergeben; die verschiedenen Definitionsansätze unterscheidet sie danach, ob sie ein, zwei, drei, vier oder fünf Elemente enthalten. Zu diesen Elementen zählen die Auswahl des Stoffes, die Änderung der 'Grundregeln', wie zum Beispiel, wenn Alice auf die neuen Regeln draufkommt, die das Leben im Wunderland bestimmen (Erik Rabkin), die 'überzeugende Schaffung und Entwicklung einer Unmöglichkeit' (W. R. Irwin), die Befriedigung des Leserwunsches nach Rettung, Flucht, Trost (J. R. R. Tolkien) und die im Grunde subversive Darstellung 'des Ungesagten und

Ungesehenen einer Kultur: das, was zum Schweigen gebracht oder unsichtbar gemacht worden ist (Rosemary Jackson)' (Hume 1984, 13–7).

Im Englischen wird von einigen Autoren explizit oder implizit zwischen *fantasy* und *the fantastic* unterschieden. So verwendet etwa Anne Cranny-Francis *fantasy* als Sammelbegriff für drei Untergruppen: 'other-world fantasy', 'fairy-tale' und 'horror' (1990, 77). In diesem Sinne unterscheidet sich die *fantasy* natürlich klar vom Fantastischen (wenn auch gewisse Berührungspunkte vorhanden sind).

Fehllektüre → REVISIONISMUS

Feminismus   Toril Moi liefert eine sehr brauchbare Unterscheidung zwischen drei verwandten Begriffen: *Feminismus* (*feminism*) definiert sie als einen politischen Begriff, *das Weibliche* (*female*) als eine biologische Angelegenheit, und unter *Weiblichkeit* (*femininity*) versteht sie eine Reihe von KULTURELL festgelegten Merkmalen (Moi 1989, 9). Ihre Definitionen sind natürlich keineswegs unpolitisch: Es geht ihr nicht nur um den gängigen Sprachgebrauch, sondern auch darum, wie diese Begriffe verwendet werden *sollen*. Im tatsächlichen Sprachgebrauch wird im Englischen wie im Deutschen nicht so klar unterschieden, und so wird zum Beispiel das *Weibliche* nicht nur in biologischem Sinne, sondern ebenso in bezug auf kulturell erworbene Eigenschaften verwendet.

In ihrem Buch *A Literature of Their Own* definiert Elaine Showalter die drei genannten Begriffe, wenn sie in engerem Sinne auf Literatur von Frauen angewandt werden, anders. Sie unterscheidet in der Entstehung dieser Literatur drei Phasen: eine lange Phase der Weiblichkeit (*feminine stage*), in der die vorherrschende Tradition imitiert wird und deren Kunstnormen internalisiert werden; die feministische Phase (*feminist stage*), in der die Rechte und Werte einer Minderheit verfochten werden; und die weibliche Phase (*female stage*) der Selbstentdeckung und Identitätssuche (1982, 13).

Von den drei Termini ist der Begriff des Feminismus wahrscheinlich der komplexeste. Seit dem Ende des 19. Jahrhunderts versteht man darunter eine Bewegung, die für die Gleichberechtigung der Frau kämpft, wobei sie jedoch nicht nur von Frauen getragen wird: So wird zum Beispiel eine literarische Figur in Joseph Conrads *Under Western Eyes* (1911), Peter Ivanovitch, wiederholt als Feminist bezeichnet. Zugleich wird der Begriff auch nicht von allen Frauen, die sich für die Gleichberechtigung einsetzen, akzeptiert. In ihrem Essay *Drei Guineen*, der 1938 auf englisch herauskam, schreibt Virginia Woolf:

Was eignete sich besser als die Vernichtung eines alten Wortes, eines verdorbenen und korrupten Wortes, das seinerzeit viel Schaden angerichtet hat und das heute veraltet ist? Das betreffende Wort ist "Feministin". Laut Wörterbuch bedeutet es "eine, die für die Rechte der Frauen eintritt". Da das einzige Recht, das Recht auf eigenen Verdienst, bereits erkämpft worden ist, hat das Wort seine Bedeutung verloren. (1992, 231)

Woolf fordert dann die symbolische Einäscherung des 'toten' und 'korrupten' Wortes und stellt fest, sobald diese vollzogen sei, sei die Atmosphäre wieder rein und Männer und Frauen würden dann gemeinsam für die gleiche Sache arbeiten. Man bezeichnete, so Woolf weiter, jene, die 'die Willkürherrschaft des patriarchalischen Staates' bekämpften, 'zu ihrem Ärger' als *Feministinnen* (1992, 232) – was bedeutet, daß Frauen, die sich für die Gleichberechtigung einsetzten, gegen ihren Willen als Feministinnen tituliert wurden.

Woolf gelang es nicht, den Begriff abzuschaffen, und in den meisten Fällen bezeichnen sich Frauen (und Männer), die für die Rechte der Frauen eintreten, gerne selbst als Feministinnen (bzw. Feministen) und haben auch nichts dagegen, von anderen so genannt zu werden. Leichte Zweifel bleiben aber bestehen. In einem am 18. Mai 1987 im *Guardian* veröffentlichten Interview antwortet Margaret Atwood auf die Frage ihrer Gesprächspartnerin Regina Nadelson, ob sie in ihrem Buch *Bluebeard's Egg* mit Männern weniger streng verfahre als in ihren anderen Büchern:

'Das hängt davon ab, wie Sie zählen. (Ich habe auch einmal Marktforschung gemacht', fügt sie lakonisch hinzu.) 'Wenn darüber abgestimmt wird, ob Frauen eine Seele haben, stimme ich dafür, wenn es darum geht, daß alle Männer umgebracht werden sollen, bin ich dagegen. Ich weiß nicht, was Feminismus bedeutet.' (Nadelson 1987, 10)

Solche Zweifel sind aber wohl als Zeichen für die Breite der Frauenbewegung zu werten. Mit der zunehmenden Größe und Stärke einer Bewegung bekommen solche Debatten über Schlüsselwörter unweigerlich auch eine politische Dimension, und die verschiedenen Interessengruppen versuchen, ihre bevorzugten Definitionen durchzusetzen. Wird Feminismus so definiert, daß darin die eigenen politischen Ziele impliziert sind, ist dies natürlich günstig für die eigene politische Position und/oder Gruppierung. Karl Marx hat, als er sich über einige seiner jüngeren 'Nachfolger' ärgerte, angeblich (so behauptet Engels) erklärt: 'alles, was ich weiß, ist, daß ich kein Marxist bin'.

Derartige Kontroversen sind aber nicht überzubewerten. Im allgemeinen Sprachgebrauch wird der Begriff Feminismus normalerweise als Sammelbegriff für alle jene (meist Frauen, aber manchmal durchaus auch Männer) verwendet, die nicht wie Virginia Woolf der Meinung sind, daß es für die Frauen keine Rechte mehr zu erobern gibt, sondern daß es gegen die Unterdrückung der Frauen auf verschiedenen Ebenen anzukämpfen gilt: auf gesellschaftlicher, wirtschaftlicher und IDEOLOGISCHER Ebene. Dabei wird auf ganz unterschiedliche Art und mit unterschiedlichen Zielen gekämpft: Hier bietet sich wieder insofern ein Vergleich mit Marx und dem MARXISMUS an, als in beiden Bewegungen eher darüber Einigkeit herrscht, wogegen es anzukämpfen gilt als darüber, wofür man kämpfen soll (dennoch sollte man in keinem Fall die Differenzen über- und die doch weitgehend vorhandene Übereinstimmung unterbewerten.)

Als sozialpolitische Bewegung erlebte der Feminismus in den späten 60er und frühen 70er Jahren, vor allem in Westeuropa und in den Vereinigten Staaten, einen enormen Aufschwung, der bis heute anhält und in den Industriestaaten vieles, wie es scheint endgültig, verändert hat und auch an den Entwicklungsländern nicht spurlos vorübergegangen ist. Der Feminismus hat sich seither zu einer internationalen Bewegung mit einem weltweiten Kontaktnetz entwickelt. Die Rolle der Literatur war von Anbeginn an beträchtlich. Das lag zum Teil daran, daß das Gebiet der Literatur Frauen weniger verschlossen war als andere Kunstrichtungen und auch als andere Formen des Schreibens, aber auch daran, daß die in der Vergangenheit (vor allem) von Frauen verfaßten literarischen Werke sich als Protokoll und Analyse der ehemaligen Unterdrückung der Frauen anboten. In diesem Zusammenhang ist noch anzumerken, daß das Wiedererstarken des Feminismus vor allem in den Universitäten und Colleges der Industrienationen seinen Anfang nahm.

Der Ausdruck *Radikalfeminismus* wird zwar immer noch gebraucht, war aber vor allem in den 60er und 70er Jahren geläufig. Die Radikalität besteht darin, daß für diese feministische Richtung die Unterscheidung zwischen den Geschlechtern fundamentale und allumfassende Bedeutung hat – was (oft, aber nicht immer) mit einer Ablehnung aller oder fast aller Formen der Zusammenarbeit mit Männern oder mit Organisationen, in denen auch Männer vertreten sind, verbunden ist. Mit dem Radikalfeminismus Hand in Hand geht auch häufig (aber wieder keineswegs in allen Fällen) das Bekenntnis zum Lesbianismus, und wenn Männer sehr wohl Feministen sein können, scheint es für sie unmöglich (oder zumindest äußerst schwierig), auch Radikalfeministen zu sein. Der Radikalfeminismus neigt zur Universalisierung und ist nicht so sehr auf die sozial-, kulturell- und geschichtsspezifischen Charakteristika des PATRIARCHATS gerichtet, wenn hier auch anzumerken ist, daß von Vertreterinnen des Radikalfeminismus wichtige Feldzüge gegen einzelne Formen der Unterdrückung geführt worden sind. Für die Literaturwissenschaft von Bedeutung ist vor allem ihre Analyse patriarchalischer und SEXISTISCHER Elemente in der Sprache. Bedeutende Radikalfeministinnen sind Adrienne Rich, Mary Daly und Shulamith Firestone.

Fetischismus   Im MARXISTISCHEN Sprachgebrauch hängt der Begriff Fetischismus eng mit Marx' Unterscheidung zwischen *Gebrauchswert* und *Tauschwert* zusammen. Marx unterscheidet zwischen dem Wert, den eine Ware gemessen an dem, wofür sie eingetauscht werden kann, hat (Tauschwert), und dem Wert, den sie für jemanden hat, der sie besitzt (Gebrauchswert). Für Marxisten handelt es sich beim Fetischismus um eine Verwechslung der beiden Werte: Der Geizhals hortet sein Gold, als ob es einen Wert an sich hätte, und übersieht dabei, daß es nur in bezug auf das, wofür es eingetauscht werden kann, einen Wert besitzt. Marx versteht unter *Warenfetischismus* eine Form von Fetischismus, bei dem man fälschlicherweise glaubt, daß der Wert, der in einem Tauschsystem – einem System von Beziehungen – Waren zuerkannt wird, der eigentliche, den Waren inhärente Wert ist. Diese Begriffe sind von marxistischer Seite häufig in Diskussionen über den Wert von Literatur eingebracht worden, vor allem, wenn es darum ging, wie die Literatur im 18. und 19. Jahrhundert selbst zu einer Ware geworden ist.

In den Theorien Freuds spielt der Begriff des Fetischismus eine ganz andere Rolle. Juliet Mitchell weist darauf hin, daß Freuds Theorie des Fetischismus 'ihre Zeit brauchte', denn, obwohl sie in Umrissen schon sehr früh festgelegt war, kam 'die Synthese erst 1927' (1985, 112). Freud sieht einen engen Zusammenhang zwischen Fetischismus und dem *Kastrationskomplex*, der, so Freud, auf den Schreck vor dem Genitale der Mutter zurückgeht. Mitchell schreibt dazu:

> Anstatt diesen Beweis für Kastration zu akzeptieren, machen sie sich einen Fetisch zurecht, der den fehlenden Phallus der Frau ersetzt. Hierdurch gelingt es dem Fetischisten, den Kuchen zu

behalten und gleichzeitig zu essen: er gibt zu, daß Frauen kastriert sind, und leugnet es gleichzeitig; der Fetisch wird mit Zuneigung *und* Ablehnung behandelt, er repräsentiert das *Fehlen* des Phallus und zugleich, durch seine schiere Existenz, dessen *Vorhandensein*. (1985, 113)

Nach Freud ist der Fetisch also dazu da, *das Fehlen von etwas zu verhüllen*. Roland Barthes hat dies auf den literarischen TEXT übertragen: Der Text ist ein Fetischobjekt, das das Fehlen des Autors verhüllt (1974, 43). Der Autor ist natürlich, wie Barthes uns schon mitgeteilt hat, tot:
→ AUTOR
→ REIFIKATION

Figur   Nach Gérard Genette besteht zwischen dem, was ein Dichter niedergeschrieben, und dem, was er gedacht hat, ein Unterschied, eine *Lücke*. Wie alle Lücken, so Genette, hat auch diese eine bestimmte Form, und diese Form bezeichnet er als Figur (1966, 207). Damit stellt Genette eine Verbindung zur Rhetorik her; die Bezeichnung *gedankliche Figur* lehnt er mit der Begründung ab, daß eine Figur sich nicht auf einen *Gedanken* bezieht, sondern auf einen *Ausdruck* (1966, 215; vergleiche die Prägung *rhetorische Figur*).
→ ABSENZ; FIGUR UND GRUND

Figur und Grund   Bei der visuellen Wahrnehmung, so haben Experimente bewiesen, wird die Information, die vom Auge an das Gehirn weitergegeben wird, in zwei Kategorien geteilt, die in der Psychologie als Figur und Grund bezeichnet werden. Durch dieses Auswahlverfahren wird das Gehirn nicht von zu viel Information überschwemmt, es kann sich auf bestimmte Aspekte der erhaltenen Botschaften konzentrieren und andere dafür vernachlässigen.

Der dänische Psychologe Edgar Rubin hat sich als einer der ersten in Experimenten mit der Umkehrung des Figur-Grund-Verhältnisses befaßt und 1915 seine Studie *Synoplevende Figurer* dazu vorgelegt. Er arbeitete mit Zeichnungen, die nicht eindeutig waren, d.h. auf zweierlei Art und Weise betrachtet werden konnten: das bekannteste (und für unzählige Bucheinbände verwertete) Beispiel ist wohl das Bild, in dem man entweder eine elegante Urne oder Vase oder zwei einander zugewandte Gesichter sehen kann. Nach R.L. Gregory, der in diesem Zusammenhang Rubin zitiert, liefern uns diese Trickbilder Hinweise auf den aktiven Charakter der Wahrnehmung sowie auf die Grundsätze, nach denen das Gehirn erhaltene Informationen sortiert (1970, 15–8). Mit Rubins Bildern kann man – ähnlich wie ein Taschenspieler mit seinen Kunststücken – den Wahrnehmungsprozeß stören, vielleicht mit dem Ziel, einige der Grundsätze, nach denen die Wahrnehmung funktioniert, aufzuzeigen, oder einfach aus Lust am Trickreichen.

Nach Irvin Rock (1985) muß man einen weiteren wichtigen Punkt berücksichtigen:

> die Grenzlinien zwischen Flächen. Sie sind ausschlaggebend für die Formwahrnehmung. Immer wenn wir eine solche Grenze vor uns haben, müssen wir entscheiden, wie wir sie zuordnen – erst dadurch entsteht die eigentliche Form des Objektes. (1985, 97)

Bei Rubin und Rock geht es um die Prozesse visueller Wahrnehmung; in jüngster Zeit werden aber vielfach auch die von den RUSSISCHEN FORMALISTEN geprägten Begriffe der AKTUALISIERUNG und VERFREMDUNG mit dem Figur-Grund-Konzept in Zusammenhang gebracht. So wie wir nur flüchtig auf das achten, was wir als 'Grund' wahrnehmen, und uns auf das konzentrieren, was wir als 'Figur' erkennen, gibt es Dinge – Begriffe, Ideen, Überzeugungen ebenso wie Gegenstände – die wir als 'vertraut', als STEREOTYPEN, wahrnehmen. Und ähnlich wie Rubins Diagramme feststehende Kategorien, nach denen das Gehirn die vom Auge erhaltenen Informationen sortiert, umstößt, werden auch durch die literarische Verfremdung feststehende Kategorien umgestoßen, nach denen wir über bestimmte Informationen hinweggehen, ohne uns mit diesen näher oder länger zu befassen. Viele Autoren der MODERNE und der POSTMODERNE haben auf ganz ähnliche Weise versucht, die vertraute Reaktion der LESER zu stören, indem sie mit den zu einer bestimmten Zeit dominanten ästhetischen Normen und KONVENTIONEN brachen.

Daß uns einige literarische WERKE immer wieder ein neues Leseerlebnis vermitteln, kann sehr wohl auch damit zusammenhängen, daß wir bei wiederholter Lektüre anders zwischen Figur und Grund unterscheiden. Die experimentelle Psychologie hat gezeigt, daß, obwohl bis zu einem gewissen Grad angeborene Neigungen für Figur-Grund-Unterscheidungen verantwortlich sind, auch persönliche und KULTURELLE Erfahrungen, Motivation sowie unterschiedliche Bedürfnisse wichtige Faktoren sind. Mit der Veränderung des persönlichen Hintergrunds und der Erfahrungen des Lesers verändert sich auch die Art und Weise, wie er zwischen Figur und Grund unterscheidet. Vor allem bei einem langen Roman wird der Leser nicht in gleichem Maße auf alles achten, was geschieht, auf jede Seite der ERZÄHLUNG; er wird ein Element oder eine Gruppe von Elementen herausgreifen und sich darauf konzentrieren. Diese Elemente müssen nun aber nicht dieselben sein, wenn er das Buch zum zweitenmal liest.

→ VERFREMDUNGSEFFEKT; RAHMEN

Fiktion In der Literaturwissenschaft versteht man unter *Fiktion* traditionellerweise eine Kategorie der Erdichtung (meist in ERZÄHLENDER Form), die sich einerseits von vorgeblich wahren Berichten und andererseits von Lügendichtung unterscheidet. Daß einige frühe Werke, die wir heute als Romane einstufen, den ursprünglichen Lesern als historische und wahre Berichte präsentiert wurden, kompliziert die Sache ein wenig, ändert aber nichts an der grundsätzlichen Definition von Fiktion.

In neuerer Zeit haben Literatur- und KULTURkritiker den Begriff in wesentlich weiterer Bedeutung verwendet. Als einer der ersten hat Gerald Graff dazu kritisch Stellung genommen, und zwar in dem mit 'Wie man nicht über Fiktion spricht' überschriebenen sechsten Kapitel seines Buches *Literature Against Itself* (1979). Darin faßt Graff die Bedeutungserweiterung, die der Begriff erfahren hat, wie folgt zusammen: Von vielen Kritikern (ganz allgemein Vertretern STRUKTURALISTISCHER, POSTSTRUKTURALISTISCHER und neuer linker Richtungen) werden nun nicht nur die Handlung und der PLOT literarischer Werke als Fiktion bezeichnet, sondern auch oft die in der Handlung oder im Plot enthaltenen Ideen, Überzeugungen und Themen und die übermittelte 'Botschaft' oder 'Weltsicht'. Und das ist, so Graff, noch nicht alles:

> Viele Kritiker gehen noch einen Schritt weiter und behaupten – gewissermaßen eine Tautologie –, daß literarische Bedeutungen Fiktionen sind, weil *jede* Bedeutung Fiktion ist, selbst die der nicht-literarischen Sprache, einschließlich der Sprache der Kritik. In extremen Fällen geht man sogar so weit zu behaupten, daß auch das 'Leben' und die 'Realität' Fiktion sind. (1979, 151)

Graff ist ferner der Ansicht, daß Jonathan Culler mit seiner Verwendung des Begriffs MYTHOS dem (falschen) Gebrauch des Fiktionsbegriffs, mit dem er selbst sich beschäftigt, sehr nahe kommt (1979, 153).

Zweifellos wird der Begriff Fiktion heute noch stärker in den von Graff genannten Bedeutungen verwendet, ob man Graffs Kritik nun zustimmen mag oder nicht. Das hängt sicherlich damit zusammen, daß Aspekte wie KONVENTIONEN (zum Beispiel) im Bereich der INTERPRETA-

TION oder die Frage von INTERPRETATIONSGEMEINSCHAFTEN in den Vordergrund gerückt sind. Durch den Einfluß Saussures hat man sich verstärkt mit der Abhängigkeit komplexer BEDEUTUNGSSYSTEME von der Anerkennung bestimmter Regeln befaßt, die ihre Rechtfertigung von den Bedürfnissen des Systems und nicht so sehr von einem direkten (oder MOTIVIERTEN) Bezug zu einer außersystemischen Realität ableiten. Solche 'Fiktionen' sind mit juristischen Fiktionen vergleichbar: Annahmen, auf Grund derer ein System funktioniert, die aber unabhängig von ihrer Funktion in dem System nicht gerechtfertigt oder 'wahr' sind.

Fiktogramm → FIKTOGRAPH

Fiktograph   Auch *Fiktogramm*. Der Begriff wurde von dem nigerianischen Schriftsteller Wole Soyinka geprägt und beschreibt ein falsches Bild der (in dem Fall afrikanischen) Gesellschaft, das auf eine (Fehl-) Lektüre fiktionaler Werke zurückgeht. Soyinka ist der Ansicht, daß 'manche europäischen Kritiker ihre Plattform auf dem Abgrund des Nichtwissens errichten' und darauf eine BRICOLAGE mit dem Fiktogramm als Grundeinheit aufbauen. Als Beispiel nennt er den Kritiker Gerald Moore,

> ein Spätzünder, der zur Zeit an die Tore der nigerianischen Leftokratie klopft, ... einen Blick auf die folgenden Zeilen wirft –
>
>> Ich sehe meinen Träumen zu, wie sie durch die Straßen gleiten, zu Füßen der Stiere liegen.
>> Wie die Anführer meiner Rasse an den Ufern des Gambia oder Salum.
>
> – und daraus diesen 'Fiktographen' der afrikanischen Weltsicht konstruiert: 'Senghor hat jedenfalls unvergeßlich *das klassische Bild* festgehalten, wonach die Toten über die Lebenden *gebieten*, wohlmeinend und immer wachsam.' (Soyinka 1984, 45, Hervorhebungen von Soyinka)

Flaneur   Ein Müßiggänger, der durch die belebten Straßen einer Großstadt schlendert und ohne innere Anteilnahme das Treiben beobachtet. Die Figur des Flanierenden kennen wir vor allem aus den Werken des französischen Dichters Charles Baudelaire, doch haben auch spätere Autoren – im besonderen der MARXISTISCHE Autor Walter Benjamin – sich mit dieser Figur auseinandergesetzt, die für etwas Grundlegendes des modernen Lebens und des modernen Künstlers steht, das sich in der MODERNEN Kunst ausdrückt: nämlich das Gefühl einsamer Gleichgültigkeit inmitten der Großstadtmenge.

Flicker Als *flicker* (dt. Flackern, Flimmern) bezeichnet Brian McHale die Wirkung, die durch eine bestimmte Art der AMBIGUITÄT erreicht wird, bei der der LESER, anstatt zwischen zwei klaren Alternativen wählen zu können, von plötzlich aufflackernden Bedeutungsalternativen verwirrt wird. McHale beruft sich dabei auf Roman Ingarden, der vom *Schillern* und *Opalisieren* (Ingarden 1931, 149) eines TEXTES spricht, wenn im Text zwei alternative Welten um die Vormachtstellung kämpfen, aber keine der beiden sie erreicht (1987, 32).

Fokussierung → PERSPEKTIVE

Foregrounding → VERFREMDUNG

Formelhafte Literatur Die Beschäftigung in unserem Jahrhundert mit formelhaften Elementen in Kunst und Literatur steht in engem Zusammenhang mit der Erforschung von POPULÄRER und volkstümlicher Kunst, ist aber keineswegs darauf beschränkt. Eine Schlüsselfigur auf dem Gebiet ist der Russe Vladimir Propp, dessen *Morphologie des Märchens* 1928 in russischer Sprache herauskam. Propp untersuchte darin einen Korpus von annähernd zweihundert russischen Volksmärchen und versuchte, aus diesen gemeinsame Elemente zu abstrahieren, die er als FUNKTIONEN bezeichnete. Propps Buch war auf dem Gebiet bahnbrechend, konzentrierte sich aber auf den sehr offensichtlichen Aspekt, daß in Märchen immer wiederkehrende Elemente – Formeln – eine große Rolle spielen. (Man erinnere sich hier nur daran, wie viele Märchen mit 'Es war einmal' beginnen und mit 'Und wenn sie nicht gestorben sind, so leben sie noch heute' aufhören.) Hier drängen sich zwei Fragen auf: Woher kommt der ständige Rückgriff auf solche Formeln, und welche Funktion hat er?

In der *mündlichen* Literaturüberlieferung, das ist hinreichend bewiesen, spielten formelhafte Elemente typischerweise eine große Rolle; mit zunehmender Schriftlichkeit haben sie an Bedeutung verloren. So wie heute Personen, die häufig ohne Notizen frei in der Öffentlichkeit sprechen müssen, gerne auf formelhafte Wendungen zurückgreifen (man denke etwa an Politiker oder Witzerzähler), verwendeten auch Mär-

chenerzähler und Lyrikrezitatoren Formeln, die ihnen als Gedächtnis-
stützen dienten und zugleich auch den Zuhörern eine willkommene
Hilfe waren, da Texte, die man ja nicht selbständig ein zweitesmal lesen
konnte, leichter assimilierbar waren, wenn sie bekannte Elemente
enthielten. Man kann also sagen, daß mit der Verwendung formelhafter
Elemente die REDUNDANZ steigt, wobei der mündliche Vortrag erwartungsgemäß einen höheren Grad an Redundanz aufweist (sogar aufweisen muß) als schriftliche Texte. Das heißt nicht unbedingt, daß
formelhafte Elemente keine ästhetische Funktion haben; Max Lüthi
schreibt dazu:

> Produktionsästhetik und Rezeptionsästhetik stehen parallel, so wie
> auch Mnemotechnik, technische Grundlagen des mündlichen Erzäh-
> lens überhaupt und ästhetische Wirkung zu einander in Beziehung
> stehen... Formeln sind für den Erzähler Gedächtnisstützen und
> Überbrückungshilfen, sie sind ihm nützlich und bequem, sie sind
> ihm aber zudem lieb, so wie auch der Zuhörer sich freut, wenn sie
> wieder und wieder auftauchen – weil er ihre gliedernde Wirkung
> spürt, und auch einfach weil sie ihm vertraut sind. (1975, 57)

Hier könnte man noch anfügen, daß ein Publikum, das mit einer Reihe
von Formeln gut vertraut ist, minimalste Variationen in der Verwendung
dieser Formeln wahrnehmen wird. Daher läßt sich vermittels solcher
Variationen eine subtile ästhetische Wirkung erzielen.

Die von Propp und anderen unternommene Erforschung von Material, das entweder mündlich überliefert oder mit mündlich überlieferten
Formen eng verwandt ist, hat auch die Beschäftigung mit formelhaften
Elementen in nicht-mündlichen literarischen Produktionen angeregt. Die
klassischen Wildwest-Filme, populäre Liebesromane und TV-Soap Operas
arbeiten zweifellos stärker mit formelhaften Elementen als Werke des
literarischen KANONS. Vereinfacht ausgedrückt wissen wir bereits, was
auf der letzten Seite eines Romans von Barbara Cartland passiert, bevor
wir noch zu lesen begonnen haben, während wir, wenn wir *Wuthering
Heigths* zum erstenmal lesen, nach dreiviertel der Lektüre noch nicht
sicher sind, wie es ausgehen wird. Natürlich enthalten auch kanonisierte
Werke oft formelhafte Elemente, die dem modernen LESER verborgen
bleiben und die aufzudecken sich die Literaturwissenschaft zur Aufgabe
gemacht hat. Aber abgesehen davon steht es außer Frage, daß die
WIEDERHOLUNG bekannter Elemente und wiederkehrender Muster in
einigen literarischen WERKEN eine größere Rolle spielt als in anderen,

und daß dies eher Werke der populären Literatur als der 'hohen' Literatur sind.

John Cawelti definiert eine Formel als 'Kombination oder Synthese von spezifischen kulturellen Konventionen und universelleren Formen oder Archetypen' (1977, 181; zitiert in Yanarella & Siegelmann 1988, 7). Nach Cawelti kommt solchen Formeln eine besondere KULTURELLE Bedeutung zu, weil sie durch ständige Wiederholung das konventionelle Mittel zur Darstellung bestimmter BILDER, Symbole, MYTHEN und THEMEN werden und weil von ihnen auf kollektive Phantasien geschlossen werden kann.

Hier liegt die Annahme nahe, daß formelhafte Elemente auf Grund ihrer Verbindung mit STEREOTYPEN IDEOLOGISCHE Elemente enthalten: Der Leser oder Fernsehzuschauer, der mit einer bekannten Formel konfrontiert wird, braucht sich nicht mehr mit einem Problem auseinandersetzen, sondern kann die vorgeformte 'Wahrheit' schlucken, ohne sie zu hinterfragen. Das scheint auch auf bestimmte formelhafte Elemente in der populären Literatur zuzutreffen. In diesem Zusammenhang weist Max Lüthi allerdings auf einen interessanten Punkt hin, nämlich daß Formeln durch den Mangel an Individualisierung und Spezifizierung – er nennt dies ihre 'quasi abstrakte Allgemeinheit' – der Phantasie des Lesers mehr Freiheit lassen, das Skelett dieser Formeln selbst anzureichern (1975, 32). (Vergleiche dazu die Argumentation Umberto Ecos im Eintrag OFFENE UND GESCHLOSSENE TEXTE.) Dies läßt nun den überraschenden Schluß zu, daß formelhafte Literatur und Kunst dem Leser eher mehr als weniger schöpferischen Freiraum lassen. Ein solcher größerer Freiraum könnte allerdings den Nachteil haben, daß der Phantasie des Lesers weniger ästhetisch produktive Richtlinien durch das Werk vorgegeben werden.

Das Formelhafte ist immer im größeren Kontext der Frage zu sehen, wie Vertrautes verwendet werden kann, um den RAHMEN für literarische Reaktionen zu liefern, um diese zu formen und zu steuern. Jede Untersuchung auf diesem Gebiet wird sich auch mit GATTUNGS- und FORMfragen befassen müssen.

Fort/da In *Jenseits des Lustprinzips* (und vorher auch in *Die Traumdeutung*) interpretierte Sigmund Freud den Laut 'o – o – o – o', den sein Enkel im Alter von eineinhalb Jahren von sich gab, als Versuch, das Wort 'fort' auszusprechen. Er sah den Beweis dafür darin, daß das Kind eine Holzspule an einem Bindfaden über den Rand seines Bettchens warf und dabei diesen Laut wiederholte, während es, wenn es die Spule wieder zurückzog, sobald es sie sah, 'da' sagte. Für Freud war dieses Spiel der Versuch des Kindes, die unlustvolle Erfahrung, daß seine Mutter sich immer wieder von ihm trennte, symbolisch darzustellen – und damit auch symbolisch zu überwinden. Im Spiel ging es demnach, so Freud, um die symbolische Darstellung der ABWESENHEIT.

Jacques Lacan sieht in diesem Spiel die *ursprüngliche Symbolisierung*, die das Konzept der signifikanten Kette inauguriert (1975, 108); Freud hat mit seiner Untersuchung, so glaubt er, den Ursprung des WIEDERHOLUNGSzwanges aufgedeckt.

Frequenz   Nach Genette (1972a, 145–82) das numerische Verhältnis zwischen Ereignissen im PLOT (oder SJUŽET) und Ereignissen in der STORY (oder FABULA). Dieses Verhältnis kann wie folgt aussehen:

i   ein einmaliges Ereignis wird einmal erzählt (*einmalige* oder *singulative Erzählung*)

ii   ein Ereignis, das x-mal stattfindet, wird x-mal erzählt (*mehrfache Erzählung*)

iii   ein Ereignis, das einmal stattfindet, wird mehr als einmal erzählt (*repetitive Erzählung*)

iv   ein Ereignis, das wiederholt stattfindet, wird nur einmal erzählt (*iterative Erzählung*)

Die Bedeutung einer Variierung der Frequenz durch den Autor oder ERZÄHLER ist nicht zu unterschätzen: Eine Erzählung, die nur aus den genannten Beispielen i und ii besteht, wirkt unter Umständen mechanisch und eintönig, während durch den geschickten Einsatz von WIEDERHOLUNGEN – vor allem, wenn sie einige Variationen aufweisen – der Eindruck von Tiefe und mehrfacher PERSPEKTIVE erreicht werden kann. Einige Schriftsteller (Genette nennt hier besonders Proust) haben äußerst effektvoll Formen iterativer Erzählung gewählt, um auf die einer Person oder einer Situation zugrundeliegenden Muster hinzuweisen.

Bei den oben angeführten Kategorien ii, iii und iv handelt es sich sämtlich um Formen von Wiederholung, wobei allerdings nur das Beispiel iii eine Form *narrativer* Wiederholung darstellt. Die Wiederholung ist wahrscheinlich eines der häufigsten und wirkungsvollsten Instrumente zum Aufbau von Bedeutungsmustern in einer ERZÄHLUNG.

Eine Möglichkeit für den Autor einer Erzählung, mit Distanz, Perspektive oder emotionaler Anteilnahme umzugehen, wäre zum Beispiel, von der Frequenz i oder ii zur Frequenz iii oder iv überzugehen.

Genette bezeichnet Passagen einer Erzählung als *pseudo-iterativ*, die den Anspruch der Iterativität nicht ganz erfüllen, indem sie ausführliche Details enthalten oder Elemente, die ihrem Wesen nach einmalig sein müssen.

Funktion   Mit dem Begriff 'Funktion' werden in der Erzählforschung 'grundlegende narrative Einheiten' beschrieben. Shlomith Rimmon-Kenan glaubt, daß der Begriff für Narratologen in zweierlei Hinsicht interessant ist: erstens allgemein als eine für etwas charakteristische Tätigkeit und zweitens im logisch-mathematischen Sinn als eine veränderliche Größe, die in ihrem Wert von einer anderen abhängig ist (1983, 21).

In der Literaturwissenschaft wird der Begriff vor allem im Sinne von Vladimir Propp verwendet. In seiner *Morphologie des Märchens* beschreibt Propp eine narrative Funktion als 'Aktion einer handelnden Person, die unter dem Aspekt ihrer Bedeutung für den Gang der Handlung definiert wird' (1975, 27). Propp behauptet, daß Märchen, obgleich in ihnen außergewöhnlich viele verschiedene Personen vorkommen, relativ wenige Funktionen enthalten, Funktionen, die die 'Grundelemente' des Märchens darstellen (1975, 26).

Propps Ansatz ist insofern als Strukturalistisch zu bezeichnen, als er von einer Grammatik des Märchens ausgeht, wonach die Funktionen innerhalb eines bestimmten Märchens eine ähnliche Rolle spielen wie die Teile eines wohlformulierten Satzes. So wie dasselbe Wort in verschiedenen Sätzen unterschiedliche grammatikalische Funktionen haben kann (man vergleiche 'Sein Glaube war stark' mit 'Glaube ihm nicht!'), kann dieselbe Handlung in verschiedenen Märchen unterschiedliche narrative Funktionen haben (das Erscheinen eines Drachens kann einmal Kampf, ein andermal Verfolgung bedeuten).

Die Russischen Formalisten unterscheiden zwischen *Funktion* und *Verfahren*. Verfahren ist der neutralere Begriff und hat eine allgemeine, vom Kontext eines bestimmten Textes unabhängige Bedeutung. Viktor Šklovskij nennt als Beispiel das heimliche Lauschen bei Dickens, ein Verfahren, das in Dickens' Werken verschiedene Funktionen hat (1971, 221). Ein anderer von den russischen Formalisten verwendeter Begriff macht den Unterschied vielleicht noch deutlicher – der Begriff der

Motivierung. Nach J. Tynjanov ist 'Motivierung in der Kunst die Rechtfertigung irgendeines Faktors von seiten aller übrigen... Jeder Faktor wird durch seine Verbindung mit den übrigen Faktoren motiviert' (1977, 44). Das erinnert an die von Roland Barthes diskutierte *Verkettung* von Handlungsfolgen zu Funktionen, worauf weiter unten noch eingegangen wird. Für die russischen Formalisten standen Verfahren und Funktion in engem Zusammenhang mit dem Konzept der VERFREMDUNG: Ein Verfahren konnte anfangs eine verfremdende Funktion haben, diese aber dadurch, daß es den Lesern vertraut wurde, verlieren.

Propp beschränkte die Zahl der Funktionen auf 31 und behauptete weiter, daß diese Funktionen in jedem Märchen in einer festgelegten und gleichbleibenden Abfolge vorkommen – wenn auch nicht alle Funktionen in jedem Märchen vertreten sind. Ebenso wie der Wahl und der Anordnung der Wörter in einem Satz bestimmte Regeln zugrunde liegen, folgt die Auswahl alternativer Funktionen in einer bestimmten Geschichte SYNTAGMATISCHEN und PARADIGMATISCHEN Regeln.

Die strukturale Analyse von Erzählungen ist für die moderne Erzähltheorie von großer Bedeutung. Propp hat mit seinen Arbeiten eine neue und einflußreiche Richtung begründet, die jedoch bald ihre Kritiker fand. Uneinigkeit herrschte darüber, wie viele Funktionen es nun eigentlich gab, welche Regeln ihre Auswahl und Verwendung bestimmen sollten und welche Funktion(en) bestimmte Handlungen darstellten, und man glaubte bald zu erkennen, daß selbst die relativ einfachen Erzählungen, die Propp untersuchte, sich der von ihm geforderten systematischen Analyse entzogen. Propps Arbeiten erwiesen sich vor allem für FORMELHAFTE LITERATUR und weniger für KANONISIERTE Werke als fruchtbar; dennoch läßt sich der auf Funktionen basierenden strukturalen Analyse eine *gewisse* Bedeutung selbst dann nicht absprechen, wenn es um den literarischen Kanon von literarisch hochentwickelten KULTUREN geht.

Claude Bremond (1966, 1973), der die Ansätze Propps weiterführte und modifizierte, faßt Funktionen in Dreiergruppen zu Sequenzen zusammen, innerhalb derer sich drei Stufen unterscheiden lassen: Möglichkeit, Prozeß, Ergebnis. Nach Bremond eröffnet jede Funktion eine Möglichkeit, die AKTUALISIERT oder nicht aktualisiert werden kann.

Bei Roland Barthes findet sich eine weitere Variation in der Verwendung dieses Begriffs. In seinem Aufsatz 'Introduction à l'analyse structurale des récits' (1966) stellt Barthes fest, daß eine Erzählung als langer Satz und ein Satz in gewissem Sinne als kurze Erzählung betrachtet werden kann. Er isoliert grundlegende narrative Einheiten und unterscheidet zwischen *Funktionen* und *Indizien*. Wenn narrative Einheiten zu Hand-lungsfolgen verkettet werden können, so spricht er von Funktionen, während er narrative Einheiten, die eine weniger strukturale Rolle spielen, als Indizien bezeichnet. Culler kritisiert die Verwendung des Begriffs *Funktion* in diesem Aufsatz und meint, Barthes hätte besser daran getan, bei dem in *S/Z* verwendeten Terminus *Lexie* zu bleiben (Culler 1975, 202). In *S/Z* wird eine *Lexie* (*lexie*) als kleinste Leseeinheit definiert, als Passage, die auf den Leser eine Wirkung hat, die sich von der Wirkung anderer Passagen abgrenzen läßt (Barthes 1976, 18).

Gérard Genette verwendet den Begriff wieder in einem anderen Sinn, wenn er feststellt, daß 'es gar kein eigentliches literarisches Objekt gibt, sondern nur eine *literarische Funktion*, die jedwedes Geschriebene bald erfüllen, bald verlassen kann' (1972b, 72). Genette versteht hier *Funktionen* als 'systembestimmte Regeln' im Sinne des STRUKTURALISMUS. Spielt man etwa mit Steinen Schach, stattet man (seiner Ansicht nach) die Steine mit einer Schach-Funktion aus, mit einer Funktion, die sie nach dem Spiel, wenn man sie wegwirft, wieder verlieren.

Kernfunktionen sind nach Auffassung einiger jüngerer Narratologen Grundelemente, aus denen ein PLOT besteht – oder auch Elemente in einer Geschichte, die die Handlung vorantreiben. (Vergleiche BRISUR; siehe auch *Kernereignis* im Eintrag EREIGNIS.)

→ FUNKTIONEN DER SPRACHE

Funktionen der Sprache   In seinem Buch *Sprachtheorie* (1934) schlägt Karl Bühler eine elegante Klassifizierung der verschiedenen semantischen Funktionen sprachlicher ZEICHEN vor. Er unterscheidet zwischen der *Symbolfunktion* oder auch *Darstellungsfunktion* sprachli-cher Zeichen, die sich aus deren Zuordnung zu Gegenständen und Sachverhalten ergibt, der *Symptomfunktion* oder *Ausdrucksfunktion*, die auf der Abhängigkeit sprachlicher Zeichen vom Sprecher beruht, dessen Innerlichkeit ausgedrückt wird, und der *Signalfunktion* oder *Appell-funktion*, die auf den Empfänger weist, an den die sprachlichen Zeichen appellieren und dessen äußeres oder inneres Verhalten sie ähnlich einer Verkehrsampel steuern. Roman Jakobsons Unterscheidung zwischen ver-schiedenen Funktionen der Sprache ist, wie Anders Pettersson (der selbst auf Bühler zurückgreift) es formuliert, 'die berühmt gewordene Weiterführung von Bühlers Klassifizierung' (1990, 73).

Jakobson stellt in seinem einflußreichen Aufsatz 'Linguistik und Poetik' fest, daß man vor der Erörterung der 'poetischen Funktion' der

Sprache, deren Stellenwert in bezug auf die anderen Sprachfunktionen bestimmen muß. Dazu bedarf es zuerst eines 'genauen Überblicks über die konstitutiven Faktoren jeglichen Sprechaktes, jeder Form der sprachlichen Kommunikation' (1972, 121). Diesen Überblick liefert er in der folgenden vielzitierten Passage:

> Der *Sender* schickt eine *Nachricht* an den *Empfänger*. Um wirksam zu werden, bedarf die *Nachricht* eines *Kontextes*, auf den sie bezogen ist ("Referenz" in einer anderen etwas mehrdeutigen Nomenklatur), der vom Empfänger erfaßt werden kann und der wirklich oder zumindest der Möglichkeit nach in Sprache umsetzbar sein muß; dann bedarf es eines *Kodes*, der ganz oder zumindest teilweise Sender und Empfänger gemein ist ..., und endlich eines *Kontaktmediums*, eines physischen Kanals oder einer psychologischen Verbindung zwischen Sender und Empfänger, die es beiden ermöglicht, in Kommunikation zu treten und zu bleiben. (1972, 121)

Nach Jakobson bestimmt jeder dieser sechs Faktoren eine andere Funktion der Sprache. Die Einstellung auf den Kontext ist die *referentielle Funktion*, worin er die Hauptaufgabe vieler Nachrichten sieht. Die *emotive oder expressive Funktion* ist allein auf den Sender gerichtet; ein Beispiel für eine emotive Funktion in reinster Form wären außergewöhnliche Interjektionen wie 'Ts!Ts!'. Die *konative Funktion* ist auf den Empfänger ausgerichtet, findet ihren typischen Ausdruck im Vokativ und Imperativ und zeichnet sich dadurch aus, daß sie nicht einem Wahrheitstest unterzogen werden kann. Eine *phatische Funktion* wird von Nachrichten erfüllt, die einzig dazu da sind, 'den Kommunikationskanal offen zu halten', die Kommunikation aufrechtzuerhalten ohne dabei eine andere Information zu übermitteln als die, die zur Verlängerung des Kontaktes notwendig ist. Im Zuge der *metasprachlichen Funktion* wird überprüft, ob derselbe CODE verwendet wird; ein Beispiel dafür wäre die Frage an einen Gesprächspartner, was er mit einem bestimmten Wort meine. Die Einstellung auf die Nachricht als solche und um ihrer selbst willen ist schließlich die *poetische Funktion* der Sprache.

Jakobsons Analyse hat sich zwar als sehr einflußreich erwiesen, fand aber trotzdem auch ihre Kritiker. R.A. Sharpe etwa kommentiert die oben zitierte Stelle mit der scharfen Feststellung, daß Banalität und Falschheit einander nicht ausschlössen, und kritisiert Jakobson vor allem dafür, daß er die Rolle der INTERPRETATION in literarischen Belangen negiere (1984, 15). Wenn Jakobson den poetischen Gebrauch der

Sprache als Einstellung auf die Nachricht als solche, um ihrer selbst willen, und nicht auf einen der anderen 'konstitutiven Faktoren', die er nennt, definiert, befindet er sich damit in nächster Nähe zu einigen Positionen der Formalisten – etwa jener, daß sich das literarische Werk nur auf sich selbst bezieht und weder etwas über die Welt aussagt noch eine Form zwischenmenschlicher Kommunikation darstellt. Tatsächlich scheint es aber so zu sein, daß viele literarische Werke den LESER dazu ermutigen, sich näher mit der verwendeten Sprache auseinanderzusetzen; viele Werke lenken das Augenmerk des Lesers auf Fragen der Menschheitsgeschichte oder immergültige Probleme menschlichen Verhaltens; viele Werke verweisen den Leser auf den Verfasser; und ebenso veranlassen viele Werke den Leser, über sich selbst nachzudenken. Literarische Werke scheinen also mit anderen Worten sämtliche der von Jakobson genannten Funktionen, vielleicht mit Ausnahme der phatischen, zu umfassen.

Im Eintrag zum KOMMUNIKATIONSMODELL VON SHANNON UND WEAVER wird der wahrscheinliche Einfluß dieses Modells auf Jakobsons schematische Darstellung des sprachlichen Kommunikationsprozesses erörtert. Robert Scholes adaptierte Jakobsons Diagramm wie folgt für den Lektüreprozeß eines literarischen Textes:

Kontexte
Text

Autor ———————————————— Leser

Medium
Codes

G

Gatekeeper Der Begriff *gatekeeper* kommt aus dem Bereich der MEDIA STUDIES und bezieht sich auf die meinungsbildende Wirkung der Medien. Genauso wie ein wirklicher Türhüter jemanden daran hindern kann, eine Tür zu passieren und mit einer wichtigen Persönlichkeit zu sprechen, können metaphorische Türhüter verhindern, daß bestimmte Nachrichten, Meinungen oder INTERPRETATIONEN ein breiteres Publikum erreichen. *Gatekeeping* ist in gewissem Sinne mit AGENDA SETTING vergleichbar; wie jemand, der die Tagesordnung festlegt, verfügt auch der *gatekeeper* über eine sehr weitreichende und darüber hinaus auch noch nahezu unsichtbare Macht, so daß seine tatsächliche Autorität weit größer ist als nach außen erkennbar.

Ein ausgezeichnetes literarisches Beispiel dafür ist die Figur des Wintergreen in Joseph Hellers satirischem Roman *Catch-22*, der so oft degradiert worden ist, daß er nicht einmal mehr ein einfacher Gefreiter ist, aber als Funker entscheiden kann, welche Nachrichten weitergeleitet werden und welche nicht. Man könnte nun sagen, daß der Bildung und Aufrechterhaltung eines KANONS eine dem *gatekeeping* vergleichbare Funktion zukommt, und daß *gatekeepers* mit bestimmten IDEOLOGISCHEN Voraussetzungen arbeiten, die ihnen ihre Funktionsausübung erleichtern – in den literaturwissenschaftlichen Abteilungen der Universitäten ebenso wie im Nachrichtensenderaum der Fernsehanstalten.

Gattung Debatten über literarische Gattungen bzw. Genres haben bedeutend an Heftigkeit verloren, seit sich die Auffassung allgemein durchgesetzt hat, daß Gattungen KONVENTIONSbedingt sind und ihre Existenz nicht einer inneren Notwendigkeit folgt, doch haben sich in jüngerer Zeit eine Reihe von Theoretikern und Kritikern damit beschäftigt, inwieweit Erwartungshaltungen und Reaktionen seitens des Publikums bzw. der LESER durch die Gattung eines Werkes beeinflußt werden. Die Beschäftigung mit FORMELHAFTER LITERATUR und der Rolle von INTERPRETATIONSGEMEINSCHAFTEN berührt oft auch Fragen der Gattungszuordnung, und die Suche nach neuen Möglichkeiten zur Kategorisierung literarischer WERKE (zum Beispiel der FANTASTISCHEN Literatur oder der POPULÄREN Literatur) führt unweigerlich in die gattungstheoretische Diskussion.

Untersuchungen zum FEMINISTISCHEN Gebrauch literarischer Gattungen bestätigen in den Augen Anne Cranny-Francis', daß Gattungen eine soziale ebenso wie eine literarische oder sprachliche Praxis sind, und obwohl sie bei ihrer Definition von *Gattung* mit Textattributen (Konventionalität, Formeln, Format) arbeitet, bezieht sie auch soziale, historische und ideologische Fragestellungen ein. Sie zitiert dazu eine Stelle aus Cvetan Todorovs Bachtin-Studie (1984): 'Gattungen sind sozialhistorische ebenso wie formale Entitäten. Gattungsveränderungen müssen im Kontext sozialer Veränderungen betrachtet werden' (Cranny-Francis 1990, 16–7).

Gebrauchswert → FETISCHISMUS

Gefärbte Erzählung → ERLEBTE REDE

Gefühlsstrukturen Der Begriff wurde von dem walisischen KULTUR-theoretiker und Romanschriftsteller Raymond Williams geprägt, der ein Kapitel seines Buches *Marxism and Literature* diesen Strukturen widmet. Williams richtet sich gleich einleitend gegen die Reduzierung des Gesellschaftlichen auf 'feststehende Formen' und die Trennung vom Persönlichen (1977, 128, 129). Damit distanziert er sich von der Tendenz, die er im traditionelleren Marxismus auszumachen glaubt, 'Analyse und analysiertes Objekt gleichzusetzen' (1977, 129) und sich mit dem Erlebten nur indirekt zu befassen.

Williams hat, wie er selbst sagt, den Begriff gewählt, um den Unterschied zu formaleren Konzepten wie *Weltsicht* oder IDEOLOGIE herauszustreichen; als Begründung führt er an, daß wir es mit 'Bedeutungen und Werten zu tun haben, wie sie aktiv gelebt und gefühlt werden', und mit 'den charakteristischen Elementen Impuls, Zwang und Ton; den spezifisch affektiven Elementen Bewußtsein und Beziehungen: nicht Fühlen im Gegensatz zu Denken, sondern gefühltes Denken und gedachtes Fühlen: praktisches gegenwärtiges Bewußtsein in einer lebendigen interaktiven Kontinuität' (1977, 132).

Der Begriff stellt, so Williams weiter, eine kulturelle Hypothese dar (1977, 132) und kann als einer von vielen Versuchen betrachtet werden, den analytischen sozio-historischen Ansatz des Marxismus beizubehalten, ihn aber näher heranzuführen an die Art und Weise, wie Menschen ihr Leben wirklich erfahren.

Williams nennt auch ein Beispiel aus der Literatur. Während in der frühen viktorianischen Ideologie die durch Armut, Schulden oder Unehelichkeit bedingte Exponiertheit als gesellschaftliches Versagen oder Abnormalität betrachtet wurde, stellte die in den Werken von Dickens, Emily Brontë und anderen vorhandene Gefühlsstruktur die Exponiertheit und Isolation als einen allgemeinen Zustand dar, und Armut, Schulden oder Unehelichkeit als damit im Zusammenhang stehende Phänomene – eine Sichtweise, die sich auf ideologischer Ebene erst später manifestierte (1977, 134). Demnach sind Gefühlsstrukturen vor-ideologische Formierungen, die fast unbewußt entwickelt werden, zu existierenden ideologischen Formierungen in einem antagonistischen Verhältnis stehen und (unter anderem) in der Kunst und Literatur ihren Ausdruck finden. Wichtig an dieser Auffassung ist vor allem, daß sie die (in der Zeit, als Williams schrieb, sehr gängige) Überzeugung in Frage stellte, daß Literatur ein Ausdruck der herrschenden Ideologie und dieser unterworfen ist.

Gegen-den-Strich-lesen Auch oppositionelle Lektüre. Eine Lektüre, die die von einem bestimmten Text offen oder implizit dem LESER für die Lektüre vorgegebenen Richtlinien ablehnt und zu unterminieren sucht. Mark Twains *Huckleberry Finn* gegen den Strich zu lesen hieße, daß man bewußt versucht, den Schlußteil, in dem es darum geht, wie die Kinder 'Nigger Jim' behandeln, so zu lesen, wie es der Text eben nicht will: als Beschwichtigung der rassistischen Ansichten, die im Roman zuerst angegriffen worden waren. Eine oppositionelle Lektüre von Henry James' *The Turn of the Screw* wäre etwa, in diesem Text die STEREOTYPISIERTE Sicht von Frauen als hysterisch, unverläßlich, rätselhaft, durch unterdrückte Leidenschaft verdorben und so fort dargestellt zu sehen.
→ INTERROGATION

Gender In der Sprachwissenschaft bezeichnet der englische Ausdruck *gender* das grammatische Geschlecht und entspricht in dem Sinne dem deutschen Terminus *Genus*. Im *feministischen* Sprachgebrauch steht *gender* für die soziokulturellen Merkmale, die den beiden natürlichen Geschlechtern zugeordnet werden. Im deutschen Sprachraum hat sich im feministischen bzw. literaturwissenschaftlichen Zusammnenhang der englische Terminus inzwischen durchgesetzt, vor allem auch auf universitärer Ebene; so sind zum Beispiel an verschiedenen deutschsprachigen Universitäten *Gender Studies* als eigener Studiengang eingerichtet.

Der abgeleitete Begriff *Genderlekt* bezeichnet die sprachlichen Merkmale, die in einer bestimmten Gesellschaft oder KULTUR für die Vertreter eines Geschlechts charakteristisch sind.
→ IDIOLEKT; SOZIOLEKT

Genfer Schule → Phänomenologie

Genotext und Phänotext   Die beiden Begriffe stammen von Julia Kristeva und erreichten vor allem durch ihre Übernahme durch Roland Barthes und einige andere Theoretiker weitere Kreise. Nach Kristeva ist der Phänotext 'das verbale Phänomen, wie es sich in der Struktur der konkreten Aussage darstellt', während der Genotext

> 'die Basis für die logischen Operationen der Konstituierung des Aussagesubjektes ist'; er ist 'der Strukturierungsort des Phänotextes'; ein heterogener Bereich: zugleich verbal und triebhaft ('pulsionel'). (Zitiert in Barthes 1968, 1015)

Die Unterscheidung ist also nicht ganz einfach zu formulieren, ein wichtiger Hinweis findet sich aber doch in der von Barthes zitierten Passage: Während der Phänotext das rein verbale Element ist, das in einer Äußerung enthalten ist und diese konstituiert, ist der Genotext jener Kräftekomplex, in dem das Nicht-Verbale und das Verbale ineinandergreifen und das Nicht-Verbale sich im Verbalen ausdrückt.

Diese Unterscheidung hat sich beschränkt unter Literaturkritikern durchsetzen können, die sich mit der Entstehung literarischer Werke theoretisch beschäftigen.

Genre → Gattung

Geschlecht → Gender

Geschlossene Texte → Offene und geschlossene Texte

Geschwindigkeit → Erzählzeit

Gestalt   Die Gestaltpsychologie ist eine Anfang des 20. Jahrhunderts begründete Forschungsrichtung der Psychologie, die auf Christian von Ehrenfels und seine Entdeckung der Gestaltqualitäten zurückgeht, d.h. daß Eigenschaften von Ganzheiten, besonders von Gestalten, sich nicht aus den Eigenschaften der Teile dieser Gestalten ergeben, sondern der Gestalt als solcher anhaften. Die Gestaltpsychologie wies in Experimenten nach, daß das Gehirn Reizmuster nach bestimmten Prinzipien, die weniger kulturell als erblich bedingt sind, in Ganzheiten organisiert. Der Begriff der Gestalt findet sich demnach oft im Zusammenhang mit der

Auffassung, daß im Bereich der Wahrnehmung und der Interpretation das Ganze wichtiger ist als der einzelne Teil.

Glissade   Der Begriff findet sich in den Schriften Jacques Lacans und beschreibt, wie Vincent Crapanzano formuliert, die Verzerrung, durch die sich ein Traum und die vom (erwachten) Träumer davon gegebene Darstellung unterscheiden, eine Verzerrung, die 'ein Gleiten, ein *glissement* des Signifikats unter den Signifikanten, des Begriffs unter dessen akustisches Bild' ist (1992, 145).

Allgemeiner ausgedrückt: Die (normalerweise unbewußte) Neudefinierung von Begriffen oder Verpflichtungen im Verlaufe einer Argumentation, häufig als Folge ideologischen Drucks. In englischen Texten ist hier oft von *slippage* die Rede.

Gramma → Différance

Grammatologie   In seiner *Grammatologie* führt Jacques Derrida diesen Begriff auf Littré zurück, den er wie folgt zitiert: 'Lehre von den Buchstaben, vom Alphabet, der Syllabierung, dem Lesen und dem Schreiben' (1974, 13, Anm.4). Er stellt weiter fest, daß dieses Wort seines Wissens in unserem Jahrhundert nur I.J. Gelb verwendet hat, und zwar in seinem Buch *A Study of Writing: The Foundations of Grammatology* (1952; dt. *Von der Keilschrift zum Alphabet. Grundlagen einer Schriftwissenschaft*, 1958), das, so Derrida, 'dem Modell klassischer Darstellungen der Geschichte der Schrift verpflichtet' ist (1974, 14, Anm.4). Derrida versteht unter Grammatologie eine 'Wissenschaft von der Schrift', die 'weltweit die Zeichen zu ihrer Befreiung setzt' (1974, 13–4). Damit soll aber nicht eine ausgereifte Wissenschaft gemeint sein, deren Grundprinzipien feststehen und endgültig sind, sondern eine Wissenschaft, in der alles in Frage gestellt wird, selbst ihre eigene Grundlage und Geschichte.

Zu Derridas Verwendung des Wortes *Schrift* siehe den Eintrag Écriture.

In dem Kapitel 'Linguistik und Grammatologie' schlägt Derrida vor, den Ausdruck Semiologie im Programm der *Grundfragen der allgemeinen Sprachwissenschaft* von Ferdinand de Saussure durch Grammatologie zu ersetzen, da die Theorie der Schrift damit 'den erforderlichen Spielraum gegen die logozentrische Unterdrückung und die Unterordnung unter die Linguistik' bekäme (1974, 88–9).

Grund → Figur und Grund

Gyandrie → Androgynie

Gynokratisch Von Frauen bestimmt oder regiert. Eine gynokratische Gesellschaft wäre daher eine Gesellschaft, in der die Frauen die Macht haben, im Gegensatz zu einer ANDROKRATISCHEN Gesellschaft, in der die Macht von Männern wahrgenommen würde bzw. wird.

Gynokritik Der Begriff wurde von Elaine Showalter geprägt und bezeichnet, wie sie schreibt, die FEMINISTISCHE Literaturwissenschaft, die sich mit der Frau *als Autorin* befaßt. 'Ihr Interesse richtet sich auf Geschichte, Schreibstil, Themen, Genres und formale Struktur der Literatur von Frauen. Es richtet sich auf die psychologische Dynamik weiblicher Kreativität, auf den individuellen oder kollektiven Verlauf weiblicher Karrieren und auf Entwicklung und Gesetzmäßigkeiten einer weiblichen Literaturtradition' (1987, 55–6).
→ Écriture; Écriture féminine; Feminismus

Gynozentrisch → Androzentrisch

H

Hegemonie Im MARXISTISCHEN Sprachgebrauch bezeichnet der Begriff die Innehabung von Macht ohne die Ausübung oder Androhung physischer Gewalt; in der Regel von einer Minderheit, deren Interessen den Interessen jener, über die sie die Macht ausübt, zuwiderlaufen. Der Begriff tauchte zuerst in den Schriften von Marx, Engels und Lenin auf; so wie er heute verwendet wird, geht er aber auf den italienischen Kommunisten Antonio Gramsci zurück, der seine bedeutendsten Schriften während seiner Gefangenschaft unter dem Regime Mussolinis verfaßte. Veröffentlicht wurden sie allerdings erst nach dem Zweiten Weltkrieg in verschiedenen Sammlungen. Gramsci sah zwar die Bedeutung von Gewalt für den italienischen Faschismus, größere Sorgen bereitete ihm aber der in seinen Augen spontane Konsens, mit dem weite Kreise der Bevölkerung der durch eine dominierende Gruppe dem gesamten sozialen Leben gegebenen allgemeinen Richtung zustimmten; dieser Konsens war historisch bedingt durch das Prestige (und folglich das Vertrauen), das diese dominierende Gruppe auf Grund ihrer Stellung und Funktion in der Produktionssphäre genoß (1992, 515). Das Hegemoniekonzept diente in der Folge vielen Marxisten als theoretische Begründung dafür, weshalb jene Mitglieder der Klassengesellschaft, die der marxistischen Auffassung zufolge eigentlich gegen ihre Ausbeutung durch die Gesellschaft kämpfen sollten, diese offenbar akzeptierten.

Daß der Begriff in der neueren marxistischen Literaturtheorie gerne verwendet wird, ist vor allem auf drei Gründe zurückzuführen. Erstens sehen einige jüngere Marxisten in der Literatur selbst ein wirksames Instrument, um die IDEOLOGIE der herrschenden Klasse zu etablieren, zu verbreiten und zu perpetuieren. Für einige ist schon die KANONISIERUNG, durch die bestimmten Werken der Titel 'Literatur' und damit ein bestimmter Status verliehen wird und eine bestimmte Lesart dieser Werke gefördert wird, Teil hegemonischer Machtausübung. Literatur, oder eine bestimmte Verwendung von Literatur, hätte demnach die Funktion, die hegemoniale Herrschaft einer Klasse über eine andere zu unterstützen. Viele orthodoxe Kommunisten warfen in den 30er Jahren Werken wie etwa James Joyces *Ulysses* vor, daß sie die LESER dazu verleiteten, das Leben unter dem Gesichtspunkt des Konsums anstatt der Produktion zu sehen, distanzierte Wahrnehmung vor engagierte Aktion zu stellen, und obwohl das Wort 'Hegemonie' damals kaum fiel, greift man in neueren Formulierungen solcher Vorwürfe gerne darauf zurück. Der zweite Grund liegt in der Auffassung einiger marxistischer Literaturwissenschaftler, daß literarische Texte dem Leser oft ein wertvolles Bild davon vermitteln, auf welche Art und Weise Hegemonie entsteht. (Auch in diesem Zusammenhang wird *Ulysses* genannt, da Joyce darin vorführt, wie Irland sowohl von der politischen Macht Englands als auch von der ideologischen Macht der römisch-katholischen Kirche beherrscht wird.) Als dritter Grund ist schließlich die Überzeugung einiger marxistischer Kritiker zu nennen, daß das Schreiben oder INTERPRETIEREN von Literatur eine unterdrückte KLASSE oder Bevölkerungsgruppe in ihrem Kampf um die Hegemonie unterstützen kann.

Der Hegemoniebegriff taucht auch in der FEMINISTISCHEN Literaturtheorie auf, wenn es darum geht zu klären, auf welche Art und Weise bestimmte PATRIARCHALISCHE oder PHALLOZENTRISCHE Ideen oder Denkweisen in der Literatur oder innerhalb literarischer INSTITUTIONEN reproduziert und erneuert werden.

Heimholung Ein in marxistischen und in vom Marxismus beeinflußten IDEOLOGIEdiskussionen sehr häufig verwendeter Begriff zur Beschreibung einer Strategie, bei der die machthabenden Instanzen den Oppositionskräften gewisse ideologische Positionen mit dem Ziel zugestehen, sie auf diesem Weg in ein größeres System von Überzeugungen einzubinden, das die Interessen der machthabenden Instanzen widerspiegelt.

Helfer → AKT/AKTANT

Hermeneutik Als Gründungsväter der Hermeneutik gelten Friedrich Schleiermacher (1768–1834) und Wilhelm Dilthey (1833–1911). Beide gingen von im 17. Jahrhundert von protestantischen Theologen entwikkelten Methoden zur Bibelauslegung aus. Der Philosoph und Historiker Dilthey, so schreibt etwa Ian Maclean,

> wollte mit der Hermeneutik für die Geisteswissenschaften ein Äquivalent zur wissenschaftlichen Methode der Naturwissenschaften schaffen. Während es in den Naturwissenschaften um Erklärung ging, ging es in den Geisteswissenschaften um Verstehen. Verstehen hat immer mit dem Erleben eines anderen Subjekts oder Bewußtseins zu tun; es gründet auf der Bedeutung aller Ausdrucksformen, in die dieses Erleben gekleidet ist (vor allem aber schriftlicher Ausdrucksformen); der Ausdruck erhält seine Bedeutung durch die Auslegung. (1986, 124–5)

Neben Schleiermacher und Dilthey leisteten vor allem Edmund Husserl (1859–1938), Martin Heidegger (1889–1976) und Hans-Georg Gadamer bedeutende Beiträge. Husserls PHÄNOMENOLOGIE brachte für Interpretationstheorien wichtige Erkenntnisse, vor allem, was die aktive und 'ergänzende' Rolle des Bewußtseinsakts betrifft, der die nur unvollständig wahrgenommenen Gegenstände KONKRETISIERT. Heideggers wichtigster Beitrag zur hermeneutischen Theorie ist wahrscheinlich seine antiindividualistische und historistische Auffassung des Interpretationsvorgangs.

Das Wort Hermeneutik ist etymologisch mit dem Namen des Götterboten Hermes verwandt, der, wie Richard Palmer in seinem Buch *Hermeneutics* schreibt, 'auch die Aufgabe hat, das über das menschliche Verstehen Hinausgehende in eine Form zu verwandeln, die dem menschlichen Verständnis zugänglich ist' (1969, 13). Die Hermeneutik befaßt sich, so Palmer weiter, traditionellerweise vor allem mit zwei Fragen: 'der Frage, worum es beim Verstehen eines Textes geht, und der Frage, was das Verstehen an sich, in seinem grundlegendsten und "existentialen" Sinne, ist' (1969, 10). Unter Hermeneutik versteht man demnach im wesentlichen zweierlei Dinge, nämlich einerseits eine philosophische Disziplin, die darauf ausgerichtet ist, die Praxis der Auslegung zu verstehen (nicht zu verändern), und andererseits die Suche nach den richtigen Prinzipien und Methoden, die zu entsprechend richtigen Auslegungen führen.

Über die 'wirkliche' Rolle und Funktion der Hermeneutik ist man sich keineswegs immer einig gewesen, und die Spannung zwischen diesen zwei Polen läßt sich bis zu den Ursprüngen der Hermeneutik in der Bibelforschung und Exegese zurückverfolgen. Richard Palmer spricht von *zwei* hermeneutischen Traditionen:

> Einerseits haben wir die Hermeneutik Schleiermachers und Diltheys, deren Anhänger die Hermeneutik als einen allgemeinen Korpus methodologischer Prinzipien auffassen, die der Interpretation zugrunde liegen. Die Nachfolger Heideggers sehen die Hermeneutik andererseits als philosophische Erforschung des Wesens und der Bedingungen allen Verstehens.
> ...
> Gadamer geht es, in der Nachfolge Heideggers, um die philosophische Frage, was Verstehen an sich ist; für ihn ist Verstehen ein historischer Akt und als solcher immer mit der Gegenwart verbunden. (1969, 46)

Außerhalb des deutschsprachigen Raumes ist vor allem der Begriff des 'hermeneutischen Zirkels' in weiteren Kreisen bekannt. Der Begriff geht auf Schleiermacher zurück, erhielt seine Bezeichung aber erst von Dilthey. Unter dem hermeneutischen Zirkel versteht man das anscheinende Paradoxon, daß ein Ganzes nur verstanden werden kann, wenn man seine Einzelteile versteht, während man diese Einzelteile nur verstehen kann, wenn man das Ganze, dem sie angehören, versteht. Allan Rodway schlug als Ausweg aus dieser Situation vor, 'sich davonzumachen', 'von Beweis zu Hypothese und wiederum zu Beweis und neuerlicher Hypothese' (1970, 94) – ein Lösungsvorschlag, der implizit wohl auch schon bei Schleiermacher und Dilthey vorhanden war.

In der anglo-amerikanischen Literaturwissenschaft wird der Begriff Hermeneutik oft einfach als Synonym für INTERPRETATION verwendet. In neuerer Zeit bezieht man sich allerdings auch im englischsprachigen Bereich mit dem Terminus in der Regel auf die in Deutschland entwickkelte hermeneutische Theorie, die vor allem durch die Arbeiten E.D. Hirschs und Wolfgang Isers in Großbritannien und in den Vereinigten Staaten einem größeren Leserkreis vermittelt wurden. Ein Grund, weshalb die deutsche hermeneutische Theorie in den 70er und 80er Jahren in der anglo-amerikanischen Literaturkritik im allgemeinen kaum beachtet worden war, liegt zu einem großen Teil in ihrer historischen Perspektive, die mit synchronen und anti-historistischen Ansätzen, wie sie die STRUKTURALISTEN und (in gewissem Maße) die DEKONSTRUKTIVISTEN vertreten, nicht harmoniert.

In seinem Aufsatz 'Objektive Interpretation' (1960 erstmals veröffentlicht, wieder abgedruckt in *Prinzipien der Interpretation* [1972]), merkt Hirsch an, daß im Grunde seine 'gesamte Argumentation als Versuch aufgefaßt werden [kann], einige der hermeneutischen Prinzipien Diltheys auf Husserls Epistemologie und Saussures Linguistik zu gründen' (1972, 298, Anm.31). In seinem einige Jahre später veröffentlichten Buch *The Aims of Interpretation* (1976) geht Hirsch genauer auf sein Verhältnis zur deutschen hermeneutischen Tradition ein. Wie auch Richard Palmer unterscheidet er zwischen zwei 'Hauptlinien', die er allerdings anders als Palmer definiert:

> Das vorliegende Buch schreibe ich als Vertreter einer allgemeinen Hermeneutik. In der Geschichte der Hermeneutik hebt sich, durch die wichtige Unterscheidung zwischen lokalisierten und allgemeinen hermeneutischen Theorien, die Hermeneutik Schleiermachers deutlich von enger gefaßten hermeneutischen Traditionen ab. Vertreter

der auf Schleiermacher zurückgehenden allgemeinen Hermeneutik sind in direkter Linie Boeckh, Dilthey, Heidegger und Gadamer. (Heidegger war ein Schüler Diltheys, Gadamer ein Schüler Heideggers.) Dennoch ist diese Tradition nicht homogen. Der Relativismus Heideggers und Gadamers läuft dem Objektivismus Boeckhs und Diltheys zuwider, so daß meine eigene objektivistische Sichtweise als Rückkehr zur 'wahren' oder 'authentischen' Tradition Schleiermachers betrachet werden kann. Allerdings scheint mir, unabhängig davon, ob man nun einer objektivistischen oder relativistischen Position zuneigt, bedeutend mehr für eine allgemeine als für eine lokalisierte Hermeneutik zu sprechen. (1976, 17)

Die heftigste Kritik übt Hirsch an Gadamer und dessen 1960 in Tübingen veröffentlichtem Werk *Wahrheit und Methode* (siehe dazu Hirschs Aufsatz 'Gadamers Theorie der Interpretation' aus dem Jahre 1965, der im Anhang zu den *Prinzipien der Interpretation* abgedruckt ist).

Hirsch sieht Gadamers Buch als 'Polemik gegen die Überbetonung objektiver Wahrheit und exakter Methode im 19. Jahrhundert', für die August Boeckhs *Encyclopädie und Methodologie der philologischen Wissenschaften* (1877), auf dessen Titel auch Gadamers Buch Bezug nimmt, repräsentativ war (1972, 301). Nach Hirsch geht es Gadamer 'in der Hauptsache um einen Angriff auf die Prämisse, daß der Textsinn mit dem vom Autor intendierten Sinn identisch sei' (1972, 303). Äußerst kritisch steht Hirsch außerdem Gadamers Theorie der Horizontverschmelzung, der Fusion der Perspektive des Textes und der des Interpreten, gegenüber: 'Wie kann ein Interpret zwei Perspektiven – seine eigene und die des Textes – verschmelzen, solange er sich nicht die ursprüngliche Perspektive irgendwie angeeignet und mit seiner eigenen amalgamiert hat?' (1972, 310).

Hirschs Unterscheidung zwischen *meaning* und *significance* (→ BEDEUTUNG UND SIGNIFIKANZ) wird vielfach als Versuch gewertet, mit der damaligen Orthodoxie des Anti-Kontextualismus der NEW CRITICS zu brechen, indem er sich auf die Ursprünge der deutschen hermeneutischen Theorie – und im besonderen die Arbeiten Friedrich Schleiermachers – besann. Schleiermacher war der Auffassung, daß der Verstehensprozeß den Kompositionsprozeß umkehrt; anstatt vom geistigen Leben des AUTORS ausgehend zur Projektion oder Komposition eines Textes zu führen, geht der Verstehensprozeß vom Text aus und arbeitet sich von diesem zum geistigen Leben, das am Ursprung des Textes steht, zurück. Wie sehr Hirsch dieser Auffassung verpflichtet ist, wenn er in seinen Schriften *Bedeutung* mit auktorialer INTENTION gleichsetzt, läßt sich unschwer erkennen.

Zu einer Zeit, als der Tod des Autors bereits weitgehend eine beschlossene Sache war, konnte er damit natürlich nicht auf allgemeine Zustimmung stoßen. T.K. Seung etwa hält Hirsch entgegen:

> Wenn die Intention des Autors für Leser so leicht erkennbar und zu untersuchen wäre, könnte man damit jederzeit von verschiedenen Interpretationen die richtige auswählen. Doch leider kann man sich der Intention des Autors nur durch Interpretationen des Textes nähern. (1982, 13)

Hier sind wir wieder mit einem Circulus vitiosus konfrontiert. In diesem Fall scheint allerdings die Annahme, daß man sich der Intention des Autors nur auf dem Wege der Textinterpretation nähern kann, eine unnotwendige Einschränkung, die in einen Formalismus, wie ihn der New Criticism vertritt, mündet (was jedoch nicht heißt, daß Hirschs Sicht unproblematisch ist: → BEDEUTUNG UND SIGNIFIKANZ).

Nachdem der Historismus der deutschen hermeneutischen Theorie am Höhepunkt von Strukturalismus und Dekonstruktion im anglo-amerikanischen Raum viele Theoretiker abschreckte, könnte sich dies durch zwei Entwicklungen in jüngster Zeit langsam ändern. Zum einen wird die historistische Perspektive der deutschen Hermeneutik durch den NEW HISTORICISM, der vor allem in den Vereinigten Staaten zunehmend an Einfluß gewinnt, wieder salonfähig, zum anderen dürften dank Bachtins Betonung des DIALOGISCHEN einige Theorien Hans-Georg Gadamers verstärkt auf Interesse stoßen.

1984 verteidigt Iain Wright Gadamers Position und begründet die Tatsache, daß Gadamer im anglo-amerikanischen Raum so lange zu Unrecht ignoriert worden ist, damit, daß sein Hauptwerk, *Wahrheit und Methode*, nur in einer 'erbärmlich schlechten' englischen Übersetzung vorlag (seit 1989 liegt eine überarbeitete Fassung vor).

Jedenfalls, so Wright, schuf Gadamer für die moderne Interpretationstheorie die Möglichkeit, einen Mittelweg zu beschreiten zwischen 'doktrinärem Objektivismus und doktrinärem Subjektivismus, zwischen reinem Intentionalismus und reinem Anti-Intentionalismus, zwischen einer Haltung, die sklavisch "der Wahrheit der Vergangenheit huldigt", und einer, die die "Verständlichkeit für unsere Zeit" verabsolutiert, zwischen Ultra-Rousseauismus und Ultra-Nietzscheanismus, zwischen den Rechten des Textes und den Rechten des Lesers' (1984, 93). Und an dieser Stelle kommt, so Wright weiter, das Konzept des Dialogischen ins Spiel, nachdem nach Gadamer die zwischen Vergangenheit und Gegenwart bestehende Spannung auf dem Wege des Dialogs gelöst werden muß.

> Ein falscher Dialog ist einseitig. Der wahre Dialog (Gadamers Ideal sind die Dialoge Platons) enthält einen beiderseitigen Lernprozeß, bei dem jeder Gesprächsteilnehmer seine Eigenständigkeit bewahrt, aber bereit ist, vom anderen zu lernen. (1984, 95)

Ein fruchtbares Zusammenspiel der (sehr populären) Ideen Bachtins und der (weit weniger populären) Ideen Gadamers scheint in der angloamerikanischen Literaturtheorie nun möglich.

Der Einfluß der deutschen hermeneutischen Theorie findet sind auch in den theoretischen Arbeiten Roman Ingardens, Paul Ricœurs, der Vertreter der Genfer Schule (→ PHÄNOMENOLOGIE) und der Vertreter der REZEPTIONSÄSTHETIK.

Hermeneutischer Code → CODE

Heteronome Objekte → KONKRETISIERUNG

Heuristische Lektüre → LESER UND LEKTÜRE

Höflichkeit In einem 1991 erschienen Artikel mit dem Titel 'Die Höflichkeit literarischer Texte' zieht Roger Sell die Spur dieses Begriffs nach, ausgehend vom 'Zenith seiner Bedeutung' im 18. Jahrhundert, als er für 'intellektuelle Aufklärung und Zivilisation, wie sie die Schriftsteller des augusteischen Zeitalters priesen', stand, bis zu der neuen Bedeutung, die der Begriff in der anthropologischen Linguistik erhielt (1991, 208). Und in diesem Kontext ist die Neudefinierung des Begriffs in jüngster Zeit zu sehen: 'die sprachlich realisierten Strategien, durch die Menschen an dem festhalten, was sie haben, oder nach mehr streben' (Sell 1991, 211, nach Brown & Levinson 1978 and 1987).

Sell nennt eine Reihe von Forschern, die an einer Annäherung von Linguistik und Literaturwissenschaft interessiert sind und das Konzept der Höflichkeit mit literarischen TEXTEN in Verbindung bringen wollen, vor allem mit Blick darauf, wie die Texte – bzw. deren AUTOREN – mit entlarvenden Akten in der Sprache auktorialer Erzähler und Figuren umgehen. Er selbst geht von einem weiteren Ansatz aus: Seiner Ansicht nach findet jede Interaktion, findet Sprache an sich, immer innerhalb von Höflichkeitsparametern statt (1991, 215); er beruft sich in diesem Zusammenhang auf Michail Bachtins Theorie, daß Sprachverwendung immer DIALOGISCH ist und damit in gewissem Maße immer mit den Zuhörern oder Lesern in Interaktion tritt. Für Sell ist Höflichkeit 'eine Sache der Kooperationsbereitschaft, eine Sache, für die man sich in zwischenmenschlichen Beziehungen entscheidet' (1991, 221), eine Form der Hilfsbereitschaft und nicht, wie es einige andere Theoretiker sehen, egoistisches Manövrieren zum persönlichen Vorteil. Er unterscheidet zwischen *selektionaler* und *präsentationaler* Höflichkeit, wobei im ersten Falle 'jede Gefährdung des positiven oder negativen Gesichts des Lesers' vermieden wird, während im zweiten Fall 'um jeden Preis das Kooperationsprinzip bewahrt wird, so daß die Leser niemals den leisesten Zweifel haben, was geschieht, was gemeint ist, oder warum etwas gesagt wird' (1991, 221, 222).

Der Begriff hat, wie aus diesen Ausführungen klar hervorgeht, einiges mit der SPRECHAKTTHEORIE und der PRAGMATIK zu tun. Und sobald man über die Höflichkeit literarischer Texte spricht, kann man auch über deren Unhöflichkeit sprechen. Ebenso wie man die Unhöflichkeit als Strategie einsetzen kann, um in zwischenmenschlichen Beziehungen sein Ziel zu erreichen, kann auch ein Autor die Erwartungen und Reaktionen der Leser dadurch herausfordern und manipulieren, daß er es etwa besonders schwierig macht, zu verstehen, was sich zuträgt, was gemeint ist oder warum etwas gesagt wird. In diesem Sinne waren sehr viele frühe Werke der MODERNE unhöflich.

Hommelette Eine Prägung Jacques Lacans, die die Bedeutungen von 'kleiner Mann/Mensch' und Omelette vereint und für den vorödipalen psychischen Zustand des Kindes steht. Das Kind ist ein kleiner Mann bzw. Mensch (die GESCHLECHTsspezifische Einseitigkeit läßt sich hier nicht vermeiden), in dem der ganze spätere Erwachsene als Möglichkeit, jedoch verschwommen und unscharf, angelegt ist (das Kind unterscheidet noch nicht bewußt zwischen Selbst und Nicht-Selbst).

Homodiegetisch → DIEGESE UND MIMESIS

Homologie Auch *Isomorphismus* oder *Strukturparallelismus*. Eine Entsprechung oder Ähnlichkeit, die ein bedeutendes Muster oder eine strukturelle WIEDERHOLUNG bedingt. Sie kann sich entweder innerhalb eines bestimmten literarischen WERKES finden oder (in der STRUKTURALI-

STISCHEN Theorie) zwischen der STRUKTUR einer Sprache und, zum Beispiel, der Struktur des menschlichen UNBEWUßTEN. Strukturalisten nehmen auch Homologien zwischen dem Sprachsystem und anderen Systemen an, von Verwandtschaftsbeziehungen bis hin zur Literatur, und sind der Auffassung, daß die Literatur (als Gesamtsystem von Beziehungen gesehen) wie eine Sprache strukturiert ist.

Ganz ähnlich wird in der ERZÄHLTHEORIE von strukturalistischer Seite argumentiert, daß zwischen der Syntax eines grammatischen Satzes und der größeren narrativen 'Syntax' eines literarischen Werkes eine homologe Beziehung besteht, wobei man zur Beschreibung bestimmter narrativer Funktionen Begriffe aus der Linguistik (z.B. MODUS) heranzieht. So hat Cvetan Todorov etwa vorgeschlagen, literarische Personen als Substantive und Handlungen als Verben aufzufassen, und ihre Kombination als den ersten Schritt hin zur Erzählung (1969, 84). (→ LINGUISTISCHES PARADIGMA)

Eine bedeutende Rolle spielt der Begriff der Homologie in den Schriften des französischen MARXISTISCHEN Literaturwissenschaftlers Lucien Goldmann; er postuliert Homologien zwischen KLASSENlage, Weltanschauung und künstlerischer Form.

Fredric Jameson unterscheidet zwischen Homologie und VERMITTLUNG: bei der Homologie, so betont er, handelt es sich um eine Ähnlichkeit auf der Strukturebene, während im Falle der Vermittlung auch ein Element von Abhängigkeit oder Kausalität die Beziehung mitbestimmt (1988, 37ff). Auch wenn Jamesons Unterscheidung sehr sinnvoll erscheint, wird hier im allgemeinen jedoch nicht so genau differenziert. So bezeichnet man das traditionelle marxistische Verhältnis von BASIS UND ÜBERBAU oft auch als homologe Beziehung zwischen diesen beiden Elementen, wobei ein Element das andere widerspiegelt; eine andere Spielart dieser Sichtweise wäre, die POSTMODERNE als Widerspiegelung jener Beziehungen zu betrachten, die 'den späten Kapitalismus' oder 'Post-Fordismus' charakterisieren. In diesen Fällen werden aber eindeutig Kausalitäts- oder Abhängigkeitsbeziehungen angenommen, und nicht nur Parallelismen unabhängiger Strukturen. Jamesons Kritik an Goldmann richtet sich entsprechend gegen die historischen Beziehungen, die Goldmann in seinen Schriften zwischen homologen Elementen annimmt, da er damit mehr als nur einen strukturalen Parallelismus impliziert.

Homonymie   In der Sprachwissenschaft die Bedeutungsbeziehung von Wörtern gleicher Orthographie und Aussprache bei unterschiedlicher Bedeutung. Im literaturwissenschaftlichen Zusammenhang spricht Brian McHale von Homonymie, wenn eine Entität aus einer fiktionalen Welt auch in einer anderen auftaucht, jedoch mit wesentlichen Veränderungen. Das Maß dieser Veränderungen ist dabei sehr wichtig: Um Homonymie handelt es sich nur dann, wenn wichtige Eigenschaften in verschiedenen Varianten vorkommen – ein Beispiel wären die Hauptpersonen in Samuel Richardsons *Pamela* und in Henry Fieldings Parodie *Shamela.*

Wenn nur sekundäre Eigenschaften verändert werden, spricht McHale von Scheinhomonymie. Wenn eine Figur nicht verändert wird, wie etwa die Figur der Cordelia aus Shakespeares *King Lear* in Nahum Tates Version des Theaterstücks, spricht McHale von *transworld identity* (McHale 1987, 35–6).

Horizont Mitglieder des Bachtin-Kreises (P.N. Medvedev, V.N. Vološinov und Bachtin selbst) verwendeten den Begriff Horizont für die Grenzen der Möglichkeiten, mit denen ein LESER (normalerweise) konfrontiert ist. So finden sich in ihren Schriften häufig Begriffe wie *ideologischer Horizont*, *soziolinguistischer Horizont* oder *axiologischer Horizont* (d.h. die Grenzen möglicher Evaluierungshandlungen). Hier finden sich Berührungspunkte mit Theorien, wie IDEOLOGISCHE Bedingungen INTERPRETORISCHE Möglichkeiten einschränken, sowie auch mit Michel Foucaults Theorie, wie das ARCHIV möglicher DISKURSE unseren Zugang zu Wissen einschränkt.

→ Todorov (1984)

Hot and cool media Nach Marshall McLuhan gibt es ein grundlegendes Prinzip, wonach sich *hot media* wie Radio und Film von *cool media* wie Telefon und Fernsehen unterscheiden.

> Ein 'heißes' Medium ist eines, das nur einen der Sinne allein erweitert, und zwar bis etwas 'detailreich' ist... Das Telefon ist ein kühles Medium oder ein detailarmes, weil das Ohr nur eine dürftige Summe von Informationen bekommt. Und die Sprache ist ein kühles, in geringem Maße definiertes Medium, weil so wenig geboten wird und so viel vom Zuhörer ergänzt werden muß (1968, 29)

Im Falle von heißen Medien, so McLuhan weiter, muß das Publikum nicht so viel ergänzen wie im Falle von kühlen Medien, wo die Empfänger der Information sehr viel selbst hinzufügen müssen. Heiße Medien sind demnach Medien mit einer niedrigen Partizipationsrate, kühle solche mit einer hohen Partizipationsrate.

McLuhans Assimilierung von Technologie und Botschaft ist nicht unproblematisch – und hat ihm von verschiedener Seite den Vorwurf des TECHNOLOGISCHEN DETERMINISMUS eingebracht. Wenn das Telefon verglichen mit einem Film *in einem rein technischen Sinne* auch relativ wenig Information übermittelt, so kann, das steht fest, die in einem Telefongespräch gegebene Information doch semantisch sehr reich sein. Es ist wohl unsinnig zu behaupten, daß eine monophone Schallplatte mehr Partizipation seitens der Zuhörer verlangt als eine stereophone Platte, oder ein Schwarzweißfilm mehr Partizipation als ein Farbfilm – obwohl diese Behauptungen logisch aus McLuhans Ansatz folgen würden.

Vergleiche den Eintrag LESBARE UND SCHREIBBARE TEXTE; dabei ist auf den Unterschied zu achten, den es macht, ob der Schwerpunkt auf einem Medium oder einem TEXT liegt.

Hybrid   Michail Bachtin bezeichnet eine Äußerung als hybrid, wenn in ihr zwei verschiedene sprachliche Bewußtseine nebeneinander existieren. Als Beispiel hybrider Äußerungen analysiert er einige parodistische/ironische Passagen in Charles Dickens' Roman *Little Dorrit* (1979, 193ff).

Im neueren Sprachgebrauch versteht man unter einem *hybriden Text* zum Beispiel einen Text, der aus dem – systematischen oder zufälligen – Zusammenschnitt zweier anderer Texte besteht. Ein hybrider Text kann aber auch ein Text sein, in dem sich auf thematischer oder IDEOLOGISCHER Ebene zwei getrennte und oft gegensätzliche Elemente ausmachen lassen.

Hypodiegetisch → DIEGESE UND MIMESIS

Hypostasierung → REIFIKATION

Hypothesengestützt → LÖSUNG VON OBEN/UNTEN

I

Ich → TOPOGRAPHISCHES MODELL DER PERSÖNLICHKEIT

Idealer Leser → LESER UND LEKTÜRE

Ideation   Der Prozeß, durch den Ideen oder REFERENZEN (hinsichtlich der äußeren oder der inneren Welt) gebildet und ausgedrückt werden. Die Verwendung der Sprache für diesen Begriffsbildungsprozeß unterscheidet sich daher von der Verwendung der Sprache zur Festigung zwischenmenschlicher Beziehungen.

Da einige bedeutende Theoretiker die Ansicht vertreten, daß Literatur nicht-propositional ist und sich durch ihren nicht-referentiellen Sprachgebrauch auszeichnet, ist auch die Theorie, daß das Schreiben oder LESEN von Literatur zumindest zu einem Teil ideenbildend ist, umstritten.

Vergleiche FUNKTIONEN DER SPRACHE.

Ideogramm → Deformierung

Ideologem   Der Terminus wurde von Fredric Jameson in Analogie zu Begriffen wie *Phonem* – die kleinste bedeutungsunterscheidende Lauteinheit in einer Sprache – geprägt und bezeichnet jene minimale Einheit, um die die grundsätzlich [antagonistischen] kollektiven Klassendiskurse organisiert sind (1988, 78). (Vergleiche SEMEM, STYLEM und ähnliche Wortprägungen.)

Vergleiche auch den ausführlicheren Eintrag IDEOLOGIE.

Ideologie   Der Begriff läßt sich nicht knapp und eindeutig definieren; er subsumiert eine Reihe verwandter, aber nicht immer miteinander zu vereinbarender Bedeutungen. Grundsätzlich, darüber ist man sich weitestgehend einig, bezieht sich der Begriff, wie er heute verwendet wird, auf ein *System von Ideen*: Einigen Definitionen zufolge kann eine Ideologie auch einander widersprechende Elemente vereinen, wenn dies so geschieht, daß den Menschen, die die Ideologie leben, diese Widersprüche verborgen bleiben. Eine Ideologie ist demnach eine Art und Weise, die Welt zu betrachten und zu interpretieren – sie zu 'leben'. Einig ist man sich auch, daß Ideologien *kollektiv vertreten* werden; ein ganz persönliches Wertsystem wird man in der Regel nicht als Ideologie bezeichnen.

Der Begriff impliziert aber eine ganze Reihe von Fragen, die, je nach Sprachgebrauch, unterschiedlich beantwortet werden: etwa ob eine Ideologie immer eine Form von falschem Bewußtsein bedingt oder eine wahre und objektive Einsicht in die Wirklichkeit vermitteln kann (wohl eine der umstrittensten Fragen); oder ob eine Ideologie die Interessen einer bestimmten sozialen KLASSE vertritt – und, wenn dem so ist, wie dies geschieht. In seinem 1991 erschienenen Buch *Ideology: An Introduction* schlägt Terry Eagleton sechs grundsätzliche Definitionen des Begriffs vor: (i) 'der allgemeine materielle Prozeß, durch den Ideen, Überzeugungen und Wertvorstellungen im sozialen Leben hervorgebracht werden'; (ii) 'Ideen und Überzeugungen (ob wahr oder falsch), die die Lebensbedingungen und -erfahrungen einer bestimmten, sozial bedeutenden Gruppe oder Klasse symbolisieren'; (iii) 'die *Förderung* und *Legitimierung* der Interessen solcher sozialer Gruppen gegenüber entgegengesetzten Interessen'; (iv) eine solche Förderung und Legitimierung, wenn diese von einer 'dominierenden sozialen Macht' vollzogen wird; (v) 'Ideen und Überzeugungen, die durch Verzerrung und Heuchelei zur Legitimierung der Interessen einer herrschenden Gruppe oder Klasse beitragen'; (vi) ähnliche falsche oder irrige Überzeugungen, die nicht 'durch die Interessen einer herrschenden Klasse bedingt sind, sondern durch die Struktur der Gesellschaft als Ganzes' (1991, 28–30).

Das Ideologiekonzept spielt vor allem im MARXISMUS eine große Rolle, doch wird der Begriff selbst von Marxisten nicht einheitlich verwendet. Zu der Zeit, als Marx und Engels ihre Schrift *Die deutsche Ideologie* verfaßten, stand der (in einer Reihe sprachlicher Varianten gebrauchte) Begriff Ideologie, wie Raymond Williams betont, für 'abstrakte, praxisferne oder fanatische Theorie' (1976, 126). *Die deutsche Ideologie* entstand 1845–1846, fand jedoch keinen Verleger und hat nach Marx' eigenen Worten 'unter der nagenden Kritik der Mäuse' gelitten – was dann auch buchstäblich der Fall war: der Text mußte aufgrund eines beschädigten Manuskripts rekonstruiert werden.

Die deutsche Ideologie zielt zweifellos darauf ab, Ideologie als eine Form falschen Bewußtseins darzustellen. Der Grundtenor des Werkes ist bereits aus folgender Passage aus dem Vorwort herauszuhören:

> Der erste Band dieser Publikation hat den Zweck, diese Schafe, die sich für Wölfe halten und dafür gehalten werden, zu entlarven, zu

zeigen, wie sie die Vorstellungen der deutschen Bürger nur philosophisch nachblöken, wie die Prahlereien dieser philosophischen Ausleger nur die Erbärmlichkeit der wirklichen deutschen Zustände widerspiegeln. (1969, 13)

Hier sind einige Punkte angesprochen, die in der marxistischen Ideologieauffassung eine wesentliche Rolle spielen: (i) eine Ideologie spiegelt die Ideen, Lebensbedingungen oder Interessen einer bestimmten sozialen Klasse wider; (ii) die, die einer Ideologie anhängen, sind sich dessen nicht bewußt, sondern sind davon überzeugt, daß ihre Ideen richtig sind, weil sie scheinbar mit der Wirklichkeit übereinstimmen, und übersehen, daß diese Wirklichkeit eine besondere und keine allgemeine ist und daß die scheinbar wahren Ideen von dieser Wirklichkeit geschaffen wurden; (iii) eine Ideologie kann auch von jenen Menschen gelebt werden bzw. Macht über jene Menschen ausüben, deren Interessen sie nicht widerspiegelt oder ausdrückt.

Der Ausdruck *falsches Bewußtsein* entstammt einem Brief Engels' an Franz Mehring vom 4. Juli 1893. In diesem Brief schreibt Engels:

> Die Ideologie ist ein Prozeß, der zwar mit Bewußtsein vom sogenannten Denker vollzogen wird, aber mit einem falschen Bewußtsein. Die eigentlichen Triebkräfte, die ihn bewegen, bleiben ihm unbekannt; sonst wäre es eben kein ideologischer Prozeß. (1968, 97)

In seinem Vorwort zu *Zur Kritik der politischen Ökonomie*, worin Marx auch davon spricht, wie Veränderungen in der ökonomischen Grundlage zu Veränderungen 'des ganzen ungeheuren Überbaus' führen, warnt er:

> In der Betrachtung solcher Umwälzungen muß man stets unterscheiden zwischen der materiellen naturwissenschaftlich treu zu konstatierenden Umwälzung in den ökonomischen Produktionsbedingungen und den juristischen, politischen, religiösen, künstlerischen oder philosophischen, kurz ideologischen Formen, worin sich die Menschen dieses Konflikts bewußt werden und ihn ausfechten. Sowenig man das, was ein Individuum ist, nach dem beurteilt, was es sich selbst dünkt, ebensowenig kann man eine solche Umwälzungsepoche aus ihrem Bewußtsein beurteilen, sondern muß vielmehr dieses Bewußtsein aus den Widersprüchen des materiellen Lebens ... erklären. (1964, 839)

Marx deutet hier an, daß eine ideologische Sicht der Realität zu bestimmten historischen Zeiten unausweichlich und allumfassend ist, läßt aber die Möglichkeit offen, daß das Bild, das sie vermittelt, nicht unbedingt *falsch* ist, sondern nur indirekt, eben in den ÜBERBAU gehörig. Dieser und andere Texte wurden seitens einiger Marxisten dahingehend interpretiert, daß eine Ideologie so allumfassend sein kann, daß man sich ihr nicht einfach entziehen kann, indem man – wie Marx an anderer Stelle formuliert – 'wirklich tätige Menschen' betrachtet: Sie gehen sogar noch weiter und meinen, daß man diese wirklich tätigen Menschen dann unweigerlich nur im Lichte seiner eigenen ideologischen Prämissen sehen könne. Von diesem Standpunkt aus betrachtet, kann man eine Ideologie mit einem Sehfehler vergleichen: Man kann sie nicht einfach ablegen, indem man die Dinge an sich betrachtet, da die Ideologie diese 'Dinge' auf bestimmte Art und Weise erscheinen läßt. In einem populärwissenschaftlichen Film über Charles Darwin und seine *Beagle*-Fahrt erklärte Darwin dem Schiffskapitän, daß große Tiere durch die natürliche Selektion ausstarben, da sie sich nicht an die veränderten Lebensverhältnisse anpassen konnten. Der Kapitän widersprach und meinte, die Tiere waren einfach zu groß, um auf der Arche Noahs Platz zu finden! Beide standen vor derselben Tatsache, aber jeder 'sah' sie im Lichte einer anderen vorgefaßten Meinung.

Die Position des französischen Philosophen Louis Althusser und, in vielleicht noch stärkerem Maße, die einiger seiner Nachfolger kommt dem Gesagten sehr nahe. Für Althusser setzt eine herrschende Klasse ihre Ideen sowohl mittels Gewaltanwendung durch als auch, indem sie sie jenen, die sie beherrscht, aufdrängt. Althusser vertritt die Auffassung, daß Klassengesellschaften ebenso durch den mit Hilfe, wie er sie nennt, Ideologischer Staatsapparate (ISA) herbeigeführten ideologischen Konsens aufrecht erhalten werden wie durch Repressionsmechanismen seitens Repressiver Staatsapparate (RSA) (1977, 119–20). Zu den Ideologischen Staatsapparaten zählt er den schulischen ISA, den familiären ISA, den juristischen ISA, den politischen ISA, den 'gewerkschaftlichen' ISA, den ISA der Informationen und den kulturellen ISA.

Interessant ist hier der Vergleich mit Foucaults Definition des DISKURSbegriffs; Foucault und seine Anhänger haben, wie Terry Eagleton aufzeigt, den Ideologiebegriff zugunsten des 'geräumigeren "Diskurses"' aufgegeben. Damit fällt jedoch, so Eagleton weiter, eine sehr brauchbare Unterscheidung unter den Tisch, denn '[e]ine der Stärken des Ideologiebegriffs ist es, zwischen Machtkämpfen, die zentral für eine Gesellschaftsform wird, und solchen, die es nicht sind, unterscheiden zu können' (1993, 15).

In ihrem Buch *Psychoanalyse und Feminismus* stellt Juliet Mitchell eine interessante Verbindung zwischen dem im wesentlichen marxistischen Ideologiebegriff und Freuds Konzept des Unbewußten her.

> Die patriarchalische Ordnung spricht zu jedem Menschen und durch ihn in dessen Unbewußtem; die Reproduktion der Ideologie der menschlichen Gesellschaft ist demnach mit dem Erwerb dieser Ordnung durch jedes Individuum gewährleistet. Das von Freud analysierte Unbewußte könnte somit als Domäne der Reproduktion von Kultur oder Ideologie beschrieben werden. (1985, 473)

An diesem Punkt drängt sich wohl die Frage auf, was dies alles mit Literatur zu tun hat. Die von Althusser genannten Ideologischen Staatsapparate erinnern in vielem an den marxistischen Überbau, und viele Marxisten ordnen die Literatur dem Überbau zu. Wenn man nun in diesem Sinne behauptet, Marx habe literarische Werke als Teil 'eines größeren ideologischen Überbaus' betrachtet (Forgacs 1986, 170), unterstellt man Marx damit die Auffassung, die Literatur sei in ihrer Funktion, das Gedankengut der jeweils herrschenden Klasse zu verbreiten, gefangen – eine reduktionistische Auffassung, die ihre Anhänger gefunden hat (allerdings, das soll hier betont werden, nicht David Forgacs selbst).

Eine optimistischere Anwendung dieser Ideen auf die Literatur wird von Marx und Engels in *Die deutsche Ideologie* angedeutet. Anstatt ein literarisches Werk isoliert zu bewerten sollte man es im Lichte der 'Widersprüche des materiellen Lebens', wie es vom Autor und seinen Zeitgenossen gelebt wurde, lesen. Dieser Grundgedanke findet sich in praktisch allen Formen marxistischer Literaturbetrachtung, die sich in unserem Jahrhundert entwickelt haben, und kann als die marxistische Version einer genetischen Literaturkritik betrachtet werden.

Für einige Marxisten liegt die Bedeutung der Literatur wiederum vor allem darin, daß sie dem Leser einen ganz besonderen Zugang zu einer Ideologie oder zu Ideologien gewährt. Terry Eagleton schreibt dazu:

> Die marxistische Literaturkritik ist Teil einer umfassenderen theoretischen Analyse, die zum Ziel hat, *Ideologien* zu verstehen – die Ideen, Werte und Gefühle, durch die die Menschen ihre jeweilige Gesellschaft zu verschiedenen Zeiten erfahren. Und viele dieser Ideen, Werte und Gefühle finden wir nur in der Literatur. (1976, 8; in seinem späteren Buch *Ideology: Eine Einführung* |1993| befaßt sich Eagleton eingehender und differenzierter mit dem Verhältnis von Literatur und Ideologie.)

Hier ist anzumerken, daß Eagleton Literatur nicht ausdrücklich und ausschließlich in den ideologischen Bereich relegiert, wie man, nachdem er die marxistische Literaturkritik scheinbar nur auf das Verstehen von Ideologien beschränkt, vermuten könnte. Eagleton stellt in diesem Zusammenhang zwar nicht fest, daß Ideologien notwendigerweise falsch sind, sagt aber, daß die Bedeutung von Literatur darin liege, daß sie uns die Ideen, Werte und Gefühle offenbart, die Autoren in bezug auf ihre jeweilige Gesellschaft hatten, und *nicht*, daß Literatur deshalb wichtig sei, weil sie uns *Wahrheiten* offenbart – oder offenbaren kann.

Der Terminus Ideologie wird in jüngerer Zeit in viel allgemeinerer Bedeutung verwendet und keineswegs nur von Marxisten oder im Zusammenhang mit dem Marxismus. Unter Ideologie versteht man in diesem allgemeineren Sinne nur ein System von Ideen, das richtig oder falsch sein kann. Gunther Kress und Robert Hodge definieren Ideologie zum Beispiel als

> ein von einer bestimmten Perspektive aus organisiertes System von Ideen. Ideologie ist daher ein Überbegriff, der die verschiedensten politischen Ideologien ebenso subsumiert wie die Wissenschaft und die Metaphysik und nichts über deren jeweiligen Status und deren Zuverlässigkeit als Anhaltspunkte für die Realität aussagt. (1979, 6)

Zumeist ist der Ausdruck Ideologie jedoch nicht neutral, sondern pejorativ konnotiert und impliziert eine Parteinahme für bestimmte, nicht uneigennützig vertretene Überzeugungen.

Durch die verstärkte Auseinandersetzung mit dem Ideologiebegriff in der Literaturwissenschaft wurde deutlich, daß Literaturtheoretiker und -kritiker unter Umständen – unter dem Druck von, unpolemisch gesagt, vorherrschenden Einstellungen – bestimmte Fragen gar nicht erst stellen. So berichtet Cynthia Ozick von einem Brief Lionel Trillings an sie, in dem Trilling feststellte, daß er erst viele Jahre, nachdem sein Buch über E.M. Forster erschienen war, dessen Homosexualität erkannt hatte. 'Als er das Buch schrieb, wurde in der Gesellschaft, in der er lebte, nicht darüber gesprochen' (Plimpton 1989, 295). Heute scheint es fast unmöglich, über Forster zu schreiben und die Möglichkeit seiner Homosexualität nicht in Betracht zu ziehen, doch hat die dominante Ideologie (bzw. haben die dominanten Ideologien) der Gesellschaft, in der Kritiker und Autor leben, unbedingt auch eine AGENDA SETTING-Funktion, und was nicht auf der Tagesordnung steht, fällt möglicherweise unter den Tisch.

Ideologischer Horizont → HORIZONT

Ideologischer Staatsapparat → IDEOLOGIE

Idiolekt Ein Terminus aus der Sprachwissenschaft zur Bezeichnung der Merkmale der Sprache eines bestimmten Menschen, durch die er sich *persönlich* von anderen Menschen unterscheidet. Der Idiolekt ist daher vom *Dialekt* zu unterscheiden, der die Sprachmerkmale beschreibt, die eine *Gemeinschaft* (sei es geographisch, sozial oder bildungsmäßig) gegenüber anderen Gemeinschaften auszeichnen. Normalerweise werden beide Termini in erster Linie in bezug auf die gesprochene Sprache verwendet, vereinzelt aber auch auf die geschriebene Sprache ausgedehnt.

Wenn ein Autor eine literarische Figur in seinem Werk einen deutlich erkennbaren Idiolekt sprechen läßt, kann das die Charakterschilderung wesentlich unterstützen. Sprachanalysen der Romane Jane Austens haben bestätigt, daß Austens literarische Figuren auch deshalb in den Augen der Leser ein so überzeugendes unabhängiges Leben besitzen, weil es Austen gelang, ihnen geschickt verschiedene Idiolekte in den Mund zu legen.

Ein Autor muß natürlich sowohl den Dialekt als auch den Idiolekt schriftlich umsetzen, was in einiger Hinsicht, z.B. bei Wortschatz oder Syntax, nicht immer ganz leicht ist und oft auch die Verwendung besonderer Notierungstechniken (für die Aussprache etwa) verlangt. Ein anderes Problem liegt darin, daß Leser Abweichungen von den Konventionen der jeweiligen Hochsprache symbolisches Gewicht beimessen: Wie Leech und Short feststellen, 'impliziert die Verwendung einer anderen als der Hochsprache eine Entfernung von der Sprache des Autors selbst und damit von den zentralen Beurteilungsnormen in einem Roman' (1981, 170).

Roland Barthes hält, wie vor ihm Jakobson, den Begriff des Idiolekts für problematisch, da es, in Jakobsons Worten, 'im Bereich der Sprache kein Privateigentum gibt'. Trotzdem erscheint der Begriff Barthes zur Bezeichnung folgender Realitäten nützlich: (i) für die Sprache des Aphatikers, (ii) für den Stil eines Schriftstellers, und (iii) für die Sprache einer Sprachgemeinschaft (Barthes 1987, 19).

Vergleiche *Genderlekt* im Eintrag GENDER; und SOZIOLEKT.

Ikon Im traditionellen Sprachgebrauch die stilisierte, meist gemalte und festen KONVENTIONEN folgende Abbildung eines Gegenstandes (vgl.

auch *die Ikone*). In der Einführung zu seinem Buch *The Verbal Icon*
liefert W.K. Wimsatt eine brauchbare Zusammenfassung der Bedeutung,
die das Wort in neuerer Zeit angenommen hat:

> Der Begriff *Ikon* wird heute von Semiotikern für ein verbales Zei-
> chen verwendet, das *irgendwie* dieselben oder ähnliche Merkmale
> hat wie die Gegenstände, für die es steht... Das verbale Bild, das am
> vollkommensten seine verbalen Möglichkeiten ausschöpft, ist das
> Bild, das nicht nur bunt ist, sondern auch die Realität in ihrer meta-
> phorischen und symbolischen Dimension interpretiert. (1970, x)

Wimsatts Behauptung, daß SEMIOTIKER Ikone auf *verbale* Zeichen beschränken, stimmt nicht ganz; grundsätzlich ist ein Ikon in der modernen Semiotik ein ZEICHEN, das eine außersystemische Ähnlichkeit mit
dem, wofür es steht, aufweist. Dieser Sprachgebrauch geht auf C.S.
Peirce zurück, der drei Grundformen eines Zeichens unterscheidet: das
Ikon, den INDEX und das SYMBOL.

Diese Dreiteilung ist, wie Jonathan Culler (1981, 23) auch feststellt,
die einzige seiner vielen taxonomischen Spekulationen über ZEICHEN,
mit denen Peirce es zu bleibendem Einfluß brachte. Culler formuliert
die in Frage stehende Beziehung korrekter, wenn er schreibt, daß, während alle Zeichen aus einem *Signifikanten* und einem *Signifikat* bestehen, es beim Ikon tatsächlich 'um eine Ähnlichkeit zwischen *Signifikant*
und *Signifikat* geht: Ein Porträt steht nicht auf Grund einer willkürli-
chen Konvention für die Person, von der es gemalt ist, sondern nur auf
Grund der Ähnlichkeit mit dieser Person' (Culler 1975, 16). Und diese
Ähnlichkeit muß, zumindest nach Auffassung vieler Autoren, auch beabsichtigt sein: Ein Felsblock, der durch Wind und Wetter so bearbeitet
worden ist, daß er Mrs Thatcher ähnlich sieht, wäre demnach nicht als
Ikon zu betrachten, weil diese Formgebung nicht beabsichtigt war.

Wimsatts Gebrauch des Wortes *Ikon* wird vielfach als typisches
Beispiel für die Auffassung der NEW CRITICS vom literarischen WERK als
Gegenstand oder Objekt gesehen, ebenso wie Cleanth Brooks' vergleich-
barer Ausdruck *well wrought urn* (der Ausdruck geht eigentlich auf
John Donne zurück) für das Gedicht. Für die New Critics sind bestimm-
te literarische und (vor allem) poetische Muster und Beziehungen HO-
MOLOG zu Mustern und Beziehungen in der außerliterarischen Welt.

Indem die New Critics der Sprache ikonische Eigenschaften zuwei-
sen, betonen sie auch die Selbstreflektivität der poetischen oder literarischen Sprache; das gemalte Ikon (die Ikone) mag wohl einem Heiligen

ähnlich sehen, aber es wird doch selbst als heiliger Gegenstand verehrt. Entsprechend sind die New Critics der Auffassung, daß ein literarisches Werk Aspekten der realen Welt ähnlich sein mag, es aber doch für das geschätzt wird, was es selbst ist, und nicht in erster Linie für die Ähnlichkeit.

Illokutionärer Akt → SPRECHAKTTHEORIE

Implikatur (konversationelle) → SPRECHAKTTHEORIE

Impliziter Autor → AUTOR

Impliziter Leser → LESER UND LEKTÜRE

Index   Edmund Leach (1978) unterscheidet wie folgt zwischen Index und Signal: Beide sind Formen von ZEICHEN; der von einem Index bezeichnete Sachverhalt lautet 'A weist auf B hin', während ein Signal 'A löst B aus' bedeutet. So ist der Schüttelfrost ein Signal, das durch Fieber ausgelöst wird, während das Wort 'Fieber' ein Index der körperlichen Verfassung ist. Von einem *natürlichen Index* spricht Leach, wenn die Assoziation natürlich (oder MOTIVIERT) ist, dem Index aber von den Menschen eine bestimmte bezeichnende Funktion zugeschrieben wurde (zum Beispiel Rauch als Index für Feuer).

Der Index ist neben dem IKON und dem SYMBOL eine der drei von Peirce unterschiedenen Grundformen des Zeichens, wobei Peirce Index etwas anders definiert als Leach – nämlich, was verwirren mag, ganz ähnlich wie Leach Signal definiert. Robert Scholes zufolge hat für Peirce 'ein Zeichen insofern Indexcharakter, als zwischen dem Zeichen und dem, wofür es steht, eine phänomenale oder existentielle Beziehung besteht' (1982, 144). So faßt Robinson Crusoe Freitags Fußabdruck im Sand als Index für die Tatsache auf, daß noch ein Mensch auf seiner Insel ist. Oder, so Scholes weiter, 'ein unwillkürlicher Gesichtsausdruck oder unbeabsichtigte Körpergesten werden als Indizes für die emotionale Verfassung gewertet, und es wird ihnen mehr Echtheit zuerkannt als rein verbalen Aussagen darüber (Symbolen)' (1982, 144).

Diese verschiedenen Ansätze sind für Fragen der INTERPRETATION literarischer Werke nicht unwesentlich. Zweifellos haben bestimmte Elemente in einem literarischen WERK Indexcharakter im Sinne der Peirceschen Definition, insofern als sie nicht vorhanden wären, würde der AUTOR nicht über ein bestimmtes Wissen oder eine bestimmte Erfahrung verfügen. Details in bezug auf das Kochen und Kuchenbacken in den Theaterstücken Arnold Weskers oder in bezug auf das Seemannsleben in den Werken Joseph Conrads sind Indizes für das Leben, das diese Autoren vor ihrer Schriftstellerlaufbahn führten. Das heißt allerdings nicht unbedingt, daß die Bedeutung dieser Dinge für die Interpretation einfach von der Bedeutung, die sie im Leben dieser Autoren hatten, abgeleitet werden kann.

Autoren fügen in ihr Werk sehr gerne ein, was man als falsche Indizes bezeichnen könnte – das heißt Details, auf Grund derer, so hoffen sie, die LESER eine 'phänomenale oder existentielle Verbindung' zu bestimmten Erfahrungen herstellen, so daß der Erzähler oder eine Figur aus einer bestimmten Umgebung oder einem bestimmten Milieu zu kommen scheint.

Innere Rede des Ich → DISKURS

Innerer Dialog   Michail Bachtin spricht in seinen Schriften vom *inneren Dialog* oder auch vom *Mikrodialog*. Ein DIALOG zwischen zwei leicht unterscheidbaren Stimmen im Bewußtsein einer einzelnen literarischen Figur (oder, in einem allgemeineren Sprachgebrauch, eines realen Menschen) und die NARRATIVE Darstellung dieses Prozesses.

Beim inneren Dialog geht es nicht einfach nur um die Darstellung der verbalisierten Gedanken einer Figur, in denen Fragen gestellt und beantwortet werden. Damit es sich um einen echten inneren Dialog handelt, müssen die Fragen und Antworten von zwei Stimmen stammen, die verschiedene und sozusagen *personalisierte* Haltungen, Überzeugungen oder Eigenschaften verkörpern. Ein gutes Beispiel für einen inneren Dialog findet sich am Beginn des zehnten Kapitels in Charlotte Brontës *Jane Eyre*, wenn verschiedene Seiten von Jane Eyres Persönlichkeit und Charakter miteinander in einen langen Dialog treten. Als weiteres Beispiel nennt Michail Bachtin einen Dialog im 11. Buch im 4. Teil von Feodor Dostoevskijs *Die Brüder Karamazov* (Bachtin 1971, 288–9).

Institution   Einige jüngere Theoretiker fassen das literarische WERK als 'institutionelles Objekt' auf, das nur im Lichte dieser Tatsache ganz verstanden werden kann. Stein Haugom Olsen schreibt dazu:

|Die| spezifisch künstlerischen Charakteristika eines literarischen Werkes sind durch die institutionellen Konventionen definiert und

existieren nur in Abhängigkeit von der Institution;... deshalb hat das literarische Werk keine objektiv gegebenen institutionellen Charakteristika, sondern ... diese Charakteristika sind das Produkt einer Reihe deskriptiver und klassifikatorischer Möglichkeiten, die von der Institution geschaffen werden. (1987, 22)

Wie auch einige andere moderne Literaturtheorien lehnt dieser Ansatz die Auffassung der NEW CRITICS ab, wonach die Literarizität *immanent* in einem Werk vorhanden ist, wenn auch nicht ausgeschlossen wird, daß bestimmte Werke erfolgreicher als institutionelle Objekte behandelt werden können als andere (das heißt mit anderen Worten, daß wir nicht aus allem mit institutionellen Mitteln ein literarisches Werk machen können, so wie wir mehr oder weniger jeden Gegenstand als Schachfigur behandeln können). Andererseits lassen einige Kritiker, die 'institutionelle' Elemente sehr wohl berücksichtigen, die Möglichkeit offen, daß Werke, die ursprünglich nicht als Literatur konzipiert waren, dennoch zu literarischen Texten werden, indem sie in die Institution integriert werden: 'Einige Texte werden literarisch geboren', wie Terry Eagleton es formuliert, 'andere erreichen Literarizität, und wieder anderen wird diese aufgedrängt' (1988, 9).

Olsons Position weist Berührungspunkte mit dem Konzept der INTERPRETATIONSGEMEINSCHAFT auf; allerdings definiert er die literarische Institution kultur- und geschichtsübergreifend, während man von einer Vielzahl verschiedener und sich von einander unterscheidender Interpretationsgemeinschaften auch innerhalb bestimmter KULTUREN und zu bestimmten Zeiten ausgeht. Ein weiterer Unterschied besteht darin, daß Olsen als 'typisches Ziel der institutionellen Transaktion, die ein literarisches Werk darstellt, die ästhetische Bedeutung' sieht (1987, 23), während für Interpretationsgemeinschaften verschiedene und gelegentlich auch nicht-ÄSTHETISCHE Ziele als charakteristisch betrachtet werden.

Intellektuelle Der italienische MARXIST Antonio Gramsci unterscheidet sehr brauchbar zwischen *traditionellen* und *organischen* Intellektuellen: Unter einem organischen Intellektuellen versteht er jemanden, der ein Mitglied der KLASSE, aus der er stammt, bleibt und sich dieser verpflichtet fühlt – wie etwa ein Arbeiterführer –, während ein Bauer, der seine Klasse verläßt, um ein Jesuitenpriester zu werden, durch diesen Schritt aus der Klasse, aus der er stammt, zu einem traditionellen Intellektuellen wird. Siehe dazu das Kapitel 'Die Intellektuellen' in Gramscis *Gefängnisheften* (1992).

Auf diese Unterscheidung wird vielfach zurückgegriffen, wenn es um Arbeiterliteratur und dabei vor allem um die Frage geht, ob jemand, der ein Mitglied der Arbeiterklasse ist und Schriftsteller wird, ein organischer Intellektueller bleiben kann, das heißt, ob er dann dasselbe Verhältnis zur Arbeiterklasse haben kann wie zum Beispiel ein Fabrikarbeiter, oder ob er dadurch, daß er Schriftsteller wird, notwendigerweise von seiner Klasse ENTFREMDET wird.

Intendierter Leser → LESER UND LEKTÜRE

Intention   Der Intentionsbegriff ist innerhalb der Literaturwissenschaft, insbesondere, wenn es um Fragen der INTERPRETATION geht, umstritten und keineswegs unproblematisch. Eine Schlüsselrolle in der Diskussion spielt der 1946 von W.K. Wimsatt und Monroe Beardsley veröffentlichte Artikel 'The Intentional Fallacy'. Wimsatt und Beardsley definierten Intention als 'Entwurf oder Plan im Denken des Autors' und waren der Auffassung, daß 'der planende Intellekt', obwohl er die *Ursache* eines Gedichts sein kann, nicht als *Standard* herangezogen werden sollte, 'nach dem der Kritiker den Wert des Gedichts beurteilt'. Wenn 'der Dichter erreicht hat [was er erreichen wollte]', so fügten sie hinzu, 'dann ist dies im Gedicht deutlich. Wenn er es nicht erreicht hat, dann ist das Gedicht auch nicht als Beweisstück angebracht, und der Kritiker muß sich über das Gedicht hinaus begeben – auf der Suche nach Beweisen für die Intention des Autors, die im Gedicht nicht wirksam geworden ist' (Wimsatt 1970, 4).

Die von Wimsatt und Beardsley in 'The Intentional Fallacy' vertretene Position wurde zu einer Art Bibel für die NEW CRITICS und die, die in ihrer Nachfolge standen. Während es aber für Wimsatt und Beardsley durchaus legitim war, Beweise für die Intention des AUTORS im literarischen WERK selbst zu suchen (anstatt in außertextlichem Material wie etwa in Briefen des Autors), und sie auch Zeugnisse des zeitgenössischen Sprachgebrauchs als Interpretationshilfe zuließen, genügte in den 50er und 60er Jahren die Erwähnung des Wortes 'Intention' bereits, um viele Kritiker 'nach dem Messer greifen zu lassen'.

Allerdings wurde der von Wimsatt und Beardsley vorgebrachte Ansatz auch in weiten Kreisen abgelehnt, und die offizielle Haltung des New Criticism in dieser Frage fand nie uneingeschränkte Zustimmung -- weder unter Literaturkritikern noch unter Literaturtheoretikern. Der Begriff Intention wird darüber hinaus zur Beschreibung einer Reihe unterschiedlicher Aspekte im Schaffensprozeß des Autors verwendet: Von Quentin Skinner stammt hier die sehr brauchbare Unterscheidung zwischen dem 'Motiv, um zu schreiben' und der 'Intention beim Schreiben' – zwei ganz verschiedene (wenn auch, so scheint es, ineinandergreifende) Dinge.

In den letzten drei Jahrzehnten ist das Interesse seitens der Literaturwissenschaft an der Intention des Autors im großen und ganzen abgeflaut – zum einen wohl als Gegenreaktion auf die orthodoxe Linie des New Criticism, zum anderen aber auch, weil der Begriff natürlich für all jene seine Bedeutung eingebüßt hat, die mit Roland Barthes der Auffassung sind, daß der Autor tot ist (bzw. als tot zu behandeln ist). Eine bedeutende Ausnahme stellt hier der amerikanische Literaturwissenschaftler E.D. Hirsch dar, der sich dem Begriff insofern verpflichtet fühlt, als er zwischen BEDEUTUNG UND SIGNIFIKANZ unterscheidet. Hirsch ist der Ansicht, daß die 'Determiniertheit des Wortsinns ... einen Willensakt zur Voraussetzung' hat (1972, 69) und daß mit einer Aufgabe des Intentionsbegriffs die Literaturwissenschaft, und insbesondere der Bereich der Interpretation, in die Anarchie abgleitet, wo es dann keine Kriterien mehr gibt, richtige von unrichtigen Interpretationen zu unterscheiden. Zugleich hat Hirsch aber seinen Begriff der Autorintention so weit entwickelt, daß er (zum Beispiel) auch Elemente miteinschließt, die logisch aus der ursprünglichen Intention des Autors folgen. Damit kommt Hirsch der Position Jan Mukařovskýs, eines Vertreters der PRAGER SCHULE, sehr nahe, der in einem 1943 veröffentlichten Aufsatz über die Intentionalität und Nicht-Intentionalität in der Kunst schrieb: 'Aufgrund seiner Absichtlichkeit wird das Werk als Zeichen empfunden, aufgrund seiner Unabsichtlichkeit als Ding' (1974, 64). Jurij Tynjanov, wie Mukařovský Mitglied der Prager Schule, hatte andererseits 1927 in einem Aufsatz darauf hingewiesen, daß die Intention des Autors nicht mehr als die Hefe im Teig sein könne: 'Sobald der Autor über ein bestimmtes literarisches Material verfügt, zieht er sich von seiner ursprünglichen Intention zurück und unterwirft sich dem Material' (zitiert in O'Toole & Shukman 1977, § 89, 36).

Intentionalität → PHÄNOMENOLOGIE

Interpellation   Dem französischen MARXISTISCHEN Philosophen Louis Althusser zufolge '*ruft jede Ideologie konkrete Personen als konkrete Subjekte an*', und zwar durch die Funktionsweise der Kategorie des

Subjekts (1977, 142). Althusser verwendet hier (möglicherweise unter dem Einfluß Lacans) den fachsprachlichen Terminus *Interpellation*, der eine parlamentarische Anfrage an die Regierung bedeutet, das heißt, daß die Tagesordnung einer Regierungssitzung unterbrochen wird, damit ein Minister zu einem bestimmten Thema befragt werden kann. Althusser impliziert damit, daß Menschen, wie Minister, in ihrer Tätigkeit unterbrochen und – allerdings diesmal von ihrer Ideologie – zur Rede gestellt werden. Indem sie (und wir) von der Ideologie angerufen werden, erkennen sie, wer sie sind. Mit anderen Worten: Menschen 'leben' bestimmte ideologische Grundsätze und Überzeugungen und identifizieren diese mit sich selbst, indem sie davon überzeugt werden, daß das, womit sie konfrontiert sind, tatsächlich ihre *eigene* Persönlichkeit bzw. ihr Selbst repräsentiert. Für Althusser ist demnach das SUBJEKT der *konkrete Mensch* nach der Interpellation durch die Ideologie. Allerdings ist er der Ansicht, daß die Ideologie, da sie ewig ist, immer-schon die Individuen als Subjekte angerufen hat: Menschen '*sind immer-schon Subjekte*'; sogar schon vor der Geburt 'ist ein Mensch ein immer-schon Subjekt' (1977, 144). Ändern kann das der einzelne Mensch, so Althusser, nur 'aus der Ideologie heraus', indem er einen Diskurs entwirft, 'der mit der Ideologie zu brechen versucht und riskiert, der Beginn eines wissenschaftlichen Diskurses (ohne Subjekt) über die Ideologie zu sein' (1977, 142).

Zur theoretischen Diskussion empfiehlt sich die Lektüre des Aufsatzes 'Sur la littérature comme forme idéologique' (1974) von Etienne Balibar und Pierre Macherey. Althussers Konzept der Interpellation wurde von der Literaturkritik aufgegriffen und beschreibt die Art und Weise, wie ein Leser den Erzähler eines literarischen WERKES oder eine Figur aus dem Werk zu dem 'Subjekt' oder dem Bewußtsein macht, durch das er das literarische Werk oder die erzählten Ereignisse erlebt und wonach er sie beurteilt. Roger Webster etwa nennt als Beispiel das Leseerlebnis bei der Lektüre von Leo Tolstois *Anna Karenina*: 'Der Leser fühlt sich zu Levin hingezogen und wird durch ihn zur zentralen Erlebnisinstanz der organischen Perspektive des Romans: Wenn wir gegen diesen Prozeß nicht bewußt Widerstand leisten, indem wir gegen den Strich lesen, läßt er sich kaum vermeiden' (1990, 82–3). Der Begriff wird aber nicht nur von der MARXISTISCHEN Literaturkritik verwendet, sondern auch von der FEMINISTISCHEN Kritik und jenen Kritikern, die sich damit auseinandersetzen, wie zum Beispiel ein literarisches Werk einen Leser einer Subjektgruppe dazu zwingen kann, eine bestimmte

Lektüreposition einzunehmen, von der aus er seine Unterdrückung akzeptiert.

Nicht mit INTERPOLATION zu verwechseln.

Interpolation Das Verb interpolieren bedeutet grundsätzlich etwas (meist Gefälschtes oder Unpassendes) in etwas Bestehendes einschalten. In der Literaturtheorie und Literaturkritik wird der Begriff in unterschiedlichem Zusammenhang verwendet. Unter einer *interpolierten Erzählung* (oder auch *eingeschalteten Erzählung*) versteht man ERZÄHLENDE Passagen, die zwischen zwei Handlungsmomenten eingefügt sind. Prince (1988, 44) nennt als Beispiel den Briefroman: Die Briefe werden normalerweise zwischen dem sich ereignenden Geschehen und nicht während dieses Geschehens geschrieben, wenn auch etwa Henry Fielding in seiner Parodie auf Richardsons *Pamela* andeutet, daß Richardsons Personen auch in Situationen Briefe schrieben, in denen sie es im wirklichen Leben nicht getan hätten.

In einem Essay über Virginia Woolf mit dem Titel 'Virginia's Web' stellt Geoffrey Hartman (1970) fest, daß Woolfs Thema die geistige Tätigkeit ist, und er bezeichnet diese Tätigkeit als Interpolationsarbeit: Der Geist ist ständig damit beschäftigt, Lücken auszufüllen und erklärende Informationen hinzuzufügen.

Nicht mit INTERPELLATION zu verwechseln.

Interpretation Da Fragen der Interpretation in vielen literaturtheoretischen Debatten der letzten Jahrzehnte eine zentrale Rolle spielten, hat man sich auch mit dem Begriff an sich kritisch auseinandergesetzt. Einzelne Interpretationen sind immer schon Gegenstand literaturkritischer Kontroversen gewesen, in neuerer Zeit wendet man sich aber verstärkt dem Wesen der Interpretation an sich zu. Aufschlußreich in diesem Zusammenhang ist folgende Stelle aus einem Artikel von Steven Knapp und Walter Benn Michaels mit dem Titel 'Against Theory': 'Mit "Theorie" meinen wir ein ganz spezielles Anliegen der Literaturwissenschaft; den Versuch, Interpretationen literarischer Texte entsprechend dem gewählten Interpretationsbegriff zu steuern' (1985, 11). Die Stelle ist deshalb sehr aufschlußreich, weil sie davon ausgeht, daß sich Literaturtheorie *nur* mit Interpretation(en) befaßt und weiter impliziert, daß auch die Literaturwissenschaft sich hauptsächlich mit dem Akt (und den Grundsätzen) der Interpretation beschäftigt. Jonathan Culler sieht in der 'grundsätzlichen Annahme', daß 'das Hervorbringen neuer Interpretationen die Aufgabe der Literaturwissenschaft ist, die *raison d'être* all dessen, was über Literatur geschrieben wird,' ein Erbe des NEW CRITICISM und spricht sich für eine 'tendenziösere Position' aus, nämlich jene, daß

> man Literatur zwar wohl als die Interpretation literarischer Werke erleben kann, die Interpretation einzelner Werke aber doch nur am Rande etwas mit Literatur-Verstehen zu tun hat. Sich mit Literatur zu beschäftigen bedeutet nicht, noch eine weitere Interpretation von *King Lear* zu erarbeiten, sondern zu einem besseren Verständnis der Konventionen und Funktionsweisen einer Institution, einer Diskursart zu gelangen. (1981, 5)

Während man in der Zeit, nachdem der New Criticism seinen Höhepunkt erreicht hatte, Interpretation und Literaturwissenschaft fast gleichsetzte, war die Frage der Interpretation für frühere Kritiker und Theoretiker nicht so vorrangig und auch nicht so problematisch. In seinem 1929 veröffentlichten Buch *Practical Criticism* stellt I.A. Richards einfach fest, daß es bei der Interpretation fast aller Äußerungen grundsätzlich zwei Möglichkeiten gibt: Entweder man untersucht, *was gesagt zu werden scheint*, oder man untersucht *die geistigen Operationen* der Person, die etwas sagt (1964, 6). Damit ist Richards' *theoretische* Erörterung der Interpretation erschöpft. In seiner Einführung zu einer Aufsatzsammlung, die er 1955 unter dem Titel *Interpretations* herausgab, macht sich John Wain nicht einmal die Mühe festzustellen, was Interpretation eigentlich *ist*; er setzt sie einfach mit der ANALYSE von (in diesem Fall) Gedichten gleich und sieht darin theoretisch weiter kein Problem. Symptomatisch für diese Auffassung ist auch, daß der Band mit einem Aufsatz von G.S. Fraser mit dem Titel 'On the Interpretation of the Difficult Poem' schließt, in dem das Gedicht (und vielleicht seine Interpretation), nicht aber der Interpretationsbegriff an sich als schwierig eingestuft wird (Wain 1961, 211–37).

Zu der Zeit, als Wain diesen Band zusammenstellte, waren die Fundamente, auf denen die Arbeiten basierten, teilweise bereits untergraben, wofür nicht zuletzt auch die Autoren dieser Beiträge mitverantwortlich waren. T.S. Eliot etwa nahm in seinem Essay 'Die Grenzen der Literaturkritik' (1956 veröffentlicht) auf *Interpretations* Bezug, und trug damit wesentlich dazu bei, daß sich die Auffassung davon, was Interpretation bedeutete, änderte. Eliot sah in dem Buch die Gefahr, daß man glauben könnte, es gäbe nur eine einzige richtige Deutung eines Gedichtes, während, wie er weiter schreibt, 'der Sinn des Gedichtes ... der ist, den das Gedicht für verschiedene empfängliche Leser hat' (1967, 456).

Die Auffassung, daß die Interpretation literarischer Werke in der Praxis zwar schwierig sein mag, das Konzept an sich auf *theoretischer* Ebene jedoch nicht weiter problematisch ist, wurde vor allem durch die Kontroversen erschüttert, die auf die Veröffentlichung des einflußreichen Artikels 'The Intentional Fallacy' (1946) von W.K. Wimsatt und Monroe Beardsley folgten und sich um den Begriff der INTENTION konzentrierten. Bevor dieser Artikel erschien, hieß für Kritiker, vor allem in Großbritannien und in den Vereinigten Staaten, ein literarisches WERK zu interpretieren, seine BEDEUTUNG durch ANALYSE, Paraphrasierung, Vergleich oder eine allgemeine Diskussion ans Licht zu bringen – wie die Interpretation *jeder* verbalen Botschaft bedeutete, deren Bedeutung auf dem einen oder anderen Weg herauszufinden. Was 'The Intentional Fallacy' nun aber implizierte, war, daß literarische Werke nicht mit anderen verbalen Botschaften vergleichbar waren. Letztere *konnten* tatsächlich interpretiert werden, indem man versuchte, die Absicht, mit der sie geäußert wurden, (unter Einbeziehung einiger anderer Elemente) herauszufiltern, mit der Literatur war es aber eine andere Sache. Obwohl die New Critics wie Wimsatt und Beardsley es sich zum Ziel gesetzt hatten, die Aufgabe der Interpretation klarer und einfacher zu gestalten – man sollte sich nunmehr nur mit 'den Wörtern auf einer Seite' befassen und jede irrelevante Information beiseite lassen –, erreichten sie damit im Gegenteil, daß die literarische Interpretation zum Problem wurde, weil sie nicht mit der nicht-literarischen Interpretation gleichzusetzen war.

In den nicht-englischsprachigen Ländern, in denen die HERMENEUTISCHE Tradition in der Literaturwissenschaft eine größere Rolle gespielt hatte, war das Erwachen weniger plötzlich; für die moderne Literaturtheorie und Literaturkritik in Großbritannien und in den Vereinigten Staaten ist die Interpretation aber zumeist ein problematisches und wenig transparentes Konzept. Wenn man Interpretation als 'die Suche nach der Bedeutung' definiert (was auch nicht ganz unumstritten ist), dann schließt die in vielen modernen Theorien zentrale Problematisierung des *Bedeutungs*begriffs notwendigerweise auch die Problematisierung des *Interpretations*begriffs ein. Die Debatte dreht sich damit – wenn auch nicht ausschließlich, da die Abhängigkeit der Bedeutung von der Intention nicht mehr als selbstverständlich angenommen wird – um den *Ursprung* von Bedeutung bzw. die die Bedeutung *bestimmende Autorität*. Während die New Critics die Annahme verwarfen, daß die Intention des AUTORS die Bedeutung festlegt, lehnten andere Theoretiker ihrerseits die Auffassung der New Critics ab, daß 'die Wörter auf einer Seite' eines großen literarischen Werkes eine eindeutige (wenn auch komplexe) Bedeutung schaffen. Von DEKONSTRUKTIVISTISCHER Seite bestätigte man die an Wimsatt und Beardsley geübte Kritik, nämlich daß mit dem 'Tod des Autors' literarische Werke (wie alle verbalen Formulierungen) keine feststehende Bedeutung mehr haben, während man vorher von deren Existenz vielleicht noch überzeugt war. Das unendliche Spiel der SIGNIFIKANTEN bringt einen nie versiegenden Strom an unterschiedlichen (und, weil es kein Maß für diese Gültigkeit gibt, gleich gültigen) Bedeutungen hervor.

Einige Fragestellungen hängen mit dem Terminus *Interpretation* als solchem zusammen. In einem allgemeineren Zusammenhang spricht man von der Interpretation etwa der Rolle des Hamlet durch einen bestimmten Schauspieler oder von der Interpretation einer Komposition durch einen Musiker. Im Englischen kommt als weitere Bedeutung noch jene des *interpreter*, des Dolmetschers, hinzu. Zwischen Interpretation im Sinne von 'jemandes eigenste und ganz persönliche' Interpretation (in unserem Beispiel die Interpretation eines Musikers oder Schauspielers) und Interpretation als Verdolmetschung bzw. Übersetzung besteht eine tiefe Kluft, und theoretische Debatten in neuerer Zeit bewegen sich zwischen diesen beiden Polen: dem literarischen Interpreten als Dolmetscher, der die vom Autor gemeinte Bedeutung so genau wie möglich weitergibt, und dem Interpreten als Darsteller nach einer vom Autor verfaßten Vorlage – dem Interpreten als jenem, der die Bedeutung zur Welt bringt, mit dem Autor als Geburtshelfer.

Während also Kritiker wie etwa E.D. Hirsch Interpretation als Rekonstruktion der vom Autor festgelegten Bedeutung definieren, stimmen andere wieder T.S. Eliot zu, der betont, daß es nicht nur eine einzige richtige Interpretation eines Gedichtes gibt, da die Bedeutung eines Gedichtes die ist, die es für verschiedene empfängliche Leser hat. Eine radikalere Position nimmt der französische Literaturtheoretiker Pierre Macherey ein, wenn er sagt, daß die Aufgabe des Kritikers nicht vorrangig in der Interpretation liegt, sondern im Auffinden von ABSENZEN im literarischen Werk, dessen, was weder das Werk noch der Autor weiß.

Der Begriff *Interpretant* geht auf den SEMIOTIKER C.S. Peirce zurück; nach Peirce wird, wenn ein ZEICHEN im Kontext verstanden wird, im Geiste des Interpreten ein neues Zeichen geschaffen, und dieses zweite Zeichen ist der Interpretant des ersten (siehe Scholes 1982, 145).

Interpretationsgemeinschaft Der Terminus (*interpretive community*) stammt vom amerikanischen Literaturkritiker Stanley Fish; von einigen britischen Wissenschaftlern wurde der Begriff in seiner britischen Schreibweise als *interpretative community* übernommen. In diesem Zusammenhang gehört auch ein weiterer von Fish geprägter Begriff, nämlich der Begriff der *Interpretationsstrategie* (*interpretive strategy*).

> Bedeutungen und formale Merkmale werden nicht vom Text oder vom Leser hervorgebracht, sondern von Interpretationsgemeinschaften. Diese Gemeinschaften werden von jenen gebildet, die gemeinsame Interpretationsstrategien verfolgen, und zwar nicht bei der Lektüre, sondern bei der Abfassung eines Textes, indem sie dessen Eigenschaften festlegen. Diese Strategien bestehen also schon vor der Lektüre und bestimmen daher die Form des Gelesenen, und nicht, wie vielfach angenommen, umgekehrt. (1980, 14)

In diesem Sinne ähnelt eine Interpretationsgemeinschaft einer Sprachgemeinschaft – sie gründet darauf, daß alle Mitglieder der Gemeinschaft bestimmte Regeln befolgen, die die Transformation und VERMITTLUNG von Bedeutung ermöglichen. Interpretationsstrategien lassen sich demnach mit Transformationen vergleichen, die auf grammatikalischen und syntaktischen Regeln beruhen: Indem sie von einer Gruppe von Menschen befolgt werden, haben diese Menschen dasselbe Verhältnis zu einem TEXT oder einer ÄUßERUNG, weil sie dieselben Transformations- bzw. Interpretationsprozesse auf den zu interpretierenden Text oder die zu verstehende Äußerung anwenden.

Fish behauptet weiter, daß LESER einen Text deshalb entweder gleich oder unterschiedlich interpretieren, weil

> Mitglieder derselben Gemeinschaft notwendigerweise übereinstimmen, da sie alles auf die von der Gemeinschaft definierten Zwecke und Ziele beziehen (und entsprechend handeln); umgekehrt werden Mitglieder verschiedener Gemeinschaften unterschiedlicher Ansicht sein, da von ihrer jeweiligen Position aus unübersehbar ist, was der jeweils andere 'einfach' nicht sehen kann. Damit wird verständlich, weshalb verschiedene Leser Texte gleich interpretieren (sie gehören derselben Gemeinschaft an). Weiter wird klar, weshalb es Abweichungen gibt und weshalb diese prinzipiell diskutiert werden können: nicht auf Grund einer in den Texten gelegenen Stabilität, sondern auf Grund der stabilen Zusammensetzung von Interpretationsgemeinschaften und der Stabilität der entgegengesetzten Positionen, die sich daraus ergeben. (1980, 15)

Diese Argumentation bewegt sich aber gefährlich im Kreis. Jede Gruppe, die sich über bestimmte Grundregeln zur Interpretation eines Textes einig ist, bildet per definitionem eine Interpretationsgemeinschaft, während alle, die diese Regeln nicht akzeptieren, anderen Interpretationsgemeinschaften angehören. Das wird dann problematisch, wenn zwei Leser sich wohl in bezug auf einen bestimmten Text einig sind, in bezug auf einen anderen Text aber nicht. Hier könnte man einwenden: Wenn zwei Leser gleich interpretieren, gehören sie derselben Interpretationsgemeinschaft an; wenn sie in der Interpretation voneinander abweichen, aber über diese Tatsache miteinander sprechen können, gehören sie immer noch derselben Gemeinschaft an; erst wenn sie keine gemeinsame Basis mehr finden, auf der sie über Verschiedenheiten sprechen können, gehören sie verschiedenen Interpretationsgemeinschaften an.

In seinem Buch *Textual Power* weist Robert Scholes noch auf einige andere Probleme in Fishs Theorie der Interpretationsgemeinschaften hin: Voneinander abweichende Interpretationen können nur von Mitgliedern derselben Gemeinschaft diskutiert werden – aber als Mitglieder derselben Gemeinschaft sollten sie solche Abweichungen gar nicht diskutieren müssen. Also können Unstimmigkeiten prinzipiell nur von jenen beseitigt werden, zwischen denen sie gar nicht vorhanden sind! Nach Scholes kann die Interpretationsgemeinschaft auf Grund der zwangsläufig großen Zahl solcher Gemeinschaften (wie oben ausgeführt) auch nicht mit Thomas Kuhns PARADIGMA oder Michel Foucaults ÉPISTÉMÈ gleichgesetzt werden. Fishs Argumentation ist zugute zu halten, daß sie verstärkt auf den formativen Einfluß bestehender KONVENTIONEN auf Autor und Leser hinweist, aber sie läßt eine fundierte Theorie über die Bildung von Gemeinschaften vermissen – woher kommen diese Gemeinschaften, weshalb verändern sie sich, worin bestehen ihre inneren Widersprüche und Spannungen, wie kommunizieren ihre Mitglieder, wie beeinflussen sie einander? Fish scheint weiter den Leser dazu zu verurteilen, in den Konventionen der Lesergemeinschaft, der er angehört, gefangen zu sein, wenn er schreibt:

> Mit anderen Worten, es gibt keine einzig richtige oder natürliche Lesart, nur 'Lesarten', die sich aus den Perspektiven der Gemeinschaft ergeben. (1980, 16)

Damit scheint der einzelne Leser nicht mehr persönliche Freiheit zu haben als er in der sehr mechanistischen MARXISTISCHEN oder Freudschen Literaturbetrachtung hatte, und es bleibt die Frage bestehen, wie im

Laufe der Geschichte einer KULTUR oder einer Gesellschaft eine Lesergemeinschaft durch eine andere abgelöst wird. Fish räumt ein, daß Gemeinschaften sich verändern, und führt dies darauf zurück, daß das
Leseverhalten der Mitglieder einer Gemeinschaft 'nicht ein für allemal
feststeht, sondern sich mit der Kultur und der Zeit ändert' (1980, 97).
Damit scheint er sich selbst zu widersprechen, denn während er hier
verändertes Leseverhalten für die Veränderung der Gemeinschaft verantwortlich macht, behauptet er an anderer Stelle, daß die Gemeinschaft
mit ihren akzeptierten Strategien das Leseverhalten bestimme.

Der Begriff läßt sich wohl mit Konzepten der literarischen KOM-
PETENZ, wie sie von STRUKTURALISTISCHER und anderer Seite geprägt worden
sind, in Zusammenhang bringen, impliziert aber eine größere Homogeni-
tät der Gemeinschaft als andere Richtungen dies tun.

Interpunktion Fragen der Interpunktion in ihrem traditionellen
Sinne haben seit jeher Literaturwissenschaft wie Literaturkritik beschäftigt; da sich die Konventionen hinsichtlich der Zeichensetzung ständig
verändern, stellt eine sorgfältige und zuverlässige Edition literarischer
TEXTE in bezug auf die Interpunktion hohe Anforderungen an die Herausgeber. Die Anwendung moderner Interpunktionskonventionen auf
ältere literarische Werke, in denen Satzzeichen sehr sparsam und frei
gesetzt wurden, ist schwierig und überdies umstritten. 'Jeder Deutsche
hat seine Interpunction wie seinen Glauben für sich', bemerkte etwa
C.M. Wieland (1964, 872).

Jüngere Theoretiker verschiedener Disziplinen verwenden den
Begriff metaphorisch und verstehen darunter mehr als nur die Zeichensetzung mit dem Ziel, in der geschriebenen (oder gesprochenen) Sprache
BEDEUTUNG feiner zu nuancieren oder das Maß an Ambiguität möglichst
gering zu halten. Sozialpsychologen haben zum Beispiel darauf hingewiesen, wie sich gegensätzliche Auffassungen desselben Phänomens
einer zwischenmenschlichen Beziehung dadurch erklären lassen, daß die
beteiligten Personen diesen Prozeß unterschiedlich interpunktieren bzw.
akzentuieren. (Ein klassisches Beispiel: 'Ich trinke, weil sie an mir
herumnörgelt'; 'Ich nörgle an ihm herum, weil er trinkt'.)

Mittels der Interpunktion läßt sich, anders ausgedrückt, eine bestimmte Ordnung bzw. eine Kausalitätsbeziehung zwischen ansonsten
voneinander unabhängigen Elementen herstellen, indem man Grenzen
zieht und Gruppen definiert. So läßt sich auf diesem Wege nicht nur die
Syntax von Sätzen festlegen, sondern auch die Syntax von Beziehungen

– und von literarischen WERKEN. Ein AUTOR kann sein Werk durch die Unterteilung in Kapitel oder sonstige Abschnitte interpunktieren: Wer hier Zweifel hat, braucht nur ein Werk wie Joseph Conrads *The Shadow-Line* im (nicht unterteilten) Manuskript zu lesen und es mit der veröffentlichten Version zu vergleichen (die in numerierte Abschnitte unterteilt ist). Was nach einem rein formalen Unterschied aussehen mag, kann, wie Conrad wußte, auf das Leseerlebnis der LESER großen Einfluß haben: In einem aufschlußreichen Brief an den Verleger seines Romans *Lord Jim* stellte er ausdrücklich fest, daß er bei der Unterteilung seines Textes sehr wohl die Wirkung auf seine Leser im Auge gehabt hatte.

In einem originellen Aufsatz über James Joyces *A Portrait of the Artist as a Young Man* widmet sich Maud Ellmann auch der Interpunktion in diesem Werk und kann sehr glaubhaft einen Zusammenhang zwischen Heranwachsen und Reiferwerden des Helden, Stephen, und der experimentellen Zeichensetzung vorführen, die sie sowohl als Versuch Stephens liest, die Welt zu meistern, als auch als unbewußte Verneinung einer feststehenden Identität und/oder Bewußtheit (1981, 197–8).

Der von Jacques Derrida verwendete Terminus *espacement*, der normalerweise als *Verräumlichung* ins Deutsche übersetzt wird (englisch *spacing*), scheint hier einen ähnlichen Bedeutungsinhalt abzudecken wie der Begriff Interpunktion in seinem weiteren Sinne.

Hierher gehört auch der in der Linguistik gebräuchliche Begriff *Segmentierung*, der die Art und Weise beschreibt, wie Sprache 'zerstückelt' oder in Segmente zerlegt wird, vor allem auf der Ebene der Intonation; jeder weiß, wie man durch eine veränderte Intonation die Bedeutung einer Äußerung verändern kann. Die Segmentierung hat aber ebenso in der geschriebenen Sprache Bedeutung, wo sie natürlich nicht immer mit der Interpunktion (im traditionellen Sinn) identisch ist. Satzzeichen sind wohl – aber nicht nur – visuelle Indikatoren für eine innere oder ideale Intonation, jedoch sind sie nicht allein für die sinngebende 'Intonation' verantwortlich. Geoffrey Leech und Michael Short sehen in der Segmentierung einen von drei Faktoren, die für die Textorganisation wesentlich sind; als die anderen zwei Faktoren nennen sie die Sequenz und die Prominenz (1981, 217). (Mit Prominenz meinen sie 'bedeutsames Hervorstechen' – wie es zum Beispiel durch 'Endfokussierung' erreicht wird, d.h. daß wir vor allem den letzten Teil in einer Sequenz wahrnehmen.)

Zu Sequenz → FUNKTION.

Interrogation Der Begriff fand vor allem in den 70er Jahren Verbreitung und beschreibt eine aggressivere und forderndere Art und Weise, mit (literarischen und nicht-literarischen) TEXTEN umzugehen, als es die herkömmliche LEKTÜRE oder die traditionellen Methoden der INTERPRETATION oder ANALYSE waren. Im besonderen tauchte der Begriff im Zusammenhang mit MARXISTISCHEN und anderen Versuchen auf, die einem Text zugrundeliegende IDEOLOGIE nicht hinzunehmen, den Text und die vom LESER verlangten Voraussetzungen in Frage zu stellen, anstatt die vom Text scheinbar festgelegten Bedingungen zu akzeptieren. Heute wird der Terminus in einem weiteren Sinne für aggressive und weniger partizipatorische Formen der Lektüre oder der Kritik verwendet.
→ GEGEN-DEN-STRICH-LESEN

Intersubjektivität Der Begriff impliziert, daß SUBJEKTE nicht spezifisch individuell sind, sondern – weil sie durch gemeinsame Kräfte geformt werden – vieles gemeinsam haben. In der neueren Literaturwissenschaft taucht der Begriff meist im Zusammenhang mit der Theorie auf, daß der Leser das TEXTerlebnis aktiv internalisiert, indem er es in sein Selbst inkorporiert, und es nicht nur passiv 'übernimmt'. Folglich wird das Bild, das ein LESER von einem WERK hat, teilweise zu dem Bild, das er von sich selbst hat: Das Werk wird in den Leser integriert und ist nicht mehr nur eine objektive Tatsache. Damit wird dem Leser in viel größerem Maße eine kreative Rolle zuerkannt, indem er die BEDEUTUNG eines Textes mitkonstruiert und diese nicht nur, wie bei anderen theoretischen Ansätzen, empfängt.

Intertextualität Die Beziehung zwischen zwei oder mehreren TEXTEN, die auf die Lesart des *Intertextes* (das heißt des Textes, in dem sich andere Texte wiederfinden oder ihre PRÄSENZ kundtun) Einfluß nimmt. Einige Autoren sprechen von *Transtextualität*, wenn zwischen bestimmten Texten bzw. zwischen zwei Texten eine offene Beziehung besteht, und von *Intertextualität* nur in Fällen, in denen es sich um eine eher allgemeine Durchsetzung eines Textes mit Erinnerungen, Anklängen, Transformationen anderer Texte handelt. Die Begriffe *Hypertext* und *Hypotext* stammen von Gérard Genette und bezeichnen den Intertext bzw. den Text, auf den sich der Intertext bezieht. Allerdings sind diese Wortprägungen bisher kaum von anderen Autoren übernommen worden.

Indem man von GATTUNGEN spricht, von gattungsspezifischen Merkmalen und Bedingungen, impliziert man gewissermaßen, daß die Lesart

eines bestimmten Textes von dessen Verhältnis zu anderen Texten abhängt, und tatsächlich haben Besprechungen literarischer WERKE von
Anbeginn an in der Regel auch auf andere Texte als Vorbild oder als
Kontrast verwiesen. Selbst in den besten Tagen des NEW CRITICISM, als
die Autonomie des einzelnen Textes in einigen Kreisen praktisch die
Conditio sine qua non war, INTERPRETIERTE man literarische Werke des-
senungeachtet im Kontext ihrer Beziehung zu anderen Texten.

In jüngerer Zeit hat man sich verstärkt den verschiedenen Formen
von Intertextualität zugewandt. Sehr einflußreich in diesem Zusammenhang sind die Schriften Michail Bachtins und seine Theorie, daß es in jeder ÄUßERUNG DIALOGISCHE Elemente gibt und sich in literarischen Werken eine ganze Reihe verschiedener Dialoge findet. Ein gutes Beispiel
dafür ist Bachtins ausführliche Diskussion der 'Formen der Abbildung
des fremden Wortes' in seinem Aufsatz 'Aus der Vorgeschichte des Ro-
manwortes' (in Bachtin 1979, 301–37). Darin befaßt er sich besonders
mit Formen wie der Parodie und der Travestie und entwickelt für beide
die Theorie der sprachlichen HYBRIDEN, wobei er auch auf Parallelen zu
parodistisch-travestierenden Formen im modernen Roman hinweist.

Bachtin selbst scheint in den Intertextualitätstheorien Roland Bar-
thes' und Julia Kristevas intertextuell präsent zu sein. In ihrem Buch
Sémeiotiké: Recherches pour une sémanalyse definiert Kristeva den
Text als

> eine Permutation von Texten, eine Inter-Textualität: in dem Raum
> eines Textes überlagern sich mehrere Aussagen, die aus anderen
> Texten stammen, und interferieren. (Zitiert nach Kristeva 1971,
> 486)

In seiner Einführung zu Kristevas *Desire in Language*, einer englischsprachigen Aufsatzsammlung, bemerkt Leon S. Roudiez, daß der Inter-
textualitätsbegriff im allgemeinen mißverstanden worden ist. Seiner Meinung nach hat Intertextualität nichts mit dem Einfluß eines Autors auf
einen anderen oder mit der Frage nach den Quellen eines literarischen
Werkes zu tun;

> es geht dabei vielmehr um die Teile eines *Textsystems* wie etwa
> des Romans. In *Die Revolution der poetischen Sprache* definiert
> |Kristeva| Intertextualität als die Transposition eines oder mehrerer
> Zeichen*systeme* ineinander, wobei die enunziativen und denotativen
> Positionen neu artikuliert werden. (Kristeva 1980, 15)

Roland Barthes scheint mit dieser Auffassung, vor allem was die Unterscheidung zwischen Intertextualität und Einfluß angeht, zum Teil einverstanden, doch gebraucht er den Terminus unspezifischer und umfassender als Kristeva. Nach Barthes ist jeder Text ein Intertext:

> Jeder Text ist ein neues Gewebe alter Zitate. Teile von Codes, Formeln, rhythmischen Mustern, Fragmenten sozialer Sprachen usw. gehen in den Text ein und werden darin neu verteilt, weil es vor dem Text und um den Text immer Sprache gab bzw. gibt. Die Intertextualität, die Bedingung jedes Textes, kann natürlich nicht auf die Frage nach Quellen oder Einflüssen reduziert werden; der Intertext ist ein allgemeines Feld anonymer Formeln, deren Ursprung kaum je lokalisierbar ist; unbewußter oder automatischer Zitate, die ohne Anführungszeichen angeführt werden. (1968, 1015)

Abschließend sei noch angemerkt, daß sich für den Terminus Intertext bis heute keine einheitliche Definition durchgesetzt hat, was zum Beispiel im Vorwort einer der Intertextualitätsdiskussion gewidmeten Ausgabe der Zeitschrift *Texte* (2, 1983) besonders beklagt wird.

Intradiegetisch → Diegese und Mimesis

Isochronie In der neueren Erzähltheorie bezeichnet der Begriff *Isochronie*, der grundsätzlich den dichterischen Rhythmus in einem literarischen Werk beschreibt, entweder ein *gleichbleibendes* Verhältnis von Erzählzeit und erzählter Zeit oder die *Übereinstimmung* zwischen beiden. Das ist nicht dasselbe: Wenn eine Geschichte bzw. die erzählten Ereignisse sich über den Zeitraum von drei Stunden erstrecken, und jede Stunde mit fünftausend Wörtern erzählt wird, dann ist das Verhältnis zwischen Erzählzeit und erzählter Zeit gleichbleibend. Wenn sich dagegen eine Geschichte über den Zeitraum von drei Stunden erstreckt, und jede Stunde, von der die Geschichte erzählt, auch in ungefähr einer Stunde gelesen werden kann, dann stimmen Erzählzeit und erzählte Zeit überein. Während ersteres Verhältnis relativ präzise gemessen werden kann, ist das im zweiten Fall nicht möglich. (Leser lesen verschieden schnell, und unsere Lesegeschwindigkeit hängt von mehreren Faktoren ab – von der Schwierigkeit des Textes etwa oder davon, wie interessant der Text für uns ist.) Echte Isochronie (die zweite Art) kann also, wie Mieke Bal es formuliert, nicht präzise bestimmt werden, wenn wir auch 'annehmen können, daß ... ein Dialog ohne Kommentare

genauso viel Erzählzeit [TF, FABULA-time] in Anspruch nimmt wie erzählte Zeit [TS, STORY-time]' (1985, 70–1).

Das Gegenteil von Isochronie ist *Anisochronie*: entweder ein variie-
rendes Verhältnis von Erzählzeit und erzählter Zeit oder die Nichtüber-
einstimmung zwischen beiden – in der Regel ersteres.

Iterativ → FREQUENZ

J

Jouissance In französisch-deutschen Wörterbüchern wird der Begriff allgemein mit *Genuß* wiedergegeben; wie der deutsche Ausdruck bedeutet *jouissance* grundsätzlich Genießen, bewußtes Vergnügen, weiter die Nutznießung von etwas (z.B. der Genuß von Rechten), hat aber auch die Konnotation von *sexueller* LUST oder Wollust.

Der Begriff wurde, so stellt Leon S. Roudiez fest, von Jacques Lacan 1972–73 in die literaturkritische Diskussion eingeführt. Die Umschlagseite der französischen Ausgabe seiner Schrift *Le séminaire* zeigt Berninis *Verzückung der Hl. Theresa* und deutet schon darauf hin, daß sexuelle Befriedigung ein wichtiger Aspekt der *jouissance* ist. Für Lacan, so Roudiez weiter, ist *jouissance* 'zugleich sexuell, geistig, körperlich und begrifflich' (Kristeva 1980, 16).

In seinem Buch *Die Lust am Text* (*Le plaisir du texte*) behauptet Roland Barthes, daß man bei der Beurteilung eines TEXTES nach seiner 'Lust' nicht sagen kann: dieser ist gut, jener ist schlecht, weil der Text 'zuviel von *diesem*, zuwenig von *jenem* ist' (1974, 21). Demnach handelt es sich beim Textgenuß um ein orgastisches Erlebnis, das den Leser so sehr in Euphorie versetzt, daß er die für eine Beurteilung notwendige Objektivität und Distanz nicht mehr wahren kann.

K

Kanon Obwohl sich die grundlegende Bedeutung dieses Begriffs in der Literaturwissenschaft in den letzten Jahrzehnten nicht verändert hat, ist der literarische Kanon – bzw. sind literarische Kanons (ein wesentlicher Unterschied) – Gegenstand vieler und zum Teil sehr heftig geführter theoretischer Auseinandersetzungen.

Der Begriff tauchte erstmals in Debatten innerhalb der christlichen Kirche um die Authentizität der hebräischen Bibel und neutestamentlicher Schriften auf. Als kanonisch bezeichnete man Schriften, die die Kirche als von Gott autorisiert anerkannte, während Schriften ohne diesen oder nur mit zweifelhaftem göttlichen Auftrag als apokryph bezeichnet wurden. Daher unterscheiden sich der protestantische Kanon und die protestantischen Apokrypha von jenen der katholischen Kirche.

Im kirchlichen Sprachgebrauch hat der Kanonbegriff daher sowohl mit *Ursprung* als auch mit *Wert* zu tun. In der Literaturwissenschaft bürgerte sich der Begriff *Kanon* ein zur Bezeichnung von (i) WERKEN, die eindeutig einem bestimmten AUTOR zugeschrieben werden können, und (ii) jener Gruppe von Werken, die sich von allen anderen durch ihre literarische Qualität und Bedeutung unterscheiden. Etwa seit der Mitte des 20. Jahrhunderts wird diese Frage im wesentlichen institutionell entschieden: Ähnlich wie die Kirche (bzw. verschiedene Kirchen) den Bibelkanon festlegte(n), entschieden die Universitäten, aus welchen Werken der literarische Kanon bestand. Das hieß nun aber nicht, daß man sich in dieser Frage immer einig war: In vielen Debatten, die F.R. Leavis in den 30er und 40er Jahren führte, ging es hauptsächlich um Fragen des Kanons. Leavis vertrat hier eine sehr restriktive Auffassung: Sein Kanon, den er in seinem Buch *The Great Tradition* vorstellte, bestand im Grunde nur aus einigen Werken von nur vier Erzählern.

Uneinigkeit über die Zusammensetzung des Kanons stellt natürlich nicht die Institution als solche in Frage – eher ist das Gegenteil der Fall. Wenn es sehr wichtig ist, ob man in einen bestimmten Klub aufgenommen oder daraus ausgeschlossen wird, dann befindet sich dieser Klub in einer sehr starken Position. Was diese Position ins Wanken bringen könnte, wäre die Gründung eines Konkurrenzklubs, der für jene attraktiv ist, die entweder aus dem ersten Klub ausgeschlossen worden sind oder denen nichts an einer Mitgliedschaft gelegen ist. Als einige

Literaturwissenschaftler (vgl. Robert von Hallberg, 1985) begannen, von Kanon*s* im Plural zu sprechen, hatte das daher bedeutende theoretische Implikationen. Denn obzwar die protestantische und die katholische Kirche vielleicht nicht einer Meinung sind, welche Schriften als Kanon und welche als Apokrypha zu betrachten sind, sind sie sich doch darüber einig, daß es nur einen Kanon gibt. Würde eine Kirche aber plötzlich entscheiden, daß kein Kanon über absolute Autorität verfüge, da jeder nur die Bedürfnisse und Standpunkte einer bestimmten Kirche repräsentiere, dann wäre damit der göttliche Ursprung des Kanons in Frage gestellt.

In literaturkritischen Kreisen scheint eben das geschehen zu sein. Als die FEMINISTISCHE Literaturkritik mit der Erstellung eines anderen Kanons bzw. anderer Kanons begann, nicht unbedingt als *Ersatz* für den 'offiziellen' Kanon, sondern auch als *Alternative(n)* dazu, erschütterte dies den *Universalitätsanspruch*, der hinter der Auffassung, daß es nur einen Kanon gibt, stand. Denn wenn es mehrere Kanons gab, so bedeutete das der traditionellen Sichtweise nach, daß es keinen Kanon gab. Der feministischen Literaturkritik sowie der vor allem an POPULÄRER Literatur oder der Literatur ethnischer Minderheiten interessierten Literaturwissenschaft ging es in der Folge immer stärker um die Erstellung alternativer, nicht-universeller *Kanons* anstatt um die Modifizierung des *einen* Kanon.

Was das bedeutete, war klar. Werturteile über literarische Werke ließen sich nicht mehr rechtfertigen, indem man auf den angeblich einzig gültigen Qualitätsstandard verwies; sie spiegelten klar die Bedürfnisse und Werte bestimmter Gruppen wider. Da diese Gruppen sich natürlich im Laufe der Zeit veränderten, mußten sich auch ihre Bedürfnisse und Werte verändern. Literarische Werturteile und Rangordnungen konnten damit keinen Anspruch auf Zeitlosigkeit mehr erheben; sie waren nicht nur KULTUR-, KLASSEN- und GESCHLECHTSspezifisch: sie waren auch zeitspezifisch. Von seiten einiger Kritiker wird hier noch darauf hingewiesen, daß die Zusammensetzung des literarischen Kanons zu keiner Zeit ganz eindeutig war: Shakespeares Position scheint heute kaum umstritten, und doch wird man im England des 18. Jahrhunderts seine Stücke anders gesehen haben als heute, wo man wohl kaum gerne eine Fassung von *King Lear* aufführen würde, die mit der Vermählung Cordelias mit Kent endet.

Für Michail Bachtin besteht in allen literarischen GENRES die Tendenz zur *Kanonisierung*, wodurch temporäre Normen und KONVENTIO-

NEN sich zu universellen verhärten, so daß auch Werturteile als die Spiegelung universeller, nicht kultur- oder zeitbedingter Werte betrachtet werden. Die REDEVIELFALT in einem Roman wird, so Bachtin weiter, zu dessen Entstehungszeit leicht erkennbar sein, je weiter man sich aber zeitlich davon entfernt, desto mehr wird sie durch die Kanonisierung verdeckt, durch die die Lesarten des Werkes standardisiert und zahlenmäßig reduziert werden (1979, 296).

In den letzten Jahren hat man sich wohl verstärkt mit *dem* (historischen) Kanon beschäftigt und versucht, ihn im Kontext jener Gruppen zu erklären, deren Interessen er widerspiegelte oder förderte, doch ist diese Auffassung nicht unwidersprochen geblieben. Nicht wenige Kritiker sind, obwohl sie nicht leugnen, daß die Annahme von nur einem Kanon (vor allem in Randbereichen) problematischer ist, als man bisher glaubte, noch immer der Überzeugung, daß bestimmte Werke sich durch ihre Qualität oder Bedeutung – von der sie im Laufe der Zeit auch nichts einbüßen – von anderen unterscheiden und daher weiterhin in Schule und Forschung im Mittelpunkt stehen sollten.

John Guillory vertritt hier die interessante These, daß Erstellung und Modifizierung des Kanons aufs engste mit der Praxis des Sprachunterrichts verknüpft sind, und daß Werke – zumindest zu einem Teil – deshalb in den Kanon aufgenommen wurden, weil sie zu einer bestimmten Zeit den je nach Stufe unterschiedlichen Erfordernissen des Sprachunterrichts entsprachen (Lentricchia & McLaughlin 1990, 240–3).

Die in der jüngsten Zeit geführten INTERPRETATIONsdebatten stehen auch mit der Kanondiskussion in Zusammenhang. Weisen verschiedene Generationen *King Lear* besondere Bedeutung zu, weil es 'in' dem Stück etwas gibt, das immer vorhanden ist und entdeckt werden kann? Oder ist es vielmehr so, daß *King Lear* jede Generation etwas von sich selbst und den Problemen, die sie beschäftigen, in das Stück einbringen läßt und Shakespeare dadurch (wie es im Titel von Jan Kotts Untersuchung heißt) zu 'unserem Zeitgenossen' macht? Oder bedeutet die Tatsache, daß sich die Literaturkritik über so lange Zeit so intensiv mit *King Lear* auseinandergesetzt hat, daß wir, wenn wir den TEXT lesen oder die Aufführung sehen, unweigerlich die Interpretationen früherer Generationen übernehmen? Kann man sich eine britische oder amerikanische Kultur in der Zukunft vorstellen, in der *King Lear* nicht ein wichtiges Kunstwerk mit seinem festen Platz im Kanon ist? Kann man sich eine Gesellschaft denken, in der Literatur zwar kulturell und bildungsmäßig wichtig ist, aber in der es nicht nur einen (oder gar keinen)

Kanon gibt? Entwickelt sich vielleicht sogar unsere Gesellschaft auf diesen Punkt hin?

Es hat verschiedene – mehr oder minder offene – Versuche gegeben, den Begriff *Literatur* nur für Werke des Kanons zu verwenden und ihn bei nicht zum Kanon gehörenden lyrischen, erzählenden oder dramatischen Werken durch andere Ausdrücke zu ersetzen. So bezeichnet etwa der Terminus *Trivialliteratur* Werke, die im weiteren Sinne 'literarisch' sind, aber nicht zum Kanon gezählt werden, wie zum Beispiel Kriminal- und Liebesromane oder Gedichte, die in sehr auflagestarken Zeitschriften erscheinen. Solche neuen Ausdrücke kamen auf, da der Begriff 'Literatur' im Laufe der Zeit eine Veränderung durchmachte; aus einer sehr allgemeinen Bezeichnung wurde ein sehr viel engerer und – etwa von Kritikern wie F.R. Leavis – nur sehr selektiv verwendeter Begriff. In jüngster Zeit kann man allerdings auch die entgegengesetzte Tendenz beobachten, weg von einer elitären Begriffsverengung hin zu einem wieder viel weiteren Begriff.

Kanons gibt es natürlich auf vielen Gebieten. Im Kontext des orthodoxen Marxismus würde man darunter die Werke der 'Gründungsväter' Marx, Engels und Lenin verstehen. Komplizierter wird es, wenn Werke, die man eigentlich nicht als Literatur betrachtet, Teil des literarischen Kanons werden: ein Beispiel wäre Boswells *Das Leben Samuel Johnsons*. In der Regel spricht man solchen Werken dann 'literarische' Qualitäten zu, um ihre Aufnahme in den Kanon zu rechtfertigen.

Kardinalfunktion → EREIGNIS

Karneval In den Schriften Michail Bachtins erhält die Bedeutung, die die Karnevalskultur in der Renaissance und im Mittelalter hatte, auch symbolisches Gewicht, indem sie für eine bestimmte Form von VOLKSTÜMLICHER Gegenkultur steht. Damals, so Bachtin, stand ein 'ganzes Universum von Lach-Formen und Lach-Äußerungen ... der offiziellen und im Ton seriösen Kultur des klerikalen und feudalen Mittelalters gegenüber' (1987, 52). Bei aller Vielfalt haben diese Formen und Produktionen einen gemeinsamen Stil 'und bilden zusammen die volkstümliche Lach- und Karnevalskultur' (1987, 52). Bachtin siedelt diese Kultur an der Grenze zwischen Kunst und Leben an, ja sieht in ihr 'das Leben selbst – in einer eigenen, spielerischen Ausformung' (1987, 55). Es gibt keine klare Trennung in Schauspieler und Zuschauer, niemand kann sich dem Karnevalsgeschehen entziehen, es gibt kein Leben außerhalb mehr.

Entsprechend bezeichnet Bachtin alle Formen einer Gegenkultur, die volkstümlich und demokratisch und gegen eine formelle und hierarchische offizielle Kultur gerichtet sind, als *karnevalistisch*. Wichtig ist hier der Gedanke der Einheit in der Vielfalt, des heterogenen Gleichklangs oder der POLYPHONIE vieler Stimmen, die den Karneval ausmachen. Im neueren Sprachgebrauch beziehen sich die Begriffe *Karneval* und *karnevalistisch* demnach auf traditionelle, sehr oft spontane, kulturelle Phänomene, die, wenn auch auf den ersten Blick sehr verschieden, Ausdruck einer gemeinsamen Gegenkultur sind. Ein typisches Merkmal des Karnevalistischen ist für Bachtin das Lachen, das in offiziellen Feiern nicht erlaubt ist – etwas, was Bachtin, der in der Sowjetunion unter Stalin schrieb, wohlvertraut war.

In seiner Dostoevskij-Studie führt Bachtin die Entstehung der 'Gattungen des Ernsthaft-Komischen' auf den 'transformierenden Einfluß des karnevalistischen Weltempfindens' zurück; diese Gattungen zeichnen sich, so Bachtin, vor allem durch drei Besonderheiten aus. Erstens, daß 'die lebendige, oft sogar aktuelle *Gegenwart* ihr ... Ausgangspunkt für das Verständnis, die Beurteilung und die Darstellung der Wirklichkeit' ist; zweitens, daß sie sich nicht auf *Überlieferung* stützen, sondern *bewußt* auf *Erfahrung* und *freie Erfindung*; und drittens zeichnet alle diese Gattungen 'die Vielzahl der Stile und verschiedenen Stimmen' aus (1971, 120–1).

Inwieweit in dieser Form tatsächlich Widerstand gegen die offizielle Kultur geleistet wird, ist umstritten. Ist der Karneval so etwas wie der Hofnarr, das akzeptierte Ventil, durch das die Kultur, die verspottet und parodiert wird, nur gestärkt wird? Oder handelt es sich dabei um den unangreifbaren ORT, an den sich eine wirklich oppositionelle Kraft zurückzieht, wenn ein offenerer Angriff auf die offizielle Kultur (und die dahinter stehende politische Macht) nicht möglich ist?

Für Bachtin entsteht im Karneval

> in konkret-sinnlicher, halb als real, halb als gespielt erlebter Form ein *neuer Modus menschlicher Beziehungen*, der den allmächtigen, sozial-hierarchischen Beziehungen des nicht karnevalistischen Lebens gegenübergestellt wird. (1971, 137–8)

Er ist ferner der Ansicht, daß die durch den Karneval legitimierte *Exzentrizität* 'den verborgenen Seiten der menschlichen Natur [erlaubt], sich in konkret-sinnlicher Form zu zeigen und auszudrücken' (1971, 138). Entsprechend interessiert er sich auch besonders für die Exzentriker in Dostoevskijs Romanen.

Dies alles spielt natürlich auch in die gegenwärtigen Diskussionen hinein, die über volkstümliche Kultur und Literatur, Pop-Kultur, kommerzielle Kultur und die Unterscheidung zwischen 'vom Volk' und 'für das Volk' geführt werden.

Katalysen → EREIGNIS

Kenosis → REVISIONISMUS

Kern(ereignis) → EREIGNIS

Kernfunktion → FUNKTION

Kernwort/Kernsatz In der STILISTIK ein Wort/ein Satz, dessen stilistisches Gewicht so stark ist, daß es/er die stilistische Kraft einer, wie auch immer definierten, Texteinheit wesentlich mitbestimmt.

Klasse Soziale Klassen fanden mit dem Aufkommen der MARXISTISCHEN Literaturwissenschaft in den 30er Jahren Eingang in den literaturwissenschaftlichen Diskurs. Der Begriff Klasse wird von marxistischer Seite (und selbst in Marx' eigenen Schriften) nicht immer einheitlich definiert, wobei die Definitionen in jüngster Zeit zunehmend anspruchsvoller werden. Allen gemeinsam ist, daß sie eine Klasse durch ihr Verhältnis zur ökonomischen Struktur der Gesellschaft definieren. Auf soziologischer Seite sieht man eine Klasse heute dagegen stärker im Kontext von Status, persönlichem Reichtum, KULTURELLER und IDEOLOGISCHER Bindung usw. Im traditionellen Marxismus ist ein Angehöriger der Arbeiterklasse dadurch definiert, daß er vom Verkauf seiner Arbeitskraft lebt (und nicht etwa von einem Kapital, von eigener landwirtschaftlicher Produktion oder von einer selbständigen Tätigkeit). So gehören, wie Alan Hunt es formuliert, zwei Personen, die beide vom Fensterputzen leben, dasselbe verdienen, derselben Kultur angehören und denselben Lebensstil haben, von einer traditionellen marxistischen Perspektive aus betrachtet, verschiedenen Klassen an, wenn eine der beiden Personen selbständig ist, während die andere bei einer großen Reinigungsfirma beschäftigt ist (1977, 89). Die allgemeine marxistische Auffassung ist, daß, wenn Menschen unterschiedlichen Klassen (wie der Marxismus sie definiert) angehören, sich daraus notwendigerweise auch Unterschiede in ihrer ökonomischen Situation, in ihrer Kultur und in ihren Überzeugungen ergeben; aus diesem Grund ist auch das Klassenkonzept für die Literaturwissenschaft relevant geworden, da man darin eine Möglichkeit sah, den Inhalt des Werkes eines Autors mit dessen Klassenzugehörigkeit in Beziehung zu setzen.

Bei einem Schriftsteller wie D.H. Lawrence wird man immer, das scheint klar, die Klassenfrage miteinbeziehen, doch lassen sich auch in das Werk ganz anderer Schriftsteller interessante Einblicke gewinnen, wenn man sich mit der Frage ihrer Klassenzugehörigkeit bzw. in weiterer Folge auch jener der jeweiligen Leser und Kritiker befaßt. Das kann allerdings dann schwierig sein, wenn Schriftsteller und Kritiker keine klaren Klassenpositionen einnehmen (wie etwa die Fensterputzer, deren Verhältnis zur ökonomischen Struktur der Gesellschaft nicht unbedingt durch ihre Arbeit festgelegt ist).

Von seiten der FEMINISTISCHEN Literaturwissenschaft hat man an der traditionellen marxistischen Klassendiskussion vor allem kritisiert, daß sie sich auf die (männlichen) 'Familienoberhäupter' beschränkt und Frauen automatisch jener Klasse zugeordnet werden, der ihre Ehemänner oder Väter angehören. Einige marxistische Feministinnen fordern darüber hinaus, bei der Definition von Klasse nicht nur die Produktion, sondern auch die Reproduktion als Faktor miteinzubeziehen.

Die wissenschaftliche Auseinandersetzung mit der POP-KULTUR hat auch zu einer verstärkten Beschäftigung mit der Frage der Klassenzugehörigkeit – und zwar sowohl der Produzenten als auch der Konsumenten dieser Kultur – geführt.

Koduktion   Ein von Wayne Booth geprägter Begriff (englisch *coduction*) zur Beschreibung eines Bewertungsprozesses, der kein rein persönlicher Prozeß ist, sondern ein gemeinschaftlicher, der auf 'die Erfahrung vieler Richter' baut, 'die auf keinen noch so rudimentären Kodex von Präzedenzfällen zurückgreifen können' (1988, 72). Booth schreibt weiter:

> Koduktion ist, wenn wir zur Welt sagen ... 'Von den Werken dieser allgemeinen Art, die ich kenne, scheint mir, *wenn ich meine Erfahrung mit der anderer mehr oder weniger qualifizierter Beobachter vergleiche*, dieses hier zu den besseren (oder schlechteren), den besten (oder den schlechtesten) zu gehören.' (1988, 72)

Kohärenz   Kohärenz hat immer mit der Vereinheitlichung ungleicher Elemente zu tun. Vielfach führt man den Glauben an die grundlegende Kohärenz eines Kunstwerkes auf die NEW CRITICS zurück, die bei der

ANALYSE literarischer Werke diese Kohärenz offenlegen wollten, indem sie die Spannungen, AMBIGUITÄTEN, Paradoxien und so weiter, durch die die verschiedenen Elemente eines WERKES ihre Kohärenz erhielten, untersuchten.

Der Begriff STRUKTUR deutet bereits das Vorhandensein einer inneren Kohärenz an. Ebenso wie grammatische und syntaktische Regeln ungleichen Satzteilen Kohärenz verleihen, impliziert das LINGUISTISCHE PARADIGMA, daß es auch in nicht-sprachlichen Strukturen eine solche Kohärenz gibt.

Lucien Goldmann verwendet den Begriff der Kohärenz etwas anders. Er schreibt:

> Die Weltanschauungen sind soziale Tatsachen, und die großen philosophischen und künstlerischen Werke stellen die *kohärenten* und adäquaten [Ausdrucksformen] dieser Weltanschauungen dar. (1971, 112)

Dies impliziert, daß literarische und andere Werke die IDEOLOGISCHE Funktion haben, etwas nicht Kohärentes so erscheinen zu lassen, als ob zumindest die einzelnen Teile kohärent wären.

In jüngster Zeit haben eine Reihe von Theoretikern kritisch angemerkt, daß der Versuch, in literarischen Texten oder in anderen Strukturen Kohärenz aufzufinden, auch ideologische Implikationen hat, indem Kampf, Widerspruch, Unschlüssigkeit eine falsche Ordnung aufgezwungen wird. Robert Young nennt als Beispiel Pierre Machereys Kritik am STRUKTURALISMUS, sofern dieser nach 'der geheimen Kohärenz eines Objektes' sucht (1981, 4), während Michel Foucault meint, daß eine der dem AUTOR zufallenden Rollen darin besteht, der 'beunruhigenden Sprache der Fiktion ihre Einheiten, ihren Zusammenhang', also ihre Kohärenz, zu geben (1991, 21).

Kritiker DEKONSTRUKTIVISTISCHER Ausrichtung haben eine sehr komplexe Beziehung zur Frage der Kohärenz; eine brauchbare Darstellung ihrer Position findet sich in Robert Youngs Vorwort zu Paul de Mans Aufsatz 'Action and Identity in Nietzsche'. Young zitiert folgende Stelle aus de Mans Vorwort zu Carol Jacobs 'The Dissimulating Harmony' (1978 veröffentlicht): '[Die Dekonstruktion] zeichnet sich durch die logische Kohärenz aus, die wir mit einer Beweisführung oder einer besonders eindrucksvollen Erzählung verbinden. Was bewiesen (bzw. eindrucksvoll dargestellt) wird, ist aber gerade der Verlust einer illusorischen Kohärenz' (Young 1981, 266). Dieses Paradoxon, von dem de Man spricht, scheint für viele dekonstruktivistische Schriften typisch: Eine scheinbar den strengen Regeln der Logik folgende (bzw. dies zumindest vorgebende) Argumentation, die dann aber zu Auflösung, Chaos, Versagen der Logik, MISE-EN-ABYME in verschiedensten Formen führt.

Kommissiva → SPRECHAKTTHEORIE

Kommunikationsmodell von Shannon & Weaver   1948 veröffentlichte der amerikanische Elektroingenieur Claude Shannon zwei bedeutende Aufsätze, in denen er statistische Methoden zur Messung des Informationswerts einer Nachricht vorschlug. Außerdem entwarf er darin ein Diagramm zur modellhaften Darstellung des Kommunikationsprozesses, das sich in der Folge als besonders einflußreich erwies. Nachdem 1949 diese Aufsätze mit einem weiteren Beitrag von Warren Weaver in Buchform veröffentlicht wurden, ist dieses Modell heute als 'Kommunikationsmodell von Shannon & Weaver' geläufig. Es ist von verschiedenen Anwendern immer wieder adaptiert worden, sieht aber grundsätzlich aus wie folgt:

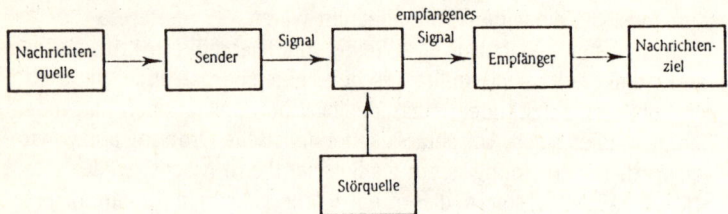

Kommunikationsmodell von Shannon und Weaver, 1949

Dieses Modell zielt zwar wohl grundsätzlich auf einen hohen Grad an Allgemeingültigkeit und Abstraktion ab, doch waren Shannon und Weaver als Elektroingenieure mit Information in einem nachrichtentechnischen Sinne befaßt, und Information war für sie problemlos *quantifizierbar*. Dennoch wurde ihr Modell von vielen Wissenschaftlern aus anderen Disziplinen aufgegriffen, und es erreichte vor allem durch die Entwicklung der SEMIOTIK viel weitere Kreise als seine Schöpfer beabsichtigt oder erwartet haben konnten. So läßt sich sein Einfluß mit großer Wahrscheinlichkeit in Roman Jakobsons Aufsatz 'Linguistik und Poetik' nachweisen, nämlich in dem Abschnitt, in dem Jakobson die sprachliche Kommunikation in folgende Einzelelemente zerlegt: *Sender, Nachricht, Empfänger, Kontext, Kode* und *Kontaktmedium* (1972, 118–

47). Jakobsons Position wird im Zusammenhang mit der Frage nach der Tauglichkeit dieser Termini im Bereich der Kunst und der Dichtung im Eintrag über die FUNKTIONEN DER SPRACHE diskutiert. Es läßt sich wohl behaupten, daß sich der Kommunikationsprozeß, wenn es um das Verstehen von Kunst geht, durch die Rolle, die die INTERPRETATION dabei spielt, wesentlich von der Übertragung quantifizierbarer Information, wie der Elektroingenieur sie übermittelt, unterscheidet. Der Elektroingenieur will, daß seine 'Nachricht' ihr 'Ziel' in unveränderter Form erreicht; der Dichter oder Romanautor dagegen will aber – und dem stimmen auch jene Theoretiker zu, die die INTENTION des Autors besonders betonen – nicht nur erreichen, daß sich in der Vorstellung des LESERS genau dasselbe vollzieht wie bei der Abfassung des Werkes in seiner eigenen Vorstellung. In diesem Zusammenhang ist auch darauf hinzuweisen, daß dem Wort *Nachricht* oder *Botschaft* in Diskussionen über Kunst im allgemeinen ein leicht abwertender Beigeschmack anhaftet.

In der modernen ERZÄHLTHEORIE brachte die Adaptation dieser mit großer Wahrscheinlichkeit von Shannon und Weaver übernommenen Termini zufriedenstellendere Ergebnisse. Als sehr aufschlußreich erwies sich etwa eine schematische Analyse dessen, was man traditionellerweise als *point of view* bezeichnete (→ PERSPEKTIVE), und in diesem Kontext erfüllen Termini wie *Sender* und *Empfänger* eine brauchbare und im allgemeinen nicht-REDUKTIONISTISCHE Funktion.

→ AKT/AKTANT

Kompetenz und Performanz   Die Unterscheidung zwischen Sprachkompetenz und Performanz (Sprachverwendung) geht auf den Sprachwissenschaftler Noam Chomsky zurück. Unter Kompetenz versteht Chomsky die Sprachregeln, die von einem Muttersprachler internalisiert sind und ihm das Hervorbringen und Verstehen grammatikalisch korrekter Sätze ermöglicht, unter Performanz dagegen das tatsächliche Hervorbringen von Sätzen. Durch seine Kompetenz ist der Muttersprachler auch in der Lage zu erkennen, ob ein bestimmter Satz grammatikalisch richtig ist oder nicht.

Diese Unterscheidung wurde auch von der Literaturwissenschaft übernommen, indem man analog zu den internalisierten Regeln einer Sprache von internalisierten Regeln oder KONVENTIONEN ausgeht, auf Grund derer kompetente LESER literarische WERKE lesen und verstehen können. Diese Analogie macht zwar deutlich, daß zwischen dem reinen Schreiben-und-Lesen-Können und der Fähigkeit, ein literarisches Werk in zufriedenstellender Weise lesen und darauf reagieren zu können, ein Unterschied besteht, hat aber auch einige Schwachstellen. Erstens geht es, während es bei Chomskys Kompetenz hauptsächlich um das *Hervorbringen* von richtigen Sätzen geht, bei der postulierten literarischen Kompetenz sehr oft vorrangig oder sogar ausschließlich um die *Lektüre oder die Rezeption* literarischer Werke. Zweitens scheint die literarische Kompetenz nicht so sehr biologisch als vielmehr KULTURELL bedingt zu sein (zu Chomskys vererbbarem 'Spracherwerbsmechanismus' gibt es kein literarisches Äquivalent). Drittens ist die literarische Kompetenz nicht bei allen Erwachsenen vorhanden, während wir, um sprechen zu lernen, keine Universität zu besuchen brauchen.

Eine Lösung dieses Problems findet sich vielleicht bei Umberto Eco, wenn er sagt, daß ein TEXT nicht allein auf einem von außen kommenden Kompetenzmodell beruht, sondern auch versucht, diese Kompetenz durch textliche Mittel zu erzeugen (1987, 68).

Die Unterscheidung zwischen Kompetenz und Performanz ist in einigen Aspekten mit der Unterscheidung zwischen LANGUE und PAROLE vergleichbar.

Konativ → FUNKTIONEN DER SPRACHE

Konkretisation　　Der Ausdruck *konkret* war ein Lieblingswort der New Critics und F.R. Leavis'. Als konkret beschrieben sie – und das galt als besondere Auszeichnung – Literatur (vor allem Lyrik), die – konkrete – Einzelheiten im Geiste des Lesers erstehen läßt, häufig etwa durch die direkte Evozierung erinnerter Sinneswahrnehmungen.

1931 erschien Roman Ingardens Buch *Das literarische Kunstwerk*. In unserem Zusammenhang bedeutend ist vor allem sein Gebrauch des Verbs *konkretisieren*. Nach Ingarden bilden, rein ontisch gesprochen (d.h. dem Sein nach), 'Sachverhalte ... zwei verschiedenartige Konkretisationen *derselben* Wesenheiten bzw. Ideen': 'der rein intentionale in der Form seinsheteronomer, auf die subjektive Operation relativer Konkretisation, der objektiv bestehende in der Form der für die jeweilig in Betracht kommende Seinssphäre charakteristischen Konkretisation, also im Falle eines in der realen Welt bestehenden Sachverhaltes in der Form der seinsautonomen Realisation der entsprechenden Wesenheiten bzw. Ideen' (1931, 169–70). Diese Unterscheidung ist kompliziert, macht es Ingarden aber möglich, über die Art und Weise zu sprechen, in der das literarische WERK durch den Leseakt konkretisiert wird. Er geht davon aus, daß der Leser literarischer Werke aufgrund der hier typischen 'Unbestimmtheitsstellen' 'bei der Lektüre und der ästhetischen Erfassung des Werkes gewöhnlich über das rein textmäßig Vorhandene (bzw. durch den Text Entworfene) *hinausgeht* und die dargestellten Gegenständlichkeiten in verschiedener Hinsicht *ergänzt*, so daß wenigstens manche von den Unbestimmtheitsstellen beseitigt und dabei übrigens oft durch solche Bestimmtheiten ausgefüllt werden, die durch den Text nicht bloß nicht bestimmt sind, sondern auch mit den durch ihn positiv bestimmten gegenständlichen Momenten nicht zusammenstimmen' (1931, 256–7). Der Leseakt wird hier als schöpferischer Prozeß aufgefaßt, in dem der Leser nicht nur das, was in irgendeiner Form im Text vorhanden ist, konkretisiert, sondern über das, was vom AUTOR vorgegeben oder auch nur intendiert ist, hinausgeht und es ergänzt. Brian McHale schreibt dazu:

> Die Komplexität des literarischen Kunstwerks, so erklärt uns |Ingarden|, liegt in erster Linie darin, daß es *heteronom* ist, indem es sowohl autonom, aus seinem eigenem Recht heraus, existiert, zugleich aber von den konstitutiven Bewußtseinsakten eines Lesers abhängig ist. (1987, 30)

In seinem Aufsatz 'Die Geschichte der Rezeption literarischer Werke' (1942) übernimmt der Prager Wissenschaftler Felix Vodička Ingardens Kategorie und entwickelt diese weiter. Für ihn beinhaltet die Erforschung der Konkretisation vergangener und zeitgenössischer literarischer Werke auch 'die Untersuchung des Werkes in der Gestalt, die der Konzeption der Zeit entsprach' (im besonderen seine Konkretisation in der Literaturkritik)' (1964, 73). Der zentrale Punkt für Vodička ist folgender:

> |N|achdem es ... nicht nur eine einzig richtige ästhetische Norm gibt, gibt es auch nicht nur eine Bewertung, und ein Werk kann Anlaß zu einer Vielzahl von Bewertungen geben, wobei seine Gestalt im Bewußtsein des Wahrnehmenden (seine Konkretisation) in ständiger Veränderung begriffen ist. (1964, 79)

Ingardens 'Unbestimmtheitsstellen' führen uns direkt zu einigen Theorien Wolfgang Isers über die schöpferische Rolle des Lesers.

→ PHÄNOMENOLOGIE; AKTUALISIERUNG; NORM

Konnotation und Denotation   Mit diesen beiden Begriffen werden zwei Arten der REFERENZ unterschieden: Die Grundbedeutung des Wortes 'militärisch', wie sie in Wörterbüchern angegeben wird, ist 'das Heerwesen oder Soldaten betreffend' (Denotation), zugleich beinhaltet das Wort aber für die Angehörigen einer gemeinsamen KULTUR eine ganze Reihe von Assoziationen – Uniform, Marschieren, Disziplin, Stärke, Männlichkeit, starre Kollektivität; diese Assoziationen sind die *Konnotationen* des Wortes. Denotationen sind in der Regel viel stärker fixiert als Konnotationen, das heißt, die Konnotationen eines Wortes verändern sich viel schneller als die Denotation.

In der Einführung zu seinem Buch *S/Z* betont Roland Barthes, daß man sich darüber, wie die Beziehung zwischen Konnotation und Denotation genau aussieht, keineswegs einig ist. Für manche ist die Denotation das Primäre und die Konnotation sekundär oder gar nicht existent.

> Unter Philologen wird behauptet, daß jeder Text einstimmig sei, Inhaber eines wahren, kanonischen Sinns; die zweiten, simultanen Sinngehalte werden in den Bereich der Hirngespinste von Kritikern verwiesen. Andere wiederum (die Semiologen) zweifeln die Hierarchie von Denotiertem und Konnotiertem an. Als Materie der Denotation ist Sprache, so sagen sie, mit Wörterbuch und Syntax ein System wie jedes andere. Es gibt keinen Grund, dieses System bevorzugt zu behandeln, daraus den Raum und die Norm einer ersten Sinngebung zu machen... (1976, 11)

Einwände dieser Art haben aber nichts daran geändert, daß man im allgemeinen von der Brauchbarkeit dieser Unterscheidung überzeugt ist.

In jüngster Zeit haben einige Theoretiker die Unterscheidung zwischen Konnotation und Denotation mit jener zwischen METONYMIE und METAPHER verglichen, und zwar insofern, als wir es sowohl bei Konnotationen als auch bei Metonymien mit KONTIGUITÄTSrelationen zu tun haben, während es bei Denotationen und Metaphern um KONVENTIONS-vermittelte Relationen geht. (Allerdings sind diese Relationen bei Denotationen UNMOTIVIERT, während Metaphern im allgemeinen auf MOTIVIERTEN Beziehungen gründen, oder auf Ähnlichkeiten, die außerhalb des jeweiligen BEDEUTUNGSsystems liegen. Die Ähnlichkeit, die Friedensstifter und Kriegshetzer mit Tauben und Falken haben, hat nichts mit einer bestimmten Sprache zu tun, während die Denotation des Wortes 'Krieg', nämlich 'bewaffneter Konflikt', spezifisch für die deutsche Sprache und daher unmotiviert ist.)

Konnotationen und Denotationen sind nicht nur sprachliche Phänomene: Das Zeichen des Kreuzes, Uniformen, expressive Gesten, Landschaftsdarstellungen – sie alle besitzen auch Konnotationen und Denotationen.

Literaturkritiker und LESER müssen sich unweigerlich mit Konnotationen und Denotationen auseinandersetzen, auch wenn sie nicht unbedingt immer diese Begriffe dafür verwenden; Gérard Genette ist etwa der Ansicht, daß die Literatur die 'Domäne der Konnotationen par excellence' ist (1966, 191). Vor allem machten aber die NEW CRITICS und die ihnen nahestehenden Theoretiker auf die Unterscheidung aufmerksam. Wie ein Gedicht funktionierte, das hing in ihren Augen auch sehr stark von Konnotationen ab, und sie sahen daher eine große Gefahr in der 'Häresie der Paraphrase': Wörter hatten vielleicht dieselben Denotationen, aber andere – und mit großer Wahrscheinlichkeit unpassende – Konnotationen. Einen Aspekt haben die New Critics dabei allerdings unterschätzt: Wenn Konnotationen so flüchtig und kultur- (um nicht zu sagen personen-) spezifisch sind, dann dürfte die 'Bedeutung' eines Gedichtes wohl nicht so eindeutig feststehen, wie sie es gerne behaupteten.

Dieser Aspekt der Unterscheidung zwischen Konnotation und Denotation ist vor allem auch für neuere Theoretiker von Interesse. Das Augenmerk wird vom einzelnen Schriftsteller oder Leser und vom literarischen WERK weg hin auf den größeren Kontext der Kultur und der historischen Entwicklungen gelenkt. Polemischen Gebrauch davon machen vor allem auch Theoretiker, die für die Flüchtigkeit, Instabilität und sogar Nicht-Existenz textueller Bedeutung eintreten.

→ SYNTAGMATISCH UND PARADIGMATISCH

Konstative Äußerung → SPRECHAKTTHEORIE

Konstruktion → DEKONSTRUKTION

Kontaktmedium → FUNKTIONEN DER SPRACHE

Kontext → FUNKTIONEN DER SPRACHE

Kontiguität Wörtlich Berührung. Das Konzept der METONYMIE basiert auf Kontiguitätsrelationen; bedeutende theoretische Arbeiten dazu stammen aus dem Bereich der SEMIOTIK und aus der Literaturwissenschaft. Auch der Freudsche Begriff der VERSCHIEBUNG gründet in gewissem Maße auf Kontiguitätsrelationen: Meine Angst vor meinem Chef kann in einem Traum zum Beispiel auf die Angst vor der Farbe Blau übertragen werden, wenn der Chef oft Anzüge dieser Farbe trägt. Der Verschiebungsprozeß basiert auf der Kontiguitätsrelation: Chef → blau.

Michail Bachtin unterscheidet zwischen einer inneren Verbindung und einer rein äußerlichen Berührung; Leben, die einander nur äußerlich berühren, so stellt er fest,

> sind verschlossen und taub, hören und antworten einander nicht. Zwischen ihnen gibt es und kann es keine dialogischen Beziehungen geben. (1971, 79)

→ KONNOTATION UND DENOTATION

Konvention   Herkömmlicherweise versteht man unter Konventionen entweder die Zugeständnisse seitens der LESER und des Publikums an die Vorgaben bestimmter GENRES oder die formalen Bedingungen, die mit diesen Genres oder Subgenres verknüpft sind. So ist es eine Konvention, daß die Schauspieler im Theater normalerweise dem Publikum zugewandt sind; ebenso üben Konventionen sowohl auf den Dichter als auch auf den Leser eines Gedichts hinsichtlich dessen formaler STRUKTUR einen gewissen Druck aus.

Die moderne Literaturtheorie befaßt sich, ebenso wie auch andere theoretische Richtungen, sehr intensiv damit, wie Regel- oder Konventionssysteme der Produktion oder dem Erkennen von ZEICHEN und BEDEUTUNGEN zugrunde liegen. Eine wichtige Rolle spielen hier die Vertreter des STRUKTURALISMUS. Jonathan Culler schreibt dazu:

> Der Strukturalismus gründet daher ... auf der Erkenntnis, daß die Bedeutung menschlicher Handlungen oder Produktionen auf ein System von Unterscheidungen und Konventionen zurückgeht und von diesem ermöglicht wird. (1975, 4)

Ganz allgemein kann man sagen, daß ein Zeichen, das seine Bedeutung von einem System von Konventionen ableitet, *unmotiviert* ist, während ein Zeichen, dessen Bedeutung unabhängig von solchen vereinbarten oder allgemein anerkannten Konventionen besteht, *motiviert* ist.

Die Formulierung 'vereinbart oder allgemein anerkannt' ist hier nicht unwesentlich: Konventionen können entweder *künstlich* sein, das heißt, sie werden festgelegt, vereinbart und auf Grund einer bewußten Entscheidung befolgt; oder sie sind eher *natürlich* und entwickeln sich auf weniger geplante Art und Weise, so wie etwa bestimmte Regeln notwendig sind, um Kommunikation zu ermöglichen und zu standardisieren. Die Konventionen hinsichtlich der Präsentation wissenschaftlicher Arbeiten sind eher künstlich: sie werden von einer Gruppe von Personen oder von nur einer Person ausgearbeitet; im Gegensatz dazu sind die Konventionen, die das Verhalten von INTERPRETATIONSGEMEINSCHAFTEN bestimmen, in viel stärkerem Maße natürlich: sie entwickeln sich durch stillschweigende Übereinkunft, ohne daß sie irgendwann von irgend jemandem erdacht und niedergeschrieben werden.

Es ist für natürliche Konventionen bezeichnend, daß sie sehr oft nicht einmal als solche wahrgenommen werden, sondern von jenen, die mit ihnen vertraut sind und sie anerkennen, als naturgegeben angesehen werden. Will man sie *verändern*, muß man schockieren: Ein Beispiel dafür wäre der VERFREMDUNGSEFFEKT, durch den Brecht seinem Publikum die Konventionen des Theaters, in denen es gefangen war, bewußt machen und es zur Ablehnung dieser Konventionen veranlassen wollte. Das meist abwertend gebrauchte Adjektiv *konventionell* impliziert daher auch die Erkenntnis, daß Konventionen in der Literatur und in der Kunst, werden sie mechanisch und undifferenziert befolgt, eine lähmende Wirkung haben: Wenn wir ein Theaterstück als 'ganz konventionell' bezeichnen, meinen wir damit, daß die Konventionen zu Klischees geworden sind und unübersehbar wie spitze Knochen aus dem Fleisch des Stückes ragen.

→ REGISTER

Konversationelle Implikatur → SPRECHAKTTHEORIE

Konversationsmaximen → SPRECHAKTTHEORIE

Kooperationsprinzip → SPRECHAKTTHEORIE

Kopernikanische Wende   Eine in der neueren Literaturtheorie beliebte Metapher zur Beschreibung einer Reihe von Dezentrierungsprozessen, die damit verglichen werden, wie Kopernikus' Entdeckungen den Glauben, daß die Erde das ZENTRUM des Universums sei, unhaltbar machten. In seinem Essay 'Freud und Lacan' erwähnt Louis Althusser, daß Sigmund Freud (nicht nur bei dieser Gelegenheit) 'die kritische Aufnahme seiner Entdeckung mit den Erschütterungen der kopernikanischen Wende' verglich. Seit Kopernikus, so Althusser weiter,

> wissen wir, daß die Erde nicht das 'Zentrum' des Universums ist. Seit Marx wissen wir, daß das menschliche Subjekt, das ökonomi-

sche, politische oder philosophische Ego nicht das 'Zentrum' der
Geschichte ist – und wir wissen gar, entgegen den Philosophen der
Aufklärung und gegen Hegel, daß die Geschichte kein 'Zentrum'
hat, sondern eine Struktur, die nur in ideologischer Verblendung ein
notwendiges Zentrum besitzt. (1970, 33)

Seit Freud nun, so fügt Althusser hinzu, wissen wir, daß das reale SUBJEKT,
'das Individuum in seinem singulären Wesen nicht die Gestalt eines Ego
hat', das auf das Bewußtsein oder die Existenz zentriert ist, sondern daß
'das menschliche Subjekt ohne Zentrum ist' (1970, 33). Jacques Lacan
macht von Freuds Bemerkungen über die kopernikanische Wende ähnlich
Gebrauch, und Catherine Belsey zählt außerdem auch noch Ferdinand de
Saussure zu den 'Dezentrierern', die, so Belsey, die Sprache dezentrierten
und damit die Metaphysik der PRÄSENZ, die bis dahin die westliche Philosophie dominiert hatte, in Frage stellten (1980, 136).

Für die Literaturkritik von Bedeutung ist Belseys Schluß, daß die
Epoche der Metaphysik der Präsenz dem Untergang geweiht ist, 'und
damit auch alle Analyse-, Erklärungs- und Interpretationsmethoden, die
von einem einzigen, niemals in Frage gestellten vor-kopernikanischem
Zentrum ausgehen' (1980, 137). Im besonderen wird der TEXT (der
literarische Text ebenso wie jeder andere) nicht mehr als Ursprung und
Zentrum dessen betrachtet, was er BEDEUTET; die Bedeutung des Textes
ist von einem festen Zentrum losgelöst und besitzt daher nicht mehr die
von seiner Identität abgeleitete Fixiertheit. Diese Position paßt zu einigen anderen für die INTERPRETATION relevanten Theorieansätzen: die
Theorie vom Tod des AUTORS und die Gewichtsverlagerung weg vom
WERK hin zum Text.

Hier drängt sich die Frage auf, inwieweit solche Argumentationen
die Position, die sie angreifen, parodieren. Es finden sich zwar Kritiker,
die 'den Text an sich' oder 'die INTENTION des Autors' als alleiniges
bedeutungsbestimmendes 'Zentrum' betrachten, doch sind solche Positionen nicht repräsentativ für die moderne Literaturkritik oder -theorie
(auch nicht für die des 20. Jahrhunderts). Ein Beispiel soll genügen:
William Empsons äußerst einflußreiches Buch *Seven Types of Ambiguity*
(Erstveröffentlichung 1930) enthält sehr viele ANALYSEN und INTERPRETA-
TIONEN von Gedichten oder Teilen daraus, doch keine davon postuliert
eine Auffassung des Gedichtes oder des Interpretationsprozesses, die
man als kopernikanisch bezeichnen könnte.

→ ÉPISTÉMÈ; WISSENSCHAFTSTHEORETISCHER EINSCHNITT; PARADIGMAWECH-
SEL; PROBLEMATIK

Kratylismus Von Platons Dialogschrift *Kratylos*, in der die Gesprächs-
teilnehmer darüber diskutieren, ob die Benennung der Dinge motiviert
ist oder nicht: Die Theorie, daß die Relation zwischen Wörtern und
dem, was sie bezeichnen, nicht KONVENTIONSbedingt ist, sondern daß
jedes Ding eine ihm von Natur aus zukommende Bezeichnung hat.

Vergleiche die Begriffe *motiviert* und *unmotiviert* im Eintrag ARBITRA-
RITÄT.

Krise Im traditionellen literaturkritischen Sprachgebrauch der Punkt,
an dem sich das Schicksal des Helden wendet. In neuerer Zeit unterscheidet Mieke Bal (1985) zwischen *Krise* und *Entwicklung*: Der erste
Begriff bezeichnet eine kurze Zeitspanne, in der viele Ereignisse zu-
sammengedrängt sind, der zweite eine längere Zeitspanne, in der, wie
das Wort schon sagt, eine Entwicklung stattfindet.

Kritiker des Bewußtseins → PHÄNOMENOLOGIE

Kultur Für die deutsche Kulturphilosophie charakteristisch ist die
Unterscheidung zwischen Kultur und Zivilisation, die der englische oder
französische Sprachgebrauch nicht kennt, wobei Kultur herkömmlicherweise als 'der Ausdruck und der Erfolg des Selbstgestaltungswillens eines
Volkes oder eines Einzelnen' definiert wird, und Zivilisation als 'das
Insgesamt der Errungenschaften der Technik und des damit verbundenen Komforts' (Schmidt 1978).

Raymond Williams zählt in seinen *Keywords culture* zu 'den zwei
oder drei komplexesten Wörtern der englischen Sprache' (1976, 76),
was natürlich in nicht minderem Maße, abgesehen von der oben genannten Unterscheidung, auch für das deutsche Wort *Kultur* gilt. Die
Gründe dafür liegen einerseits, so Williams, in der historischen Entwicklung des Wortes in den verschiedenen europäischen Sprachen, andererseits aber auch darin, daß es heute für eine ganze Reihe wichtiger Konzepte in einer Reihe verschiedener wissenschaftlicher Disziplinen verwendet wird. Seine Erörterung des Begriffs ist eine eingehende Lektüre
wert; an dieser Stelle sei nur kurz seine Unterscheidung zwischen drei
Verwendungskategorien umrissen: So versteht man heute unter Kultur
erstens 'einen allgemeinen Prozeß intellektueller, geistiger und ästhetischer Entwicklung'; zweitens 'eine bestimmte Lebensweise' eines Volkes, einer Zeit oder einer Gruppe; drittens 'die Werke und Verfahren intellektueller und im besonderen künstlerischer Tätigkeit' (1976, 80).

In der neueren literaturkritischen Diskussion wird der Begriff vor allem von jenen verwendet, die ohne Rückgriff auf MARXISTISCHES Vokabular Literatur in einen sozialhistorischen Kontext setzen möchten, wobei jedoch anzumerken ist, daß Marxisten ihre eigene Definition des Kulturbegriffs geliefert haben. In einem 1937 veröffentlichten Artikel stellt Edgell Rickword fest, daß für Marxisten

> Kultur nicht eine Ansammlung von Kunstwerken, philosophischen Ideen oder politischen Konzepten ist, die von besonders begabten Menschen ganz oben auf der sozialen Pyramide zusammengetragen werden, sondern die ererbte Lösung von Problemen, die für die Gesellschaft lebenswichtig sind. (1978, 103)

Diese Definition grenzt Kultur klar von verwandten Begriffen wie BASIS UND ÜBERBAU ab, beschränkt sie zugleich aber auch auf *Lösungen*. Im neuern Sprachgebrauch, vor allem auch vor dem Hintergrund des noch jungen Zweiges der CULTURAL STUDIES, wird Kultur als Erbe nicht nur von Lösungen betrachtet, sondern hinsichtlich aller drei von Raymond Williams genannten Definitionen. Für FEMINISTINNEN ist es vor allem wichtig, einige oder auch alle GESCHLECHTSspezifischen Charakteristika und Rollen kulturellen und weniger biologischen Einflußfaktoren zuzuordnen.

Der englische Ausdruck *popular culture* (bisweilen als Pop-Kultur ins Deutsche übertragen) bezieht sich auf die Kultur einer untergeordneten Gruppe oder KLASSE, die sich von der herrschenden oder dominanten Kultur einer bestimmten Gesellschaft unterscheidet, wobei dominant entweder bedeutet, daß diese Kultur weiter verbreitet ist oder höher geschätzt wird oder daß sie die Interessen einer herrschenden Klasse oder Gruppe widerspiegelt. Der Terminus *popular* (vgl. POPULÄR) ist dabei an sich schon problematisch, indem er entweder impliziert, daß etwas *für* das Volk ist oder *vom* Volk (in diesem Sinne ersetzt dann oft *folk culture* den Ausdruck *popular culture*). So könnte man zum Beispiel die Romane von Robert Tressell und Agatha Christie als *popular fiction* kategorisieren oder auch nicht, je nach gewählter Definition.

→ MATERIALISMUS; POPULÄR; GEFÜHLSSTRUKTUREN. Zu *Cultural Materialism* siehe NEW HISTORICISM UND CULTURAL MATERIALISM.

Kultureller Code → CODE

Kulturmaterialismus → NEW HISTORICISM UND CULTURAL MATERIALISM

L

Langue und parole Die wahrscheinlich wichtigste – und in der Folge einflußreichste – Unterscheidung, die Ferdinand de Saussure in seinen *Grundfragen der allgemeinen Sprachwissenschaft* eingeführt hat. Im Deutschen und Englischen wird heute üblicherweise das französische Begriffspaar beibehalten; daneben werden *langue* und *parole* im Deutschen durch *Sprachsystem* und *Sprachverwendung*, *Sprechen*, *Rede* wiedergegeben, im Englischen durch *language* (manchmal auch *a* oder *the* language oder *language-system*) und *speaking*, *speech*, *language-behaviour*.

Im Interesse größerer Klarheit werden andere in den folgenden Zitaten verwendete Ausdrücke durch |langue| oder |parole| – in eckigen Klammern – ersetzt. Saussure schreibt:

> Wenn wir die Summe der Wortbilder, die bei allen Individuen aufgespeichert sind, umspannen könnten, dann hätten wir das soziale Band vor uns, das die |langue| ausmacht. Es ist ein Schatz, den die Praxis |der parole| in den Personen, die der gleichen Sprachgemeinschaft angehören, niedergelegt hat, ein grammatikalisches System, das virtuell in jedem Gehirn existiert, oder vielmehr in den Gehirnen einer Gesamtheit von Individuen; denn die |langue| ist in keinem derselben vollständig, vollkommen existiert sie nur in der Masse. (1967, 16)

Hier sind vor allem vier Punkte hervorzuheben. Erstens, daß, wie durch den Einschub 'die der gleichen Sprachgemeinschaft angehören' klar wird, mit 'allen Individuen' alle Menschen innerhalb einer bestimmten Sprachgemeinschaft gemeint sind. Zweitens, daß Sprache überindividuell ist: Würden Marsmenschen einen Engländer kidnappen, könnten sie nur von diesem allein nicht die englische Sprache herleiten. Drittens, daß Sprache ein *System* ist, und zwar ein System mit generierender Kraft ('das virtuell in jedem Gehirn existiert'). Wenn also die erwähnten Marsmenschen in der Lage wären, alle gehörten englischen Sprachäußerungen zu sammeln und in einen Supercomputer einzugeben, hätten sie damit noch immer nicht die englische Sprache vor sich, weil die Sprache jenes Regelsystem ist, das nicht nur alle diese englischen Sprachäußerungen hervorbringen kann, sondern darüber hinaus auch alle *potentiellen, bisher aber noch nicht getätigten Sprachäußerungen.* (Allerdings stellt Saussure [1967, 17] auch fest, daß uns, auch wenn wir tote Sprachen nicht mehr sprechen, deren sprachlicher Organismus [langue] zugänglich ist; das heißt, daß langue *sehr wohl* auch jenen zugänglich sein kann, die nicht in der Lage sind, parole-Akte zu *erzeugen*, wenn sie nämlich alle bis dahin erzeugten parole-Akte verstehen.) Viertens können Muttersprachler auf Grund der Systemhaftigkeit auch alle Sprachäußerungen, die (von anderen Menschen) richtig hervorgebracht werden, *verstehen.*

Saussure betont, daß langue nicht eine Funktion der sprechenden Person ist: sie wird vom Einzelnen passiv 'einregistriert' und braucht nicht vorher überlegt zu werden (im Gegensatz zum Sprechen einer *Fremdsprache*). Parole dagegen ist, so Saussure, 'ein individueller Akt des Willens und der Intelligenz' (1967, 16).

Hier bietet sich der alte Vergleich der Sprache mit dem Schachspiel an, wobei langue den Spielregeln des Schach und parole einzelnen Partien oder 'Schachakten' entspricht. Schach ist ganz offensichtlich mehr als nur alle bisher gespielten Partien: es umfaßt alle Partien, die die Spielregeln zulassen (einschließlich all jener, die vielleicht niemals gespielt werden, weil eine bestimmte Schachpartie ihre Bedeutung zum Teil auch durch die Partien erhält, die sie nicht ist, Partien, die vielleicht nie gespielt werden). Und während eine Schachpartie in gewissem Sinne den Spielern, die sie spielen, 'gehört', ist das Schach an sich überindividuell und seinem Wesen nach sozial: es ist im Besitz der Schachgemeinschaft. (Ob man das auf eine übergeschichtliche Schachgemeinschaft ausdehnen sollte, ist schwer zu entscheiden: Sowohl Schach als auch Sprache sind zweifellos das Produkt historischer Prozesse, doch sieht Saussure das System vor allem SYNCHRON, wie es zu einem bestimmten Zeitpunkt überindividuell vorhanden ist.)

Sowohl Roland Barthes (1987) als auch Jonathan Culler (1975) haben in den ersten Jahren, als man sich wieder verstärkt für die Arbeiten Saussures zu interessieren begann, darauf hingewiesen, daß die Zuweisung verschiedener Elemente in den Bereich der langue oder der parole keineswegs so unproblematisch ist, doch hat sich die grundlegende Unterscheidung zwischen Regelsystem und Verhalten in einer ganzen Reihe von Zusammenhängen als sehr fruchtbar herausgestellt. Möglicherweise setzt das neuerdings erwachte Interesse für die PRAGMATIK einem unkritischen Gebrauch dieser Unterscheidung ein Ende: In unserer post-pragmatischen Zeit wird Saussures Behauptung, daß die 'Wissenschaft von der Sprache' überhaupt nur möglich ist, 'wenn diese andern Elemente |parole| nicht damit verquickt werden' (1967, 17), nur mehr von wenigen vorbehaltlos akzeptiert. Culler scheint (auch in anderen seiner Schriften) die Begriffe langue und parole weitgehend bedeutungsgleich mit Chomskys KOMPETENZ UND PERFORMANZ zu gebrauchen (1975, 9).

In der Literaturkritik wurde diese Unterscheidung als Modell sehr einflußreich. STRUKTURALISTISCHE Kritiker haben mit Hilfe des LINGUISTISCHEN PARADIGMAS versucht, im 'Literatursystem' Parallelen zu langue und parole zu finden. In einem (1974 in französischer Sprache) erschienenen Essay mit dem Titel 'Strukturalismus und Literaturwissenschaft' schreibt Gérard Genette:

> Die literarische 'Produktion' ist |parole| im Sinne Saussures, eine Reihe von individuellen, teilweise autonomen und unvorhersehbaren Akten. Der 'Konsum' von Literatur durch die Gesellschaft ist hingegen |langue|, d.h. ein Ganzes, dessen Elemente, ganz gleich welcher Art und wieviel sie sind, dahin tendieren, sich zu einem kohärenten System zusammenzufügen. (1972b, 83)

Eine interessante Weiterführung dieser Analogie findet sich bei Jonathan Culler, der wiederholt versucht, zwischen einer allgemeinen LITERARIZITÄT und spezifischen LEKTÜREakten, die durch die Literarizität ermöglicht werden, zu unterscheiden. Culler bezieht sich dabei nicht immer direkt auf Saussure, sondern oft auch auf Chomskys Unterscheidung zwischen Kompetenz und Performanz, was jedoch, wie oben angedeutet, keinen großen Unterschied machen dürfte.

Culler ist der Auffassung, daß, so wie die Linguistik eine Neuorientierung erfuhr, als man erkannte, daß die Beschreibung einer begrenzten Anzahl von Sätzen nicht mehr genügte, und daß 'die Linguistik statt dessen die Fähigkeit der Muttersprachler beschreiben muß, was sie können, wenn sie eine Sprache können', die Literaturwissenschaft auch 'eine Poetik werden, die Bedingungen von Bedeutung untersuchen muß' (1980, 49), und sich nicht länger damit zufrieden geben darf, 'ein Korpus von Werken zu analysieren' (1980, 50). In diesem Sinne ist Literatur als INSTITUTION zu sehen:

> Ebenso wie Lautfolgen nur im Kontext der Grammatik einer Sprache Bedeutung haben, können literarische Werke sehr verwirrend sein, wenn man von den Konventionen des literarischen Diskurses, von der Literatur als Institution, keine Kenntnis hat. (1980, 49)

Nach Culler sind 'die Konventionen, die Literatur möglich machen, dieselben, ob man nun den Standpunkt des Lesers oder des Autors einnimmt', und er ist weiter der Ansicht, daß 'man als Leser selbst alle notwendigen Experimente ausführen kann' (1980, 50, 51).

Hier sind allerdings einige Punkte zu bedenken. Wir scheinen uns sehr weit von Saussures überindividuellem System (langue) entfernt zu haben hin zu einer Kompetenz, die jedem durch Introspektion zugänglich ist. Ein klarer Unterschied zwischen sprachlicher und literarischer Kompetenz scheint darüber hinaus zu sein, daß, während es bei ersterer *sowohl* um das Hervorbringen *als auch* um das Verstehen aller grammatikalisch richtigen Sätze der Muttersprache geht, die literarische Kompetenz sich für die meisten Menschen auf das Verstehen beschränkt und nicht auch die Produktion literarischer Werke miteinschließt. Ein weiterer Punkt ist der, daß, während langue (wie Saussure betont hat – siehe oben) vom Einzelnen passiv 'einregistriert' wird und keine vorherige Überlegung voraussetzt, die literarische 'Kompetenz' ein Bildungssystem vorauszusetzen scheint, wodurch sie erst eine bestimmte Stufe erreichen kann. In unserer KULTUR scheint der niedrigste gemeinsame Nenner der literarischen Kompetenz wohl um einiges niedriger zu sein als jener der sprachlichen Kompetenz.

Genette und Culler sind aber keineswegs die einzigen Theoretiker, die die Unterscheidung von langue und parole auf den Bereich der Literatur anwenden. In seinem Buch *Introduction to Poetics* definiert Cvetan Todorov Poetik ausdrücklich als die wissenschaftliche Beschäftigung mit dem literarischen Äquivalent von langue.

> Hier ist nicht das literarische Werk selbst Gegenstand der strukturalen Aktivität: was diese erfragt, sind die Eigentümlichkeiten dieser besonderen, nämlich der literarischen Rede. Jedes Werk wird also nur als die Manifestation einer weit allgemeineren abstrakten Struktur betrachtet, von der sie nur eine mögliche Verwirklichung ist. Insofern befaßt sich diese Wissenschaft nicht mehr mit der wirklichen Literatur, sondern mit der möglichen, mit anderen Worten: mit der abstrakten Eigenschaft, welche die Eigentümlichkeit des literarischen Faktums ausmacht, der *Literalität*. (1973, 108)

Diese Neuorientierung hat zweifellos große Vorteile gebracht. Es werden damit verstärkt der LESER und der Lektüreprozeß in den Vordergrund gerückt, man muß sich nun überlegen, ob es unveränderliche Regeln für die Lektüre oder INTERPRETATION literarischer Werke gibt, die zum Teil oder zur Gänze die Institution Literatur konstituieren, und der Schwerpunkt vieler Debatten hat sich damit weg von der Interpretation einzelner TEXTE hin zu den der literarischen Interpretation zugrundeliegenden Prinzipien verlagert. Dadurch werden auch (oft unbeabsichtigt) kulturelle und IDEOLOGISCHE Determinanten bei der literarischen Lektüre und Interpretation verstärkt ins Blickfeld gerückt.

Dennoch sind die Versuche, das langue/parole-Konzept auf die Literatur und die Literarizität anzuwenden, in mancherlei Hinsicht nicht unproblematisch; auf einige Aspekte wurde bereits hingewiesen. Auf einen weiteren Punkt sei an dieser Stelle noch aufmerksam gemacht: Während Culler das literarische Äquivalent zur parole in der *Analyse* einzelner Texte sieht, betrachtet Todorov diese Texte (er spricht allerdings von Werken, nicht Texten) *selbst* als Akte literarischer parole – wohingegen Genette unter der literarischen parole die *Produktion* von Literatur versteht (siehe oben). Diese unterschiedlichen Standpunkte – und die Tatsache, daß es hier überhaupt Unterschiede geben kann – läßt vermuten, daß die literarische Assimilierung des langue/parole-Begriffspaares doch nicht so direkt und einfach vonstatten geht, wie das manchmal behauptet wird.

Leitmotiv → THEMA UND THEMATIK

Leerstelle → ABSENZ; ELLIPSE; FIGUR; PHÄNOMENOLOGIE

Lektürecodes → CODE

Lektüreposition Nach Anne Cranny-Francis läßt sich durch den Begriff der Lektüreposition verdeutlichen, wie ein Lesepublikum durch einen literarischen TEXT konstruiert wird. Unter Lektüreposition versteht sie 'die Position, die ein Leser einnimmt und von der aus der Text kohärent und verständlich erscheint' (1990, 25). Anders ausgedrückt: Der Text *positioniert* den LESER. Ebenso wie wir irgendwelche Gegenstände nur von einer bestimmten Position aus sehen, muß der Leser bei der Lektüre von Jane Austens *Pride and Prejudice* einen bestimmten Standpunkt hinsichtlich der Werte und Verfahren der ERZÄHLUNG einnehmen, sofern er sich nicht dazu entscheidet, das WERK GEGEN DEN STRICH zu lesen. In neuerer Zeit ist man vor allem auch daran interessiert, wie ein Text den Leser IDEOLOGISCH positioniert. Wie man aus der Politik weiß, kann schon die Bereitschaft zu Verhandlungen gewisse Konzessionen bedeuten; Kritiker, die von Lektürepositionen sprechen oder davon, wie ein Text den Leser positioniert, sind der Ansicht, daß der Leser, sobald er mit der Lektüre eines literarischen Werkes (als literarisches Werk) beginnt, möglicherweise schon bestimmte Konzessionen eingeht, wenn auch nicht immer bewußt.

Lesbare und schreibbare Texte Die Übersetzung der von Roland Barthes in *S/Z* (1976, 8) geprägten Begriffe *lisible* und *scriptible*. Barthes unterscheidet zwischen traditionellen literarischen WERKEN, wie etwa dem klassischen Roman, die auf dem Autor und dem LESER gemeinsame KONVENTIONEN zurückgreifen und daher in ihrer Bedeutung (teilweise) fixiert oder GESCHLOSSEN sind, und Werken vor allem des 20. Jahrhunderts, die derartige Konventionen verletzen und damit den Leser dazu zwingen, eine Bedeutung oder Bedeutungen zu erarbeiten, die zwangsläufig nie endgültig oder 'richtig' sein werden.

> Der schreibbare Text ist ständige Gegenwart, und kein *konsequentes* Sprechen (das ihn zwangsläufig in Vergangenheit verwandeln würde) kann sich ihm aufstülpen. Der schreibbare Text, das sind *wir beim Schreiben*, bevor das nicht endende Spiel der Welt (die Welt als Spiel) durch irgendein singuläres System (Ideologie, Gattung, Kritik) durchschritten, durchschnitten, durchkreuzt und gestaltet worden wäre, das sich dann auf die Pluralität der Zugänge, die Offenheit des Textgewebes, die Unendlichkeit der Sprachen niederschlägt. (1976, 9)

Lesbare Texte sind dagegen Produkte (und nicht Produktionen) und bilden die große Masse unserer Literatur (1976, 9).

Hinter diesen Aussagen steht eine polemische Absicht: Barthes, so gibt er selbst zu, möchte die herkömmliche Trennung der Arbeit in jene der Produzenten und jene der Konsumenten, jene von Autor und jene von Leser, umstoßen. Der schreibbare Text tut dies, indem er den Leser dazu zwingt, sich auf den Vorgang des Schreibens einzulassen – das heißt, in einer Art und Weise schöpferisch zu sein, wie es traditionellerweise dem Autor zukommt. 'Weil es das Vorhaben der literarischen Arbeit (der Literatur als Arbeit) ist, aus dem Leser nicht mehr einen Konsumenten, sondern einen Textproduzenten zu machen' (1976, 8). Dies deckt sich natürlich mit Barthes' Betrachtungen über den Tod des Autors; → AUTOR

Eine ähnliche Unterscheidung trifft Umberto Eco in seiner zuerst in englischer Sprache veröffentlichten Schrift *The Role of the Reader* (1981) zwischen OFFENEN UND GESCHLOSSENEN TEXTEN.

Lesergemeinschaft → INTERPRETATIONSGEMEINSCHAFT

Leser und Lektüre   Der amerikanische Kritiker Stanley Fish schreibt in seinem 1980 veröffentlichten Buch *Is there a Text in this Class?*:

> Vor zwanzig Jahren befaßten sich Literaturkritiker nicht mit dem Leser, jedenfalls nicht in dem Sinne, daß sie seine Erfahrungen zum Gegenstand ihrer kritischen Betrachtungen machten. (1980, 344)

Seit der Veröffentlichung von Fishs Buch hat man sich jedoch verstärkt der Identität, der Rolle und der Funktion der Leser literarischer Werke zugewandt und entsprechend neue Begriffe geprägt. Die verschiedenen kritischen Richtungen, die ihr Augenmerk nun auf den Leser richteten, werden im anglo-amerikanischen Raum häufig unter der Bezeichnung *reader-response criticism* zusammengefaßt und markieren dort zugleich den schwindenden Einfluß des NEW CRITICISM; für den deutschsprachigen Raum vergleiche den Eintrag REZEPTIONSÄSTHETIK. Man sprach nun verstärkt von 'Lesern' anstatt von 'dem Leser' – und zugleich waren Kritiker nun eher bereit, von 'ich' anstatt von 'wir' zu sprechen, was wiederum damit zusammenhängt, daß man sich in zunehmendem Maße der in ethnozentrischem Denken und GESCHLECHTS- und KLASSENspezifischen Vorurteilen verborgenen Gefahren bewußt wurde. Es wäre falsch, den *reader-response criticism* als einheitliche Schule zu betrachten: Unter den Begriff fallen die unterschiedlichsten Ansätze, die Leser sowie den Lektürevorgang zu erforschen; Terry Eagleton hat diese bunt zusammengewürfelte Gruppe ironisch als 'Befreiungsfront der Leser' tituliert. Beim *reader-response criticism* handelt es sich auch nicht ausschließlich um die Erforschung der Leserreaktion(en); es geht um eine Vielzahl anderer Fragen, wie etwa die KOMPETENZ der Leser, den Lektürevorgang *in toto* oder um das, was der TEXT mit dem Leser macht.

Der *reader-response criticism* richtet sein Hauptaugenmerk erwartungsgemäß auf den Roman. Bei der Lektüre eines Romans ist uns in stärkerem Maße bewußt, daß es sich dabei um einen Prozeß handelt, als bei der Lektüre eines Gedichts – vor allem eines lyrischen Gedichts, das wir leichter als abgeschlossene Einheit im Gedächtnis behalten. Im Anschluß an den von Wayne Booth in seinem Buch *Rhetoric of Fiction* (1961) geprägten Begriff des IMPLIZITEN AUTORS (*implied author*) führte Wolfgang Iser (1972) den Begriff des impliziten Lesers ein, worunter er den im Text (bzw. vom Autor im Text) eingezeichneten Leser versteht (Booth spricht vom *postulated reader* bzw. *mock reader*). Hier ist zu beachten, daß dieser Begriff – wie auch alle anderen nach dem Muster 'der xy Leser' konstruierten Termini – zwar meist in der Einzahl verwendet wird, aber dennoch auf eine Gruppe oder Kategorie von Lesern abzielt. Jacques Derrida behauptete 1971, daß jede Lektüre verändernd wirke, und warnte davor, Texte (er sprach von den klassischen Texten der MARXISTEN) 'mit einer hermeneutischen oder auslegenden Methode zu lesen, einer Methode, die unter der Textoberfläche ein vollendetes Signifikat sucht' (1986, 126). Derrida wird normalerweise zwar nicht mit dem *reader-response criticism* assoziiert, doch trifft sich seine Position hier mit dem Beharren dieser Kritiker auf den verändernden und produktiven Aspekten der Lektüre.

Dem impliziten Leser nahe steht der *eingeschriebene Leser*, dessen Eigenschaften im Text selbst festgeschrieben sind und nur darauf warten, vom realen Leser wie ein fertiger Anzug übergestreift zu werden. Bei Umberto Eco findet sich der ebenfalls mit dem impliziten Leser verwandte *Modell-Leser*. Damit ein Text seine kommunikative Funktion erfüllen kann, muß nach Eco

> [der Autor] voraussetzen, daß die Gesamtheit von Kompetenzen, auf die er sich bezieht, dieselbe ist, auf die sich auch der Leser beziehen wird. Allerdings wird er einen Modell-Leser voraussetzen, der in der Lage ist, an der Aktualisierung des Textes so mitzuwirken, wie es sich der Autor gedacht hat, und sich in seiner Interpretation fortzubewegen, wie jener seine Züge bei der Hervorbringung des Werkes gesetzt hat. (1987, 67)

Daraus könnte man schließen, daß der Modell-Leser außerhalb des Textes steht, doch stellt Eco an anderer Stelle desselben Kapitels in seinem Buch fest, daß er ihn sehr wohl als intratextuell und als im Text eingeschrieben auffaßt:

> Der Modell-Leser ist ein Zusammenspiel *glücklicher Bedingungen*, die im Text festgelegt worden sind, und die zufriedenstellend sein müssen, damit ein Text vollkommen in seinem möglichen Inhalt aktualisiert werden kann. (1987, 76)

Von den bisher erwähnten Kategorien von Lesern ist der *intendierte Leser* zu unterscheiden, da dessen Existenz sowohl innerhalb als auch außerhalb des Textes dokumentiert sein kann: Wenn ein Autor in einem Brief feststellt, er habe ein WERK für eine bestimmte Person oder einen bestimmten Personenkreis geschrieben, so gilt dies als Beweis für die

Existenz eines intendierten Lesers, nicht jedoch eines bestimmten einge-
schriebenen Lesers. In diesen Zusammenhang gehören die – allerdings
damit nicht deckungsgleichen – Begriffe des *Durchschnittslesers* und
des *optimalen* oder *idealen Lesers*. Ersterer geht auf Michael Riffaterre
zurück (Riffaterre ersetzte ihn später durch den Begriff des *archilecteur*,
eines zusammengesetzten Lesers) und dient (paradoxerweise) zur Beschreibung des Lesers sowie des Lektürevorgangs, das heißt, er umfaßt
auch die Reaktionen, die durch bestimmte Textelemente in den verschiedenen Lesern ausgelöst werden. Riffaterre prägte außerdem den
Begriff der *retroaktiven Lektüre*, womit er eine zweite, HERMENEUTISCHE
Lektüre meint, die auf die erste, *heuristische* oder auf die Erfassung des
Inhalts gerichtete Lektüre folgt (1978, 5).

Davon zu unterscheiden ist die *symptomatische Lektüre*: Wenn wir
ein Symptom als nicht-intentionales ZEICHEN definieren, folgt daraus, daß
man bei der symptomatischen Lektüre an ein literarisches Werk ganz
ähnlich herangeht wie ein Arzt an einen Patienten, den er auf Symptome hin untersucht. Der Arzt wird in einem solchen Fall den Patienten nicht fragen, was ihm fehle, sondern nach Hinweisen suchen, deren
Bedeutung der Patient nicht kennt. Bei der symptomatischen Lektüre
versucht der Leser demnach, vermittels derartiger Hinweise in einem
literarischen Werk zum Geheimnis des Autors oder der Gesellschaft
oder KULTUR, der er angehört, vorzudringen.

Beim optimalen/idealen Leser handelt es sich um jenen Leser, der
über sämtliche Fähigkeiten, Haltungen, Erfahrungen und Kenntnisse
verfügt, um das Maximum oder den größtmöglichen Wert aus der
Lektüre eines bestimmten Textes herauszuholen. (Vielfach spricht man
hier vom maximalen *legitimen* Wert.) Für einige Kritiker ist der optima-
le/ideale Leser eine universelle Instanz; meistens wird er aber als zu
einem bestimmten Text gehörend betrachtet: der ideale Leser von
Humphrey Clinker ist nicht unbedingt auch der ideale Leser von
Brownings 'My Last Duchess'. Stanley Fish prägte des weiteren den
Begriff des *informierten Lesers*:

> Der informierte Leser ist jemand, der (1) ein kompetenter Sprecher
> der Sprache ist, aus der der Text aufgebaut ist; (2) in vollem Besitz
> des 'semantischen Wissens ist, ... das ein erwachsener Leser ... zu
> seiner Verstehensaufgabe mitbringt'. Das schließt ein Wissen ein
> (erprobt durch die Erfahrung sowohl als Sprecher als auch als Ver-
> stehender) von lexikalischen Einheiten, Zusammensetzungsmöglich-
> keiten, idiomatischen Ausdrücken, fachspezifischen Dialekten, etc.;

(3) über *literarische* Kompetenz verfügt. Das bedeutet, er ist ausreichend erfahren als Leser, um die Bereiche der Literatur und Literaturkritik von ganz speziellen Techniken (rhetorische Figuren etc.) bis hin zu ganzen Gattungen internalisiert zu haben. (1975, 215)

Trotz der Tatsache, daß sämtliche dieser Begriffe sozusagen am Grabe (oder dem Krankenbett) der New Critics entstanden sind, implizieren alle mit Ausnahme des intendierten Lesers noch eine gewisse Textzentriertheit. Nicht der Fall ist dies bei den *empirischen Lesern*, womit die Leser gemeint sind, die ein bestimmtes literarisches Werk tatsächlich lesen, es allerdings unterschiedlich lesen und rezipieren. Dieser Begriff ist zwar eher der Literatursoziologie als der Literaturkritik zuzurechnen, doch hat die Erforschung des empirischen Lesers und der empirischen Lektüre auch wichtige Auswirkungen innerhalb der Literaturkritik. So führt vor allem die Feststellung, daß ein literarisches Werk im Laufe der Zeit, in verschiedenen Kulturen oder Gruppen (bzw. auch innerhalb einer Kultur oder Gruppe) sowie sogar für ein und denselben Leser eine ganze Reihe unterschiedlicher Leseerfahrungen hervorbringen kann, unvermeidlich zur Frage, welcher Status und welche Autorität diesen Leseerfahrungen zuzuschreiben ist. Wenn es einen optimalen Leser gibt, gibt es damit auch eine optimale Lektüre, oder ist es das Charakteristikum großer literarischer Werke, daß sie immer wieder neue Leseerfahrungen hervorbringen können, wenn sich der einzelne Leser oder die Kultur, der er angehört, verändert? Es sei hier darauf hingewiesen, daß die Erforschung der empirischen Lektüre noch in den Kinderschuhen steckt; Norman N. Hollands *5 Readers Reading* (1975) enthält in diesem Zusammenhang interessantes Material; ein treffenderer Titel wäre allerdings *5 Readers Remembering What They Read* gewesen.

Der Leser ist unbedingt vom ADRESSATEN EINES TEXTES zu unterscheiden, wenn in einzelnen Fällen die zwei Rollen auch in einer Person zusammenfallen können (so etwa, wenn ein lyrisches Gedicht sich nur an eine bestimmte Person richtet und nur von dieser gelesen wird).

→ KOMPETENZ UND PERFORMANZ; NEW READERS; LESBARE UND SCHREIBBARE TEXTE; REZEPTIONSÄSTHETIK

Lexie → FUNKTION

Linguistisches Paradigma Ferdinand de Saussure hat in seinen Arbeiten eine Reihe äußerst einflußreicher analytischer Unterscheidungen eingeführt, die er ursprünglich auf die Untersuchung von Sprache

anwandte, die jedoch in der Folge in vielen anderen Bereichen übernommen wurden. Begriffe wie SYNTAGMATISCH UND PARADIGMATISCH,
LANGUE UND PAROLE oder SIGNIFIKANT UND SIGNIFIKAT wurden für verschiedenste nicht-sprachliche Phänomene nutzbar gemacht.

In seinem Buch *Structuralist Poetics* erläutert Jonathan Culler ausführlich zwei Anwendungen des linguistischen Paradigmas: Claude Lévi-
Strauss' strukturale Analyse der MYTHOLOGIE und Roland Barthes' Analyse
der Mode (Culler 1975, 32–54). Hat man einmal die zugrundeliegende
Idee verstanden, liefert diese Methode unendlich viele Anwendungs-
möglichkeiten. So kann man zum Beispiel eine mehrgängige Mahlzeit
wie einen aus mehreren Wörtern bestehenden Satz betrachten: Innerhalb einer bestimmten Kultur kann man alle möglichen Gerichte als
ersten Gang wählen, doch hat man diesen einmal festgelegt, sind die
Möglichkeiten für den zweiten Gang beschränkt – und so fort.

Im Bereich der Literaturkritik läßt sich als Beispiel Gérard Genette
nennen, der Terminologie und Unterscheidungskriterien aus der Grammatik des Verbums auf die Untersuchung von ERZÄHLUNGEN anwendet.
So spricht er von *Zeit* (*temps*), um zeitliche Beziehungen zwischen
Erzählung und Geschichte zu beschreiben; mit dem Terminus MODUS
(*mode*) beschreibt er die Formen und Stufen narrativer 'Repräsentation';
und *Genus* (*voix*) – das Genus bezeichnet die Handlungsart des Verbs
in seinem Verhältnis zum Subjekt – verwendet er zur Bezeichnung der
narrativen Situation (1972a, 75–6; zur Doppelbedeutung von *voix*,
Genus und Stimme, siehe PERSPEKTIVE).

Wenn man sprachliche Kategorien, wie oben dargestellt, auf andere
Bereiche ausdehnt, heißt das, andere ZEICHENsysteme als grundsätzlich
der Sprache ähnlich anzusehen: Die Sprache wird mit anderen Worten
als *Paradigma* für die Untersuchung und Analyse anderer Zeichensysteme herangezogen.

Mit seiner Theorie, daß das UNBEWUßTE wie eine Sprache strukturiert ist, verwendet Jacques Lacan die Sprache noch globaler als ex-
planatorisches Paradigma; verschiedene Theoretiker haben auch Noam
Chomskys Unterscheidung zwischen KOMPETENZ UND PERFORMANZ auf die
Literatur angewandt: In ihren Augen verfügen Leser (möglicherweise in
unterschiedlichem Maße) über eine Grundkompetenz, was die LEKTÜRE
literarischer WERKE betrifft, und diese Kompetenz führt zu bestimmten
Performanzen – das heißt, spezifischen Lesarten literarischer Werke.

Die Übernahme einzelner Kategorien und Unterscheidungen von
Saussure und anderen Sprachwissenschaftlern zur Untersuchung nicht-

sprachlicher Zeichensysteme geht meist auch Hand in Hand mit einer starken Betonung BINÄRER Oppositionen: Theoretiker, die sich des linguistischen Paradigmas bedienen, oder doch davon beeinflußt sind, haben typischerweise auch eine besondere Vorliebe für binäre Oppositionen.

→ BRICOLEUR; HOMOLOGIE; SEMIOTIK

Lisible → LESBARE UND SCHREIBBARE TEXTE

Literarische Produktionsweise   Der Begriff (engl. *literary mode of production, LMP*) wurde von Terry Eagleton in seinem Buch *Criticism and Ideology* (1976) in Anlehnung an den MARXISTISCHEN Begriff der 'Produktionsweise' geprägt. Der orthodoxen marxistischen Auffassung nach ist jede geschichtliche Epoche durch eine vorherrschende Produktionsweise charakterisiert, wie etwa den Feudalismus oder den Kapitalismus. (Marx nennt ferner die asiatische Produktionsweise und blickt natürlich erwartungsvoll der sozialistischen Produktionsweise entgegen.) Eine Produktionsweise ist – wieder der orthodoxen Definition zufolge – durch ihre *Produktivkräfte* und ihre *Produktionsverhältnisse* (die Macht über oder den Besitz der *Produktionsmittel*) bestimmt. Die kapitalistische Produktionsweise würde demnach eine Revolutionierung der Produktivkräfte durch die Industrialisierung und das Privateigentum an Produktionsmitteln bedeuten – das heißt, die Produktionsverhältnisse betreffen zwei Gruppen: die Eigentümer des Kapitals und jene, die nichts als ihre Arbeitskraft besitzen.

Die traditionelle marxistische Literaturkritik versuchte, die Literatur (die sie als zum ÜBERBAU gehörend auffaßte) mit der ökonomischen BASIS der Gesellschaft, und zwar in Form ihrer Produktionsweise, in Beziehung zu setzen. Eagleton versucht nun, in diesen Prozeß 'relative Autonomien' einzulassen, STRUKTUREN, die zwischen Basis und Überbau VERMITTELN. Er ist der Ansicht, daß es in jeder lesenden Gesellschaft eine Reihe unterschiedlicher literarischer Produktionsweisen gibt, die nebeneinander bestehen, und daß einige davon 'Überreste' sind, das heißt, vielleicht in einer früheren Gesellschaft (mit einer charakteristischen allgemeinen Produktionsweise) entstanden sind, aber überdauert haben und sich nun auch in einer nachfolgenden Gesellschaft finden, deren allgemeine Produktionsweise eine andere ist. Er schreibt dazu:

> Ein klassisches Beispiel solcher überlebender Produktionsweisen findet sich typischerweise beim Übergang von der 'mündlichen' zur 'schriftlichen' Produktionsweise, wobei die sozialen Verhältnisse und

die literarischen Produkte, die der 'mündlichen' Produktionsweise entsprechen, normalerweise als bedeutende Konstituenten der 'schriftlichen' Produktionsweise weiterbestehen, und zwar sowohl in Interaktion mit dieser als auch relativ unabhängig. (1976, 45)

Literarizität   In seinem Aufsatz 'Theorie der formalen Methode' zitiert Boris Ejchenbaum eine Passage aus Roman Jakobsons 1921 in Prag veröffentlichter Schrift 'Die neueste russische Poesie. Erste Folge', in der Jakobson polemisch feststellt:

> Den Gegenstand der Literaturwissenschaft bildet nicht die Literatur, sondern das Literarische, das heißt: das, was das vorliegende Werk zu einem Werk der Literatur macht. Indessen verhielten sich die Literarhistoriker bisher meistens wie die Polizei, welche, in der Absicht, eine bestimmte Person zu verhaften, auf alle Fälle sämtliche Leute festnimmt, die sich in der Wohnung aufhalten – und noch einige Straßenpassanten dazu. In ähnlicher Weise konsumierten die Literarhistoriker alles, was ihnen zwischen die Finger kam: das Milieu, die Psychologie, die Politik, die Philosophie. Statt einer Wissenschaft von der Literatur entstand ein Konglomerat hausgemachter Disziplinen. (1965, 14)

Denselben Punkt spricht Ejchenbaum auch in seinem Aufsatz 'Das literarische Leben' an:

> Das literarhistorische Faktum stellt ein in sich kompliziertes Gebilde dar, in dem eine grundlegende Rolle die *Literaturhaftigkeit* selbst spielt, ein derart spezifisches Element, daß seine Erforschung nur auf der Ebene der eigentlichen Evolution fruchtbringend zu sein vermag. (1969, 475–7)

Dieses Beharren auf der Literarizität, also dem, was Jakobson und Ejchenbaum 'das Literarische' oder 'die Literaturhaftigkeit' von Literatur und Literatur*wissenschaft* nennen, scheint auch vor allem für das 'Formalistische' des RUSSISCHEN FORMALISMUS verantwortlich zu sein. Dadurch ließ sich die Literaturwissenschaft nicht nur von anderen (etwa den von Jakobson aufgezählten Disziplinen) abgrenzen, sondern auch von der Analyse anderer Kunstformen. Das Beharren auf dem *spezifischen* und besonderen Charakter von Literatur und auf der Notwendigkeit, Literatur auf ganz spezifische und besondere Art und Weise zu untersuchen, schlug nicht selten um in die Forderung, daß Literatur als *autonom* zu betrachten sei und die Literaturwissenschaft daher, wie auch Jakobson meinte, auf jedwede Bezugnahme auf Umwelt, Psychologie, Politik und Philosophie zu verzichten habe. Von führenden russischen Formalisten wurde diese Entwicklung nun aber heftig kritisiert, und Jakobson stellte ausdrücklich fest, daß weder er noch Tynjanov, Šklovskij oder Mukařovský je behauptet hatten, die Kunst sei ein in sich abgeschlossener Bereich, und auch nie für die Absonderung der Kunst eingetreten waren, sondern für 'die Autonomie der ästhetischen Funktion' (Tynjanov *et al.* 1977, 19).

Mit der Frage der Literarizität traten aber immerhin auch einige andere wichtige Aspekte literarischer WERKE in den Vordergrund: ihre ÄSTHETISCHE Dimension, ihre komplexen Beziehungen zum Leben ihrer Zeit, die komplexen Lektüremöglichkeiten und der in hohem Maße VERMITTELTE Charakter dessen, was man – nicht sehr befriedigend – als literarische Kommunikation bezeichnet.

→ LEKTÜRECODES; LANGUE UND PAROLE

Lösung von oben/unten   Auch 'hypothesengestützte' (von oben) oder 'datengestützte' (von unten) Lösung. Der Begriff stammt aus der Wahrnehmungspsychologie: Eine Lösung von oben ist eine perzeptive INTERPRETATION, die das Ergebnis einer Hypothese ist, die der Eingabe sensorischer Daten vorangeht; eine Lösung von unten ist eine perzeptive Interpretation, die sich auf die tatsächliche Eingabe sensorischer Daten stützt, die dann interpretiert werden.

Bei Lösungen von unten beginnt man, wie schon der Begriff 'datengestützt' andeutet, mit irgendwelchen Daten, mit etwas, was man, vielleicht irreführend, als 'Rohmaterial' bezeichnen kann – normalerweise Rohmaterial, das noch erklärt oder geordnet werden muß. Bei diesem Ansatz wird die Theorie *als Teil der Lösung eingebracht.* Wenn zum Beispiel ein Paar zur Eheberatung geht, sucht es nach einer Lösung von unten. Hypothesengestützte Untersuchungen werden dagegen unabhängig vom 'Rohmaterial' oder vor einem direkten Kontakt damit durchgeführt; sie befassen sich mit Problemen innerhalb der Theorie, mit Zwängen auf einer abstrakteren Ebene als die Probleme, für die man nach einer datengestützten Lösung sucht. Hier wird *das Rohmaterial als Teil der Lösung eingebracht.*

Ein klassisches Beispiel für hypothesengestützte Forschung wären die Vorhersagen über die Bewegungen der Planeten, die man auf Einsteins Theorien hinauf traf und die letztendlich durch direkte Beobachtung bestätigt wurden. Die reinen Wissenschaften betreiben klassischerweise hypothesengestützte Forschung, die angewandten Wissenschaften dagegen datengestützte Forschung.

Analog dazu spricht man in der Literaturwissenschaft von einer hypothesengestützten Interpretation, einer Interpretation 'von oben', wenn diese auf einer Hypothese aufbaut, die durch das WERK an sich oder die Lektüre eines durchschnittlichen Lesers nicht angeboten wird; eine datengestützte Interpretation – 'von unten' – wird vom Werk selbst veranlaßt.

Diese Unterscheidung scheint auf den ersten Blick eindeutiger als sie es ist, denn was ein Werk 'von sich aus anbietet', hängt auch von den Erwartungen des LESERS ab, seinem kritischen Bewußtsein, seinem gesellschaftlichen und KULTURELLEN Hintergrund und so fort. (Siehe zu diesem Punkt auch den Eintrag TRANSAKTIONSTHEORIE DES LITERARISCHEN WERKES.) Die Unterscheidung hat aber auch viele Vorzüge, vor allem, da viele zeitgenössische Theorien vom Kritiker ein nicht *automatisiertes* Verständnis des literarischen Werkes fordern, eine Lektüre GEGEN DEN STRICH.

Verallgemeinernd könnte man sagen, daß man in der Zeit, in der der Einfluß des NEW CRITICISM sehr stark war, Lektüren und Interpretationen mit 'Lösungen von unten' bevorzugte, während in den letzten zwei, drei Jahrzehnten theoretische Ansätze zunehmend an Einfluß gewonnen haben, die 'Lösungen von oben' favorisieren, sehr oft mit der Begründung, sich damit dem IDEOLOGISCHEN Druck bestimmter literarischer Werke oder bestimmter INTERPRETATIONSGEMEINSCHAFTEN entziehen zu können.

In diesem Zusammenhang ist darauf hinzuweisen, daß in der neueren Literaturtheorie die Unterscheidung zwischen *Empirismus* (der Glaube, daß das Experiment oder die Beobachtung die einzigen Erkenntnisquellen sind) und *empirischer* Forschung (die mit Experimenten und Beobachtung arbeitet, aber nicht notwendigerweise davon ausgeht, daß dies die *einzigen* Erkenntnisquellen sind, oder daß nicht-empirische Ideen oder Theorien überflüssig sind) oftmals sehr verschwommen ist.

Logik des Selben   Der Ausdruck stammt von der französischen Autorin Luce Irigaray und hat inzwischen auch Eingang in den deutsch- und englischsprachigen FEMINISTISCHEN Diskurs gefunden. Irigaray beschreibt damit eine Argumentationsweise, bei der x als Äquivalent von y behandelt und damit effektiv in das Wertesystem von y subsumiert wird. Das einfachste Beispiel dafür ist die PATRIARCHALISCHE Annahme, daß das Männliche die Norm ist und das Weibliche notgedrungen hinter dieser Norm zurückbleibt oder als Antwort darauf geformt wird. In ihrem Buch *Speculum, Spiegel des anderen Geschlechts* (1980) sieht sie in dieser patriarchalischen Logik des Selben den Weg, auf dem die Frau in eine subjektlose Position gezwungen wird: Freud nimmt für seine Darstellung der Entwicklung des kleinen Mädchens seine Darstellung der Entwicklung des kleinen Jungen zum Vorbild; dadurch stellt er die weibliche Sexualität als 'negative Antwort auf die männliche Lust' dar (Millard 1989, 159).

In einem allgemeineren Zusammenhang manifestiert sich die Logik des Selben typischerweise in Aussagen wie 'x ist wie y, betrachten wir x, als ob es y wäre, x ist y'. Diese Form von GLISSEMENT findet sich besonders häufig in Diskussionen, in denen es um literarischen Einfluß geht.

Logos   Richard Harland liefert eine sehr brauchbare Erläuterung des Begriffs, wie Jacques Derrida ihn verwendet:

> [Das] griechische Wort vereinigt sehr schön in einem einzigen Begriff das innere rationale Prinzip verbaler Texte, das innere rationale Prinzip menschlicher Wesen und das innere rationale Prinzip des natürlichen Universums. 'Logos' vermittelt aber noch eine weitere Bedeutung: 'das Gesetz'. Denn der 'Logos' als inneres rationales Prinzip steuert die äußeren materiellen Dinge. (1987, 146)

Dem ist aber hinzuzufügen, daß nach Derridas Auffassung das Gefühl der Sicherheit, das der Glaube an den Logos vermittelt, eine Illusion ist: solche inneren rationalen Prinzipien gibt es für ihn nicht.
→ PRÄSENZ

Logozentrismus   Der Begriff Logozentrismus (manchmal auch als Synonym zu *Phonozentrismus* verwendet) wurde von Jacques Derrida geprägt und beschreibt Denksysteme oder Denkgewohnheiten, die – wie Derrida in der Nachfolge Heideggers formuliert – von der Metaphysik der PRÄSENZ ausgehen – das heißt, von dem Glauben an eine außersystemische validierende Präsenz oder ein solches ZENTRUM, das eine sprachliche Bedeutung bestätigt und fixiert, dabei aber selbst nicht in Frage gestellt oder überprüft werden kann. Für Derrida ist der Logozentrismus grundsätzlich idealistisch; hebt man den Logozentrismus aus den Angeln, so behauptet er, zerstört man zugleich den Idealismus oder den Spiritualismus, 'in allen ihren Varianten' (1986, 105).

In 'Die Schrift vor dem Buchstaben' (dem ersten Teil der *Grammato-logie*) stellt Derrida fest, daß die *Geschichte der Metaphysik*

> den Ursprung der Wahrheit im allgemeinen von jeher dem Logos zugewiesen hat. Die Geschichte der Wahrheit, der Wahrheit der Wahrheit ist ... immer schon Erniedrigung der Schrift gewesen, Verdrängung der Schrift aus dem "erfüllten" gesprochenen Wort; ... (1974, 11–2)

Derrida assoziiert also den Logozentrismus mit der Privilegierung der mündlichen Rede und der gleichzeitigen Unterordnung der ÉCRITURE (siehe diesen Eintrag).

Derridas vielzitierte Behauptung, daß es nichts außerhalb des Textes gibt (*'Ein Text-Äußeres gibt es nicht'* [1974, 274]), ist im Licht seiner Kritik am Logozentrismus zu sehen: Dem TEXT kann keine Bedeutung zugeschrieben werden, die von einem Ursprung oder einer PRÄSENZ ausgeht, die außerhalb des Textes existiert und sich selbst validiert.

→ DIFFÉRANCE

Lokutionärer Akt → SPRECHAKTTHEORIE

Ludismus   Der Begriff geht auf das lateinische Wort für *spielen* zurück und taucht vor allem in den Schriften der DEKONSTRUKTIVISTEN bzw. von dieser Richtung beeinflußten Autoren auf. In jüngster Zeit finden sich allerdings häufiger die allgemeinsprachlichen Varianten wie 'Spiel' oder 'spielerisch'.

Die dahinterstehende Idee ist, daß es sich bei der LEKTÜRE und der INTERPRETATION, hat man sich erst einmal der Illusion der PRÄSENZ entledigt, nicht mehr um eine Decodierung handelt, die von einer ZENTRALEN Autorität, die Zugang zum CODE hat, abhängt; statt dessen kann der LESER das freie Spiel der SIGNIFIKANTEN, bei dem in endloser Folge BEDEUTUNGEN generiert werden, von denen keine der anderen überlegen ist, beobachten und daran teilnehmen. Das Wort Spiel steht dabei sowohl für fehlende Disziplin als auch für die fast ästhetisierte Erfahrung untereinander zusammenhängender Spannungen und Kräfte. Vicki Mistacco formuliert dies wie folgt:

> 'Ludismus' läßt sich einfach als das offene Spiel der Bedeutung definieren, als freie und produktive Interaktion von Formen, Signifikanten und Signifikaten, ohne sich um eine ursprüngliche oder letztendliche Bedeutung zu kümmern. In der Literatur bedeutet

> Ludismus Text-Spiel; der Text wird als Spiel betrachtet, das sowohl
> dem Autor als auch dem Leser die Möglichkeit bietet, endlose Be-
> deutungen und Beziehungen hervorzubringen. (1980, 375)

Diese Auffassung steht in engem Zusammenhang mit dem Glauben an
den (metaphorischen) Tod des AUTORS, des strengen Vaters oder der
strengen Mutter, die dem Spiel des Kindes Grenzen setzen.

In neuerer Zeit führt man als ein Unterscheidungsmerkmal zwischen
POSTMODERNE und MODERNE auch an, daß sich erstere durch einen
stärker spielerischen und weniger ernsthaften Ton auszeichnet. Für den
Postmodernisten ist der Verlust des ZENTRUMS in der zeitgenössischen
Welt nicht mehr ein tragisches Ereignis, sondern rechtfertigt das Spieleri-
sche – er sieht darin eine Möglichkeit, BEDEUTUNGspotentialitäten zu
erforschen, ohne nervös nach endgültigen Wahrheiten oder einheitlichen
Bedeutungen zu suchen.

Diese Autoren übersehen dabei allerdings, daß Spiele oft *Regeln*
haben, und daß sowohl im Tierreich als auch unter den Menschen
Spiele auch dazu dienen, den Einzelnen auf das Leben in einer nicht-
spielerischen Welt vorzubereiten.

Lust Literaturkritiker entwickelten, so könnte man sagen, in unserem
Jahrhundert eine ähnliche Beziehung zur Lust wie MARXISTEN zur Mode:
man war sich scheinbar nie ganz sicher, ob man sie gutheißen sollte
oder nicht; im großen und ganzen entschied man sich dagegen. Man
war der Ansicht, daß Freuds *Lustprinzip* das Neugeborene dominiert,
beim Jugendlichen und Erwachsenen aber vom *Realitätsprinzip* über-
lagert und dann nur noch in Phantasien oder Tagträumen wieder zum
beherrschenden Prinzip wird (siehe dazu die Diskussion in Mitchell
1974, 13). Bei der Lust handelte es sich daher um etwas Kindliches,
Vorübergehendes, nicht zu verwechseln mit dem reifen Erlebnis, das die
Lektüre literarischer WERKE vermitteln konnte – wo die Lust aber insofern eine Rolle spielen konnte, als man die LEKTÜRE als regressiv und
dem Träumen verwandt sah.

Literaturkritiker wie F.R. Leavis und dessen Nachfolger, die einer
streng moralischen Literaturerfahrung und -beurteilung das Wort rede-
ten, relegierten in den 30er und 40er Jahren Begriffe wie *Lust* gerne in
den Bereich des literarischen Dilettantismus. Den Vergleich, den Leavis
in seinem Buch *The Great Tradition* zwischen Conrad und Dickens
zieht, ist (um mit einem seiner Lieblingswörter zu sprechen) dafür
repräsentativ:

So ist der Einfluß Dickens' auch bei Conrad in der Verwendung des Melodramas spürbar bzw. dessen, was bei Dickens Melodrama gewesen wäre; denn Conrad zielt auf eine tief ernste Gesamtbedeutung.

Der letzte Satz deutet an, weshalb wir Dickens nicht zu den großen Romanschriftstellern zählen. (1962b, 29)

Das endgültige Urteil wird einige Zeilen später gefällt: Dickens mag wohl genial gewesen sein, aber seine Genialität 'war die eines erfolgreichen Unterhalters'.

Begriffe wie *Lust* und *Vergnügen* waren von keiner der literaturkritischen Richtungen unseres Jahrhunderts in ihr Vokabular aufgenommen worden, obzwar sie von Durchschnittslesern immer zur Beschreibung ihrer Reaktion auf die Lektüre literarischer Werke verwendet worden waren. Erst mit der Veröffentlichung von Roland Barthes' *Le Plaisir du texte* (*Die Lust am Text*, 1974) im Jahre 1973 wurde die Lust unter Literaturkritikern und -theoretikern mit einem Mal salonfähig. Barthes unterscheidet zwischen *der Lust am Text* und *Texten der Lust*: erstere kann gesagt werden, während letztere insofern pervers sind, als sie außerhalb jeder vorstellbaren Finalität sind (1974, 77). Barthes' Buch läßt sich nicht mit ein paar Worten zusammenfassen; seine Bedeutung liegt wohl hauptsächlich darin, daß es die Frage nach dem durch die Lektüre vermittelten Genuß wieder an prominenter Stelle in die literaturkritische Diskussion einbrachte.

Der Aspekt der Lust wurde in jüngster Zeit auch von der FEMINISTISCHEN Literaturkritik aufgegriffen. Einige Wissenschaftlerinnen argumentieren überzeugend, daß die Lust in PATRIARCHALISCHEN Gesellschaften auf eine bestimmte Art und Weise AUTOMATISIERT wird, so daß spezifisch weibliche Formen der Lust abgewertet, MARGINALISIERT oder ignoriert werden. Sie fordern daher, daß nicht nur die Beschreibung und Definition von Lust auf der Inhaltsebene literarischer Werke einer genauen Prüfung unterzogen werden müssen, sondern darüber hinaus die Lust, die Frauen beim Schreiben oder bei der Lektüre literarischer Werke erfahren, von einer nicht-patriarchalischen Perspektive aus neu zu überdenken ist.

M

Macht In der ERZÄHLTHEORIE das, was entweder ermöglicht oder verhindert, daß ein SUBJEKT sein Ziel erreicht. Eine Macht kann eine einzelne literarische Figur sein oder etwas Abstraktes wie Schicksal, Alter, Natur und so fort (→ Bal 1985, 28).

Der Begriff der Macht hat vor allem im Zusammenhang mit Fragen, bei denen es im weitesten Sinne um IDEOLOGIE geht, Eingang in die literaturwissenschaftliche Diskussion gefunden. Die Literatur ist sehr oft genau deshalb den verschiedensten Kontrollmechanismen (Zensur, Beschränkung der Lesefähigkeit, Machtausübung durch den Besitz von Bibliotheken, Verlagen, Medien) ausgesetzt, weil sie bestehende Autoritätsinstanzen in Frage stellen kann – oder zumindest, weil diese das glauben.

Magischer Realismus Eine Mischung aus FANTASTISCHER LITERATUR und REALISMUS, die man heute vor allem mit den Werken einiger mittel- und südamerikanischer Schriftsteller wie Gabriel García Márquez und Isabel Allende verbindet, obwohl man den Begriff schon früher auf europäische Autoren wie Günter Grass angewendet hat, und auch einige jüngere, zum Teil FEMINISTISCHE europäische Erzählerinnen darunter subsumiert. 'Mischung' ist vielleicht ein etwas irreführender Ausdruck; was den magischen Realismus typischerweise auszeichnet, ist die unvermittelte Einsprengung fantastischer Elemente in einen ansonsten realistischen PLOT bzw. Hintergrund. Eine führende Exponentin dieses Genres ist die britische Romanschriftstellerin Angela Carter. In ihren frühen Arbeiten hat sich Carter, wie Paulina Palmer feststellt, 'dieser Schreibweise bedient, um im Leser das Gefühl der Angst, Entfremdung und Isolation zu evozieren (die Gefühle, die Freud in seinem Essay 'Das Unheimliche' beschreibt)'; in ihren neueren Arbeiten 'will sie damit Emotionen ausdrücken, die eine befreiende Wirkung haben', wie etwa Vergnügen oder Staunen (1987, 182). Das Wort Realismus ist in dem Zusammenhang insofern berechtigt, als sich hinter den fantastischen Elementen in Arbeiten dieses Genres eine realistische Kraft ausmachen läßt: denn das Anliegen dieser Erzähler ist es, die gegenwärtige Realität zu erforschen, und nicht, eine Alternative zu dieser Realität anzubieten.

Der magische Realismus hat einige berühmte Vorläufer, etwa Virginia Woolfs *Orlando*, und weist auch Berührungspunkte mit dem weiblichen Schauerroman auf.

Marginalität   Seit Anfang des 20. Jahrhunderts befaßt sich die Literaturkritik damit, wie AUTOREN, die hinsichtlich ihrer sozialen oder nationalen Zugehörigkeit eine Randposition bzw. eine nicht ganz eindeutige Position einnehmen, oft leichter über die akzeptierten und traditionellen Haltungen ihrer Zeit hinauszublicken vermögen, da sie auf Grund der Marginalität ihrer Position nur schwer ganz in dem herrschenden Wertesystem integriert sein können (bzw. sich dort integriert fühlen können). Für die Literatur der MODERNE ist es nicht nur bezeichnend, daß viele Autoren in verschiedenster Hinsicht Randpositionen eingenommen haben, sondern auch, daß sie sich offen mit dem Phänomen der Marginalität als etwas für die Existenz des modernen Menschen Typisches auseinandergesetzt haben. Es genügt, auf die vielen bedeutenden Autoren des frühen 20. Jahrhunderts zu verweisen, die (um den Titel eines Buches von Terry Eagleton zu zitieren) Exilierte oder Emigranten waren – und als solche in den Randbereichen zwischen verschiedenen KULTUREN gefangen.

In neuerer Zeit befassen sich FEMINISTISCHE Autorinnen verstärkt damit, wie in PATRIARCHATEN weibliches Erleben marginalisiert und männliches Erleben zur bestimmenden und beherrschenden Norm erhoben wird. Für einige Autorinnen ist dieser Prozeß ein zweischneidiges Schwert: Einerseits wird dadurch dem weiblichen Erleben seine Bedeutung aberkannt und die patriarchale Macht durch die soziale, kulturelle und politische Entmündigung der Frau konsolidiert, andererseits werden Frauen dadurch aber verstärkt auf die Funktionsweise des Patriarchats aufmerksam, da jede Marginalisierung typischerweise sensibilisiert. (Derjenige, der nicht dazugehört, erkennt am klarsten, was es ist, wovon er ausgeschlossen ist.) Man denke etwa an Virginia Woolf als die bedeutendste britische Schriftstellerin des frühen 20. Jahrhunderts, die nicht emigriert war bzw. im herkömmlichen Sinn des Wortes im Exil lebte; ihre Marginalitätserfahrung betraf nicht die Kultur, in der sie lebte, sondern das GESCHLECHT, dem sie angehörte.

Der Begriff der *Subalternität* wird bisweilen in ähnlichem Sinne wie Marginalität verwendet und bezieht sich darauf, daß einzelne Menschen rekrutiert werden können, um in untergeordneten Positionen einer etablierten und dominierenden Macht zu dienen.

Mit Marginalität wird manchmal auch Jacques Derridas Begriff *Supplementarität* in Zusammenhang gebracht. Die dahinterstehende Logik scheint die zu sein, daß, wenn jede Repräsentation und Interpretation ein supplementäres Element verlangt – nie nur von dem leben kann, was repräsentiert oder interpretiert werden soll –, unsere Aufmerksamkeit notwendig auf die Randbezirke dessen, was repräsentiert oder interpretiert werden soll, gelenkt wird, auf die Grenze zwischen dem Ding an sich und dem, was als Supplement hinzukommen soll. In bezug auf die Schrift stellt Derrida fest:

> Die Schrift ist gefährlich, sobald die Repräsentation sich in ihr für die Präsenz und das Zeichen für die Sache selbst ausgeben will. Es erweist sich als eine fatale und der Funktionsweise des Zeichens selbst inhärente Notwendigkeit, daß das Substitut seine stellvertretende Funktion vergessen macht und sich in die Erfülltheit eines gesprochenen Wortes erheben läßt, von dem es trotz allem nur das Supplement seiner Nichtvorhandenheit und seiner Schwäche sein kann. ...
> Das Zeichen ist immer das Supplement der Sache selbst. (1974, 249–50)

→ PRÄSENZ

Marxistische Literaturtheorie und Literaturkritik

Die Verwendung der beiden Begriffe im Singular ist irreführend: Es hat von Anfang an mehrere Varianten marxistischer Literaturtheorie gegeben, und bis heute herrscht unter Literaturtheoretikern (oder -kritikern), die sich selbst als Marxisten bezeichnen, nur eine sehr allgemeine Übereinstimmung hinsichtlich ihrer Grundprinzipien. Auf die umständliche Formulierung 'marxistische Literaturtheorie und Literaturkritik' können wir aber verzichten, da sich die marxistische Literaturkritik selbst als theorieabhängig versteht und dies tatsächlich auch ist. Der Marxismus ist eine allgemeine philosophische Weltsicht, die sich zwar in wesentlichen Punkten von anderen Richtungen unterscheidet, aber auch eine monistische Wirklichkeitsauffassung vertritt. Wie die Vertreter aller monistischen Denkrichtungen sind auch die Marxisten davon überzeugt, daß der Marxismus zu allem etwas zu sagen hat: Auch wenn Details auf einzelnen Gebieten praktisch erarbeitet werden müssen, so ist die Richtung dieser praktischen Untersuchungen durch die bestehenden Prinzipien zumindest teilweise bereits im voraus festgelegt.

Der Marxismus ist eine MATERIALISTISCHE Philosophie, indem er den materiellen Verhältnissen mehr Bedeutung im Leben des Menschen einräumt als Ideen oder Überzeugungen. Er begreift die Geschichte als, in den Worten Marx', 'die Geschichte des Klassenkampfes' – die Geschichte des Kampfes um die Herrschaft über die materiellen Verhältnisse, auf denen unser Leben beruht. Diese materiellen Verhältnisse und der Kampf um sie bilden die Grundlage, auf der sich Ideen, Philosophien, geistige Weltbilder – als sekundäre Phänomene – entwickeln. Diese sekundären Phänomene können dem Menschen ein genaues Bild der Wirklichkeit, ihn selbst und seine Situation miteingeschlossen, liefern oder auch nicht. IDEOLOGIEN sind immer aufs engste verknüpft mit KLASSENpositionen sowie den materiellen Verhältnissen und dem Kampf um deren Kontrolle, aber sie liefern deshalb nicht unbedingt ein verläßliches Bild dieser Verhältnisse. Für traditionelle Marxisten von zentraler Bedeutung ist die Unterscheidung von BASIS und ÜBERBAU: die soziale Basis verstehen sie als ein grundsätzlich ökonomisches Phänomen und den Überbau als Gesamtheit des geistigen Lebens – Ideen, Glaubensüberzeugungen, Philosophien sowie (nach Meinung einiger, aber nicht aller Marxisten) Kunst und Literatur.

Für Marxisten befindet sich alles in Bewegung, und da es keine eigene oder reine Sphäre der Ideen, Werte oder geistigen Phänomene gibt, besteht zwischen allem ein Zusammenhang, wie komplex und VERMITTELT dieser auch sein mag. Diese komplexen Zusammenhänge haben nach Marx eine charakteristische Form; sie sind DIALEKTISCH, nicht mechanisch und rein hierarchisch. Dadurch wird der Mensch in die Lage versetzt, zumindest teilweise seine Lebensumstände bestimmen zu können: Der Marxismus war von Anfang an eine auf Handeln ausgerichtete und interventionistische Denkart, die die Passivität und die Rolle des Zuschauers ablehnt; allerdings ist man sich zunehmend der Gefahren bewußt, die blindes Vertrauen in eine Theorie in sich birgt.

Die marxistische Literaturbetrachtung hat eine lange Geschichte. Marx selbst war sowohl in klassischer als auch in zeitgenössischer Literatur sehr bewandert, und in seinen Schriften finden sich unzählige literarische Anspielungen und Verweise. Einige frühe Marxisten wollten die Ideen von Marx auf die Literatur anwenden – sowohl auf die INTERPRETATION und Beurteilung existierender literarischer Werke als auch als Handlungsanweisung für Schriftsteller und als Entscheidungshilfe bei der gezielten Förderung von Literatur. Auf Grund seiner aktiven und interventionistischen Grundhaltung hat der Marxismus wiederholt zu Versuchen geführt, Literatur für soziale oder politische Ziele zu *benutzen*: Einige dieser Bestrebungen sind in der Literaturgeschichte sehr kritisch betrachtet worden – wie etwa der sowjetische sozialistische Realismus, andere waren erfolgreicher, wie etwa der Versuch Brechts, sein politisches Theater in den Dienst der sozialen Revolution zu stellen. Allerdings war es nicht der Marxismus, der als erster die Kunst und die Literatur für politische Ziele benutzte; derartige Bemühungen haben eine lange Tradition – die, so kann man wohl behaupten, von der akademischen Beschäftigung mit Literatur in unserer Zeit konsequent unterbewertet wird.

Frühe marxistische Schriften über Literatur und Kunst tendierten sehr zu Generalisierungen und erklärten die Form literarischer Werke aus den sozialen und ökonomischen Verhältnissen während ihrer Entstehungszeit. So versuchte G.V. Plechanov in seinem 1905 auf russisch veröffentlichten Essay 'Die französische dramatische Literatur und die französische Malerei des 18. Jahrhunderts vom Standpunkt der Soziologie' (1975), die Klassenstruktur im Frankreich des 18. Jahrhunderts mit einigen allgemeinen Merkmalen des Dramas und der Malerei dieser Epoche in Beziehung zu setzen. Im wesentlichen sind die zentralen Anliegen der marxistischen Literaturkritik dieselben geblieben, obwohl wir es im einzelnen mit verschiedenen Ausprägungen marxistischer Literaturbetrachtung zu tun haben; so etwa steht neben einer 'naiven' Richtung, die die Kunst als direktes und getreues Abbild der Klassenstruktur oder ökonomischen Basis einer Gesellschaft auffaßt, eine differenziertere Sichtweise, die sich der komplexen Vermittlungsformen zwischen einer Gesellschaft und ihrer Kunst und Literatur weit stärker bewußt ist. Als Beispiel für die letztere Auffassung sind die Schriften des rumänisch-französischen Kritikers Lucien Goldmann – der auch als 'genetischer STRUKTURALIST' bezeichnet wird – zu nennen. Goldmann versucht, die französische Literatur des 17. Jahrhunderts mit der Gesellschaft in Beziehung zu setzen, die diese Literatur hervorbrachte, und bedient sich dabei einer Reihe wichtiger Konzepte (z.B. 'geistige Struktur' und 'Weltanschauung'), die diese Beziehung als komplexe Vermittlungsform begreifen.

Der Einfluß der marxistischen Literaturkritik manifestierte sich vor allem in zwei Epochen, nämlich in den 30er und in den 60er Jahren unseres Jahrhunderts, Epochen, in denen marxistisches Gedankengut ganz allgemein eine Blüte erlebte. Der ohne Zweifel bedeutendste und einflußreichste marxistische Literaturkritiker der 30er Jahre (und auch noch später) war der Ungar Georg Lukács. Auf Grund seiner marxistischen Gesinnung fühlte sich Lukács dem REALISMUS verpflichtet und stand gleichzeitig in künstlerischer und politischer Hinsicht der MODERNE, in welcher Form auch immer, ablehnend gegenüber. Lukács' Verhältnis zur Parteilinie ist äußerst komplex: Einerseits entsprach seine allgemeine Haltung dem Realismus und der Moderne gegenüber der offiziellen politischen 'Linie' und jener des sozialistischen Realismus, wenn auch diese Linie mit der Entwicklung der Volksfront in den Hintergrund trat. Andererseits war Lukács' Position viel differenzierter als etwa die des Stalin-Anhängers Ždanov, und Lukács' positive Sicht der bürgerlichen Dichtung widersprach Ždanovs Überzeugung, wonach die größte Literatur der Welt damals in der Sowjetunion entstand. Zur Verteidigung Lukács' ist vorzubringen, daß er, auch wenn er in seiner Kritik vielfach zu Generalisierungen neigte, dennoch versuchte, sich mit den Besonderheiten einzelner literarischer Werke in einer Form auseinanderzusetzen, die unter den marxistischen Kritikern der Zeit durchaus eine Neuheit darstellte – neben Lukács ist hier noch der britische Kritiker Alick West zu nennen, dessen *Crisis and Criticism* 1937 herauskam.

Die Entwicklung der marxistischen literarischen Kritik seit 1960 spiegelt die Wege des Marxismus in der modernen Welt wider. Verallgemeinernd läßt sich sagen, daß, je weniger umstritten es ist, literarische Werke im Kontext ihrer Entstehung und ihres folgenden Schicksals zu betrachten, in desto höherem Maße marxistisches Denken ganz allgemein in die Literaturkritik Eingang gefunden hat. Engagierte zeitgenössische marxistische Kritiker widmen sich stärker als ihre Vorgänger der Untersuchung der Vermittlungsprozesse: die Ideologie, das 'politische Unbewußte' des amerikanischen Marxisten Fredric Jameson, die LITERARISCHEN PRODUKTIONSWEISEN des britischen Marxisten Terry Eagleton sowie Raymond Williams' GEFÜHLSSTRUKTUREN (Williams ist in bezug auf den Marxismus allerdings schwerer einzuordnen) gehören hierher. Im allgemeinen relegieren sie die Literatur auch nicht so einfach in den Bereich des Überbaus. In seinem bedeutenden Buch *Zur Theorie der literarischen Produktion* (1974; frz. 1966) sieht zum Beispiel der französische Marxist Pierre Macherey im Verfassen literarischer Werke eine Form von Produktion und in der Literatur damit notwendigerweise mehr als nur ein einfaches Abbild der ökonomischen Verhältnisse, wie dies naivere Formen des Marxismus taten.

In den letzten zwei Jahrzehnten gelangte vor allem der Kreis russischer Theoretiker und Kritiker um Michail Bachtin zu Einfluß, als ihre

Schriften aus der Zwischenkriegszeit erstmals westeuropäischen und amerikanischen Lesern in Übersetzung zugänglich gemacht wurden. Außer Bachtin sind noch P.N. Medvedev und V.N. Vološinov zu nennen: Ob unter ihrem Namen veröffentlichte Werke Bachtin zuzuschreiben sind, bleibt umstritten. Ebenso umstritten ist die Frage, inwieweit die genannten Autoren überhaupt als Marxisten zu betrachten sind: Ihre Situation in der Sowjetunion in den 20er und 30er Jahren mußte sie zu marxistischen Lippenbekenntnissen zwingen, und Bachtin etwa scheint seinen christlichen Glauben nie aufgegeben zu haben. Letztlich erwies sich das marxistische Ideengut aber als sehr produktiv; in ihren Schriften sahen sie Literatur und Kunst in ihrem genetischen sozialhistorischen Kontext, bezogen aber sprachliche, kulturelle und ästhetische Aspekte mit ein und wandten marxistische Prinzipien bisweilen kompromißloser an, als die damaligen offiziellen Wachhunde sowjetischer Kunst und Kultur es taten. Sie waren Anti-Formalisten (vgl. Medvedevs und Bachtins *Die formale Methode in der Literaturwissenschaft*, 1928), sprachen aber formalen Fragen ihre Bedeutung deshalb nicht ab.

Seit den 70er Jahren bezeichnen sich viele Literaturtheoretikerinnen und -kritikerinnen als 'marxistische FEMINISTINNEN' oder 'STRUKTURALISTISCHE Marxistinnen' oder streben eine Synthese von Marxismus und POSTSTRUKTURALISMUS an. Ein Marxismus in monolithischer Ausprägung ist nur selten anzutreffen, und der Entwicklung in Osteuropa nach zu urteilen, wird sich dieser Trend noch verstärken.

Materialismus   Der britische MARXISTISCHE Literaturkritiker Ralph Fox definierte 1937 für seine Leser Materialismus als den Glauben 'an das Primat der Materie und daß die Welt außerhalb und unabhängig von uns existiert', woraus sich die Auffassung ableitet, daß das Sein das Bewußtsein bestimmt (1953, 23). Dabei stellt sich natürlich das Problem der Definition von Materie (ganz zu schweigen von der Definition von Sein). Terry Lovell sieht einen Grund für den in neuerer Zeit zu beobachtenden 'beträchtlichen Präzisionsverlust' des Materialismusbegriffs darin, daß man sich zu sehr an den Naturwissenschaften orientiert hat. Nachdem der Begriff 'Materie' innerhalb der Naturwissenschaften heute weit weniger präzise ist, als er es war – und manchmal sogar als Synonym für 'real' verwendet wird –, hat auch der Begriff Materialismus die klare Bedeutung eingebüßt, die er früher hatte.

Die Gleichsetzung von 'Materie' und 'real' ist, so Lovell, wenig hilfreich; denn auch wenn man Ideen zweifellos als real ansehen kann, würde man nur Verwirrung stiften, wollte man sie als *materielle* Realität definieren. Sie schlägt statt dessen folgendes vor:

> Es ist nützlicher, den Begriff Materialismus auf die Beziehung zwischen verschiedenen Realitätsebenen zu beschränken, wo Realität nach dem realistischen Modell einer vielschichtigen Struktur mit verschiedenen Ebenen oder Tiefen aufgefaßt wird. (1980, 26)

Die Auffassung einer hierarchisch geschichteten Realität, wobei bestimmte Ebenen in kausaler Hinsicht privilegiert sind und dominieren, scheint für die Begriffsbestimmung des Materialismus wichtiger zu sein als die Definition von Materie. Selbst Fox hatte 'die Materie als etwas sich Veränderndes' und damit im Materialismus eine historische Entwicklung erkannt (1953, 23–4).

In der Literaturwissenschaft impliziert eine materialistische Position im allgemeinen die Überzeugung, daß literarische Werke vermittels Druckausübung und Einflußnahme geschaffen und gelesen werden und in diesem Kontext zu erklären sind, wobei die Werke selbst im Vergleich dazu gewissermaßen sekundär sind. Das ist allerdings *kausal* und keineswegs *wertend* gemeint. (Ziegel und Mörtel sind zweifellos vor dem Haus da, also in dieser Hinsicht primär, was aber nicht bedeutet, daß sie deshalb wertvoller sind als das Haus.)

Ein naiver Materialismus würde daher physische Gegenstände als wichtiger ansehen als Ideen oder KULTURELLE Artefakte, eine Auffassung, die Vertreter eines differenzierteren Materialismus nicht teilen – wenn sie vielleicht auch mit Recht behaupten, daß, während physische Gegenstände ohne Ideen und kulturelle Artefakte existieren können, Ideen und kulturelle Artefakte nicht unabhängig von physischen Gegenständen (sehr weit gefaßt) bestehen können.

→ KULTUR; NEW HISTORICISM UND CULTURAL MATERIALISM

Matriarchat   Die über die Mutter weitergegebene Herrschaft der Frau – entweder innerhalb der Familie oder in der Gesellschaft. Das Matriarchat hat in der neueren Literaturkritik vor allem als implizite, weniger als tatsächliche Alternative zum PATRIARCHAT Bedeutung, wenn auch immer wieder darauf hingewiesen wird, daß es in der Vergangenheit tatsächlich vollkommen matriarchalisch organisierte KULTUREN gegeben hat. Die meisten FEMINISTINNEN sehen im Matriarchat nicht einfach eine Form des Patriarchats mit vertauschten Rollen, sondern die Verwirklichung ganz anderer (und besserer) Werte.

In der Literatur finden sich Matriarchate vor allem in fiktionalen Werken von Frauen, zum Beispiel in utopischen oder Science Fiction-Romanen.

Méconnaissance Lacan verwendet den Terminus in seinen Schriften für Freuds offensichtliches *Verkennen* von 'allem, was das Ich mißachtet'. Der Begriff impliziert auch IDEOLOGISCH bedingte Blindheit, die vielleicht schon an Vorsatz grenzt.

Media Studies (Medienwissenschaft) Die akademische Beschäftigung mit dem Medium Radio und im besonderen mit Film und Fernsehen hat vor allem in den letzten zwei Jahrzehnten in Europa, und im besonderen in Großbritannien, einen großen Aufschwung erlebt, obwohl sie in den Vereinigten Staaten eine längere Geschichte hat. Für die akademische Beschäftigung mit Literatur ist diese Entwicklung aus zweierlei Gründen bedeutend. Erstens, weil man bei der Untersuchung von Medieninhalten, im besonderen dem Inhalt von Filmen, auf literaturwissenschaftliche Theorien und Traditionen zurückgriff, die auf diesem Weg in einem anderen Kontext, als in dem sie entwickelt wurden, ausprobiert und geprüft werden konnten. Zweitens, weil neue im Bereich der Medienwissenschaft entwickelte Theorien und Traditionen ihrerseits in die Literaturwissenschaft zurückübernommen wurden und sich dort zum Teil als sehr einflußreich erweisen konnten.

Verallgemeinernd kann man sagen, daß vor allem zwei akademische Disziplinen zur Etablierung und Entwicklung der Media Studies beigetragen haben: die Literaturwissenschaft und die Soziologie. Zumindest in Großbritannien nahm man vor allem seitens der Film Studies in den ersten Jahren Anleihen bei der Literaturwissenschaft: Die *Auteur*-Theorie, um ein klassisches Beispiel zu nennen, wurde von einer Gruppe französischer Theoretiker übernommen, die den Regisseur eines Films mit dem AUTOR eines literarischen Werkes gleichsetzten und behaupteten, daß alle Filme eines Regisseurs etwas gemeinsam hatten, so wie alle Romane etwa von Henry James gemeinsame Merkmale und Elemente aufwiesen. Die akademische Beschäftigung mit dem Medium Fernsehen verdankt hingegen am meisten der Soziologie und hat sich in der ersten Zeit vor allem auf die Untersuchung von *Institutionen* und *Zuschauern* konzentriert: Wem gehörten bzw. wer kontrollierte die Organisationen, die Fernsehprogramme produzierten? Welche Auswirkungen haben diese Programme auf die Zuschauer? Analysen von Programminhalten standen – wiederum in den ersten Jahren – zumeist in der Traditionen des amerikanischen Behaviorismus: So testete man zum Beispiel die Haltungen der Fernsehzuschauer bevor und nachdem sie eine bestimmte Fernsehsendung sahen.

Dieser kurze Abriß ist natürlich, was sich durch zahlreiche Beispiele belegen ließe, eine sehr vereinfachte Darstellung. Fest steht aber, daß eine der wichtigsten Funktionen der Media Studies in den 60er Jahren und auch noch später darin bestand, daß sie ein ORT waren, an dem literaturwissenschaftliche und soziologische Traditionen und Methoden kritisch aufeinandertreffen konnten. Und dieser Prozeß interdisziplinärer Diskussion und gegenseitiger Befruchtung hat sich sowohl für die Literaturwissenschaft als auch für die Soziologie als sehr lohnend erwiesen. Wenn etwa Literaturkritiker darauf hinwiesen, daß soziologische Analysen der Programminhalte und der Zuschauerreaktionen oft undifferenziert und unverläßlich waren und komplexe VERMITTLUNGS-, Reaktions- und INTERPRETATIONsprozesse außer acht ließen; oder wenn sie ihrerseits von der Soziologie darauf gestoßen wurden, daß bestimmte Eigenheiten eines TEXTES nicht unbedingt ÄSTHETISCH motiviert waren, sondern ganz anders erklärt werden konnten, und sie größere, über den einzelnen Autor hinausweisende Fragen gesellschaftlicher Steuerungsmechanismen miteinbeziehen mußten.

Darüber hinaus trug das Aufkommen der Media Studies zweifellos auch zu einer kritischeren Haltung gegenüber dem Konzept des KANONS seitens der Literaturwissenschaft bei. Die Beschäftigung mit Film und Fernsehen mußte die Aufmerksamkeit unweigerlich auf Fragen des POPULÄREN oder VOLKSTÜMLICHEN lenken, Fragen, die für die MARXISTISCHE Literaturkritik anfangs sehr wichtig waren, die aber in den 40er und 50er Jahren relativ wenig beachtet worden waren. Wenn Soap Operas ein ernsthafter Untersuchungsgegenstand der Media Studies waren, warum sollte man sich dann in der Literaturwissenschaft nicht mit Trivialromanen auseinandersetzen? Damit waren unvermeidlich IDEOLOGISCHE Fragestellungen verbunden: nicht nur in bezug auf die Ideologie, die in literarischen Texten enthalten war, sondern auch in bezug auf die Ideologie bzw. Ideologien, die bestimmten, womit man sich überhaupt beschäftigte und wie das geschehen sollte.

Daneben gibt es noch viele spezifischere Beispiele gegenseitiger Befruchtung. So kann sich etwa die ERZÄHLFORSCHUNG heute kaum mehr nur auf die literarische Erzählung beschränken. Von den Dingen, die in der Erzähltheorie von Bedeutung sind, haben so viele mit Filmanalyse zu tun, daß man diesen Bereich nicht ungestraft ausklammern kann.

Mehrdeutigkeit → AMBIGUITÄT

Metaerzählung → DIEGESE UND MIMESIS; METASPRACHE

Metafiktion → METASPRACHE

Metakritik   'Die Kritik der Kritik': mit anderen Worten die kritische Theorie, die sich mit der literarischen (oder auch einer anderen) Kritik beschäftigt und versucht, Beispiele dieser Kritik zu analysieren und kategorisieren und allgemeingültige Prinzipien herauszuarbeiten. Im gegenwärtigen Sprachgebrauch wird der Begriff oft durch *Literaturtheorie* ersetzt, obwohl letzterer Terminus eine viel weitere Bedeutung haben kann.

Metalepse   Nach Gérard Genette jede Überschreitung NARRATIVER Ebenen, wie zum Beispiel, wenn Sterne den Leser von *Tristram Shandy* bittet, Mr Shandy ins Bett zurück zu helfen (1972a, 243).

Metapher → SYNTAGMATISCH UND PARADIGMATISCH

Metaphysik (der Präsenz) → PRÄSENZ

Metasprache   Grundsätzlich jede Sprache, die eine andere Sprache beschreibt oder sich auf diese bezieht: 'eine Sprache über eine Sprache'. Eines der Charakteristika der menschlichen Sprache ist, daß sie als ihre eigene Metasprache fungieren kann; wir können in unserer Sprache über eben diese unsere Sprache sprechen (wie wir es in diesem Moment tun). In den Kommunikationssystemen der Tierwelt ist das nicht möglich: Hunde können nicht über das Bellen bellen.

Sowohl die Literatur als auch die Literaturkritik machen sich diese Tatsache zunutze. Gérard Genette schlägt eine Version des LINGUISTISCHEN PARADIGMAS vor, bei der das literarische WERK als Sprache und die Literaturkritik als Metasprache aufgefaßt wird (1966, 187). Nun kann aber Literatur ihre eigene Metasprache sein, zum Beispiel als *Metafiktion*. Folglich kann das Spiel mit den *Ebenen* in einem literarischen Werk sehr komplex sein, und der neueren ERZÄHLFORSCHUNG kommt insofern eine wichtige Funktion zu, als sie verstärkt die Spezifität verschiedener narrativer Ebenen und die Beziehung dieser Ebenen zueinander ins Blickfeld rückt.

Eine *Metaerzählung* ist daher entweder eine Erzählung, die über andere, eingebettete Erzählungen spricht, oder eine Erzählung, die sich auf sich selbst und ihre eigenen narrativen Verfahren bezieht. Metaerzählungen können eine sehr wichtige Rolle in der Festlegung der IDEO-LOGISCHEN Position eines literarischen Werkes spielen: Anne Cranny-Francis nennt als Beispiel FEMINISTISCHE Neufassungen von Märchen, die das Verhältnis des LESERS bekannten Märchen gegenüber mittels Metaerzählungen problematisieren, indem dieses ursprünglich passive Verhältnis in ein aktives Verhältnis verwandelt wird (1990, 89).

Metafiktion heißt wörtlich Fiktion über die Fiktion. In gewissem Sinne überschneidet sich dieser Begriff mit dem Begriff der *Metaerzählung*, nachdem jedes fiktionale Werk, das eine Metaerzählung enthält, auch ein metafiktionales Element enthalten wird. Im allgemeinen beschreibt man als Metafiktion fiktionale Literatur, die ein *selbstreferentielles Element* enthält (das nicht unbedingt von einer Metaerzählung stammen muß: so können auch thematische Muster zum metafiktionalen Effekt in einem Werk beitragen). Bei der Metafiktion haben wir es typischerweise mit einem Spiel zu tun, bei dem die Ebenen der narrativen Realität (und deren Wahrnehmung durch den Leser) durcheinandergebracht werden oder bei dem die traditionellen REALISTISCHEN Konventionen, auf Grund derer MIMETISCHE und DIEGETISCHE Elemente auseinandergehalten werden, mißachtet und hintertrieben werden. Der Begriff wird in der Regel für relativ junge POSTMODERNISTISCHE Werke verwendet, kann sich aber auch auf ältere Werke beziehen, die sich in irgendeiner Form selbst beobachten oder kommentieren. Das 'Theater im Theater' in *Hamlet* stellt zum Beispiel einen metafiktionalen Aspekt dar, denn das Publikum wird durch Hamlets Kommentare über die Aufführung der Schauspieler, auch wenn hier nicht ganz offen ein Metakommentar eingeführt wird, dazu aufgefordert, sich über die durch das Theater vermittelte Illusion Gedanken zu machen. Die obigen Ausführungen über die ideologische Funktion von Metaerzählungen gelten auch für die Metafiktion; Anne Cranny-Francis ist etwa der Ansicht, daß die GESCHLECHTSspezifische Ideologie populärer Texte durch feministische Metafiktionen dekonstruiert werden kann (1990, 99).

Vergleiche DIEGESE UND MIMESIS (worin Genettes zum Teil variierende Definitionen einiger hier erwähnter Begriffe erörtert werden) und den Eintrag RAHMEN.

Metasprachlich → Funktionen der Sprache

Metonymie → Syntagmatisch und paradigmatisch

Mikrodialog → Innerer Dialog

Mimesis → Diegese und Mimesis

Mise-en-abyme   Aus dem Französischen, wörtlich in den Abgrund werfen. Der Begriff kommt aus der Heraldik und bedeutet in seiner adaptierten Form grundsätzlich die immer wiederkehrende innere Vervielfachung von Bildern eines künstlerischen Ganzen, wobei eine unendliche Folge von Bildern, die in die Unsichtbarkeit entschwinden, produziert wird – ähnlich wie sich unser Spiegelbild, wenn wir zwischen zwei Spiegeln stehen, unendlich fortsetzt. Mieke Bal schlägt für literarische Formen der *mise-en-abyme* den Ausdruck *Spiegeltext* vor, da nicht das Ganze eines Werkes gespiegelt wird, sondern immer nur ein Teil. Wenn die primäre Fabula und die eingebettete Fabula so paraphrasiert werden können, daß beide Paraphrasen ein oder mehrere Elemente gemeinsam haben, dann ist für Bal 'der Subtext ein *Zeichen* des primären Textes' (1985, 146). Die Möglichkeiten der Reflexivität und Selbstbezüglichkeit, die durch derartige Wiederholungen eröffnet werden, werden nicht nur in der Kunst und Literatur der Moderne ausgeschöpft, sondern finden sich auch in den Werken vieler Künstler und Schriftsteller früherer Jahrhunderte.

Eine detaillierte Untersuchung der *mise-en-abyme*, sowohl für den Bereich der bildenden Kunst als auch für die Literatur, findet sich bei Lucien Dällenbach (1989).

Einige dekonstruktivistische Autoren beschreiben damit auch das Schwindelgefühl, das durch die durch das endlose Spiel der Signifikanten in einem Text bedingte Instabilität der Bedeutung hervorgerufen wird.

Mißdeutung → Revisionismus

Modalität (Maxime der) → Sprechakttheorie

Moderne und Postmoderne   Beide Begriffe gehen über nationale, kulturelle und gattungsspezifische Grenzen hinaus; sie beschreiben künstlerische und kulturelle Artefakte und Positionen (hauptsächlich) des 20. Jahrhunderts, die über bestimmte gemeinsame Charakteristika verfügen. Der Begriff der *Postmoderne* bezieht sich dabei nicht nur auf Kunst und KULTUR, sondern in einem allgemeineren Sinn auch auf Aspekte der modernen Gesellschaft.

Moderne und Postmoderne bzw. Modernismus und Postmodernismus unabhängig voneinander zu definieren ist schwierig, weil die Grenzen je nach Sprachgebrauch verschieden gezogen werden. Andreas Huyssen schreibt dazu:

> |Das| amorphe und politisch flüchtige Wesen der Postmoderne macht das Phänomen an sich schwer faßbar und die Definition seiner Grenzen äußerst schwierig, wenn nicht überhaupt unmöglich. Darüber hinaus ist, was für einen Kritiker die Postmoderne ist, für einen anderen die Moderne (oder eine Spielart davon), während einige ganz neue Phänomene der zeitgenössischen Kultur (wie etwa die Kultur von Minderheiten und die breite Palette feministischer Beiträge zu Literatur und Kunst, die in letzter Zeit verstärkt in das Bewußtsein einer breiteren Öffentlichkeit getreten sind) bislang kaum *als* postmodern diskutiert worden sind ... (1988, 58–9)

Diese Unschärfe, was die Grenzziehung anbelangt, trifft, wie Ihab Hassan richtig feststellt, auch auf andere Begriffe wie etwa die *Avantgarde* zu:

> Wie auch andere Kategoriebegriffe – zum Beispiel Poststrukturalismus, Moderne oder Romantik – leidet die Postmoderne an einer gewissen *semantischen* Instabilität. Das heißt, unter Wissenschaftlern ist man sich nicht über die Bedeutung des Begriffs einig ... So meinen einige Kritiker mit Postmoderne, was andere als Avantgarde oder sogar Neoavantgarde, einige dagegen einfach als Moderne bezeichnen würden. (1985, 121)

Ganz ähnlich spricht David Harvey davon, daß sich die Entwicklung von der Moderne zur Postmoderne mehr durch Kontinuität denn durch Gegensätzlichkeit auszeichnet, und er sieht die Postmoderne als Krise der Moderne, in der Fragmentation und Vergänglichkeit nur bestätigt werden, während man das Ewige und Unveränderliche als Möglichkeiten mit größerer Skepsis betrachtet (1989, 116). Alex Callinicos (1989) ist ebenfalls der Ansicht, daß es zwischen Moderne und Postmoderne keine scharfe Trennung gibt, wobei er die Gründe, weshalb man dennoch an einer solchen Trennung festhält, in der politischen und kulturellen Enttäuschung der 68er Generation in Westeuropa und in den Vereinigten Staaten sieht.

Von den bisher genannten Termini ist der der *Avantgarde* wahrscheinlich am unproblematischsten. Der Begriff kommt aus der Militärterminologie und bezeichnet ursprünglich die (normalerweise kleine) Vorhut einer größeren, nachkommenden Armee – was man später auch als Stoßtruppe bezeichnete. Im kulturpolitischen Kontext wurde der Begriff Anfang dieses Jahrhunderts für Bewegungen verwendet, die sich zum Ziel gesetzt hatten, KONVENTIONsbedingte Normen und Haltungen – vor allem, aber nicht ausschließlich auf dem Gebiet der Kultur und Kunst – anzugreifen. So bezeichnet man Bewegungen wie den Kubismus, Futurismus, Dadaismus, Surrealismus oder Konstruktivismus normalerweise als *avantgardistisch*. Dabei wird die Avantgarde in der Regel in Form von *Bewegungen* diskutiert, während man die Moderne normalerweise anhand einzelner Künstler oder WERKE diskutiert. Das dürfte zumindest zum Teil darin begründet sein, daß avantgardistische Bewegungen typischerweise ihren kulturellen Auftrag als Teil einer größeren kulturpolitischen Kampagne sahen, die auf die Zerschlagung bürgerlicher Normen gerichtet war, und gerade dieses offen einbekannte politische und aktivistische Element, das viele avantgardistische Bewegungen auszeichnet, wird häufig als ein wichtiges Kriterium für die Unterscheidung zwischen Avantgarde und Moderne herangezogen. Schon das Wort *Avantgarde* impliziert, daß man sich Gedanken darüber macht, was kommen wird, während viele Künstler der Moderne zutiefst pessimistisch waren bzw. sich damit abgefunden hatten, daß sie mit ihrem Werk auf gesellschaftlicher oder kultureller Ebene wahrscheinlich nichts würden verändern können. Als Standardwerke zur Avantgarde sind Poggioli (1962) und Bürger (1974) zu nennen.

Der Begriff der *Moderne* konnte sich im vergangenen Jahrzehnt zwar stabilisieren, doch haben einige Bestrebungen, die Postmoderne 'zurückzudatieren' und einige bis dahin als modern bezeichnete Kunstwerke der Postmoderne zuzurechnen, die Grenzen wieder etwas verschwimmen lassen. (So hat man zum Beispiel Virginia Woolfs *The Waves* oder James Joyces *Finnegans Wake* lange Zeit der *Moderne* zugerechnet, während in den letzten Jahren viele Kritiker begonnen haben, diese Werke als *postmodern* einzustufen.) Im allgemeinen Sprachgebrauch versteht man unter der Moderne die Kunst (nicht nur die Literatur), die mit den die Kunst und Literatur im 19. Jahrhundert beherrschenden Konventionen brechen wollte. Die wichtigste dieser

Konventionen war wahrscheinlich der REALISMUS: Der Künstler der Moderne sah in der Ähnlichkeit mit der Realität nicht mehr den Prüfstein seiner Kunst. Das heißt nun aber nicht, daß die moderne Kunst nicht mehr versuchte, die außerliterarische Welt zu verstehen oder darzustellen, sondern daß sie die im 19. Jahrhundert für den Realismus gültigen Normen, die sich zu Konventionen verhärtet hatten und keine Infragestellung mehr zuließen, ablehnte. Statt dessen zeichnen sich die Kunstwerke der Moderne typischerweise durch ein *autoreflexives* Element aus: Wenn wir, sagen wir, Jane Austens Roman *Pride and Prejudice* lesen, können wir uns leicht in der fiktiven 'Welt' des Romans verlieren, während wir, wenn wir James Joyces *Ulysses* oder Virginia Woolfs *The Waves* lesen, darauf gestoßen werden, daß wir einen Roman lesen. (So wie wir uns beim Betrachten eines Gemäldes von Turner in der dargestellten Landschaft verlieren können, wohingegen uns ein Gemälde von Picasso seine 'Gemaltheit' entgegenschleudert.)

Der Vorstoß gegen die Perspektive in der Malerei und gegen die Tonalität in der Musik ist mit den Bestrebungen verschiedenster Autoren der Moderne vergleichbar, sich von den Zwängen der traditionellen Auffassung von 'literarischer Figur' und 'Handlung' zu befreien. Die Moderne kündigt einen Bruch mit der Vergangenheit an, nicht unähnlich der romantischen Auflehnung gegen traditionelle Werte, wenn sie sich von der Romantik auch wesentlich durch ihre grundsätzlich pessimistischere, ja fast tragische Weltsicht unterscheidet. Verallgemeinerungen sind aber auch hier gefährlich; vor allem in Großbritannien dürfte, stärker als im übrigen Europa, die literarische Moderne (zu der auch viele Nicht-Briten beigetragen haben) dem Pessimismus zugeneigt gewesen sein. Die Werke T.S. Eliots, Ezra Pounds, D.H. Lawrences, Franz Kafkas, Knut Hamsuns – um nur einige zu nennen – zeichnen sich alle durch eine pessimistische Sicht der modernen Welt aus, einer Welt, die sie als fragmentarisch und im Verfall begriffen empfanden, in der die Verständigung zwischen den Menschen schwierig oder unmöglich geworden war und in der wirtschaftliche und schwächende Kräfte eine unüberwindliche Schranke gegen Verbesserungen auf menschlicher oder kultureller Ebene darstellten.

In der Regel stehen die Vertreter der Moderne Entwicklungen in Wissenschaft und Technik feindlich oder zumindest skeptisch gegenüber. Ausnahmen stellen in dieser Hinsicht aber zum Beispiel Vladimir Majakowskij oder die italienischen Futuristen dar, wobei man letztere allerdings sehr oft auch der Avantgarde und nicht der Moderne zurechnet. Die Skepsis gegenüber Wissenschaft und Technik – in vielen Fällen eine direkte Reaktion darauf, daß im Ersten Weltkrieg Millionen Menschen durch den Einsatz der Technik umgekommen waren, und oft von einer Verabscheuung des Kommerzialismus begleitet – ist eines der Merkmale, das die Moderne von der Postmoderne (bzw. einem Großteil der Postmoderne) unterscheidet.

Hier sei allerdings angemerkt, daß die Teilnahme an einer kulturellen und künstlerischen Revolution nicht notwendigerweise Progressivität im Politischen bedeutet: Knut Hamsun, T.S. Eliot, Ezra Pound, Luigi Pirandello, D.H. Lawrence und W.B. Yeats haben einige der bedeutendsten Werke der Moderne geschaffen, und doch ist die gesellschaftliche und politische Vision, die sich in ihren Werken ausdrückt, eher in die Vergangenheit denn in die Zukunft gerichtet, sind sie politisch eher konservativ denn progressiv. Das trifft nun nicht auf die gesamte Moderne zu, doch zeigen diese Beispiele, daß Experimentation, Innovation und Anti-Traditionalismus auf künstlerischem und kulturellem Gebiet sehr wohl Hand in Hand mit politischem Traditionalismus, Konservatismus und selbst Faschismus gehen können: Pound und Hamsun bekannten sich lange Zeit zum Faschismus und ließen sich (zumindest einigen Darstellungen zufolge) auch durch die Aufdeckung der von den Nazis begangenen Greueltaten nach dem Zweiten Weltkrieg von ihrer Überzeugung nicht abbringen. Im Gegensatz dazu vertrat eine bedeutende Exponentin der Moderne wie Virginia Woolf einen konsequenten Liberalismus, der sich in den 30er Jahren etwa in der Unterstützung der Labour Party manifestierte, und wie viele andere bedeutende Vertreter der Moderne hatte Woolf zu keiner Zeit etwas mit dem Faschismus im Sinne.

Man kann Virginia Woolf hier nicht erwähnen, ohne darauf hinzuweisen, daß die Entwicklung der Moderne in gewissem Sinne eine 'Vermännlichung' der Kunst bedeutete: Im Gegensatz zu der dominierenden Stellung, die Schriftstellerinnen im neunzehnten Jahrhundert innehatten, dauerte es nach der Revolution der Moderne sehr lange, bis Frauen wieder dahin kamen. Zum Teil dürfte das auch damit zusammenhängen, daß mit der Moderne gesellschaftliche und geographische Mobilität und ein unkonventioneller Lebensstil verbunden waren – was, wie Virginia Woolf (in anderem Zusammenhang) in ihrem Essay *Ein eigenes Zimmer* auch betont, für Frauen viel schwieriger zu verwirklichen war als für Männer.

Hinter dem Pessimismus der Moderne verbirgt sich nicht nur die Erfahrung, daß eine funktionierende zwischenmenschliche Kommunikation in der modernen Zeit schwierig geworden war, sondern auch die Überzeugung, daß die Welt, auch wenn sie einmalig und erfahrbar war, nur in kleinen Stücken der Erkenntnis zugänglich war. David Harvey meint, daß die Moderne Perspektivenpluralismus und Relativismus zu ihrer Epistemologie erwählte, um erkennbar zu machen, 'was sie immer noch für das wahre Wesen einer allem zugrundeliegenden einheitlichen, wenn auch komplexen Realität hielt' (1989, 39). (Die Postmoderne hat dagegen zwar den Relativismus nicht aufgegeben, wohl aber den Glauben an eine allem zugrundeliegende einheitliche Realität; David Harvey zitiert Jean-François Lyotards Definition der Postmoderne als 'Skepsis gegenüber den Metaerzählungen' [1986, 14] – eine Definition, die paradoxerweise selbst eine Art Metaerzählung ist; die Parallelen zwischen Postmoderne und Dekonstruktion sind hier besonders augenfällig.) Der modernistische Mensch war demnach dazu verurteilt, in einem Zustand gesellschaftlicher – ja selbst existentieller – Fragmentation zu leben, während er sich (nicht so der Postmodernist) aus dieser Situation hinaussehnte. Nicht unwichtig war hier der Einfluß Freuds, der das Augenmerk vieler Schriftsteller nach innen lenkte, auf das subjektive Erleben, weg von der objektiven Welt. Einerseits führte das zur Entwicklung neuer Techniken: der innere Monolog und die *stream of consciousness*-Technik bei Joyce und Woolf, die Verfeinerung des dramatischen Monologs bei Eliot. Andererseits paßte es aber zu dem pessimistischen Glauben an die Unüberbrückbarkeit des Abgrunds zwischen subjektivem Erleben und objektiver Welt, dem Glauben, daß 'es unmöglich ist, das zu sagen, was man meint'. Die ENTFREMDUNG wird in der Literatur der Moderne fast zu einem Klischee und ist sehr oft mit *Städten* assoziiert: T.S. Eliots 'The Waste Land' oder James Joyces *Ulysses* sind nur schwer in ländlicher Umgebung vorstellbar.

Eine Folge – oder Begleiterscheinung – dieser Entfremdung ist die Problematisierung der menschlichen Individualität und Identität. 'Wer bin ich?' fragt etwa Virginia Woolfs Bernard in ihrem experimentellen Roman *The Waves*, und seine Frage symbolisiert ein Problem, das sich dem modernen Künstler immer wieder stellt. Die Autoren der Moderne sagten daher unter anderem der konventionellen Sicht der literarischen 'Figur' den Kampf an, einer als einheitlich, stabil und kohärent aufgefaßten Person, die für sich selbst und andere erkennbar ist. So wie Bernard nicht sicher ist, wer er ist, kommt K. in Kafkas *Schloß* darauf, daß er von Klamm keine einheitliche Beschreibung bekommen kann, da er von verschiedenen Personen oder von denselben Personen zu verschiedenen

Zeiten unterschiedlich gesehen wird. Diese Abhängigkeit der Identität vom Beobachter wird von Luigi Pirandello in einigen seiner Theaterstücke bis ans Äußerste geführt und mündet in verschiedenen Formen von Solipsismus. Verglichen damit erscheint ein Werk wie James Joyces *Ulysses* relativ konventionell.

Ihab Hassan hat den Terminus *Postmoderne* bzw. *Postmodernismus* bis zu Frederico de Onis' Verwendung des Begriffs *postmodernismo* in seiner *Antología de la Poesía Espanola e Hispanoamericana* (1934) zurückverfolgt, doch findet er in den kritischen Diskurs erst in den 50er Jahren bzw. in bedeutenderem Umfang erst in den 60er Jahren Eingang. Zuerst schien es sich nur um eine zeitliche Abgrenzung zu handeln: Postmoderne Kunst oder Kultur war die Kunst oder Kultur, die in den Jahren nach dem Zweiten Weltkrieg die Techniken und Konventionen der Moderne weiterführte oder auch mit ihnen brach, ohne auf realistische oder prämodernistische Positionen zurückzufallen. Bald aber verwendeten Kritiker den Begriff für ganz bestimmte kulturelle, künstlerische – und sogar gesellschaftliche – Phänomene, unabhängig davon, wann diese auftraten. Das Wort 'gesellschaftlich' ist hier von Bedeutung: Der Begriff der *Postmoderne* wird in einem sehr viel weiteren Sinne verwendet als der Begriff der *Moderne*; die Postmoderne bezieht sich ebenso auf die allgemeine menschliche Lebenssituation oder auf die Gesellschaft als Ganzes wie auf Kunst oder Kultur (Jean-François Lyotards Buch *Das postmoderne Wissen: ein Bericht* [1986 in deutscher Übersetzung erschienen] hat diese Tendenz wesentlich unterstützt). Die *Postmoderne* steht heute demnach für eine Reihe verschiedener Dinge: (i) die nicht-realistische und nicht-traditionalistische Literatur und Kunst der Zeit nach dem Zweiten Weltkrieg; (ii) die Literatur und die Kunst, die bestimmte Merkmale der Moderne zu einem Extrem führt; (iii) die Faktoren einer allgemeineren menschlichen Lebenssituation in der 'spätkapitalistischen' Welt seit den 50er Jahren, die umfassende Auswirkungen auf das Leben, die Kultur, die IDEOLOGIE und die Kunst haben, wobei meist (wenn auch nicht immer) eine grundsätzlich positive Haltung diesen Faktoren gegenüber impliziert ist.

Zu jenen modernistischen Elementen, die, in ihrer extremsten Ausprägung, die Postmoderne konstituieren, zählen die Verwerfung von Repräsentation zugunsten von Selbstbezüglichkeit – vor allem 'spielerischer' und nicht-ernster, nicht-konstruktiver Art; die bereitwillige, ja sogar erleichterte, Verwerfung der künstlerischen AURA und des Kunstwerkes als organisches Ganzes (obwohl David Harvey zufolge die modernistische [und

nicht die postmodernistische] Kunst im Grunde auratisch ist [1989, 22]);
Konfrontation und Reizung des Lesers anstatt Zusammenarbeit mit ihm;
die Verwerfung von 'Figur' und 'Handlung' als bedeutungsvolle oder
künstlerisch haltbare Konzepte oder Konventionen; sogar die Verwerfung
von BEDEUTUNG an sich als hoffnungslose Illusion, die Überzeugung, daß
sich der Versuch, die Welt zu verstehen, nicht lohnt – oder zu glauben,
daß es so etwas wie 'die Welt' überhaupt gibt. Die Postmoderne setzt den
subjektiven Idealismus der Moderne bis zum Solipsismus fort, lehnt aber
deren tragische und pessimistische Elemente mit der Begründung ab, daß
man, wenn man schon nicht verhindern kann, daß Rom brennt, zumindest seinen Spaß dabei haben kann. Diesen und ähnlichen allgemeinen
Definitionen der Postmoderne zufolge lassen sich viele literarische und
künstlerische Werke vom Anfang dieses Jahrhunderts, und sogar Werke
aus früheren Jahrhunderten, als mehr oder weniger postmodern bezeichnen: die Werke Franz Kafkas, Knut Hamsuns *Hunger*, Ezra Pounds 'Can-
tos' und selbst Laurence Sternes *Tristram Shandy*. Ebenso lassen sich
postmoderne Elemente in den Schriften verschiedenster POSTSTRUKTURALI-
STISCHER und dekonstruktivistischer Kritiker wie Jacques Derrida, Michel
Foucault und Jacques Lacan ausmachen.

Vielen Darstellungen zufolge zeichnet sich die Postmoderne durch
eine positivere Haltung der modernen Welt gegenüber aus. Daß die
Welt zunehmender Fragmentierung anheim fällt, von wirtschaftlichen
Interessen dominiert wird und der Mensch angesichts einer blinden
Technologie machtlos ist, darüber sind sich Moderne und Postmoderne
einig. Während aber die Modernisten in der Regel mit Schrecken oder
Verzweiflung darauf reagierten, finden sich die meisten Postmodernisten
damit ab. David Harvey sieht in der Postmoderne eine Mimese der
sozialen, wirtschaftlichen und politischen Praktiken der jeweiligen
Gesellschaft und er vergleicht die Überlagerung verschiedener, miteinander nicht kommunizierender Welten in vielen postmodernen Romanen mit 'der zunehmenden Ghettoisierung, Entmündigung und Isolierung der verarmten und Minderheiten angehörenden Bevölkerungs-
schichten in den Städten Großbritanniens und der Vereinigten Staaten'
(1989, 113). Harvey zieht auch einen interessanten Vergleich zwischen
den neuen Organisationsstrukturen des Kapitalismus der Zeit nach Ford
und der postmodernen Ideologie.

Die Postmoderne ist sich dessen bewußt, daß sich die Welt seit
Anfang dieses Jahrhunderts verändert hat. In den ('spätkapitalistischen')
Industrieländern haben, so wird behauptet, die Fortschritte in der Nach-

richtentechnik und Elektronik die menschliche Gesellschaft revolutio-
niert. Anstatt auf diese Veränderungen zornig zu reagieren, fordert der
Postmodernist dazu auf, die Gegenwart zu feiern: den Verlust der
künstlerischen Aura zu feiern, der nach Benjamin (einem der bedeutendsten Propheten der Postmoderne) auf die 'mechanische Reproduktion' zurückzuführen ist. So zwingen uns die Bilder eines Andy Warhol
oder eines Roy Lichtenstein (die man meist der Pop Art zurechnet, die
aber ebenso als postmodern eingestuft werden können) dazu, uns mit
Aspekten der kommerziellen Kultur unserer Zeit eingehender auseinanderzusetzen und diese nicht kurzerhand abzutun; sie setzen gewissermaßen das Werk Marcel Duchamps fort, der 1919 ein massenproduziertes
Urinal als Skulptur ausstellte. Viele Postmodernisten sind, wie einige der
älteren Avantgardisten, von der Technik eher fasziniert als abgestoßen,
sie lehnen 'das POPULÄRE', die Massenkultur nicht als unter ihrer Würde
ab, und es ist ihnen viel an der unmittelbaren Wirkung ihrer Werke
gelegen: die Veröffentlichung ist eher ein strategischer Akt denn Hoff-
nung auf Unsterblichkeit. Alex Callinicos hat allerdings darauf hingewiesen, daß in diesem Zusammenhang das Verhältnis vieler 'Hochmoder-
nen' zur *popular culture* oft heruntergespielt wird, wobei er als Beispiel
T.S. Eliots Vorliebe für die Music Halls und Strawinskis Beeinflussung
durch den Ragtime nennt (1989, 15).

In der Literatur werden die folgenden Autoren der Postmoderne
zugerechnet: Samuel Beckett, Eugene Ionescu, John Barth, John Ashber-
ry, Thomas Pynchon, Donald Barthelme, William Burroughs, Walter
Abish, Alain Robbe-Grillet, Peter Handke, Carlos Fuentes und Jorge Luis
Borges. Im Zusammenhang mit postmoderner Literatur tauchen auch oft
die Begriffe *fabulation* und *surfiction* auf. Beide Begriffe stehen für ein
aggressives und spielerisches Schwelgen im Nicht-Repräsentionalen, im
Schreibvorgang, wenn der Autor nicht in erster Linie daran interessiert
ist, eine wahrgenommene nicht-fiktionale Realität zu beschreiben oder
schreibend mit dieser in Verbindung zu treten.

Modus   In seiner allgemeinen Bedeutung ein Synonym für 'Art und
Weise'; innerhalb der Literaturkritik wird der Begriff in neuerer Zeit vor
allem im Bereich der ERZÄHLTHEORIE verwendet. In der Nachfolge des
Linguisten M.A.K. Halliday wird mit Modus (englisch *mode*) auch das
'Medium' eines Textes, der 'Kommunikationskanal' bezeichnet. Demnach unterscheidet sich eine telephonisch übermittelte Nachricht von
einer schriftlichen durch den Modus.

In anderem Zusammenhang spricht man von einem veränderten Modus, wenn die narrative DISTANZ sich ändert; wenn ein ERZÄHLER also etwa plötzlich zur Ironie greift, ändert sich damit der Modus.

In Gerald Princes Terminologie umfaßt der Begriff Modus (englisch *mood*; → PERSPEKTIVE) zwei Kategorien: die *Perspektive* (oder *point of view*) und die *Distanz* (oder *mode*) (1988, 54). Demnach ist der Modus (*mood*) einer Erzählung davon bestimmt, (i) von welcher Perspektive aus Personen und Ereignisse in der Erzählung dargestellt werden, und (ii) wie nahe oder wie fern die Erzählung diesen Personen und Ereignissen ist.

Nach Gérard Genette 'kann man das, was man erzählt, *mehr* erzählen oder *weniger*, von *dem einen oder dem anderen Standpunkt aus*, und diese Fähigkeit bzw. die entsprechenden Verwendungsmodalitäten stehen im Mittelpunkt unserer Kategorie des *narrativen Modus*' (französisch *mode*, ins Englische mit *mood* übersetzt; 1972a, 183). Die Entlehnung dieses Begriffs aus der Grammatik ist bezeichnend für den Rückgriff vieler ERZÄHLFORSCHER auf das LINGUISTISCHE PARADIGMA.

Die Verwendung dieser Begriffe ist noch sehr uneinheitlich, und keiner der genannten Termini hat sich bisher als beherrschend oder verbindlich etablieren können, weshalb bei der Verwendung oder INTERPRETATION dieser Begriffe in literaturkritischen Schriften Vorsicht geboten ist.

→ PERSPEKTIVE

Monoglossie → DIALOGISCH

Monologisch → DIALOGISCH

Monovalenter Diskurs → REGISTER

Montage　Der Begriff der Montage spielte in den 30er Jahren in den Debatten um den REALISMUS und die MODERNE eine zentrale Rolle, vor allem im Rahmen der sogenannten 'Brecht-Lukács-Kontroverse'. Deren Auswirkungen wurden allerdings erst mit einiger Verspätung spürbar, da sie erst nach dem Zweiten Weltkrieg vollständig veröffentlicht wurde. Der ungarische Marxist Georg Lukács nannte damals in seiner Verteidigung des Realismus die Montage als eine der vom Expressionismus und der Moderne begangenen Sünden. Für ihn war die Montage der Gipfelpunkt der symbolistischen Strömung und stand im Zentrum der modernistischen Literatur und des modernistischen Denkens (Lukács 1955a, 217, 225). Brecht räumte zwar ein, daß eine gewisse *anarchistische Montage* nur die Symptome der Oberfläche wiedergibt (Brecht 1967a, 113), betonte aber die Bedeutung der Montagetechnik in seinen eigenen Arbeiten und bemerkte trocken, daß er, als er sein letztes Stück schrieb, mehr von den Gemälden Breughels gelernt hatte als von Abhandlungen über den Realismus (Brecht 1967a, 110). Breughels Gemälde zeichnen sich durch eine Szenenanordnung aus, die mehr mit Montage zu tun hat als mit dem klassischen von Lukács favorisierten Realismus des 19. Jahrhunderts.

Scheinbar fast widerwillig äußerte sich Lukács zumindest anerkennend über die Photomontage, wahrscheinlich auf Grund des damaligen Erfolgs der Photomontagen des deutschen Antifaschisten John Heartfield. Heartfields Arbeiten hatten auch nach dem Krieg großen Einfluß und besiegelten die Anerkennung der Montage durch die Linke, die Lukács ihr absprechen wollte.

1977, in dem Jahr, in dem die Dokumente zur Brecht-Lukács-Kontroverse erstmals in englischer Übersetzung herauskamen, erschien David Lodges *The Modes of Modern Writing*. Darin verweist Lodge auf Roman Jakobson und dessen Charakterisierung der Montage als META-PHORISCH, hält Jakobson aber entgegen, daß seiner Meinung nach eine Montage je nach Kontext entweder metaphorisch oder METONYMISCH sein kann (1977, 84). Im speziellen bezieht er sich auf die einleitende Passage von Dickens' *Bleak House*, die, so Lodge, zu einer Art metaphorischer Metonymie wird und, würde man sie verfilmen, in eine filmische Montage transponiert werden müßte (1977, 100).

Motiv → THEMA UND THEMATIK

Motiviert → ARBITRARITÄT; FUNKTION

Multivalenz   Auch Mehrwertigkeit. In der anorganischen Chemie bezeichnet die Wertigkeit die Anzahl von Wasserstoffatomen, mit denen sich ein Atom eines bestimmten Elements formal zu Molekülen verbinden könnte. Metaphorisch verwendet bezeichnet der Terminus Multivalenz die Fähigkeit, sich mit anderen Elementen zu verbinden oder diese zu ersetzen, um etwas Neues zu schaffen. Im literaturkritischen DISKURS bedeutet multivalent in der Regel, daß ein TEXTUELLES Element verschiedene Bedeutungen annehmen kann, indem es sich mit anderen textuellen oder außertextuellen Elementen verbindet (z.B. INTERPRETATIONstechniken oder LESARTEN).

→ AMBIGUITÄT

Mythos Zwei der einflußreichsten zeitgenössischen Philosophen – Claude Lévi-Strauss und Roland Barthes – haben wesentlich zur Wiederbelebung des Mythosbegriffs in jüngster Zeit beigetragen. Lévi-Strauss versteht unter Mythos, wie er in seinem Buch *Das wilde Denken* darlegt, *eine Art des Denkens*, wobei 'die Elemente der mythischen Reflexion immer auf halbem Wege zwischen sinnlich wahrnehmbaren Eindrücken und Begriffen' liegen (1968, 31). Damit liegt er weitab von der traditionellen Auffassung von Mythos; Robert Scholes und Robert Kellogg etwa definieren Mythos als 'einen überlieferten Plot, der weitergegeben werden kann' (1966, 12).

Diese Bedeutungsverschiebung vom Mythos als eine Art Handlung oder PLOT zum Mythos als eine Art des Denkens, in manchem nicht unähnlich einer IDEOLOGIE (dann aber auch wieder sehr verschieden davon), findet sich auch bei Roland Barthes in seinem sehr originellen Buch *Mythen des Alltags*. Barthes' große Leistung liegt darin, Mythen im zeitgenössischen Leben aufzuspüren, den europäischen Lesern von heute vor Augen zu führen, daß ein Mythos nicht nur etwas ist, das von anderen Völkern (weit entfernten afrikanischen Stämmen, russischen Bauern, den alten Griechen) geschaffen wird und an das diese Völker glauben – sondern daß Mythen in der westlichen Welt zum modernen Alltag gehören. In seinem Buch untersucht Barthes so unterschiedliche Phänomene wie das Catchen, Mittel zur Schönheitspflege, das Gesicht Greta Garbos, Beefsteak und Pommes frites und Striptease. Mythen lieferten Barthes eine Erklärung dafür, daß historisch bedingte Situationen oder Umstände immer als irgendwie 'natürlich' dargestellt werden, und er wollte 'in der dekorativen Darlegung dessen, "was sich von selbst versteht", den ideologischen Mißbrauch aufdecken' (1991, 7). Mythen kommt für Barthes demnach eine AUTOMATISIERENDE Funktion zu, eine Art Umkehrung der VERFREMDUNG. Barthes' *Mythen des Alltags* war ein sehr einflußreiches Buch, dem nicht nur eine Reihe anderer Bücher zu dem Thema folgten (z.B. Len Mastermans *Television Mythologies: Stars, Shows and Signs*, London 1984), sondern das auch eine neue Verwendung des Wortes 'Mythos' begründete.

Während Lévi-Strauss den Mythos als eine Art des Denkens ansieht, ist er für Barthes 'eine Aussage' (1991, 85), wobei Barthes in ähnlichem

Sinne wie Lévi-Strauss betont: 'Der Mythos wird nicht durch das Objekt seiner Botschaft definiert, sondern durch die Art und Weise, wie er diese ausspricht' (1991, 85), der Mythos ist 'eine entpolitisierte Aussage' (1991, 130).

Im neueren Sprachgebrauch besteht demnach ein Zusammenhang zwischen Mythos und Ideologie: Mythen erfüllen eine ideologische Funktion, während Ideologien mit Hilfe von Mythen funktionieren. Wahrscheinlich war es dieser neue Akzent, der den Dichter Basil Bunting veranlaßte, im Jahre 1977 in einem Fragebogen für eine dem Thema Mythos gewidmete Sondernummer der Zeitschrift *Agenda* festzustellen, daß Debatten darüber, was zum Teufel mit Mythos gemeint sei, sinnlos seien, weil das Wort nichts Spezielles zu bedeuten scheint.

In seinem 1932 erschienenen Buch *Die Form der Individualität im Roman. Studien zur Struktur der frühen deutschen Prosaerzählung* spricht Clemens Lugowski vom *mythischen Analogon*, und obwohl sein Buch viel früher erschien als die Arbeiten Barthes' und Lévi-Strauss', lassen sich hier Parallelen anführen. In seiner Einleitung zur englischen Übersetzung von Lugowskis Buch, die erst 1990 erschien, schreibt Heinz Schaffler: 'Lugowskis Untersuchung impliziert, daß, wenn Mythen auch ihre ursprüngliche Kraft verloren haben, in ästhetischen Strukturen sich noch Reste mythischen Denkens finden', und diese Reste nennt Lugowski das mythische Analogon (1990, xiii). (Obwohl es sehr unwahrscheinlich ist, daß Lugowski von Marx beeinflußt wurde, läßt Lugowskis Argumentation daran denken, wie Marx in der Einleitung zur *Kritik der politischen Ökonomie* die Leistungen der griechischen Kunst mit der griechischen Mythologie in Beziehung setzte.) Wie für Barthes und Lévi-Strauss sind auch für Lugowski Mythen eine Art der Wirklichkeitsdarstellung. Unter Bezugnahme auf den *Dekameron* stellt er fest, daß das mythische Analogon 'in einer Auffassung der Welt als zeitlosen Seins liegt' (1932, 47–8) – was an Barthes' Sicht des Mythos als Transformation der Geschichte zu einer Art *common sense* erinnert.

N

Nachricht → FUNKTIONEN DER SPRACHE

Nachträglichkeit Freud spricht von Nachträglichkeit im Zusammenhang damit, daß die Reaktion auf ein verwirrendes Erlebnis (zum Beispiel, wenn das Kind seine Eltern beim Geschlechtsverkehr beobachtet) nicht sofort, sondern langfristig erfolgt und in hohem Maße VERMITTELT ist. Sowohl Jacques Derrida als auch Jacques Lacan haben den Begriff von Freud übernommen (Derrida zum Beispiel in 'Freud und der Schauplatz der Schrift' und Lacan in 'Funktion und Feld des Sprechens und der Sprache in der Psychoanalyse'). Die meisten neueren Theorien gehen davon aus, daß der Zusammenhang zwischen Ursache und Wirkung langfristiger und indirekter Natur ist – vergleiche die Einträge VERMITTLUNG und ÜBERDETERMINIERUNG.

Naht Steven Cohan und Linda M. Shires haben den englischen Terminus für eine Naht im medizinischen Sinne, *suture*, auf die Hervorbringung des SUBJEKTS angewendet. Das Subjekt wird, so Cohan und Shires, sozusagen durch den SIGNIFIKANTEN an den DISKURS 'angenäht' (1988, 162). Dabei greifen sie auf Jacques-Alain Miller zurück, der eine Feststellung Jacques Lacans weitergedacht hat. Lacan sprach von einer Naht als dem Zusammenkommen des Imaginären und des Symbolischen; Miller definierte Naht im weiteren Sinne als das Verhältnis des Subjekts zur Kette seines Diskurses, in dem es als fehlendes Element oder als Double figuriert. Cohan und Shires wenden diesen Gedanken nun ihrerseits auf die ERZÄHLUNG an; sie sind der Ansicht, daß es beim Lesen oder Sehen einer Erzählung um 'das ständige Annähen eines erzählten Subjekts geht, dessen Lust durch einen Signifikanten gesichert, gefährdet und gerettet wird' (1988, 162).

Naked-ape-ism → BIOLOGISMUS

Narrative Bewegungen → ERZÄHLZEIT

Narrativik → ERZÄHLTHEORIE

Narrator → ERZÄHLER

Naturalisierung → VERFREMDUNG

Négritude Ein Neologismus, der von dem aus Martinique stammenden Dichter Aimé Césaire in seinem 1939 erschienenen *Cahier d'un Retour au Pays Natal* (*Zurück ins Land der Geburt*, dt. 1962) geprägt wurde. Césaire definiert den Begriff einfach und allumfassend: '*Négritude* ist einfach die Anerkennung der Tatsache, daß man Schwarzer ist, das Akzeptieren dieser Tatsache und unseres Schicksals, unserer Geschichte und unserer Kultur' (Kesteloot 1968, 80). In der Folge bezog sich der Begriff auf eine Bewegung schwarzer (in der Hauptsache afrikanischer) Schriftsteller, die in Paris lebten, und war bewußt gegen die französische Kolonialpolitik gerichtet, die versuchte, die kolonisierten Völker und deren Kulturen in die französische Kultur zu integrieren. Ein bedeutender Vertreter dieser Bewegung war der senegalesische Schriftsteller Léopold Sédar Senghor.

In den 60er Jahren griffen einige schwarze Schriftsteller in den Vereinigten Staaten den Begriff, wie sie ihn bei Besuchen in Paris kennengelernt hatten, auf; er implizierte inzwischen vor allem einen antirationalen und anti-kolonialistischen Standpunkt, den sie auch übernahmen. Anti-rational war ihre Haltung insofern, als sie das Rationale zugunsten mystischerer, kollektiverer und emotionalerer Formen des Verstehens ablehnten; anti-kolonialistisch, weil sie ihre Situation als unterdrückte Bevölkerungsgruppe in den Vereinigten Staaten mit jener der in Afrika lebenden Schwarzen gleichsetzten, die gegen die Herrschaft der Europäer kämpften. Viele von Schwarzen in Amerika in den 60er und 70er Jahren verfaßte Werke bedienten sich dieser Assoziationen, um eine Art des Schreibens zu benennen und legitimieren, die mit den als kulturfremd empfundenen Ausdrucksformen brach. Es fanden sich jedoch auch kritische Stimmen, die beklagten, daß mit dem Begriff *négritude* auch viele negative STEREOTYPEN von Schwarzen und schwarzer KULTUR perpetuiert würden.

New Criticism Im allgemeinen scheint es bei der Verwendung des Begriffs keinerlei Zweifel zu geben, was der New Criticism ist oder war bzw. wer zu seinen Hauptvertretern zu zählen ist. In seinem Artikel 'In Search of the New Criticism' stellt Cleanth Brooks – dessen Name in praktisch keiner Aufzählung von New Critics fehlt – jedoch fest, daß 'der New Criticism nicht leicht zu beschreiben oder einzuordnen' ist (1983, 41). Er führt den Begriff auf ein Buch des Dichters und Kritikers John Crowe Ransom zurück, das 1941 unter dem Titel *The New Criticism* herauskam:

[Ransom] diskutiert darin die kritischen Zielsetzungen und Methoden des 'logischen' Kritikers Yvor Winters, des 'historischen' Kritikers T.S. Eliot und des 'psychologischen' Kritikers Ivor A. Richards. Erwähnt werden außerdem R.P. Blackmur, William Empson und einige andere. Ransom behandelt zwar alle mit gebührender Achtung, spricht zugleich aber seine Vorbehalte und Einwendungen deutlich aus. Er hat weder eine einheitliche, als New Criticism bezeichnete Richtung definiert noch hatte er eine solche im Sinn. In seinem letzten Kapitel fordert er sogar eine ontologische Kritik. (1983, 41)

Brooks führt die verbreitete Ansicht, es gäbe eine als 'The New Critics' bezeichnete Gruppe von Kritikern, darauf zurück, daß einige, die Ransoms Buch entweder nicht gelesen oder falsch verstanden hatten, Ransom als den Begründer des New Criticism und seine ehemaligen Schüler und Freunde als die übrigen Vertreter der Strömung betrachteten.

Ursprung und Entwicklung dieser Gruppe (bzw. der Ansicht, daß es eine solche Gruppe gibt) werden von verschiedenen Autoren unterschiedlich dargestellt. Jonathan Culler zufolge steht am Anfang T.S. Eliot mit seiner in *The Sacred Wood* (1920) dargelegten Dichtungstheorie, gefolgt von einer Gruppe von Dichtern, die sich an der Vanderbilt University unter der Führung John Crowe Ransoms zusammenfanden und – von 1922 bis 1925 – die Zeitschrift *The Fugitive* herausgaben. Ein von dieser Gruppe 1930 unter dem Titel *I'll Take My Stand* veröffentlichter Sammelband politischer Essays stellt nach Culler einen Meilenstein in der Entwicklung des New Criticism dar:

Die Verfasser verglichen agrarische und industrielle Lebensformen, verteidigten das Traditionelle und Organische gegenüber dem Entfremdeten und Mechanistischen, sie besangen das Leben der freien, in kleinen Gemeinschaften lebenden Bauern und betrachteten den Landwirtschaftsbetrieb, der nur der Sicherung der Existenz diente, als der in großem Rahmen kommerziell betriebenen Landwirtschaft und der industriellen Produktion geistig überlegen. (1988b, 9)

Nachdem, so Culler, diese Schriftsteller (man bezeichnete sie auch als Agrarians) politisch keinen Erfolg verbuchen konnten, gaben sie den Traum vom autonomen, autarken Landwirtschaftsbetrieb auf und kämpften stattdessen für eine autonome Dichtung. Ob wir diese Darstellung gelten lassen wollen oder nicht, der von Culler angesprochene politische

Aspekt ist jedenfalls von Bedeutung und erklärt, weshalb eine ganze Reihe von Autoren (meistens, aber nicht ausschließlich Amerikaner) den englischen Kritiker F.R. Leavis zu den New Critics zählen. In Leavis' Werk finden sich Passagen, in denen er Loblieder auf die 'organische Gemeinschaft' singt und die stark an die politische Argumentation der Agrarians erinnern – vor allem, wenn man sie im Kontext von Leavis' persönlichem insularen Konservativismus sieht.

Eine weitere bedeutende Vaterfigur des New Criticism war zweifellos I.A. Richards, auch wenn er selbst kaum zu den New Critics gezählt wird – möglicherweise deshalb, weil er sich zu der Zeit, als der Begriff geläufig wurde, mit ganz anderen als den Fragen beschäftigte, die man allgemein mit dem New Criticism in Verbindung brachte. Während die Agrarians wichtige IDEOLOGISCHE Wegbereiter des New Criticism waren, machte sich Richards' Einfluß vor allem in der Praxis bemerkbar, indem er den New Critics eine *Methode* hinterließ. Auf ideologischer Ebene übernahm Richards viele seiner Ideen (bisweilen in kaum modifizierter Form) von der zeitgenössischen Psychologie, was für heutige Leser seiner *Principles of Literary Criticism* (1924) nicht zu übersehen ist. Viel bedeutender war aber sein *Practical Criticism* (1929), womit er nicht nur einen Begriff prägte, der inzwischen im Vokabular der Literaturwissenschaft ebenso fest verankert ist wie im Unterricht unzähliger Schulen, Colleges und Universitäten; Richards entwickelte darin außerdem eine Methode der kritischen Analyse von Gedichten, die mit einigen Modifikationen zum zentralen Punkt der, so kann man wohl sagen, Ideologie des New Criticism wurde. Richards verfolgte in der Tat pädagogische Zielsetzungen: Er war schockiert, wie schwierig es für seine Studenten in Cambridge war, Gedichte zu lesen und zu verstehen, und zum Beweis für diesen bedauerlichen Zustand ließ er Studenten 'unbekannte' TEXTE analysieren – das heißt lyrische Texte, die sie vorher noch nicht gesehen hatten und zu denen er keinerlei Hinweise auf AUTOR, Entstehungszeit, Veröffentlichungsgeschichte, sozialgeschichtlichen Kontext u.ä. lieferte. Allerdings meinte Richards damit nicht, daß der Idealfall einer Gedichtanalyse die kontextfreie Untersuchung des nackten Textes sei, sondern vielmehr, daß es das Ziel des *Literaturunterrichts* sein müsse, daß Studenten Gedichte sorgfältig und verständig analysieren können, auch wenn sie keine kontextuelle Information zur Verfügung haben. Was geschah, war jedoch, daß die Analyse unbekannter Texte vielfach fester Bestandteil des englischen Literaturgeschichteunterrichts wurde, und in extremen Fällen die Verwendung kontextueller

Information bei der INTERPRETATION oder ANALYSE von Lyrik oder anderen Literaturgattungen völlig verbannt wurde.

Ransom (Brooks weist darauf hin) erwähnt in *The New Criticism* auch den englischen Kritiker William Empson, der ebenfalls oft als einer der führenden New Critics genannt wird. Empsons *Seven Types of Ambiguity* (1930) war deshalb eine so einflußreiche Arbeit, weil man darin vielfach eine Fortsetzung der Lehren des *Practical Criticism* sah (Empson war in Cambridge immerhin Richards' Schüler). *Seven Types of Ambiguity* bot eine Fülle minutiöser und eng am Text bleibender *analytischer* Untersuchungen von Gedichten, wobei die Aufmerksamkeit des Lesers – anders als bei der vorher praktizierten biographischen Literaturbetrachtung oder der etwas später folgenden MARXISTISCHEN Literaturkritik – bis zum Schluß streng auf Textdetails gerichtet blieb. Empson übte zweifellos großen Einfluß auf jene amerikanischen Kritiker aus, die in den 40er und 50er Jahren als die führenden New Critics bekannt wurden. In einem in der Zeitschrift *Accent* veröffentlichten Essay, der einfach mit 'Empson's Criticism' betitelt ist, nennt Cleanth Brooks die seiner Meinung nach wichtigsten Elemente in Empsons kritischem Ansatz und schreibt weiter: 'Empsons Kritik stellt einen Versuch dar, das zu erfassen, was das Gedicht hinsichtlich seiner Struktur *als Gedicht* "bedeutet"' (1946, 498). Damit, so Brooks, geht es ihm um etwas ganz anderes als es 'den Kritikern in der Vergangenheit' ging, die entweder die Qualität eines Gedichtes auf Grund seines Prosagehalts und der in ihm enthaltenen 'Wahrheit' bestimmten – und damit die Dichtkunst mit Philosophie und Wissenschaft in Wettbewerb treten ließen – oder das Poetische im Reiz dekorativer Elemente suchten. Für Brooks liegt das große Verdienst Empsons als Kritiker darin, daß er über diese Positionen hinausging und zeigte, wie jedes Gedicht 'als Bedeutungskomplex "funktioniert"', indem Metaphern eine Funktion (und nicht nur eine dekorative Rolle) zukommt ebenso wie dem metrischen Gefüge, so daß das Spiel der Bedeutungen im Gedicht verstärkt wird und Konnotationen nicht mehr als Hauch dekorativer, geheimnisvoller Schönheit gesehen werden, 'sondern als aktive Kräfte in der Entfaltung der Bedeutungsvielheit, die das Gedicht ausmacht' (1946, 498).

Sowohl Empson als auch Richards hatten einen tiefgreifenden Einfluß auf das von Brooks gemeinsam mit Robert Penn Warren verfaßte Buch *Understanding Poetry* (1938), das seinerseits vielleicht *das* bedeutendste Werk wurde, als es galt, zu neuen Prinzipien und Methoden der Literaturkritik zu finden. 1983 schreibt Brooks in seinem Essay, daß er und Warren damals vor einem ähnlichen Problem standen wie Richards: Auch ihre Studenten waren 'intelligente junge Männer und Frauen', von denen aber 'die wenigsten die leiseste Vorstellung davon hatten, wie sie eine Kurzgeschichte, geschweige denn ein Gedicht, lesen und interpretieren sollten' (1983, 42). *Understanding Poetry* enthält einen 'Brief an den Lehrenden', in dem drei Möglichkeiten als Ersatz für das Gedicht als Objekt der Untersuchung genannt werden: die Paraphrase des logischen Zusammenhangs und narrativen Inhalts; das Studium biographischer und historischer Hintergründe; Interpretation durch Inspiration und auf Grund didaktischer Überlegungen. Diese drei Dinge gelte es zu vermeiden, obzwar die Paraphrase als notwendige Vorstufe zur kritischen Analyse eines Gedichts zulässig sei.

'Dem Lehrenden' (der meist unter dem Druck steht, das Interesse der Studenten wecken zu müssen) wird ein pädagogisches Patentrezept präsentiert: man konzentriere sich auf das Gedicht als Gedicht; man analysiere die Wörter auf einer Seite; man verwende das Gedicht selbst als Lehrmaterial – könne es doch in der Klasse gelesen und an Ort und Stelle analysiert und diskutiert werden, ohne daß dafür Vorarbeiten oder zusätzliche Informationen notwendig seien.

Mit dem Ende des Zweiten Weltkrieges konnte man schließlich auch im theoretischen Bereich bestätigen, daß man nun über ein, wie Kritiker wie Brooks meinten, neues literaturkritisches Instrumentarium verfügte. Schlüsseldokumente waren in diesem Zusammenhang die Essays 'The Intentional Fallacy' (1946) und 'The Affective Fallacy' (1949) des Ästhetikers Monroe Beardsley und des Kritikers W.K. Wimsatt. Darin wurden die pädagogisch-polemischen Techniken Richards' bzw. Brooks' und Warrens sowie die Arbeitsmethoden eines Kritikers wie Empson, wie man sie damals begriff, zu theoretischen Vorschriften erhoben. Das Gedicht hatte als Gedicht und als sonst nichts behandelt zu werden; es hatte 'in sich' gelesen und analysiert zu werden; jede Kritik, die die Intention des Autors oder die emotionale Reaktion des Lesers miteinbezog, wurde als unzulässig erklärt.

In den 40er und 50er Jahren verbreitete sich die neue Doktrin im anglo-amerikanischen Raum wie ein Lauffeuer in Schulen und akademischen Institutionen. Daß die als New Criticism propagierten Grundsätze sich schließlich die HEGEMONIE sichern konnten, ist wohl auch darauf zurückzuführen, daß man sich damals im Kalten Krieg befand und die MARXISTISCHE Literaturkritik den damaligen Vertretern des New Criticism als Zielscheibe diente.

Interessant ist allerdings, daß sich der breite Konsens, der in bezug auf die Grundsätze des New Criticism in den 50er und 60er Jahren auf allen Ebenen des Bildungssystems in Großbritannien, den Vereinigten Staaten und vielen westeuropäischen Ländern herrschte, nicht mit den tatsächlichen Überzeugungen, Theorien und selbst Methoden vieler als Vaterfiguren verehrter Kritiker deckt. Dennoch, so scheint es, vermochte zumindest ein paar Jahrzehnte lang nichts diesen friedlichen Konsens zu trüben – weder Richards' Psychologismus, noch die Tatsache, daß Empson sein Leben lang bei der kritischen Analyse von Gedichten nicht auf biographische Informationen und Spekulation verzichtete (worauf man vielfach erst nach der Veröffentlichung von Werken wie *Milton's God* und vor allem *Using Biography* aufmerksam wurde bzw. als Empson begann, unüberhörbar und äußerst sarkastisch Kritik an der *intentional fallacy*, dem intentionalen Trugschluß, zu üben) – und auch nicht die Tatsache, daß Brooks sich der Paraphrase als kritischem Instrument wohl bediente, sie zur selben Zeit aber in der Theorie ablehnte. Man sieht, daß der New Criticism Einflüsse ebenso von außerhalb (nämlich von zeitgenössischen nicht-literarischen Ideologien) aufnahm wie von einzelnen Vaterfiguren und vorangegangenen Strömungen. Der Konsens scheint demnach mehr unter den Nachfolgern dieser Vaterfiguren bestanden zu haben als zwischen den Vätern selbst.

Wir haben es beim New Criticism scheinbar mit dem paradoxen Phänomen zu tun, daß ein beachtlicher Konsens hegemonialer Prägung ein (wie Brooks in seinem Essay 1983 richtig darlegt) eigentlich viel pluralistischeres Inventar kritischer Verfahrensweisen überdeckte. Und noch heute ist sein Einfluß spürbar. So schreibt Jonathan Culler 1981: 'Zu welcher literaturkritischen Richtung wir uns auch zählen, wir sind alle New Critics, und zwar in dem Sinne, als es eines ganz bewußten Aktes bedarf, um sich von der Auffassung zu lösen, daß das literarische Kunstwerk autonom ist, seine Einheit demonstriert werden und die Methode des "close reading" angewendet werden muß' (1981, 3). Gerade die analytischen *Methoden* des New Criticism sind sein wahrscheinlich bedeutendstes Vermächtnis: Nicht einmal ein marxistischer Literaturkritiker wird heute ungestraft über Fragen textlicher Details hinweggehen können, und es scheint für uns heute undenkbar, zu jenen kritischen Verfahrensweisen zurückzukehren, deren Unzulänglichkeiten den New Criticism ins Leben gerufen hatten.

Nicht mit dem New Criticism zu verwechseln ist der französische Ausdruck *nouvelle critique*, obzwar er manchmal als '(French) New

Criticism' ins Englische übersetzt wird. Der Ausdruck wurde erstmals durch Raymond Picards *Nouvelle Critique ou Nouvelle Imposture?* (1965) einem breiteren Publikum bekannt. Picard übernahm den Terminus *nouvelle critique* von den Kritikern, die er attackierte (seine polemischen Angriffe richteten sich vor allem gegen Roland Barthes und dessen 1963 veröffentlichtes Werk *Sur Racine*), und versuchte, den Begriff gegen sie zu wenden. Picard gehörte einer äußerst konservativen literaturkritischen Richtung an und sah in den Arbeiten von Kritikern wie Barthes, Lucien Goldmann, Georges Poulet, Jean Starobinski und Jean-Pierre Richard eine Bedrohung für die Grundwerte einer wissenschaftlichen Kritik. (Hier ist anzumerken, daß nur ein derart traditionalistischer Standpunkt wie jener Picards es möglich machte, die genannten Kritiker in einen Topf zu werfen.) Picard warf Barthes vor allem vor, die Intention des Autors (Racines) außer acht zu lassen, sich unzulässiger psychonanalytischer Methoden zu bedienen, immerfort die Sexualität in die Diskussion einzubringen – und ähnliches mehr. (Eine ausführliche Darstellung von Picards Angriffen und der *nouvelle critique* im allgemeinen findet sich in Doubrovsky 1973.)

Mit dem New Criticism im deutschsprachigen Raum vergleichbar ist die Methode der sogenannten WERKIMMANENTEN Textinterpretation, die sich vor allem in den Jahren nach dem Zweiten Weltkrieg etablierte, obwohl es auch schon früher als Reaktion auf den Historismus und Psychologismus des 19. Jahrhunderts Ansätze dazu gab. Als die wichtigsten Vertreter dieser Richtung sind Oskar Walzel, Emil Staiger und Wolfgang Kayser zu nennen.

New Historicism und Cultural Materialism   Als *New Historicists* bezeichnet man eine Gruppierung von Literaturkritikern und -theoretikern, die ihre historischen Untersuchungen auf die LEKTÜRE von literarischen und nicht-literarischen TEXTEN gründen. Bedeutende Anregungen haben die Vertreter des New Historicism aus den Schriften Michel Foucaults und Raymond Williams' erhalten, und es ist ihnen gelungen, für die historische Forschung neue Untersuchungsobjekte zu definieren (bzw. vorzuschlagen), wobei sie besonderes Gewicht darauf legen, wie beliebige Einflüsse durch diskursive Praktiken (siehe dazu den Eintrag DISKURS) vermittelt werden.

Einer der wichtigsten Vertreter des New Historicism ist der Renaissancekritiker Stephen J. Greenblatt. In seiner jüngst veröffentlichten Aufsatzsammlung *Learning to Curse* (1990) betont er, daß der Terminus in seinen Augen nicht so sehr für eine bestimmte Haltung steht, sondern

> für den Weg vom nordamerikanischen literarischen Formalismus über das politische und theoretische Gären in den 70er Jahren zur Entdeckung dessen, was einer der glänzendsten Kritiker des New Historicism |Louis A. Montrose| 'die Historizität von Texten und die Textualität der Geschichte' nennt. (1990, 3)

Greenblatt will den New Historicism als Praxis, nicht als Grundsatzprogramm verstanden wissen (1990, 146). Was den New Historicism in seinen Augen besonders auszeichnet, ist 'eine erhöhte Bereitschaft, alle Textspuren der Vergangenheit mit der Aufmerksamkeit zu lesen, die man traditionellerweise nur literarischen Texten angedeihen läßt' (1990, 14). 'Liest' man einen Entwurf von Dürer für ein Denkmal, das an die Niederschlagung eines Bauernaufstandes gemahnt, müssen, so Greenblatt, auch Intention, Genre und historische Situation als gesellschaftliche und IDEOLOGISCHE Faktoren berücksichtigt werden (1990, 112). Er fährt fort:

> Die Produktion und der Konsum solcher Werke ist nichts Einheitliches; es spielt immer eine, wie gut auch immer organisierte, Vielzahl von Interessen eine Rolle, weil Kunst gesellschaftlich ist und daher mehr als ein Bewußtsein voraussetzt. Und wenn wir die Kunst vergangener Epochen betrachten, werden wir unweigerlich, ob wir wollen oder nicht, registrieren, wie sich Werte und Interessen im Laufe gesellschaftlicher und politischer Kämpfe und Entwicklungen verändert haben. (1990, 112)

Der New Historicism befaßt sich also mit anderen Worten nicht nur mit der Lektüre von Texten, sondern auch mit deren Produktion.

Greenblatt stellt auch ausdrücklich fest, was der New Historicism nicht ist, nämlich das, was man gemeinhin mit Historizismus assoziiert: (i) den Glauben, daß der Mensch historische Entwicklungen nicht oder kaum beeinflussen kann; (ii) die Theorie, daß der Historiker sich bei seiner Erforschung vergangener Epochen oder Kulturen jedweder Werturteile zu enthalten hat; (iii) die Überbewertung der Vergangenheit oder der Tradition (1990, 164).

Wenn auch Greenblatt und andere New Historicists sich den Arbeiten einiger POSTSTRUKTURALISTEN verpflichtet fühlen, unterscheidet sich ihr Ansatz doch wesentlich durch seinen Antiformalismus vom Poststrukturalismus.

Graham Holderness hat eine brauchbare Liste von Merkmalen zusammengestellt, durch die sich seiner Meinung nach der (im wesentlichen britische) Cultural Materialism vom (im wesentlichen nordamerikanischen) New Historicism unterscheidet:

> Der Cultural Materialism befaßt sich viel stärker mit der zeitgenössischen kulturellen Praxis, während es dem New Historicism nur um die Vergangenheit geht; der Cultural Materialism polemisiert offen, bisweilen sogar sehr scharf, über seine politischen Implikationen, während der New Historicism diese eher in den Hintergrund schiebt. Der Cultural Materialism beruft sich theoretisch und methodisch zum Teil auf die von Raymond Williams praktizierte Kulturkritik und ist, über Williams, in der britischen Schule marxistischer Kulturbetrachtung und damit auch in der allgemeineren sozialistischen Bildungs- und Emanzipationsbewegung verwurzelt; der New Historicism bekennt sich dagegen zu keinem entsprechenden politischen Erbe, sondern beruft sich direkt auf 'poststrukturalistische' theoretische und philosophische Modelle ... Der Cultural Materialism untersucht alles mögliche 'Text'-Material ... |während| der New Historicism 'Text' sehr viel enger definiert: als etwas *Geschriebenes* ... (1991, 157)

Beide Termini bezeichnen also relativ locker definierte Schulen, die literarische (und andere) TEXTE in ihrem Kontext untersuchen.

Nach Alan Sinfield geht es dem Cultural Materialism grundsätzlich darum, einen Text in seine (verschiedenen und vielfältigen) Kontexte zu stellen:

> die angebliche Transzendenz der Literatur wird nicht anerkannt; sie wird als kulturelle Intervention verstanden, die innerhalb einer bestimmten Praxis hervorgebracht wird und eine Sicht der Wirklichkeit zur dominierenden macht, und die unter anderen historischen Bedingungen im Dienste verschiedener Wirklichkeitsauffassungen wiederum neu hervorgebracht wird, durch andere Praxisformen, einschließlich jenen der modernen Literaturwissenschaft. (1992, 22)

In seinem Buch *Shakespeare Recycled* (1992) stellt Graham Holderness fest, daß die New Historicists 'modellhaft eine historische Kultur reproduzieren, in der abweichende Meinungen immer schon unterdrückt sind, die Subversion immer von vornherein unter Kontrolle und die Opposition immer strategisch antizipiert, gesteuert und niedergeschlagen ist' (1992, 34). Die Cultural Materialists sehen Kultur mehr als Schlachtfeld, das von Kämpfen, Spannungen und Widersprüchen auf verschiedenen Ebenen gespalten und durchfurcht ist. Alan Sinfield – der Titel seines Buches *Faultlines: Cultural Materialism and the Politics of Dissent* (1992) deutet bereits darauf hin – führt wie auch Holderness diesen grundlegenden Unterschied zwischen den beiden Richtungen auf Raymond Williams zurück:

> Raymond Williams war vor allem auch deshalb so wichtig, weil er zu einer Zeit, als man Althusser und Foucault meist dahingehend las, daß sie die Ideologie und/oder die Macht in einem notwendig festen Kontinuum ansiedelten, die Ansicht vertrat, daß untergeordnete, übriggebliebene, gerade entstehende, alternative und oppositionelle kulturelle Kräfte neben und gleichzeitig mit den dominierenden Kräften auftreten, wobei die jeweilige Konstellation, das Verhältnis, der Widerstand variieren können. (1992, 9)

Während wir uns also den New Historicist vorstellen können, wie er (zumindest in den Augen der Cultural Materialists) in Sicherheit am Ufer steht und seinen Blick über das Meer der Geschichte schweifen läßt, hat der Cultural Materialist das Gefühl, mit dem Kopf bereits unter Wasser zu sein, er ist der Ansicht, daß der Forscher, der von einem historischen Ansatz ausgeht, seine eigene historische Position und das historische Leben literarischer WERKE (auch ihr Leben in der Zeit des Forschers) in ihrer Gänze berücksichtigen muß, nicht nur die historische Situation zu der Zeit, als das Werk hervorgebracht wurde. New Historicists wie Stephen J. Greenblatt sehen zwar auch in Raymond Williams einen wichtigen intellektuellen Wegbereiter, doch hat dies nach Meinung der Cultural Materialists nicht dieselbe politische Implikation wie für sie selbst.

Ein gutes Beispiel für den von den Cultural Materialists verfolgten Ansatz ist das Kapitel über E.M.W. Tillyards *Shakespeare's History Plays* (1944) in Holderness' Buch *Shakespeare Recycled*. Holderness ist der Ansicht, daß dieses und andere Werke

> von einer gemeinsamen Problematik herrühren: nämlich von der Ideologiekrise des britischen Nationalismus, die durch die Ereignisse in den 30er und 40er Jahren ausgelöst wurde: die Depression, die Krise des Empires und vor allem natürlich durch den Zweiten Weltkrieg. (1992, 22)

Die Tatsache, daß es diese kritische Richtung immer noch gibt, erklärt er damit, daß die ideologische Krise noch nicht beendet ist. Man könnte daher sagen, daß der Cultural Materialism sich nicht in erster Linie auf den Text konzentriert, sondern auf das Entstehen und das Leben des Textes in der Kultur und Geschichte.

Als Vertreter des New Historicism sind vor allem Stephen J. Greenblatt, Louis Montrose, Jonathan Goldberg, Leonard Tennenhouse, Stephen Mullaney und Hayden White zu nennen, als Vertreter des Cultural Materialism vor allem Jonathan Dollimore, Alan Sinfield, Lisa Jardine, Graham Holderness, Catherine Belsey und Francis Barker.

→ ZIRKULATION; RESONANZ

New Readers   Der Ausdruck wurde von M.H. Abrams geprägt; im anglo-amerikanischen Raum wurden vor allem in frühen Debatten über den POSTSTRUKTURALISMUS und die DEKONSTRUKTION Autoren wie Jacques Derrida, Stanley Fish und Harold Bloom sowie deren Nachfolger als *New Readers* bezeichnet.

Norm   Nach Jan Mukařovský liegt die Begründung einer ästhetischen Norm nicht in ihrer Festschreibung, sondern im 'allgemeinen Konsens, der spontanen Übereinstimmung unter den Mitgliedern einer Gemeinschaft darüber, daß ein ganz bestimmtes ästhetisches Verfahren, und nicht ein anderes, das richtige ist' (1964, 44). Diese Feststellung läßt sich natürlich verallgemeinern: *Jede* Norm, nicht nur eine ästhetische Norm, ist dadurch charakterisiert, daß sie in ihrem jeweiligen Geltungsbereich durch allgemeinen Konsens und spontane Übereinstimmung, nicht durch eine vereinbarte Erklärung oder Formulierung, zustande kommt. Der *Norm*begriff, wie er von den Vertretern der PRAGER SCHULE, zum Beispiel Mukařovský, verwendet wird, steht dem Begriff der KONVENTION sehr nahe: nach Mukařovský führt die Verletzung von Normen zu VERFREMDUNG; ganz ähnlich spricht Roman Jakobson (1971) davon, daß ein zu starres System von Konventionen zur AUTOMATISIERUNG führt.

Felix Vodička vertritt die Auffassung, daß der Literaturkritiker bei der Analyse eines literarischen Werkes die literarischen Normen rekonstruieren muß, die in dem kulturellen Kontext gültig waren, in dem das betreffende Werk verfaßt wurde. Er stellt weiter fest:

> Normen sind in der Literatur selbst enthalten, d.h. in den Werken, die gelesen werden, populär sind und an denen neue oder die übrigen literarischen Werke gemessen und gewertet werden. (1975, 75)

Normative Poetiken oder literarische Theorien, so fügt Vodička noch hinzu, ermöglichen es uns, die Regeln zu erkennen, nach denen sich die Literatur einer bestimmten Epoche richten soll. Die beste Quelle, um etwas über diese Normen zu erfahren, sind somit zeitgenössische kritische Wertungen von Literatur. Weiter ist Vodička der Auffassung, daß literarische und gleichzeitige nicht-literarische Normen nicht zwei voneinander isolierte Phänomene darstellen, sondern daß zwischen den beiden eine Wechselbeziehung besteht (1975, 75–6).

Nach Pierre Macherey (1974) handelt es sich um einen *normativen Trugschluß*, wenn die Literaturkritik versucht, ein literarisches Werk zu modifizieren, um es vollständiger assimilierbar zu machen, da dabei seine faktische Realität geleugnet wird, indem man darin nur die vorläufige Version einer unerfüllten Intention sieht. Für Macherey ist der normative Trugschluß eine Spielart des viel grundlegenderen *empiristischen Trugschlusses*, der immer dann zutage tritt, wenn die Kritik nur nach der *Rezeption* eines bestimmten Objekts fragt.

Normativer Trugschluß → NORM

Nouvelle critique → NEW CRITICISM

Nullpunkt (der Literatur) → ÉCRITURE

O

Oberflächenstruktur → STRUKTUR

Ökonomismus Im traditionellen MARXISTISCHEN Sprachgebrauch haftet dem Begriff Ökonomismus ein pejorativer Beigeschmack an. Man spricht von Ökonomismus, wenn alle KULTURELLEN, historischen oder sozialen Elemente zu mechanisch auf ökonomische Faktoren oder Kräfte bezogen werden, ohne komplexe VERMITTLUNGSprozesse zu berücksichtigen. Der Begriff wird auch manchmal metaphorisch verwendet und bezeichnet dann eine Vorgangsweise, bei der sekundäre Elemente oder Elemente des ÜBERBAUS mechanisch auf einen einzigen, alleine bestimmenden Ursprung bezogen werden. So hat man etwa einigen freudianischen Theoretikern sexuellen Ökonomismus unterstellt.

Offene Texte → OFFENE UND GESCHLOSSENE TEXTE

Offene und geschlossene Texte Die Theorie, daß TEXTE offen oder geschlossen sein können, stammt von Umberto Eco. Sie ist allerdings sehr kompliziert formuliert, und seine Definition von 'offen' und 'geschlossen' ist nicht, was man erwarten würde, so daß die beiden Begriffe oft im verkehrten Sinne verwendet werden.

Die folgende Passage aus Ecos Aufsatz 'Die Rolle des Lesers', in der er über Texte wie den 'Superman'-Comic strip und die Romane Ian Flemings (des Schöpfers von 'James Bond') spricht, zeigt, wo das Problem liegt. Für Eco sind solche Texte deshalb geschlossen, weil sie für jede Lesart offen sind:

> Texte, die zwanghaft darauf abzielen, eine bestimmte Reaktion von seiten eines mehr oder weniger empirischen Lesers zu erwecken ..., sind prinzipiell jedoch für jede mögliche 'von der Regel abweichende' Decodierung offen. Ein Text, der so schamlos 'offen' für jede mögliche Interpretation ist, wird als *geschlossen* bezeichnet. (1990, 198)

Wenn dagegen der AUTOR, wenn er den Text schreibt, die Rolle des LESERS vor Augen hat, ist der Text nach Eco paradoxerweise für nachfolgende INTERPRETATIONEN offen. 'Jede Interpretation findet in jeder weiteren ein Echo und umgekehrt' (1990, 200) und wirkt innerhalb der vom Text gesetzten Grenzen (im Gegensatz zur Reaktion auf, wie er es nennt, geschlossene Texte).

> Man kann den |offenen| Text nicht benutzen, wie man will, sondern nur so, wie der Text von einem genutzt zu werden gewillt ist. Ein offener Text, so 'offen' er auch ist, kann nicht jede mögliche Interpretation gewähren. (1990, 200)

Ecos Argumentation liegt hier die doch traditionelle Auffassung zugrunde, daß es möglich ist, zwischen richtigen und unrichtigen Interpretationen zu unterscheiden.

> Ich glaube jedoch, daß es möglich ist, zwischen den freien interpretativen Möglichkeiten zu unterscheiden, die durch eine zielgerichtete Strategie der Offenheit ans Licht kommen, und der Freiheit, die sich ein Leser nimmt, wenn er einen Text als bloßen Stimulus nutzt. (1990, 244)

Bei Ecos Theorie geht es demnach um zweierlei Unterscheidungen: um die Unterscheidung zwischen verschiedenen Textarten und zwischen verschiedenen Arten von Reaktionen auf, oder Interpretationen von, Texten. Wie bereits erwähnt, haben wir es hier trotz der neuen Terminologie mit ganz traditionellen Elementen zu tun, und an einer Stelle in seinem Aufsatz 'Die Poetik des offenen Kunstwerks' spricht Eco nicht mehr von *Texten*, sondern von *Kunstwerken*:

> In diesem Sinne also ist ein Kunstwerk, eine in ihrer Perfektion eines vollkommen ausgewogenen Organismus vollendete und *geschlossene* Form, doch auch *offen*, kann auf tausend verschiedene Arten interpretiert werden, ohne daß seine irreproduzible Einmaligkeit davon angetastet würde. Jede Rezeption ist so eine *Interpretation* und eine *Realisation*, da bei jeder Rezeption das Werk in einer originellen Perspektive neu auflebt. (1977, 30)

Für Eco befinden sich also offene Texte, Kunstwerke, *in Bewegung* – eine weitere Prägung Ecos, mit der er das Vermögen dieser Texte zu beschreiben sucht, eine unendliche Folge von neuen, aber gültigen Lesarten und Interpretationen hervorzubringen.

Ecos Überlegungen sind zwar äußerst anregend und fruchtbar, doch sind seine Definitionen auf Grund der komplizierten Terminologie – wonach ein geschlossener Text für jede Art von Reaktion offen ist und ein offener Text die Möglichkeiten für den Leser, mit dem Text umzugehen, beschränkt – nicht allgemein übernommen worden, obwohl die Termini *offen* und *geschlossen* sehr oft im Zusammenhang mit literarischen und anderen Texten verwendet werden.

Abgesehen davon scheint die Unterscheidung zwischen diesen beiden Textarten vielleicht zu absolut, da doch *alle* Texte versuchen, ihre Benützung durch den Leser einzugrenzen, und dieser entscheiden zu können scheint, inwieweit er diese Beschränkung akzeptiert.

→ Lesbare und schreibbare Texte

Ontologischer Status   Die Ontologie ist jene Disziplin der Metaphysik, die sich mit dem Wesen der Gegenstände, mit der Ebene oder dem Zustand ihres Seins befaßt; der ontologische Status von etwas bezeichnet daher die Realitätsebene oder die Seinsart, der es angehört.

Bei literarischen Werken geht es meist um die Dinge – Figuren, Orte, Handlungen –, auf die in den Werken Bezug genommen wird. Welche Art des Seins kommt ihnen zu? Kann sich ein literarisches Werk auf Dinge beziehen, die in der realen Welt existieren? Welcher Realitätsebene gehört eine literarische Figur wie David Copperfield an?

Opake und transparente Kritik   Die beiden Begriffe wurden von A.D. Nuttall in seinem Buch *A New Mimesis* zur Unterscheidung von, wie er es nennt, zwei Kritikersprachen geprägt: 'die erste ist "opak", äußerlich, formalistisch, operiert außerhalb der Mechanismen der Kunst und betrachtet diese Mechanismen als ihr Objekt, die zweite ist "transparent", innerlich, realistisch und operiert innerhalb der im Werk dargestellten "Welt"' (1983, 80). Eine Feststellung wie 'Am Beginn von *King Lear* werden narrative Märchenelemente von einem feineren dramatischen Modus infiltriert' bedient sich einer opaken kritischen Sprache, während es sich bei 'Cordelia kann es nicht ertragen, daß ihre Liebe zu ihrem Vater zum Gegenstand eines niederträchtigen Spiels gemacht wird' um eine transparente kritische Sprache handelt (die Beispiele stammen von Nuttall).

Opalisieren → Flicker

Optimaler Leser → Leser und Lektüre

Oralität   Mit diesem Begriff bezeichnet man eine Reihe von Elementen, die man mit oralen Kulturen assoziiert – das heißt mit Kulturen ohne oder mit nur marginaler Schriftkenntnis. Einer der einflußreichsten (und verständlichsten) theoretischen Beiträge zur Erforschung der Oralität ist Walter J. Ongs Untersuchung *Oralität and Literalität* (1987), in der er die Unterschiede im Denken zwischen vornehmlich oralen Kulturen und literalisierten Kulturen untersucht: das Denken und die Ausdrucksweise einer oralen Kultur sind, so Ong, *eher additiv als subordinierend, eher aggregativ als analytisch, redundant oder nachahmend, konservativ oder traditionalistisch, dem menschlichen Leben nahe, kämpferisch im Ton* (d.h. polemisch und emotional), *eher einfühlend und teilnehmend als objektiv-distanziert, homöostatisch* und *eher situativ als abstrakt* (1987, 42–61).

Ongs Argumentation ist nicht unwidersprochen geblieben, und es entstehen laufend neue Arbeiten zum Konzept der Oralität. Für die Literaturwissenschaft sind diese Debatten aus mehreren Gründen relevant. Nur ein Beispiel: Es scheint klar, daß sich die lyrische Dichtung in einer oralen Kultur entwickelt hat, und daß viele ihrer ererbten Charakteristika auf die Denkmuster einer oralen Kultur zurückgehen. Wissen wir mehr über diese Kultur, können wir vielleicht sowohl die Dichtung längst vergangener Epochen als auch die moderne Dichtung besser verstehen.

Orchestrierung   In den Schriften Michail Bachtins Teil der Analogie zwischen Strukturen in musikalischen Werken und in Romanen (siehe auch POLYPHONIE). Die verschiedenen STIMMEN, die in einer bestimmten KULTUR zu einer bestimmten Zeit aktiv sind, können orchestriert werden, so daß sie verschiedene Aspekte alleine und in Harmonie/Disharmonie miteinander aufweisen.

Organizismus   Vor allem in der Blütezeit des New Criticism verfestigte sich in der Literaturkritik das Kredo, daß ein literarisches (oder künstlerisches) Werk als *organische* Struktur zu betrachten war – das heißt, als ein lebendiges Ganzes, dessen Teile organisch, nicht mechanisch, miteinander zusammenhingen.

Zur gleichen Zeit dehnte F.R. Leavis diese Analogie vom einzelnen literarischen Werk auf die Literatur als Ganzes aus; in seinem Essay 'Literature and Society' schreibt er:

> Eine Literatur ... muß als mehr als nur die einzelnen Werke aufgefaßt werden: sie hat eine organische Form oder stellt eine organische Ordnung dar, und die Bedeutung und Existenz des einzelnen Schriftstellers ist durch diese Form oder Ordnung bedingt. (1962a, 184)

Leavis distanziert sich vom MARXISTISCHEN Ansatz, indem er nicht die ökonomischen und materiellen Determinanten, sondern die intellektuellen und geistigen Determinanten betont und, obwohl er sich der großen Bedeutung materieller Faktoren bewußt ist, der Meinung ist, daß 'es in menschlichen Belangen immer ein gewisses Maß an geistiger Autonomie gibt' (1962a, 184). Eine wichtige Rolle spielt bei Leavis das Konzept der 'organischen Gemeinschaft', vor allem in seinem gemeinsam mit Denys Thompson verfaßten und erstmals 1932 veröffentlichten Buch *Culture and Environment*; derselbe Gedanke findet sich aber auch in seinem Essay 'Literature and Society' (und an vielen anderen Stellen in seinen Schriften). Das konservativ-nostalgische Konzept der organischen Gemeinschaft, wie wir es bei Leavis finden, verdankt sehr viel T.S. Eliot: Ein verlorengegangenes Gemeinschaftsideal, das in seiner Einheit in krassem Gegensatz zum angeblichen Zerfall und der Zersplitterung der modernen großstädtischen Gesellschaft stand, eine Einheit, die sowohl die Menschen untereinander verband als auch die Menschen und ihre Umgebung, eine Gemeinschaft mit einer KULTUR, die von allen Mitgliedern der Gemeinschaft geteilt wurde und die eng mit der Realität ihres täglichen Lebens verflochten war.

Die Verwendung des Wortes *organisch* in jüngster Zeit ist gewissermaßen eine Reaktion auf die Rolle, die es früher spielte. Ein Beispiel wäre Christopher Hamptons Diskussion der oben zitierten Passage aus Leavis' 'Literature and Society'. Hampton kritisiert an Leavis' Position vor allem, daß auf Grund der gewählten Terminologie 'die Geschichte verschwindet; und mit ihr der Einfluß, den die sich ändernden materiellen Lebensbedingungen nicht nur darauf haben, wie das Leben der Menschen aussieht, sondern auch auf die kulturellen Produkte ihres Denkens, einschließlich der Literatur' (1990, 50). Hamptons Kritik ist um einiges schärfer und unversöhnlicher als die anderer Autoren – vor allem Raymond Williams' in mehreren seiner Schriften –, aber sie bringt die Einwände gegen einige von Leavis' Ideen auf den Punkt. Was gemeint ist, wenn man heute in pejorativem Sinne von *organizistisch* spricht, geht daraus klar hervor: nämlich die Auffassung, daß die Literatur oder die Kunst oder die Kultur oder das gesellschaftliche Leben organische Einheiten sind, die über materiellen oder ökonomischen Determinanten stehen und von inneren Rissen, Spaltungen oder Spannungen unberührt bleiben.

Ort Das Wort hat in den letzten Jahren eine sehr starke polemische Wirkung entwickelt, obwohl es eigentlich auf Grund seiner behaupteten Neutralität, IDEOLOGISCHEN Unbelastetheit und nicht vorhandenen Energie oder initiatorischen Kraft besonders geeignet erschien. Man beschreibt heute etwas gerne als Ort, wenn man von außen kommende Kräfte (manchmal ausschließlich) als die bestimmenden ansieht und die Selbstinitiierung einer Bewegung oder Entwicklung herunterspielen will oder ganz leugnet.

Beschreibt man also ein SUBJEKT als Ort, wendet man sich damit gegen die Auffassung, daß das Subjekt sein eigenes Schicksal lenkt -- oder sich dessen überhaupt bewußt ist; das Subjekt wird mehr oder auch nur mehr zu dem Ort, an dem von außen kommende Kräfte aufeinanderprallen und ihre Differenzen austragen. Diese außer-sub-jektiven Kräfte, denen hier Priorität eingeräumt wird, können die Sprache sein, die Geschichte, eine Ideologie, der KLASSENkampf und ähnliches. Vereinfacht ausgedrückt impliziert der Gebrauch des Wortes *Ort* die Auffassung, daß das Individuum für sein Leben oder sein Bewußtsein nicht verantwortlich ist, sondern daß das Subjekt von anderen Kräften konstituiert wird, die sich dann entweder in ihm einnisten oder in ihm ihre Kämpfe austragen.

Manche Theoretiker, die diesen Begriff verwenden, kommen einer Art unendlicher Regression gefährlich nahe: Das Subjekt ist ein Ort, an dem verschiedene ideologische Kräfte gegeneinander kämpfen, aber auch die Ideologie ist ein Ort, an dem verschiedene Klasseninteressen aufeinanderprallen, während die Klasse ihrerseits ein Ort ist, an dem verschiedene Verhältnisse zu den Produktivkräften feindlich aufeinandertreffen, und so weiter.

Der Begriff wird oft von DEKONSTRUKTIVISTEN verwendet, die jedes TRANSZENDENTALE SUBJEKT oder jede TRANSZENDENTALE PRÄSENZ leugnen.

In der Literaturkritik findet sich der Begriff häufig im Zusammenhang mit dem Versuch, das Ausmaß, in dem der AUTOR sein Werk (bewußt oder sonstwie) steuert, möglichst zu reduzieren.

Ostranenie → VERFREMDUNG

P

Parabolischer Text Die Prägung stammt von Barbara Herrnstein Smith und leitet sich von den zwei Bedeutungen von *parabolisch* ab: 'die ins Unendliche verlaufende Krümmung einer Parabel aufweisend und für eine unendliche Anzahl von Behauptungen Parabeln formend' (1978, 144). Ein parabolischer Text ist demnach *offen* und nicht *geschlossen*, indem er verschiedene Annäherungen annimmt und diese transformiert, ähnlich wie eine Parabolantenne viele verschiedene Signale 'auffängt', zugleich besitzt er aber auch die Eigenschaften einer literarischen Parabel, indem er eine unendliche Anzahl von Anwendungen unterstützt.

→ Offene und geschlossene Texte

Paradigmatisch → Syntagmatisch und paradigmatisch

Paradigmawechsel Der Begriff wurde von Thomas S. Kuhn in seinem Buch *Die Entstehung des Neuen. Studien zur Struktur der Wissenschaftsgeschichte* (1978; erstmals 1962 veröffentlicht) eingeführt. Kuhn war der Ansicht, daß die 'genaue historische Untersuchung eines bestimmten Spezialgebietes zu einem bestimmten Zeitpunkt ... eine Reihe sich wiederholender und gleichsam maßgebender Erläuterungen verschiedener Theorien in ihren Anwendungen in bezug auf Begriffsbildung, Beobachtung und Apparaturen' enthüllt. Diese stellen die *Paradigmata* der jeweiligen Gemeinschaft dar, 'wie sie in ihren Lehrbüchern, Vorlesungen und Laborübungen zutage treten' (1978, 57). Kuhn war, wie schon der Titel seines Buches andeutet, besonders daran interessiert, wie sich Veränderungen im wissenschaftlichen Denken vollziehen, und sein Konzept des Paradigmas spielt dabei eine zentrale Rolle. Kuhns Paradigmata sind nicht nur die genannten Erläuterungen, sondern auch die Grundvorstellungen, die dahinter stehen und sich aus diesen Erläuterungen konstituieren. Ein Paradigma konstituiert sich, anders ausgedrückt, aus Grundvorstellungen, die die Forschung ermöglichen, sie zugleich aber auch behindern: ein Rahmen oder ein Gerüst, das die weitere Arbeit untermauern und stützen kann, das aber notwendigerweise auch eine Reihe von Möglichkeiten ausschließt.

Auf Geisteswissenschaftler machten vor allem Kuhns Berichte von Fällen großen Eindruck, in denen wissenschaftliche Beweise nicht als solche erkannt wurden, weil sie sich nicht in die bekannten und akzeptierten Paradigmata einordnen ließen: Zum Beispiel erkannte der Wissenschaftler, dem es gelang, Sauerstoff zu isolieren, nicht, was er vollbracht hatte, weil es nicht in die Phlogistontheorie paßte, in der er arbeitete. Man erkannte hier mehr als nur flüchtige Berührungspunkte mit damals sehr einflußreichen IDEOLOGIEtheorien, und Kuhns Ideen erregten auch außerhalb der Wissenschaftsphilosophie großes Aufsehen.

Vor allem Kuhns Überzeugung, daß ein *Paradigmawechsel* notwendig ist, um Fortschritte in der Wissenschaftstheorie zu ermöglichen, schien einiges (aber auch nicht mehr als das) mit dem gemeinsam zu haben, was Louis Althusser darüber zu sagen hatte, wie der Theoretiker von der Ideologie zur Wissenschaft fortzuschreiten habe. Für Kuhn gibt es allerdings kein gelobtes Land Wissenschaft; ein Paradigma folgt auf das andere, wie die Scheuklappen-Ansichten der verschiedenen Generationen, die uns Philip Larkin in seinem Gedicht 'High Windows' vorführt, die alle scheinbar einen Fortschritt darstellen, in Wirklichkeit aber ihre unvermeidbaren Beschränkungen haben.

Kuhns Konzept des Paradigmawechsels ist allerdings auf Grund seiner 'Nach-Innen-Gerichtetheit' auf Kritik gestoßen: Der Wechsel wird bei Kuhn durch den Druck innerer Widersprüche ausgelöst und nicht (wie die Marxisten traditionellerweise glauben) durch den Druck äußerer Kräfte, die, frei nach Darwin, Theorien ausschließen, die sich nicht an veränderte äußere Bedingungen anpassen können. In das literaturkritische Vokabular hat der Begriff vor allem im Zusammenhang mit Diskussionen über den KANON (ein WERK gilt nur dann als großes Werk, wenn man, um es verstehen und schätzen zu können, neuer literarischer Paradigmata bedarf) und über Fragen der INTERPRETATION (wir interpretieren einen TEXT anders, wenn sich unsere literarischen Paradigmata verändern, ebenso wie der Wissenschaftler das Ergebnis eines Experiments anders interpretiert, wenn sich seine wissenschaftlichen Paradigmata verändern) Eingang gefunden.

→ KOPERNIKANISCHE WENDE; ÉPISTÉMÈ; WISSENSCHAFTSTHEORETISCHER EINSCHNITT; PROBLEMATIK

Paralipse   Ein von Gérard Genette verwendeter Terminus zur Bezeichnung einer ELLIPSE, die nicht durch die Aussparung einer Zeiteinheit in der NARRATIVEN Abfolge gebildet wird, sondern durch die Auslassung eines oder mehrerer konstituierender Elemente in einem von der Erzählung behandelten Zeitraum.

Parergon → RAHMEN

Partielles Synonym → SINN UND BEDEUTUNG

Patriarchat   Eigentlich die über die männliche Linie weitergegebene Vorherrschaft des Mannes – entweder innerhalb der Familie oder in der Gesellschaft. In jüngster Zeit wird der Terminus sowohl für die tatsächliche Machtausübung verwendet als auch zur Bezeichnung der dahinterstehenden Weltsicht und Einstellung – des IDEOLOGISCHEN Systems, das der Aufrechterhaltung, der Rechtfertigung und dem Schutz dieser Macht dient. Der Begriff des Patriarchats hat demnach politische, wirtschaftliche, soziale und ideologische Dimensionen.

Die FEMINISTISCHE Literaturkritik zielt unter anderem darauf ab, patriarchalische Konzepte in literarischen WERKEN aufzudecken sowie in den Systemen, die die Entstehung dieser Werke mitbedingen: Erziehungs- und Bildungswesen, Verlags-, Zeitungs- und Rezensionswesen sowie die den verschiedenen KULTUREN und Gesellschaften eigenen allgemeinen 'Systeme der literarischen Produktion'.

Pause → ERZÄHLZEIT

Performanz → DARSTELLUNG; KOMPETENZ UND PERFORMANZ

Performative Äußerung → SPRECHAKTTHEORIE

Perlenkettenerzählung   Eine ERZÄHLUNG, die aus einer Reihe relativ oder völlig unzusammenhängender Episoden besteht, die durch einen dünnen roten Faden miteinander verbunden sind. Dieser Faden kann in der kausalen Sequenz oder einer Figur oder sonst irgend etwas bestehen. Solche Erzählungen werden auch als *Episodenerzählungen* bezeichnet.

Perlokutionärer Akt → SPRECHAKTTHEORIE

Perspektive   Die von Gérard Genette eingeführte Unterscheidung zwischen MODUS (frz. *mode*) und GENUS/STIMME (frz. *voix*) führt uns mitten in einen Bereich, der sich in der Vergangenheit noch relativ problemlos mit dem Begriff *point of view* fassen ließ, in neuerer Zeit jedoch mit der ständigen Weiterentwicklung auf dem Gebiet der ER-

ZÄHLTHEORIE zunehmend komplexer geworden ist; es sind nun eine ganze Reihe verschiedener Begriffe in Verwendung, wobei *Perspektive* gegenwärtig der Terminus mit der breitesten Akzeptanz sein dürfte.

Genette hat auf einen Punkt hingewiesen, der in der Diskussion lange Zeit vernachlässigt worden war, nämlich daß zwischen *wer sieht?* und *wer spricht?* zu unterscheiden ist. In seiner Terminologie entspricht dies der Opposition zwischen *mode* und *voix* (1972a, 75–6). Die Kategorie *mode* umfaßt nach Genette Fragen der DISTANZ, die in der amerikanischen Literaturkritik traditionell als die Opposition zwischen *telling* und *showing* diskutiert wurde; er sieht in diesen Begriffen Neuformulierungen von Platons DIEGESE und MIMESIS. Mit dem Terminus *voix* dagegen beschreibt er – ausgehend von der Bedeutung, die das Wort (dt. Genus) in der Grammatik hat, nämlich die Handlungsart des Verbs, durch die ein bestimmtes Verhältnis des Verbs zum Subjekt ausgedrückt wird – nur die Art und Weise, wie eine Erzählsituation sowie der ERZÄHLER und sein Publikum im Erzählvorgang impliziert sind (1972a, 75–6). Dabei macht sich Genette die Doppelbedeutung des französischen *voix* (wie auch des englischen *voice*) von Genus und Stimme zunutze. Die Kategorie *Modus* bezieht sich also auf das Verhältnis der STORY zur Erzählung, die Kategorie *Genus/Stimme* dagegen sowohl auf die Beziehung zwischen Erzählvorgang und Erzählung als auch auf die Beziehung zwischen Erzählvorgang und Story (1972a, 76).

In Joseph Conrads *Under Western Eyes* zum Beispiel ist die narrative *Stimme* jene des personalisierten Erzählers, des englischen Sprachlehrers, doch liegt das, was der Erzähler beobachtet (und auch äußert) des öfteren außerhalb des Horizonts dieser Figur, und der Leser erfährt von ihm Dinge, die er nicht wissen könnte, wäre er ein lebender Mensch und nicht eine fiktive Figur/der Erzähler. Von Kritikern, die Genette hier folgen, wird der Begriff *Modus* manchmal durch *Perspektive* ersetzt, da das Begriffspaar 'Perspektive und Stimme' besser zur Opposition 'wer sieht/wer spricht' paßt.

In Mieke Bals Terminologie bezeichnet der Begriff Perspektive sowohl die physischen als auch die psychologischen Wahrnehmungsstandpunkte in einer Erzählung, nicht aber die *Instanz*, die tatsächlich erzählt (1985, 101). Die Perspektive kann durch einen weiteren von Genette eingeführten Begriff näher bestimmt werden: durch die FOKUSSIERUNG (*focalisation*). Bei einer Erzählung ohne jede Fokussierung kann man nicht feststellen, aus welcher Perspektive die Figuren, Ereignisse und Situationen in der Erzählung beobachtet und geschildert werden.

Werke, die – in der traditionellen Terminologie – vom *point of view* des *allwissenden Erzählers* erzählt werden, werden in der modernen Erzählforschung als unfokussiert bezeichnet. In diesem Sinne könnte man einen Roman wie George Eliots *Middlemarch* als unfokussiert charakterisieren – was natürlich nicht heißt, daß der Leser nicht bestimmte Wertvorstellungen oder Ansichten bzw. sogar Personalisierungen assoziiert. Bei einer *fokussierten Erzählung* kann man dagegen auch von *Innenperspektive* sprechen: Die Geschichte wird von der Perspektive einer Instanz (normalerweise eines Bewußtseins) erzählt, die innerhalb der Geschichte steht, also intradiegetisch ist. Diese interne Fokussierung kann verschiedene Formen annehmen: sie kann (i) *fixiert* sein, wie etwa in Jean Rhys' *After Leaving Mr Mackenzie*, wo der Leser alles ausschließlich von der Heldin/Erzählerin Julia Martin erfährt; oder (ii) *wechselnd*, wie etwa in Emily Brontës Roman *Wuthering Heigths*, in dem einige Ereignisse aus der Perspektive des Mr Lockwood, andere wieder aus der Perspektive der Mrs Dean oder aus jener Isabellas (in dem langen Brief, den sie schreibt) dargestellt werden; oder (iii) *mehrfach*, wie etwa in Tobias Smolletts *Humphry Clinker*, wo durch die Form des Briefromans dieselben Ereignisse mehr als einmal aus verschiedenen und gegensätzlichen Perspektiven dargestellt werden. Verständlicherweise läßt sich die Grenze zwischen Wechselperspektive und Multiperspektive nicht immer eindeutig ziehen.

Von *externer Fokussierung* spricht man, wenn die Fokussierung sich darauf beschränkt, was der Beobachter – wäre die Geschichte wahr – tatsächlich 'von außen' hätte beobachten können; das heißt, daß nichts über die Gedanken und Gefühle der Figuren berichtet wird, was nicht aus ihrem Verhalten nach außen geschlossen werden kann oder von ihnen selbst zugegeben wird. Nach Genette handelt es sich bei externer Fokussierung um eine wohl intradiegetische, aber außerhalb der Figuren liegende Perspektive. In seinem Vorwort zu Genettes *Narrative Discourse* geht Jonathan Culler auch auf die von Mieke Bal an Genettes Unterscheidung zwischen *interner* und *externer Fokussierung* geübte Kritik ein. Bals Meinung nach beziehen sich die beiden Begriffe auf ganz verschiedene Dinge, denn

> in jenen Fällen, in denen Genette von *interner Fokussierung* spricht, ist die Erzählung *durch* das Bewußtsein einer Figur fokussiert, ... während es sich bei *externer Fokussierung* um etwas ganz anderes handelt: die Erzählung ist hier *auf* eine Figur fokussiert, nicht durch sie. (Genette 1980, 10)

Eine andere Möglichkeit, Fokussierungsarten zu beschreiben, wäre, die jeweilige *Erzählsicht* zu benennen.

Auf Grund der uneinheitlichen Terminologie ist bei der Verwendung der genannten Begriffe Vorsicht geboten.

→ ÉNONCIATION; RAHMEN; ERZÄHLSITUATION

Personalisierung → ERZÄHLSITUATION

Phänomenologie Die Phänomenologie nimmt ihren Ausgangspunkt in den Schriften Edmund Husserls, der in seiner Philosophie von der Welt, wie wir sie durch unser Bewußtsein wahrnehmen, ausgeht. Eine vom menschlichen Bewußtsein unabhängige Betrachtung der Welt wird von der Phänomenologie abgelehnt; sie erkennt nur die konkrete Wirklichkeit, wie wir sie erfahren, als gültig an. Für Husserl bedeutet Bewußtsein immer das Bewußtsein von etwas: Es ist nach außen, nicht nach innen gerichtet – selbst dann, wenn es auf etwas in unserer Vorstellung gerichtet ist. Die Phänomenologie nur als idealistisch zu klassifizieren, wäre aber zu einfach, denn obwohl sie die Unmöglichkeit postuliert, daß wir etwas über eine Welt, die wir nicht wahrnehmen, erfahren können, impliziert sie doch, daß wir durch EIDETISCHES Vorgehen nach und nach ein immer genaueres Verständnis der Objekte unseres Bewußtseins entwickeln können, indem wir zufällige und persönliche Elemente bei unserer Wahrnehmung dieser Objekte ausscheiden. Um unser Bewußtsein so analysieren zu können, müssen wir alle im vorhinein bestehenden Vorstellungen von den Dingen, mit denen es beschäftigt ist, aufgeben (siehe dazu den Eintrag EPOCHE). Terry Eagleton schreibt dazu:

> Aber wenn Husserl den Empirizismus, den Psychologismus und den Positivismus der Naturwissenschaften verwarf, so glaubte er doch auch mit dem klassischen Idealismus eines Denkers wie Kant zu brechen. Kant hatte das Problem nicht lösen können, wie dem Denken die Erkenntnis von Dingen außerhalb seiner selbst überhaupt möglich ist; indem die Phänomenologie das, was in der reinen Wahrnehmung vorliegt, als das wahre Wesen der Dinge beansprucht, hoffte sie diesen Skeptizismus zu überwinden. (1988, 22)

Es ist verständlich, daß derlei Überlegungen mit Begeisterung von jenen aufgegriffen wurden, die sich mit Kunst und Literatur auseinandersetzten

und für die die Pseudoobjektivität des Positivismus ebensowenig mehr auf
Kunstwerke anzuwenden war wie die verschiedenen Ausprägungen des
Kantianismus, der oft sehr schnell in Solipsismus und die Verabsolutierung
des persönlichen 'Geschmacks' mündete. Viele Literaturtheoretiker und
Ästhetiker fanden in Husserls Gedanken einen Grundstein, auf den sie
bauen konnten. Einer der ersten war hier der polnische Ästhetiker Roman
Ingarden, der behauptete, daß ein literarisches WERK, indem es geLESEN
wird, KONKRETISIERT wird (so wie etwa die AUFFÜHRUNG eines Theaterstücks
den geschriebenen TEXT konkretisiert).

Die Genfer Schule verdankt Husserl und seiner Phänomenologie besonders viel. Die meisten Mitglieder dieser kritischen Schule – man bezeichnet sie auch oft als 'Kritiker des Bewußtseins' – kamen von der Genfer Universität. (Zu den Gründungsmitgliedern zählen Marcel Raymond
und Albert Beguin, der bekannteste Vertreter ist heute Georges Poulet; in
der ersten Zeit war auch J. Hillis Miller mit der Schule verbunden.)

Der *reader-response criticism,* und in diesem Zusammenhang im
besonderen Wolfgang Iser, ist seinerseits wieder der Phänomenologie
und der Genfer Schule verpflichtet. Isers Aufsatz 'Der Lesevorgang: Eine
phänomenologische Perspektive' liefert ein gutes Beispiel für eine schöpferische Weiterentwicklung phänomenologischer Ansätze – und dafür,
wie natürlich der Schritt von der Phänomenologie zu einigen der Fragen
ist, die den *reader-response criticism* vorrangig beschäftigen. Es genügt
hier, den einleitenden Satz aus Isers Essay zu zitieren:

> Die phänomenologische Kunsttheorie hat mit allem Nachdruck
> darauf aufmerksam gemacht, daß die Betrachtung eines literarischen
> Werks nicht allein der Gegebenheit der Textgestalt, sondern in glei-
> chem Maße den Akten seiner Erfassung zu gelten hat. (1975, 253)

Im Anschluß diskutiert Iser Ingardens Theorie der künstlerischen Konkretisation und stellt fest, daß das literarische Werk zwei Pole besitzt:
den künstlerischen Pol (der vom AUTOR geschaffene Text) und den
ÄSTHETISCHEN Pol (die vom LESER geleistete Konkretisation) (1975, 253).
Isers Argumentation ist nicht uninteressant, wenn auch die verwendete
Terminologie befremden mag, indem dem vom Autor geschaffenen Text
alles Ästhetische und der durch den Leser geleisteten Konkretisation
alles Künstlerische abgesprochen zu werden scheint.

Iser betont vor allem die *Virtualität* des Textes: So wie der Text
eines Theaterstückes, das auf unzählige Art und Weise aufgeführt wer-

den kann, ermöglicht jedes literarische Werk unzählige Leseerfahrungen. (Vergleiche in diesem Zusammenhang Derridas Bemerkung, daß 'die Lektüre verändernd wirkt' [1986, 126].) Er führt außerdem Husserls Ansatz weiter, wonach das Bewußtsein *intentional* ist, also auf ein Ziel gerichtet und nicht zufällig und allumfassend. Er weist, wo es um die Lektüre von Literatur geht, nicht nur den 'Protentionen' – den Erwartungen – des Lesers besondere Bedeutung zu, sondern darüber hinaus auch den INTENTIONEN, die durch den Leseakt (und damit indirekt vom Text) erst ausgelöst werden. Am bekanntesten ist in diesem Zusammenhang wohl Isers Begriff der 'Leerstellen' oder 'Leervorstellungen' in literarischen Texten. Nach Iser ist kein literarisches Werk vollständig: Jedes Werk weist Leerstellen auf, die vom Leser ausgefüllt werden müssen und die von allen Lesern und bei allen Leseakten anders ausgefüllt werden (1975, 257; ähnliche Aussagen finden sich auch in anderen Schriften Isers). Isers Leerstellen sind den 'Unbestimmtheitsstellen', von denen Roman Ingarden spricht, sehr ähnlich: siehe dazu den Eintrag KONKRETISATION.

Von dieser Position aus ließ sich nun sehr gut eine Gegenoffensive gegen die vom NEW CRITICISM betriebene Anathematisierung der *affective fallacy*, des affektiven Trugschlusses, starten, denn sie zeigte auf, wie man die Reaktionen des Lesers miteinbeziehen konnte, ohne dem einzelnen Leser damit die uneingeschränkte Freiheit zuzuerkennen, mit dem Text alles tun zu können, was er nur will: des Lesers Freiheit wurde darauf beschränkt, die Leerstellen auszufüllen.

→ SUBTEXT; ABSENZ

Phänotext → GENOTEXT UND PHÄNOTEXT

Phallische Kritik → PHALLOZENTRISMUS

Phallogozentrismus   Der Terminus wurde von Jacques Derrida in seiner in 'Der Facteur der Wahrheit' (1982) dargelegten Kritik Jacques Lacans geprägt und subsumiert die Begriffe PHALLOZENTRISMUS und LOGOZENTRISMUS. Nach Derrida ist Lacans Lektüre von Edgar Allan Poes 'The Purloined Letter' phallogozentrisch, indem Lacan den Brief ohne weiteres als Phallus interpretiert und nicht erkennt, daß Bedeutung niemals in derart einfachen Eins-zu-eins-Entsprechungen bestehen kann.

Obwohl der Begriff also Kritik implizieren sollte, wurde er von der FEMINISTISCHEN Literaturkritik und einigen anderen Autoren und Autorinnen aufgegriffen, die eine Verbindung sehen zwischen männlicher, PATRIARCHALISCHER Autorität und Denksystemen, die sich selbst dadurch legitimieren, daß sie auf eine vor und außerhalb von ihnen existierende PRÄSENZ oder Autorität Bezug nehmen. Diese versteckte legitimierende Präsenz ist, anders ausgedrückt, im Grunde immer jene des Vaters, dessen Autorität ohne weiteres als Ausgangspunkt angenommen wird und nicht etwas ist, das gerechtfertigt werden kann.

Phallokratisch → PHALLOZENTRISMUS

Phallozentrismus   Ein von der modernen FEMINISTISCHEN Literaturkritik und Literaturwissenschaft geprägter Begriff zur Beschreibung ineinandergreifender sozialer und IDEOLOGISCHER Systeme, in denen eine durch das Phallussymbol repräsentierte PATRIARCHALISCHE Macht akzeptiert und gefördert wird. 'Phallus' ist als *kulturelles* Konstrukt zu verstehen, das dem männlichen Geschlechtsorgan symbolische Macht verleiht. Der Phallozentrismus greift auf künstlerische und KULTURELLE Darstellungen des Penis zurück, die in vergangenen und in modernen Gesellschaften zur ideologischen Rechtfertigung männlicher Machtausübung herangezogen wurden und werden. Die Transformation des Penis zum Phallus ist zweifellos ideologisch gefärbt: Der Penis ist eines von zwei Sexualorganen, die beide gleichermaßen für die Fortpflanzung notwendig sind, während der Phallus als *Haupt*quelle der biologischen Fruchtbarkeit gesehen wird und damit als Bestätigung für die Herrschaft eines GESCHLECHTS über das andere herangezogen werden kann. (Jacques Derrida sieht in diesem Sinne im Phallus ein Beispiel eines transzendentalen Signifikanten; siehe den Eintrag TRANSZENDENTALES SIGNIFIKAT.)

Im modernen feministischen Sprachgebrauch steht phallozentrisches Denken für eine Auffassung, die bewußt oder unbewußt das Männliche als natürliche Macht- und Autoritätsquelle sieht, der das Weibliche natürlich untergeordnet ist. Der Mann wird mit PRÄSENZ gleichgesetzt, die Frau mit ABSENZ, und diese Absenz wird durch offene oder versteckte Hinweise auf den fehlenden Phallus symbolisch bestätigt. Für einige Feministinnen hat der Phallus noch viel umfassendere symbolische Bedeutungen; Madeleine Gagnon zum Beispiel schreibt:

> Für mich symbolisiert der Phallus heute repressives kapitalistisches Eigentum, die ausbeutende Bourgeoisie, das höhere Wissen, das es zu überwinden gilt; er steht für ein aufrechtes Frankreich, das

beobachtet, analysiert, sanktioniert. Der Phallus steht für alles, was sich selbst als Spiegel hochhält. Alles, was sich als Perfektion darbietet. Alles, was Reglementierung und Repräsentation anstrebt. Das, was nicht zurücktritt, sondern begehrt. Das, was Dinge in historischen Museen aufstellt. Das, was sich ständig mit der Macht der Unsterblichkeit mißt. (1980, 180)

Der Begriff scheint über Lacans Freud-Kritik in die feministische Kritik Eingang gefunden zu haben. Lacans Aufsatz 'Die Bedeutung des Phallus', der auf einen 1958 gehaltenen Vortrag zurückgeht und 1966 veröffentlicht wurde, ist keineswegs feministisch orientiert. Indem er aber in dieser und in anderen seiner Schriften den Phallus im STRUKTU-RALISTISCHEN Sinne als Signifikant untersuchte, öffnete er der feministischen Übernahme des Terminus Tür und Tor.

Das Adjektiv *phallokratisch* bezieht sich, wörtlich, auf die Herrschaft des Phallus – analog zu demokratisch, autokratisch und ähnlichen Prägungen. Im feministischen DISKURS bezeichnet es ein Macht- und Autoritätssystem, das auf phallozentrischen Werten gründet.

Unter *phallischer Kritik* wird eine Kritik verstanden, die nicht nur an phallozentrischen Werten festhält und diese fördert, sondern darüber hinaus die für die phallozentrische Machtausübung typischen Methoden anwendet und durch die Institutionen des Phallozentrismus gestützt wird.

Phatisch → FUNKTIONEN DER SPRACHE

Phonozentrismus → LOGOZENTRISMUS

Poetisch → FUNKTIONEN DER SPRACHE

Point of view → PERSPEKTIVE

Polyglossie → REDEVIELFALT

Polyphonie   Wörtlich Vielstimmigkeit. Der Begriff taucht vor allem in den Schriften Michail Bachtins im Zusammenhang mit seiner Theorie des *polyphonen Romans* auf. In seiner Dostoevskij-Studie nennt Bachtin Dostoevskij als Erfinder des polyphonen Romans:

Die Vielfalt selbständiger und unvermischter Stimmen und Bewußt-seine, die echte Polyphonie vollwertiger Stimmen ist tatsächlich die Haupteigenart der Romane Dostoevskijs. In seinen Werken wird nicht eine Vielzahl von Charakteren und Schicksalen in einer ein-

heitlichen, objektiven Welt im Lichte eines einheitlichen Autorenbe-
wußtseins entfaltet, sondern eine *Vielfalt gleichberechtigter Bewußt-
seine mit ihren Welten* wird in der Einheit eines Ereignisses miteinander verbunden, ohne daß sie ineinander aufgehen. (1971, 10)

Der Begriff *Stimme* steht bei Bachtin nicht nur für etwas, das mit Sprache zu tun hat, sondern bezieht sich auch auf Dinge wie IDEOLOGIE und
Macht in der Gesellschaft. Eine Stimme steht bei Dostoevskij nicht nur
für die Person, die diese Stimme hervorbringt, sondern für ein Netz von
Glaubenshaltungen und Machtverhältnissen, die den Zuhörer beeinflussen wollen. So schreibt Bachtin:

Die Sprache ist kein Neutrum, das rasch und ungehindert in das
intentionale Eigentum des Sprechers übergeht; sie ist mit fremden
Intentionen besetzt, ja übersetzt. Ihre Beherrschung, ihre Unterordnung unter die eigenen Intentionen und Akzente ist ein mühe-
voller und komplexer Prozeß. (1979, 185)

Durch diesen Prozeß erst wird *Sprache* zu einer *Stimme*.
Bachtins Behauptung, daß der polyphone Roman von Dostoevskij
erfunden wurde, ist nicht unwidersprochen geblieben, und Bachtin
selbst scheint auch nicht unbedingt abzustreiten, daß sich polyphone
Elemente in vielen Romanen vieler KULTUREN und zu verschiedenen
Zeiten finden. Seine Dostoevskij-Studie führt uns aber immerhin klar die
Tendenz MODERNER (oder modernistischer) literarischer WERKE vor
Augen, kein AutoritätsZENTRUM mehr zu haben. Und damit befinden wir
uns in unmittelbarer Nähe zur Theorie vom Tod des AUTORS, denn
wenn es in einem Roman keine auktoriale Präsenz gibt, kein durch den
Autor geschaffenes Autoritätszentrum, sondern wenn der Autor nur eine
Stimme (oder mehrere Stimmen) besitzt, dann gibt es keinen Autor im
traditionellen Sinn des Wortes mehr.
Bachtin greift hier zum Teil auf traditionelle Erzählerkonzepte zurück, die er für seine Theorie weiterentwickelte.
In den Schriften des polnischen PHÄNOMENOLOGEN Roman Ingarden,
darauf weist Brian McHale hin, findet sich der Begriff der Polyphonie in
anderem Zusammenhang. Nach Ingarden

ist das literarische Kunstwerk ontologisch nicht einheitlich oder mono-
lithisch, sondern *polyphon*, geschichtet. Jede Schicht hat einen etwas
anderen ontologischen Status und erfüllt in der ontologischen Struktur
des Ganzen eine etwas andere Funktion. (McHale 1987, 30)

Für Ingarden gibt es vier dieser Schichten: die Schicht der sprachlichen Lautgebilde, die Schicht der Bedeutungseinheiten, die Schicht der 'dargestellten Gegenständlichkeiten' (die er von 'wirklich existierenden realen Gegenständen' unterscheidet) und die Schicht der 'schematisierten Ansichten' ('dargestellte Gegenständlichkeiten' haben nicht dieselbe Bestimmtheit wie 'reale Gegenständlichkeiten' und sind notgedrungen schematisch – weshalb es auch falsch ist, an ein Kunstwerk mit Fragen wie 'Wieviele Kinder hatte Lady Macbeth?' heranzugehen) (nach McHale 1987, 33; vergleiche dazu Ingardens Buch *Das literarische Kunstwerk*).

→ DIALOGISCH; REDEVIELFALT

Polysemie → AMBIGUITÄT

Polyvalenter Diskurs → REGISTER

Pop-Kultur → KULTUR; POPULÄR

Populär Unzufriedenheit mit dem literarischen KANON und die zunehmende Bedeutung interdisziplinärer Unternehmungen, die nicht nur die Literatur betreffen, sondern auch andere Kunstformen sowie Produkte der Massenmedien miteinbeziehen, haben verstärkt Fragen rund um den Begriff des *Populären* bzw. des *Volkstümlichen* in den Vordergrund treten lassen; dabei ist im deutschen Sprachraum besonders auch der englische Terminus *popular* in Prägungen wie *Pop-Kultur*, *Pop-Art* oder *Pop-Literatur* geläufig.

Die genannten, aus dem Englischen abgeleiteten Begriffe vereinigen zwei Aspekte des Adjektivs *popular*, nämlich '*für* das Volk' und '*vom* Volk', wobei das Wort aber, wie auch Raymond Williams feststellt, als juristischer und politischer Terminus ursprünglich 'dem Volk gehörend' bedeutete. Im Laufe der Zeit hat sich seine Bedeutung jedoch, so Williams, zunehmend in Richtung 'beliebt' verschoben, und im modernen Sprachgebrauch haftet ihm ein stark abwertender Beigeschmack an, indem es Konnotationen wie etwa 'auf Gunst aus sein' wachruft (1976, 198). Williams weist auch weiter darauf hin, daß der Begriff erst relativ spät die Doppelbedeutung von '*für* das Volk' und '*vom* Volk' entwickelt hat, und daß ein Ausdruck wie *folk culture* früher nur Kulturformen bezeichnete, die vom Volk für sich selbst geschaffen wurden. Fest steht, daß sich die Bedeutung von Adjektiven wie *popular*, *populär* oder *volkstümlich* mit den – vor allem auch sozialpolitischen – Veränderungen, die der Begriff

Volk (*people*) durchmacht, verschiebt. Als Bertolt Brecht 1938 seine pole-mischen Angriffe gegen Georg Lukács und dessen Ablehnung der MODER-NE richtete, lieferte er einige interessante Definitionen (Arbeitsdefinitionen in dem Sinne, daß er sie auch in der Kulturarbeit einsetzen wollte) von *volkstümlich* und von KULTUR. Die Verbindung zwischen 'Volk' (sowohl als Begriff als auch als die dadurch bezeichnete Realität) und *volkstümlich* geht aus Brechts Worten klar hervor:

> Unser Begriff *volkstümlich* bezieht sich auf das Volk, das an der Ent-wicklung nicht nur voll teilnimmt, sondern sie gerade usurpiert, for-ciert, bestimmt. Wir haben ein Volk vor Augen, das Geschichte macht, das die Welt und sich selbst verändert. Wir haben ein kämp-fendes Volk vor Augen und also einen kämpferischen Begriff *volks-tümlich*.
>
> *Volkstümlich* heißt: den breiten Massen verständlich, ihre Aus-drucksform aufnehmend und bereichernd / ihren Standpunkt ein-nehmend, befestigend und korrigierend / den fortschrittlichsten Teil des Volkes so vertretend, daß er die Führung übernehmen kann, also auch den andern Teilen des Volkes verständlich / anknüpfend an die Traditionen, sie weiterführend / dem zur Führung streben-den Teil des Volkes Errungenschaften des jetzt führenden Teils übermittelnd. (1967a, 142)

Im anglo-amerikanischen Raum erreichten Brechts Schriften erst 1977 weitere Leserkreise und paßten damals zu den in der literatur- und kunsttheoretischen Diskussion unternommenen Bemühungen, Begriffe wie *popular* von ihren pejorativen Assoziationen zu befreien. Man ver-suchte, sogar in der Trivialliteratur – in der man zuvor die eklatantesten Beispiele für Produkte gesehen hatte, die aus finanziellen oder IDEOLO-GISCHEN Gründen Lesern aufgezwungen wurden – Elemente des 'Wah-ren' und 'Echten' zu entdecken, die den Konsumenten dieser Produkte etwas Gültiges über ihr Leben und ihre Erfahrungen vermittelten.

Auch unter dem Einfluß der Arbeiten Michail Bachtins wandte man sich in den 80er Jahren verstärkt dem Konzept des Populären zu, nach-dem Bachtin auf Ausdrucks- und Widerstandstraditionen sowohl in-nerhalb als auch außerhalb des Literatur- und Kunstkanons aufmerksam gemacht hatte.

→ KULTUR; DIALOGISCH; IDEOLOGIE

Pornoglossie   Nach Deborah Cameron wäre, nachdem das Wort *Pornographie* für 'Bilder von Prostituierten' steht, das Wort *Pornoglos-*

sie vielleicht eine passende Bezeichnung 'für die Sprache, die alle Frauen auf sexuelle Dienerinnen der Männer reduziert' (1985, 77). Unter Pornoglossie versteht man demnach eine Sprache oder Sprachverwendung, die Frauen ausschließlich im Hinblick auf ihre sexuelle Brauchbarkeit, Verfügbarkeit oder Attraktivität für Männer beschreibt.

Position(ierung) → LEKTÜREPOSITION

Postmoderne/Postmodernismus → MODERNE UND POSTMODERNE

Poststrukturalismus Ein Begriff, der gelegentlich annähernd bedeutungsgleich mit DEKONSTRUKTION verwendet wird, ansonsten aber als allgemeinerer, weiter gefaßter Terminus zur Bezeichnung einer Strömung, in der die Dekonstruktion ein wichtiges Element ist. So unterscheidet etwa Richard Harland drei Hauptgruppen von Poststrukturalisten: die (nach der französischen Zeitschrift benannte) *Tel Quel*-Gruppe mit Jacques Derrida, Julia Kristeva und dem späteren Roland Barthes; Gilles Deleuze, Félix Guattari (die Autoren des vielbeachteten *Anti-Ödipus. Kapitalismus und Schizophrenie* 1974, frz. 1972) und den späteren Michel Foucault; und (eigenständig) Jean Baudrillard (Harland 1987, 2). Die Frage, ob Jacques Lacan als Strukturalist oder Poststrukturalist (oder beides) zu betrachten ist, ist nach wie vor unentschieden.

Die Verwendung dieses Begriffes ist bislang sehr uneinheitlich: Alex Callinicos etwa schlägt eine ganz andere Unterteilung des Poststrukturalismus in zwei große Gruppierungen vor: erstens eine Richtung, die Richard Rorty als TEXTUALISMUS bezeichnete; und zweitens eine Denkrichtung, in deren Zentrum Michel Foucaults 'Macht-Wissen' steht. In diesem 'weltlichen Poststrukturalismus', wie Callinicos diese zweite Gruppierung mit einem Begriff Edward Saids nennt, geht es um die 'Artikulierung "des Gesagten und des Ungesagten", des Diskursiven und des Nicht-Diskursiven' (Callinicos 1989, 68). Während wir in den Augen der Textualisten in TEXTEN gefangen und nicht in der Lage sind, dem Diskursiven zu entkommen (bzw. eine Wirklichkeit wahrzunehmen, die nicht durch DISKURSE vermittelt wird), läßt nach Callinicos der 'weltliche Poststrukturalismus' den Kontakt mit einer nicht durch Diskurse vermittelten Realität als Möglichkeit offen.

Der textualistisch orientierte Poststrukturalismus – bleibt man bei dieser Unterteilung – hat eine weit größere Bedeutung für die Literaturwissenschaft gehabt als die Richtung Foucaultscher Ausprägung, wenn auch viele Gedanken Foucaults von der FEMINISTISCHEN Literaturkritik aufgegriffen und weiterentwickelt wurden.

Der 'textualistische' Poststrukturalismus ist zugleich Weiterentwicklung und Dekonstruktion des STRUKTURALISMUS – und demonstriert dessen angebliche innere Widersprüche. Ein klassisches Beispiel dafür findet sich in einem in *Positionen* abgedruckten frühen Gespräch Derridas (1968) mit Julia Kristeva. Darin kritisiert Derrida Saussures Beibehalten einer strengen Trennung zwischen '*signans* und *signatum*, [und] der Gleichstellung von *signatum* und Begriff', wodurch, so Derrida,

> von Rechts wegen die Möglichkeit offen [bleibt], einen *Begriff* zu denken, der *in sich selbst Signifikat ist*, und zwar aufgrund seiner einfachen gedanklichen Präsenz und seiner Unabhängigkeit gegenüber der Sprache, das heißt gegenüber einem Signifikantensystem ... (1986, 56)

In Saussures revolutionärer Sicht von Sprache als einem System von OPPOSITIONEN ohne positive Einzelglieder glaubt Derrida (durch die Dekonstruktion von Saussures Argumentation) ein Relikt des alten Denkens zu entdecken, eine extrasystemische Einheit, ein TRANSZENDENTALES SIGNIFIKAT.

Derridas Position läßt sich am besten anhand bestimmter Schlüsselwörter wie Dekonstruktion, LOGOZENTRISMUS, DIFFÉRANCE, transzendentales Signifikat, METAPHYSIK DER PRÄSENZ usw. umreißen (siehe diese Einträge) – worauf an dieser Stelle, um Wiederholungen zu vermeiden, jedoch nicht weiter eingegangen wird. Es genügt hier die Feststellung, daß es Derrida (wie er selbst sagt) vor allem darum zu tun ist, dem Glauben an absolute und extrasystemische Bedeutungsdeterminanten seine Grundlage zu entziehen. Die Bedeutung des Poststrukturalismus für Literaturtheorie und Literaturkritik basiert demnach vor allem auf der Behauptung, daß dem Spiel der SIGNIFIKANTEN keine Grenze gesetzt und es nicht einer Autorität außerhalb des Textes untergeordnet werden kann: es gibt, in der berüchtigten Formulierung Derridas, nichts außerhalb des Textes. Der Poststrukturalismus ist daher im Tod des AUTORS impliziert und in der konsequenten Ablehnung jeder INTERPRETATION eines Textes, die Anspruch auf Endgültigkeit oder nicht dekonstruierbare Autorität erhebt. Weiter geraten mit dem Poststrukturalismus auch jene Richtungen in Verdacht, die dem einzelnen menschlichen SUBJEKT Selbstbestimmung und historische Ursächlichkeit zugestehen: in den massiven Angriffen Louis Althussers auf den Humanismus sind bereits viele spätere poststrukturalistische Versuche vorgezeichnet, das Subjekt eher als ORT denn als ZENTRUM zu betrachten.

Präsenz In seinem frühen und einflußreichen Artikel 'Die Struktur, das Zeichen und das Spiel im Diskurs der Wissenschaft des Menschen' schreibt Jacques Derrida, 'daß alle Namen für Begründung, Prinzip oder Zentrum immer nur die Invariante einer Präsenz (*eidos*, *arche*, *telos*, *energeia*, *ousia* [Essenz, Existenz, Substanz, Subjekt] *aletheia*, Transzendentalität, Bewußtsein, Gott, Mensch usw.) bezeichnet haben' (1972a, 424). Sie alle stellen außersystemische Einheiten dar, Bezugspunkte oder ZENTREN der Autorität, und entziehen sich dem Spiel der DIFFERENZEN, in dem Derrida in der Nachfolge Saussures den alleinigen Ursprung von BEDEUTUNG sieht. Die *Metaphysik der Präsenz* ist somit der LOGOZENTRISCHE Glaube an solch eine außersystemische Autoritätsinstanz.

→ ZENTRUM; KOPERNIKANISCHE WENDE

Prager Schule (Auch *Prager [Linguisten-] Kreis.*) Eine Gruppe von Literaturtheoretikern, die von den späten 20er Jahren bis zur deutschen Invasion der Tschechoslowakei und kurz danach in Prag arbeiteten und zu denen auch einige Emigranten aus der Sowjetunion zählten (der Bekannteste war Roman Jakobson, der 1920 nach Prag kam und 1926 den Kreis mitbegründete). Die bekanntesten Vertreter der Prager Schule waren außer Jakobson René Wellek, Felix Vodička und Jan Mukařovský.

Viele Literaturwissenschaftler betrachten den Prager Kreis als Brücke vom RUSSISCHEN FORMALISMUS zum modernen STRUKTURALISMUS – was für jemanden, der mit der Materie nur wenig vertraut ist, verwirrend sein mag, nachdem die Prager Wissenschaftler selbst in vielen ihrer Schriften ihre Position als strukturalistisch bezeichneten. Der Strukturalismus der 60er Jahre und danach unterscheidet sich aber in vielem (wenn auch nicht in allem) vom Prager Strukturalismus. Was beide verbindet, ist ihre Abhängigkeit von den Theorien Ferdinand de Saussures und ihr Versuch, diese Theorien über die Sprache hinaus anzuwenden. Der Untertitel von Paul L. Garvins *A Prague School Reader*, einer brauchbaren Sammlung der wichtigsten nicht sprachwissenschaftlichen Texte des Prager Kreises in englischer Übersetzung, lautet 'On Esthetics, Structure, and Style', was schon andeutet, wie weit diese Arbeiten über den Bereich der Sprachwissenschaft hinausgingen (siehe Garvin 1964). Ein zweiter, mindestens so bedeutender Ausgangspunkt wie Saussure und die Linguistik war für die Prager Wissenschaftler der russische Formalismus. Sie konzentrierten sich in ihren Arbeiten zwar vielfach auf sprachwissenschaftliche Fragen – Fragen der Phonetik, der Phonologie und der Semantik, wie etwa ihr Bemühen um eine Definition von Begriffen wie 'Phonem', 'distinktive/redundante Merkmale' u.ä., doch drangen sie auch in verwandte Bereiche wie Literatur oder Ästhetik vor. Keiner dieser Autoren konnte sich ganz dem Einfluß des Formalismus entziehen: Mary Louise Pratt wies darauf hin, daß, obwohl die Mitglieder des Prager Kreises ihre Linguistik ausdrücklich als 'funktional' bezeichneten, es ihnen doch wie Saussure fast ausschließlich um 'die Funktion von Elementen innerhalb des linguistischen Systems ging und nicht so sehr um die Funktion der Sprache innerhalb der Sprachgemeinschaft' (1977, 7) – sie verschweigt aber auch nicht, daß sich Vertreter der Gruppe in der Zwischenkriegszeit *sehr wohl* auch mit letzterem Problemkreis auseinandersetzten, was auch Garvins Textsammlung widerspiegelt. Nach der Vorlage der einflußreichen Thesen des Prager Kreises 1929, so Pratt weiter, stand der Gegensatz zwischen poetischer und nicht-poetischer Sprache im Mittelpunkt ihrer Erörterung der sozialen Funktion der Sprache. Diese Position bezieht auch Jan Mukařovský in seinem Aufsatz 'Schriftsprache und dichterische Sprache' (wiederabgedruckt in Garvin 1964).

Diese grundsätzliche Unterscheidung läßt sich bis in die viel spätere, aber ebenso einflußreiche Erörterung der verschiedenen FUNKTIONEN DER SPRACHE durch Roman Jakobson verfolgen. Die poetische Funktion, so Jakobson, ist 'die Zentrierung auf die Botschaft um ihrer selbst willen'. Diese Definition stimmt zwar mit der von der Prager Schule getroffenen Unterscheidung zwischen poetischem und praktischem Sprachgebrauch überein, spricht der Literatur aber eine soziale Rolle im wesentlichen ab und entfernt sich damit einen Schritt von der Literaturauffassung des Prager Kreises in der Zwischenkriegszeit. Die formalistische Argumentation Mukařovskýs in 'Schriftsprache und dichterische Sprache' vermag hier nicht weiter zu überraschen: 'die Frage der Wahrhaftigkeit ist in bezug auf den Inhalt eines dichterischen Werkes nicht anwendbar und auch nicht sinnvoll' (1964, 22–3).

So läßt sich heute sagen, daß die Auffassung der Prager Wissenschaftler von der Existenz einer eigenen 'poetischen Sprache', die sich von der 'Alltagssprache' unterscheidet und deren Funktion in der 'maximalen Aktualisierung der Spracherscheinung besteht' (Mukařovský 1964, 19), der Zeit nicht standgehalten hat. Kaum jemand würde dem heute noch zustimmen.

Durch seine Emigration in die Vereinigten Staaten stellte René Wellek die Verbindung zwischen der Prager Schule und dem anglo-amerikanischen NEW CRITICISM her. Die von ihm und Austin Warren verfaßte *Theory of Literature* erschien 1949 in den Vereinigten Staaten und stand am Beginn einer Epoche, in der der New Criticism in Amerika den größten Einfluß entfalten konnte (man kann hier tatsächlich von HEGEMONIE sprechen). Der erste Beitrag in Garvins *Reader* ist ein Aufsatz von Josef Hrabák, der zuerst 1941 in der Zeitschrift des Prager Linguistenkreises, *Slovo a slovesnost*, erschienen war und einige diesen verschiedenen kritischen Schulen und Richtungen gemeinsame Elemente erkennen läßt:

> Der Strukturalismus ist weder eine Theorie noch eine Methode; er ist ein epistemologischer Standpunkt. Er geht davon aus, daß jedes Element in einem bestimmten System durch alle anderen Elemente dieses Systems bedingt wird und isoliert keinerlei Bedeutung hat; ein Element wird erst eindeutig, indem es in das System integriert wird, in die Struktur, von der es ein Teil ist und in der es einen bestimmten festgesetzten Platz einnimmt ... Für den Strukturalisten besteht zwischen den Daten (Tatsachen) und den philosophischen Annahmen eine Wechselbeziehung und kein einseitiges Abhängigkeitsverhältnis ... Kurz gesagt, die Gesamtstruktur ist mehr als nur die mechanische Summe der Eigenschaften ihrer Teilelemente, da mit ihr neue Eigenschaften entstehen. (1964, vi)

Hrabák legt hier wie Saussure das Hauptgewicht auf die Beziehungen (oder OPPOSITIONEN) anstatt auf unmittelbare Identität, allerdings innerhalb eines einzelnen Systems und nicht innerhalb der Sprache im allgemeinen. Und für die Prager Wissenschaftler bedeutet dieses System, soweit es sich um Literatur handelt, eher das einzelne literarische WERK als die Literarizität im allgemeinen, wenn sie auch, wie obiges Zitat dokumentiert, doch immerhin soweit generalisierten, daß sie sich nicht durch bestehende Kategorien wie 'das Werk' einengen ließen.

Die Auffassung des literarischen Werkes als eine Struktur, die eine Totalität darstellt und durch die dynamischen Beziehungen zwischen ihren Einzelelementen gebildet wird (und in diesem Sinne wohl auch einiges der GESTALTPSYCHOLOGIE verdankt), hat zumindest verstärkt zur ANALYSE dieser dynamischen Beziehungen angeregt. So wurde durch die Prager Schule die Methode des *close reading*, die im New Criticism einen wichtigen Platz einnahm, noch weiter gefördert. Es lohnt sich, in diesem Zusammenhang Felix Vodičkas Aufsatz 'Die Rezeptionsgeschichte literarischer Werke' (1942) gemeinsam mit den einflußreichen Essays 'The Intentional Fallacy' und 'The Affective Fallacy' von W.K. Wimsatt und Monroe Beardsley zu lesen. Zwei kurze Zitate aus Vodičkas Aufsatz sollen hier genügen:

> Das literarische Werk wird durch seine Veröffentlichung oder Verbreitung zum Eigentum der Öffentlichkeit, die sich ihm mit dem ästhetischen Empfinden ihrer Zeit nähert.
> ...
> Subjektive Elemente der Bewertung, die in der jeweiligen Verfassung des Lesers und seinen persönlichen Vorlieben und Abneigungen wurzeln, müssen in der historischen Quellenkritik von der vorherrschenden Einstellung der Zeit unterschieden werden, da unser Erkennen auf jene Merkmale gerichtet ist, die historische Allgemeingültigkeit besitzen. (1964, 71)

Grundsätzlich ist festzuhalten, daß die Prager Wissenschaftler gemeinsam mit den russischen Formalisten auf den Druck der orthodoxen MARXISTISCHEN Literaturkritik reagierten, indem sie die inneren Beziehungen des literarischen Werkes auf Kosten von dessen Außenbeziehungen zu AUTOR, LESER oder sozialhistorischem Hintergrund betonten, obzwar die Art und Weise, wie sich etwa Mukařovský über die innere DIALEKTIK des literarischen Werkes äußerte, auf einen Einfluß marxistischen Gedankengutes schließen läßt.

Der vielleicht wichtigste literaturtheoretische bzw. literaturkritische Beitrag der Prager Schule, vor allem auf den Gebieten der ERZÄHLTHEORIE und der STILISTIK, bestand in der Weiterentwicklung des formalistischen Begriffs der VERFREMDUNG zur damit eng verwandten AKTUALISIERUNG. Zwischen dem Aktualisierungskonzept des Prager Kreises und Bertolt Brechts VERFREMDUNGSEFFEKT besteht in einigen Punkten eine starke Ähnlichkeit, doch scheint ein direkter Einfluß unwahrscheinlich.

Pragmatik   Von Charles Morris und Charles Peirce, zwei bedeutenden frühen SEMIOTIKERN, stammt die sehr brauchbare Unterscheidung zwischen *Syntax* (ZEICHEN und deren Relation zu anderen Zeichen), *Semantik* (Zeichen und deren Relation zur 'Außenwelt') und *Pragmatik* (Zeichen und deren Relation zu den Zeichenbenutzern). Als besonders fruchtbar hat sich diese Unterscheidung innerhalb der Linguistik erwiesen, indem sie die Voraussetzungen dafür schuf, daß Theoretiker wie Ferdinand de Saussure und dessen Nachfolger verschiedene formale (syntaktische und semantische) Regeln von der Sprache, wie sie tatsächlich im Alltag verwendet wird (ihrer pragmatischen Existenz), abgrenzen konnten. Saussure und seine Schüler vertraten die Ansicht, daß die Sprache auf pragmatischer Ebene keinen geeigneten Untersuchungsgegenstand darstellt, da sie zu vielen zufälligen und nicht quantifizierbaren Größen ausgesetzt ist, und deshalb auf einen idealen Zustand reduziert werden muß, in dem sie von Zufällen und beliebigen Einflußfaktoren, wie sie in der alltäglichen Sprachverwendung unvermeidbar sind, unberührt bleibt.

Diese Ausklammerung des pragmatischen Aspekts der Sprachverwendung hatte für die Linguistik große Vorteile und wurde zu der Zeit, als Saussures Theorien den größten Einfluß hatten, vielfach sogar als Voraussetzung für jede formale Sprachbetrachtung gesehen. Etwa zur selben Zeit, in den 60er und 70er Jahren, sprach sich auch der amerikanische Linguist Noam Chomsky für einen linguistischen Untersuchungsgegenstand aus, der von der pragmatischen Sprachverwendung abgegrenzt werden konnte.

In neuerer Zeit steht man der Verbannung der Pragmatik aus dem Untersuchungsfeld der Sprachtheoretiker allerdings zunehmend skeptisch gegenüber, und das Interesse, das man nun verstärkt der Pragmatik, die ja ihren Ursprung innerhalb der Linguistik hat, entgegenbringt, ist auch als Reaktion auf die Theorien Saussures und Chomskys zu sehen. So sieht etwa Stephen Levinson in seinem Buch *Pragmatik* im jüngst zu registrierenden Interesse an der Pragmatik eine Kritik an Chomskys Auffassung der Sprache als abstraktem Mechanismus oder geistige Fähigkeit, die losgelöst sind von der Verwendung, den Benutzern und den Funktionen der Sprache. Das ist aber nicht der einzige Grund, den er anführt:

> Als weiteres starkes und generelles Motiv für das Interesse an der Pragmatik wirkt die wachsende Erkenntnis, daß zwischen den gegenwärtigen linguistischen Sprachtheorien und den Darstellungen linguistischer Kommunikation eine wesentliche Lücke klafft ... Denn es wird immer klarer, daß eine Semantiktheorie allein nur einen Teil, einen kleinen, wenn auch vielleicht wichtigen Teil des Sprachverstehens allgemein darstellen kann. (1990, 39)

Diese Entwicklung innerhalb der Sprachwissenschaft ist auch in anderen Disziplinen wie etwa in der Literaturwissenschaft festzustellen. In einer 1991 von Roger Sell herausgegebenen Aufsatzsammlung mit dem Titel

Literary Pragmatics wird versucht, einige allgemeinere Prinzipien der Pragmatik auf die Literatur anzuwenden. Dahinter steht eine neue Sichtweise literarischer WERKE als VERMITTELNDE Elemente in Kommunikationsketten und nicht mehr als geschlossene oder rein formale TEXTstrukturen.

> Die literarische Pragmatik geht davon aus, daß keine Darstellung von Kommunikation vollständig ist, ohne die Literatur und ihre Kontextualisierung miteinzubeziehen, und daß keine Darstellung von Literatur vollständig ist, ohne ihre Verwendung allgemein verfügbarer kommunikativer Ressourcen miteinzubeziehen. Damit wird eigentlich die alte Verbindung von Rhetorik und Poetik wieder hergestellt ... (1991, xiv)

Mit dieser Argumentation stehen wir aber paradoxerweise wieder vor formalen Systemen, wie sie die antike Rhetorik gerne hervorbrachte: Moderne Spielarten des Versuchs, jene Regeln und KONVENTIONEN, die Schriftsteller und LESER aneinander binden und die tatsächliche Lektüre literarischer Werke choreographieren, zu isolieren, münden sehr leicht in formale und formalisierte SYSTEME wie Grammatiken.

Interessant ist der Vergleich der Schwerpunkte, die literarische Pragmatiker und NEW CRITICS setzen. Beide betonen sehr stark die tatsächliche Lektüre eines Textes, aber während die New Critics den Lektüreprozeß verallgemeinern, geht es den literarischen Pragmatikern darum, wie ein bestimmter Text von einem bestimmten Leser oder Lesertyp zu einem bestimmten Zeitpunkt und in einem teilweise bestimmenden Kontext gelesen wird. Das wird sehr oft auch auf den Schreib- und Veröffentlichungsprozeß ausgedehnt: Ganz anders als etwa E.M. Forster den Schriftsteller in seinem Buch *Aspects of the Novel* (dt. *Ansichten des Romans*) schildert, nämlich als jemanden, der im Lesesaal des British Museum sitzt, nur mit dem Blatt Papier, auf dem er schreibt, beschäftigt, betrachtet man nun den Schriftsteller in seinem sozialen, kulturellen und historischen Kontext: als jemanden, der persönlichen und allgemeinen Einflußfaktoren ausgesetzt ist, mit denen er, ähnlich wie die Teilnehmer an einer Konversation, zu Rande kommen muß.

Die literarische Pragmatik versucht, ZENTRIFUGALE UND ZENTRIPETALE Kräfte zu verbinden: indem sie sich in den Text begibt, pragmatische Methoden (Implikatur, Präsupposition etc.) isoliert und diese mit Kräften außerhalb des Textes, in den Welten des Schriftstellers und des Lesers, in Beziehung setzt, mit Kräften wie den herrschenden Machtverhältnissen, KULTURELLEN Traditionen, Verlags- und Distributionswesen, Zensur und so fort, wobei immer *bestimmte* pragmatische Verbindungen und Interaktionen im Zentrum stehen.

Welch ehrgeizige Ziele sich die literarische Pragmatik gesetzt hat, wird auch in diesem kurzen Abriß deutlich, wobei sie die größten Erfolge bisher in der Abgrenzung relativ isolierter pragmatischer Mechanismen in meist sehr enggefaßten Untersuchungen verzeichnen kann.

→ DISKURS

Praxis   Der Begriff der Praxis taucht vor allem in den Schriften MARXISTISCHER und neomarxistischer Theoretiker auf, die jedes abstrakte Philosophieren mit der Begründung ablehnen, daß Verstehen immer den Versuch voraussetzt, die Welt durch aktive Teilnahme zu verändern.

Der französische MARXISTISCHE Philosoph Louis Althusser verwendet Praxis auch in einem anderen Zusammenhang; er unterteilt *soziale Strukturen* in drei 'Ebenen der menschlichen Praxis': die IDEOLOGISCHE, die ökonomische und die politische (1968, 178–9).

Primärvorgang   In seinem Buch *Die Traumdeutung* postuliert Sigmund Freud die Existenz zweier 'psychischer Mächte (Strömungen, Systeme) im Einzelmenschen ..., von denen die eine den durch den Traum zum Ausdruck gebrachten Wunsch bildet, während die andere eine Zensur an diesem Traumwunsch übt und durch diese Zensur eine Entstellung seiner Äußerung erzwingt' (1972, 160). Im Zusammenhang mit Freuds Theorien spricht man bei diesen zwei Kräften vom Primär- bzw. Sekundärvorgang.

Juliet Mitchell definiert die Gesetze des Primärvorgangs als 'die Gesetze, die die Funktionsweise des Unbewußten bestimmen' (1985, 27). Der Primärvorgang zeichnet sich durch seine Freiheit und Ungehemmtheit aus. Für Literaturkritiker interessant an dieser Theorie ist der Gedanke, daß der Primärvorgang in bedeutender Weise für die Hervorbringung künstlerischer und literarischer WERKE verantwortlich ist. Zwischen der Konstruktion eines literarischen Werkes und der Gestaltung eines Traums durch das UNBEWUßTE hat man bedeutende Parallelen erkannt, und in beiden Fällen verlangt die INTERPRETATION den Einsatz vergleichbarer Methoden. Einige Kritiker sind sogar der Ansicht, daß bei der LEKTÜRE und der Kritik dann der Sekundärvorgang ins Spiel kommt: Der Leser ist nicht bereit, die im literarischen Werk entfesselten Kräfte zu akzeptieren und leugnet daher ihre Existenz. Meist aber sehen auch Freudianer unter den Kritikern den Sekundärvorgang im kreativen Stadium wirksam werden: Der Künstler oder Schriftsteller muß die uneingeschränkte Tätigkeit des Unbewußten im fertigen Werk ebenso verhüllen wie der Trauminhalt durch den Sekundärvorgang zensuriert wird.

Privileg   Der Begriff des *Privilegs* wird in der neueren Theorie häufig zur Beschreibung der hierarchischen Struktur von Kausalfaktoren verwendet. Privilegiert man bei einer Betrachtung der Klasse und der Geschlechtszugehörigkeit im historischen Wandel letztere, heißt das, daß der Geschlechtszugehörigkeit in der historischen Kausalität mehr Einfluß zugemessen wird als der Klasse.

Wenn ERZÄHLTHEORETIKER von Privilegierung sprechen, meinen sie jedoch in der Regel, daß ein bestimmter Erzähler alleine über Informationen verfügt, oder sie meinen eine Form des Verstehens, an dem die Figuren (oder andere Figuren) in der Erzählung nicht teilnehmen.

Proaïretischer Code → CODE

Problematik   Der Begriff fand durch Louis Althussers *Für Marx*, das in deutscher Übersetzung 1968 herauskam, Eingang in das literaturkritische Vokabular. Althusser entlieh den Begriff nach eigener Aussage von Jacques Martin, 'um die spezifische Einheit einer theoretischen Formation und folglich den Bestimmungsort dieses spezifischen Unterschieds zu bezeichnen' (1968, 32).

Althusser verwendete den Begriff zwar für *theoretische* Formationen, doch wird er sehr oft auch auf IDEOLOGISCHE ausgedehnt; in der neueren Theorie kann man jeden Komplex von Überzeugungen (unabhängig von impliziten oder expliziten Widersprüchen), die ein selbständiges, zusammenhängendes Ganzes bilden, als Problematik bezeichnen. Diese Bedeutungsverschiebung läßt sich wahrscheinlich kaum mehr rückgängig machen, aber Althussers Verwendung des Begriffs hat zumindest den Vorteil, daß er sich in sein Konzept des WISSENSCHAFTS-THEORETISCHEN EINSCHNITTS, der Verwandlung einer Problematik in eine andere, einfügt, wobei beide Begriffe, so Althusser, im wissenschaftlichen Denken von Marx bereits vorhanden waren.

Der Problematikbegriff kann auch in einem ähnlichen Sinne wie Foucaults Begriff der ÉPISTÉMÈ verwendet werden, nämlich insofern als man annehmen kann, daß eine bestimmte Problematik das darstellt, was für die Betroffenen 'denkbar' ist und worüber das Denken nicht hinausgehen kann.

Ein vergleichbares Konzept findet sich auch im Eintrag PARADIGMA-
WECHSEL.

Projektionsfigur Eine Figur, in die der Autor (oft widersprüchliche)
Aspekte von sich selbst hineinprojiziert.

Prolepse Auch Antizipation, Vorgriff, Vorausdeutung. Prince (1988)
definiert den englischen Begriff *prolepsis* auch als *anticipation*, *flashfor-
ward* oder *prospection*. Die Schilderung eines narrativen EREIGNISSES
noch bevor man in der ERZÄHLUNG den Zeitpunkt in der Geschichte
erreicht hat, zu dem sich dieses Ereignis zutragen wird. Von einigen
Theoretikern, wie etwa Genette, wurde der Begriff dahingehend erweitert, daß er nicht nur die Erzählung, sondern auch die *Evokation* solcher
'zukünftigen' Ereignisse umfaßt. In vielen Fällen kann eine Prolepse,
folgt man obiger Definition, bei der ersten Lektüre nicht als solche
erkannt werden: Die Geschichte der 'Gringos', die in Joseph Conrads
Roman *Nostromo* gleich zu Beginn auf ihrer Suche nach Silberminen
verschwinden, weist bereits auf das Schicksal vieler anderer Figuren in
dem Roman voraus, doch kann die Evokation dieser Schicksale durch
die im Text vorangehende Geschichte der 'Gringos' nur im nachhinein
in der Erinnerung des LESERS oder bei einer zweiten LEKTÜRE des Romans erfolgen. In diesem Sinne könnte man zwischen offenen und
impliziten Prolepsen unterscheiden. Es scheint allerdings angebracht,
den Terminus Prolepse – wie auch den Begriff ANALEPSE (siehe den
Eintrag dazu) – nur in offensichtlichen Fällen zu verwenden und bei
Szenen wie der eben zitierten, wo es nur um die Evokation späterer
Ereignisse geht, nicht ausdrücklich von einer Prolepse zu sprechen,
sondern lieber davon, daß diese Szene auf spätere Ereignisse *voraus-
weist*, diese *ankündigt* oder *ahnen läßt*. Indem man zu einer solchen
alternativen Formulierung greift, kann der Terminus Prolepse klaren
narrativen Bezugnahmen auf spätere Ereignisse vorbehalten bleiben.

Dazu kommt noch, daß auch eine offene Prolepse bei der ersten
Lektüre nicht immer leicht zu erkennen ist und in vielen Fällen zuerst
vielleicht als ACHRONIZITÄT gelesen wird.

Eine *komplettierende Prolepse* gewährleistet die chronologische Geschlossenheit, indem sie eine spätere Leerstelle in der Erzählung im
voraus ausfüllt; eine *Wiederholungsprolepse* oder *Vorankündigung* liefert Informationen, die an einem späteren Punkt in der Erzählung nochmals gegeben werden.

Gérard Genette unterscheidet zwischen *internen Prolepsen*, die innerhalb der erzählten Zeit liegen, und *externen Prolepsen*, die über den zeitlichen Rahmen der erzählten Geschichte hinausgreifen (1972a, 109–14).

Prominenz → INTERPUNKTION

Psychoanalytische Literaturkritik Die Literaturkritik, die auf den psychoanalytischen Erkenntnissen der Zeit vor dem Zweiten Weltkrieg gründet bzw. von diesen beeinflußt ist, und die Literaturkritik, die auf den psychoanalytischen Theorien der letzten Jahrzehnte aufbaut, unterscheiden sich vor allem dadurch, daß letztere nicht ausschließlich auf diesen Theorien beruht. Die freudianische Literaturkritik der 20er und 30er Jahre grenzte sich von anderen literaturkritischen Richtungen ab und bezog kaum andere Theorien als die Freuds und seiner Schüler ein, während sich eine moderne Literaturkritik und Literaturtheorie, die, sagen wir, von den Schriften Jacques Lacans ausgeht, sich in der Regel auch mit DEKONSTRUKTIVISTISCHEN und POSTSTRUKTURALISTISCHEN Theorien befaßt.

Der größte Einfluß psychoanalytischer Theoretiker auf die Literaturtheorie und Literaturkritik der letzten Jahre kommt Jacques Lacan zu, vor allem durch seine Weiterentwicklung der Theorien Freuds und Saussures. Seine Theorie, daß das Unbewußte wie eine Sprache strukturiert ist, eine Anwendung des LINGUISTISCHEN PARADIGMAS auf den Bereich der Psychoanalyse, hat bedeutende Folgen für unser Verständnis des SUBJEKTS und von Sprache im allgemeinen. Weniger leicht läßt sich sein Einfluß allerdings in Untersuchungen einzelner literarischer TEXTE nachweisen. Seine Analyse von Edgar Allan Poes Geschichte 'The Purloined Letter' ist eigentlich keine literaturkritische Studie; vielmehr verwendet er den literarischen Text, um bestimmte psychoanalytische Fragen zu exemplifizieren. Obwohl seine Analyse eine Reihe nachfolgender Studien anregte, ist ihre Bedeutung für den an Poe interessierten Literaturwissenschaftler zweifelhaft.

Psycho-narration → ERLEBTE REDE

Punktuelle Anachronie → ANACHRONIE

im Gegenteil (auf die Gefahr einer Tautologie hin) erworben, indem man die Wörter *gebraucht*: indem man sie einsetzt (und nicht nur für andere Wörter einsetzt).

Diese Überlegungen sind in bezug auf Theorien zur INTERPRETATION literarischer Werke nicht unwesentlich; angesichts der großen Rolle, die das LINGUISTISCHE PARADIGMA in jüngster Zeit spielt, ist es, sobald man einmal die *Sprache* als ein geschlossenes System ansieht, nur ein kleiner Schritt dahin, diese Auffassung auch auf andere Bereiche auszudehnen und 'Literatur' (im allgemeinen) als relativ geschlossenes System zu betrachten, oder auch einzelne literarische WERKE, wie dies in der Vergangenheit die verschiedenen formalistischen Richtungen wie etwa der NEW CRITICISM getan haben.

Radikalfeminismus → FEMINISMUS

Rahmen Der Begriff (engl. *frame*) wird vor allem von neueren Literaturkritikern und -theoretikern im anglo-amerikanischen Sprachraum verwendet, findet sich aber zum Beispiel auch bei Umberto Eco, wobei in der deutschen Übersetzung seiner Werke der englische Begriff *frame* entweder beibehalten oder mit 'Szenographie' übersetzt wird (Eco 1987, 99). Umberto Eco unterscheidet (in Anlehnung an Definitionen von Eugene Charniak und Michael Riffaterre) zwischen allgemeinen *frames* oder Szenographien – Regeln für praktische Handlungen, über die der größte Teil der Mitglieder eines Kulturkreises verfügt – und INTERTEXTUELLEN Szenographien, das heißt bestehenden literarischen *Topoi* oder erzählerischen Schemata (1987, 101–5). (Zu *Topoi* siehe den Eintrag TOPOS.)

P.N. Furbanks *Reflections on the Word 'Image'* enthält eine interessante Diskussion der in seinen Augen für die Moderne typischen Tendenz, 'den Rahmen abzuschaffen', was er mit der Auflehnung gegen REFERENZnormen und mit dem egalitären Bestreben, einzelne Kunstbereiche nicht zu isolieren, in Zusammenhang bringt (1970, 128–9).

Mieke Bal bezeichnet als Rahmen bzw. *frame* 'den Raum, in dem die literarische Figur situiert oder eben nicht situiert ist' (1985, 94).

In ihrem Buch *Reading Frames in Modern Fiction* (1985) gebraucht Mary Ann Caws den Begriff *frame* für das Phänomen, wodurch sich für viele LESER bestimmte Passagen in Prosawerken stark von ihrer Umgebung 'abheben'. Diese Passagen werden sozusagen von dem sie umgebenden TEXT *eingerahmt*, was großen Einfluß darauf hat, wie sie – und auch das WERK als Ganzes – gelesen werden. Dieses Einrahmen oder *framing* nimmt nach Caws in der MODERNEN Prosaliteratur eine ganz bestimmte Form an, das Augenmerk des Lesers wird auf den Gedanken der Einrahmung gelenkt, der, so könnte man auch sagen, AKTUALISIERT wird (1985, xi) (Caws spricht hier von FOREGROUNDING; siehe dazu den Eintrag VERFREMDUNG).

Nach Erving Goffmans *Rahmen-Analysen* (1977) bezieht sich der Begriff auch darauf, wie Kunstwerke (und auch andere Dinge) ÄSTHE-TISCH begrenzt sind und daher eine Reihe verschiedener Beziehungen zum Konsumenten des Werkes, zu anderen Kunstwerken oder ganz allgemein zur Realität außerhalb der Kunst fordern bzw. herausfordern.

Eine RahmenERZÄHLUNG (*frame narrative*) ist eine Erzählung, die zumindest noch eine weitere Erzählung enthält, wie etwa Henry James' *The Turn of the Screw*. Dabei bezieht sich der Begriff *Rahmenerzähler* (*frame narrator*, *outer narrator*) auf den ERZÄHLER der äußeren Erzäh-lung, des Rahmens. Die Binnenerzählung wird auch als *eingebettete Erzählung* (*embedded narrative* oder auch *Chinese Box narrative*) bezeichnet.

In seinem Buch *Framing the Sign* erläutert Jonathan Culler, weshalb er den Begriff des *Rahmens* (*frame*) dem konventionelleren *Kontext* (*context*) vorzieht. Am wichtigsten ist dabei vielleicht seine Feststellung, daß ein Kontext entgegen der herkömmlichen Auffassung 'nicht gegeben ist, sondern geschaffen wird', und daß

> (d)er Ausdruck *Einrahmung des Zeichens* gegenüber dem Ausdruck *Kontext* mehrere Vorteile hat: Er erinnert uns daran, daß das Ein-rahmen etwas ist, was wir tun; ... und er umgeht den im Wort 'Kontext' ansatzweise vorhandenen Positivismus, indem er auf die semiotische Funktion des Rahmens in der Kunst hinweist, wo der Rahmen das Objekt oder das Ereignis als Kunst determiniert und hervorstechen läßt und dabei selbst nichts Greifbares, reine Artikula-tion sein kann. (1988a, ix)

In seiner Einführung zu einem Aufsatz von Barbara Johnson erörtert Robert Young kurz Jacques Derridas Gebrauch der Termini *Parergon* (den Derrida von Kant übernommen hat) und *Ergon* im Sinne von *frame* bzw. *Rahmen* und *Werk*:

> In den bildenden Künsten ist das Parergon der Rahmen, der dekora-tive Behang, die einfassende Säule. Das Parergon könnte auch ein (kritischer) Text sein, der einen anderen Text 'einfaßt'. (1981, 226)

Er weist aber auch darauf hin, daß es sich bei Derridas Begriffen um eine kompliziertere Beziehung als eine einfache Innen/Außen-Dichotomie handelt, was (so kann man hinzufügen) mit Derridas Interesse für die Paradoxie der MARGINALITÄT zu tun hat.

Nach Brian McHale ist das *Durchbrechen des Rahmens* für einen großen Teil der POSTMODERNEN Literatur charakteristisch: wie zum Beispiel für die Feststellung des Erzählers in John Fowles' *The French Lieutenant's Woman*: 'Die Geschichte, die ich erzähle, ist reine Phantasie. Die Personen, die ich erschaffe, haben nie gelebt außer in meinem Kopf' (McHale 1987, 197).

→ SCHLUß; FIGUR UND GRUND

Reader-response criticism → LESER UND LEKTÜRE

Realismus Die Realismusdiskussion ist sehr alt, und die Debatten der jüngsten Zeit sind als neuerliche Versuche zu werten, einigen sehr alten Problemstellungen zu Leibe zu rücken. (Eine ausgezeichnete historische Darstellung der Entwicklung des Begriffs – nicht nur im literarischen oder künstlerischen Kontext – findet sich in Raymond Williams' *Keywords*.) Die wichtigsten Elemente der jüngsten Realismusdebatte scheinen vor allem aus zwei Quellen zu stammen: erstens dem Einfluß der sogenannten Brecht-Lukács-Kontroverse, und zweitens dem Realismusimperativ der FEMINISTISCHEN Literaturtheorie.

Die Brecht-Lukács-Kontroverse hat ihren Ursprung in den 30er Jahren, obwohl Lukács Brechts Beiträge damals nicht kannte, und diese auch erst viel später veröffentlicht wurden. In seinen Schriften hatte der ungarische MARXIST Georg Lukács Mitte der 30er Jahre eine Realismusdefinition entwickelt, bei der im Zentrum stand, daß der Künstler (i) in irgendeiner Form die Realität in ihrer *Totalität* darstellt und (ii) *unter* die oberflächliche Erscheinung der Realität *dringt*, um die darunterliegenden Gesetze des historischen *Wandels* zu erfassen. Für Lukács hatte demnach der Künstler eine ähnliche Aufgabe wie er als Marxist: nämlich durch das Aufdecken bestimmter grundlegender Gesetze die Weltgeschichte als komplexe und dynamische Totalität zu verstehen. In der Praxis bedeutete das, daß Lukács sich in der Hauptsache mit einigen klassischen realistischen Romanen beschäftigte – besonders häufig sind die Namen Tolstois, Balzacs und Thomas Manns anzutreffen – und unermüdlich gegen verschiedenste seiner Meinung nach MODERNISTISCHE Aspekte zu Felde zog. Gegen Ende seines Buches *Der historische Ro-*

man (1936–7 verfaßt) wehrt sich Lukács zwar gegen das 'Mißverständnis', 'wir wünschten eine formelle Wiedererweckung, eine künstlerische Nachbildung des klassischen historischen Romans' (1955b, 382), doch ist seine Opposition gegen die Moderne in den Augen vieler Kommentatoren so umfassend, daß ein WERK genau das leisten müßte, um von ihm als 'realistisch' eingestuft zu werden.

Als Brecht im Zusammenhang mit dem Realismusbegriff feststellte, daß wir 'nicht bestimmten vorhandenen Werken *den* Realismus abziehen' dürfen (1967a, 143), richtete er sich damit unausgesprochen gegen Lukács (vor allem auch, indem er dann besonders Balzac und Tolstoi hervorhob). Brechts Position läßt sich verkürzt als anti-ESSENTIALISTISCH bezeichnen. Der Realismus ist für ihn nicht WERKIMMANENT, für alle Zeiten diesem Werk eingeschrieben, sondern eine Funktion der Rolle, die das Werk zu einem bestimmten historischen Zeitpunkt in einer Gesellschaft spielt oder spielen kann. Vereinfachend kann man es so formulieren, daß, während für Lukács ein Werk realistisch oder nicht realistisch ist, je nachdem, ob darin eine sozialhistorische Totalität mit ihren grundlegenden Transformationsgesetzen dargestellt wird, für Brecht ein Werk nicht ein für allemal realistisch ist, sondern nur dann, wenn es zu einem bestimmten Zeitpunkt und an einem bestimmten Ort Menschen in die Lage versetzt, die Bedingungen ihrer Existenz zu verstehen und zu verändern. 'Es verändert sich die Wirklichkeit', schreibt Brecht, und 'um sie darzustellen, muß die Darstellungsart sich ändern' (1967a, 145). Brechts Realismusdefinition dreht sich nicht um Fragen von Form und Inhalt, sondern um Fragen der Funktion.

> *Realistisch* heißt: den gesellschaftlichen Kausalkomplex aufdeckend / die herrschenden Gesichtspunkte als die Gesichtspunkte der Herrschenden entlarvend / vom Standpunkt der Klasse aus schreibend, welche für die dringendsten Schwierigkeiten, in denen die menschliche Gesellschaft steckt, die breitesten Lösungen bereithält / das Moment der Entwicklung betonend / konkret und das Abstrahieren ermöglichend. (1967a, 144)

Erwartungsgemäß beurteilt Brecht die formalen Experimente der Moderne nicht so negativ wie Lukács.

Brechts Auffassung weist hier interessante Berührungspunkte mit Roman Jakobsons Sicht des Realismus auf, wie er sie in seinem 1921 erschienenen Aufsatz 'Über den Realismus in der Kunst' darlegte. Beide betonen die Notwendigkeit ständiger formaler Regeneration und Transformation, um eine AUTOMATISIERUNG zu verhindern, wobei allerdings darauf hinzuweisen ist, daß Brechts Position praktische politische Implikationen enthält, die bei Jakobson fehlen.

Nachdem die Realismusdebatte auf Grund der Undifferenziertheit einiger Theorien des sozialistischen Realismus, die in den 30er und 40er Jahren aus der Sowjetunion übernommen wurden, in der jüngeren Literaturtheorie weitgehend verstummt war, ist sie mit der Frauenbewegung und dem Erstarken feministischer Theorien wieder ins Blickfeld gerückt, wenn auch der Begriff an sich nicht mehr verwendet wird. Die neuere feministische Literaturkritik und Literaturtheorie unterscheidet sich grundsätzlich von vielen anderen modernen Theorien, die entweder leugnen, daß das literarische Werk die nicht-literarische Realität widerspiegeln oder darüber Betrachtungen anstellen kann, oder an einem solchen Prozeß, fände er tatsächlich statt, kein Interesse haben. In der Frühzeit der modernen feministischen Literaturkritik stellte Cheri Register in diesem Zusammenhang treffend fest: 'Eine feministische Kritik ist letztlich Kulturkritik' (1975, 10). Feministische Literaturkritikerinnen interessieren sich für literarische Werke nicht 'um ihrer selbst willen', sondern in Hinblick auf eine Realität, die sie widerspiegeln, verzerren, formen und verändern. Auch wenn sich das Wort Realismus in der feministischen Kritik kaum mehr findet, steht der Begriff im weiteren Sinne meist als grundlegende Annahme dahinter.

→ SYNTAGMATISCH UND PARADIGMATISCH

Redevielfalt (Heteroglossie)   In den Schriften Michail Bachtins die Vielzahl sozialer Stimmen, die DIALOGISCH verbunden und aufeinander bezogen sind und die durch die Autorrede, die Rede des ERZÄHLERS, die 'eingebetteten Gattungen' und die Rede der Helden in den Roman eingeführt werden (1979, 157).

In dem der englischsprachigen Aufsatzsammlung *The Dialogic Imagination* beigefügten Glossar heißt es über die Redevielfalt (englisch *heteroglossia*), daß diese sowohl kontextuell und außersprachlich als auch innersprachlich bestimmt ist: 'alle Äußerungen sind insofern vielfältig [*heteroglot*], als sie Funktionen einer Kräftematrix praktisch nicht erfaßbarer Kräfte sind' (1981, 428).

Den Begriff *Verschiedensprachigkeit* (*Polyglossie*) verwendet Bachtin dagegen für das Nebeneinander verschiedener Nationalsprachen innerhalb einer KULTUR.

→ DIALOGISCH; POLYPHONIE

Reduktionismus   Ein pejorativer Begriff für eine Betrachtung, die einen Untersuchungsgegenstand auf bestimmte Eigenschaften niederer Stufe reduziert bzw. auf nur diese Eigenschaften, und die einer höheren Stufe ausklammert. Ein Beispiel wäre die Aussage 'alles Fleisch ist Gras', allerdings nur, wenn man sie wortwörtlich interpretiert und nicht metaphorisch; ein besseres Beispiel wäre vielleicht die Reduzierung des Menschen auf die Zusammensetzung seines Körpers, und zwar in einer Form ohne jede metaphorische Bedeutung.

'Literatur ist nur Wörter' ist eine reduktionistische Aussage (das Wort 'nur' ist in diesem Zusammenhang sehr oft verräterisch), weil Literatur mehr ist als nur Wörter (oder Sprache oder Buchstaben auf Papier und so fort). Literatur umfaßt auch die *Organisation* und *Präsentation* von Wörtern auf eine Art und Weise, die ihre Berechtigung aus den innerhalb verschiedener KULTUREN, Gemeinschaften und Traditionen existierenden KONVENTIONEN ableitet. So ist es ganz offensichtlich kein wortgebundenes Merkmal des Sonetts, daß es aus 14 Zeilen besteht, sondern ein formales; desgleichen ist es kein wortgebundenes Merkmal des Romans, daß der Leser am Anfang beginnt und am Ende aufhört (was man ja nicht bei jeder Form von Geschriebenem tut – zum Beispiel nicht bei Urlaubskatalogen). Diese Beispiele mögen trivial sein, verdeutlichen aber das Wesentliche.

Redundanz   Informationstheoretiker definieren Redundanz als den Grad der relativen Vorhersagbarkeit einer Nachricht, im Gegensatz zu *Entropie*, dem Grad der Unvorhersagbarkeit einer Nachricht. Von einer Nachricht mit einem hohen Grad an Redundanz kann viel verloren gehen, ohne daß die Nachricht deshalb unverständlich wird. Schlagzeilen in der Zeitung und Telegramme haben einen sehr niedrigen Grad an Redundanz: Der Verlust eines Wortes kann ihre Bedeutung oft gänzlich verändern – oder unverständlich machen. Alltagskonversationen haben dagegen eine relativ hohe Redundanzrate – was nicht nur an der Nachricht liegt, sondern auch an anderen, außersprachlichen Faktoren, durch die bestimmte Bedeutungen wahrscheinlicher werden als andere. Schriftliche Kommunikationsformen haben eher eine niedrige Redundanzrate, da man leichter nochmals lesen kann, was man nicht verstanden hat, als man jemanden immer wieder fragen kann, was er gesagt hat. Literatur, die der gesprochenen Form näher steht, weist daher erwartungsgemäß eine höhere Redundanzrate auf – WIEDERHOLUNGEN, die Verwendung prädiktiver Hilfen wie Reim oder Metrum und so weiter.

Solche Elemente nur hinsichtlich ihrer technischen Redundanz zu beurteilen, ist unbefriedigend; in großen literarischen Werken erfüllen sie bestimmte ÄSTHETISCHE Funktionen, wodurch sie, im allgemeinen Sinn des Wortes, keineswegs redundant sind. Aus diesem Grund sieht, neben vielen anderen, etwa Sharpe (1984) in der Anwendung der Informationstheorie auf die Analyse von Literatur eine Form von REDUKTIONISMUS und stellt deshalb ihre Relevanz für den DISKURS über literarische und ästhetische Werte in Frage.

Die Begriffe der Redundanz und der Entropie lassen sich dennoch, mit Vorsicht, auf die Literatur anwenden. So scheint sich FORMELHAFTE Literatur grundsätzlich durch leichtere Vorhersagbarkeit auszuzeichnen und MODERNE und POSTMODERNE Literatur durch geringere Vorhersagbarkeit als die sogenannte literarische NORM. Solchen Unterschieden in der Redundanzrate ist aber nicht automatisch eine ÄSTHETISCHE oder eine andere Bedeutung zuzuweisen, wenn sie auch in der Diskussion über verschiedene INTERPRETATIONEN und über Interpretation im allgemeinen eine Rolle spielen. Auf der anderen Seite wird die hohe Redundanzrate von Klischees, außer wenn diese ironisch eingesetzt werden, in ästhetischer Hinsicht fast immer negativ bewertet.

Wichtig ist in diesem Zusammenhang vor allem, daß Literatur nicht nach ihrer Brauchbarkeit zur Informationsübermittlung, nicht nach ihrer BEDEUTUNG bewertet wird. Durch Wiederholungen (zum Beispiel in den letzten Zeilen von James Joyces *The Dead*) wird keine neue 'Information' vermittelt, aber sie besitzen eine ästhetische Kraft und eine komplexe Wirkung auf den LESER.

→ OFFENE UND GESCHLOSSENE TEXTE; LESBARE UND SCHREIBBARE TEXTE

Referent → REFERENZ

Referentiell → FUNKTIONEN DER SPRACHE

Referenz   In der Sprachwissenschaft versteht man unter Referenz die Beziehung zwischen sprachlichen Zeichen und dem von ihnen bezeichneten Gegenstand oder Sachverhalt in der außersprachlichen Wirklichkeit. In der Literaturkritik fand der Begriff schon sehr früh Eingang in Debatten darüber, ob literarische WERKE auf eine außerliterarische oder außertextliche Realität Bezug nehmen, und wenn ja, wie dies geschieht. Viele einflußreiche Theorien (vor allem STRUKTURALISTISCH und POST-

STRUKTURALISTISCH ausgerichtete Theorien) gehen vom nicht-referentiellen Charakter der Literatur aus, das heißt, daß Aussagen in literarischen Werken weder wahr noch falsch sein können, weil sie sich auf nichts beziehen, was es wirklich gibt – ein Gedanke, der sich bis zu Sir Philip Sidney und seine *Apology for Poetry* (1595) und noch weiter zurück verfolgen läßt. Einige dieser Theorien vertreten weiter die Auffassung, daß literarische Werke sich nur auf sich selbst beziehen können, daß sie also einen geschlossenen Körper darstellen, und referentielle Aussagen nicht nach außen weisen.

Anhänger verschiedener Formen von REALISMUS sind dagegen der Auffassung, daß literarische Werke (bzw. AUTOREN durch ihre Werke) sich sehr wohl auf eine außerliterarische Realität beziehen können.

Unter *Referenten* versteht man das, worauf sich ein literarisches Werk bezieht, wobei heftige Debatten darüber geführt werden, was diese Referenten, falls es sie gibt, sind.

J. Hillis Miller verwendet den Begriff 'Hauptreferenten' in einem ganz spezifischem Sinne; er bezeichnet damit das, was DEKONSTRUKTIVISTEN das (fehlende) ZENTRUM nennen, wodurch das Spiel der SIGNIFIKANTEN gestoppt würde und die BEDEUTUNG des TEXTES fixiert wäre, falls es eine solche gäbe (was sie verneinen). Für Miller ist der Hauptreferent etwa in Emily Brontës Roman *Wuthering Heights* der 'ursprüngliche wörtliche Text', wobei alle anderen Texte, die in *Wuthering Heights* enthalten sind und den Roman konstituieren, die Figuren dieses Textes sind. Der Leser des Romans sucht nach diesem Hauptreferenten, um, wie Miller meint, 'der Wanderung von Symbol zu Symbol, von Generation zu Generation, von Catherine zu Catherine, von Hareton zu Hareton, von Erzähler zu Erzähler ein Ende zu machen' (1982, 67).

→ ZENTRUM; INTERTEXTUALITÄT

Referenzcode → CODE

Register Der Begriff des Registers kommt ursprünglich aus der Musik und bezeichnet dort einen Teil des gesamten Tonumfanges eines Musikinstrumentes oder einer Stimme, der sich von anderen Teilen durch verschiedene Klangqualität unterscheidet. In der Folge wurde er auf dem Wege mehrerer metaphorischer Adaptationsschritte von der Phonologie übernommen, wo er sich auf die bestimmte relative Tonhöhe von sprachlichen Äußerungen bezieht, und dann auch von der Sprachwissenschaft im allgemeinen, wo er sich (mit einigen Variationen) auf kontextabhängige sprachliche Charakteristika bezieht – gesprochene oder geschriebene sprachliche Charakteristika, zu denen auch Entscheidungen gehören, die auf Grund einer bewußten oder unbewußten Vorstellung von der Kontextadäquatheit getroffen werden (Vokabular, Syntax, Grammatik, Klang, Tonhöhe und so weiter). Wenn man zum Beispiel das Radio anschaltet, merkt man sofort, ob Werbung gesendet wird, weil eine Werbesendung für das Radio im allgemeinen bestimmte Registermerk male aufweist, durch die sie sofort als Werbung identifiziert werden kann, auch wenn man sie nur schlecht hören und die einzelnen Worte nicht verstehen kann. Ähnlich gibt es anerkannte (wenn auch sich verändernde) Register für Predigten, Vorträge, politische Reden, Liebeserklärungen und so weiter. Wenn ein Student seine Antwort auf eine Prüfungsfrage über Thomas Hardys Roman *Jude the Obscure* mit dem Satz 'Was für ein elender Halunke Jude Fawley war' beginnt, entspricht diese Antwort, obwohl zweifellos korrekt und zutreffend, nicht dem Register, dem solche Antworten in unserer Erwartung normalerweise angehören.

In der Folge fand der Begriff über einen weiteren metaphorischen Sprung Eingang in die Literaturkritik und die ERZÄHLTHEORIE. So nennt etwa Cvetan Todorov in seinem Aufsatz 'Poetik' eine Reihe von Kategorien, auf Grund derer man verschiedene *Register des Sprechens* unterscheiden kann: die *Konkretheit oder Abstraktheit* der Rede, das Vorhandensein oder Fehlen *rhetorischer Figuren*, das Vorhandensein oder Fehlen von *Referenzen einer Rede auf eine vorherige Rede* (*polyvalente* und *monovalente* Reden) und schließlich der Grad, in dem die verwendete Sprache sich durch 'Subjektivität' oder 'Objektivität' auszeichnet (1973, 114–23).

Wie unschwer zu erkennen ist, hat der Begriff des Registers in der Literaturwissenschaft zum Teil ähnliche Implikationen wie der Begriff der GATTUNG.

Reichweite → ANALEPSE

Reifikation Auch Vergegenständlichung; Verdinglichung einer Person oder eines abstrakten Begriffs. Im neueren Sprachgebrauch beschreibt der Begriff den Prozeß, wodurch Beziehungen oder Vorgänge 'eingefroren' und als Objekte behandelt werden, nicht unähnlich Marx' Verwendung des Begriffs FETISCHISMUS, mit dem er die Art und Weise meint, wie eine Ware als Ding betrachtet wird und nicht als sichtbarer Punkt im VERMITTLUNGsprozeß zwischen Gruppen und Einzelpersonen.

Michail Bachtin spricht von der Vergegenständlichung von Wörtern, wenn diese als Dinge mit feststehenden Bedeutungen gesehen werden und nicht als Vermittler, die je nach Kontext, in dem sie gebraucht werden, neue Bedeutungen annehmen.

Im literaturkritischen Sprachgebrauch bezieht sich der Terminus auf das Mißverständnis, dessen man im besonderen die NEW CRITICS beschuldigt, wonach der TEXT auf Kosten der sich verändernden Beziehungen, von denen er abhängt, fetischisiert wird.

Hierher gehört auch der Begriff der *Hypostasierung*, was soviel heißt wie einen Prozeß auf etwas Statisches reduzieren; eine komplexe Bewegung in ein Ding oder ein Objekt verwandeln. Diese Bedeutung hat die Hypostasierung mit dem Fetischismus und der Reifikation gemeinsam, und der britische Literaturtheoretiker Christopher Caudwell verwendete den Begriff in den 30er Jahren in seinen MARXISTISCHEN Schriften auch in ganz ähnlichem Sinne wie Marx den Begriff des Fetischismus.

Relation (Maxime der) → SPRECHAKTTHEORIE

Repräsentativa → SPRECHAKTTHEORIE

Resonanz   Ein Begriff, den etwa Stephen J. Greenblatt, ein Vertreter des NEW HISTORICISM, dem Begriff 'Anspielung' vorzieht, da letzterer, wie er sagt, 'etwas Blutloses, Körperloses' zu implizieren scheint, während 'Resonanz' 'aktiv geladen' ist (1990, 163). Gemeint ist hier die komplexe Folge lebendiger Bedeutungen, die ein kulturelles Artefakt oder eine Tätigkeit (zum Beispiel) auslösen können, wenn sie in der richtigen Situation eingeführt werden. Damit befinden wir uns in unmittelbarer Nähe zu Fragestellungen, die Raymond Williams im Zusammenhang mit seiner Verwendung des Begriffs GEFÜHLSSTRUKTUREN diskutiert, und die Tatsache, daß Greenblatt, wie er auch selbst feststellt, Williams hier verpflichtet ist, ist für das Verständnis seiner metaphorischen Verwendung des Begriffs 'Resonanz' nicht unwichtig.

Nach Greenblatt hat der New Historicism

> ganz offensichtlich eine deutliche Affinität zur Resonanz; das heißt, daß es ihm bei der Betrachtung literarischer Texte darum geht, so weit wie möglich die historischen Bedingungen, unter denen sie ursprünglich produziert und konsumiert wurden, zu rekonstruieren und das Verhältnis, in dem diese Bedingungen zu denen unserer Zeit stehen, zu analysieren. (1990, 170)

→ ZIRKULATION

Retroaktive Lektüre → LESER UND LEKTÜRE

Revisionismus Im gegenwärtigen literaturkritischen Sprachgebrauch taucht der Begriff vor allem im Zusammenhang mit den Theorien des amerikanischen Kritikers Harold Bloom auf, wenn auch einige traditionelle MARXISTISCHE Literaturkritiker den Begriff vereinzelt noch in dem in den Schriften Lenins niedergelegten pejorativen Sinne verwenden, nämlich als Bezeichnung für Versuche, den Marxismus dahingehend zu revidieren, daß sein revolutionärer Anspruch verwässert wird oder ganz wegfällt.

Harold Bloom verwendet *Revisionismus* in einem nicht-pejorativen Sinne und bezeichnet damit seine Theorie, wie der Dichter (Bloom spricht vom Dichter, *poet*, in einem weiteren Sinne) das Werk seiner Vorgänger revidiert. Für Bloom ist daher literarischer Einfluß 'Teil des umfassenderen Phänomens des intellektuellen Revisionismus' (1973, 28). Dieses 'umfassendere Phänomen' sieht Bloom unter einem stark freudianischen Blickwinkel; das Verhältnis des Dichters zu seinen Vorgängern ist in hohem Maße ödipal: er kämpft gegen sie an wie der Sohn gegen den Vater. So wie Ödipus seinen Vater töten muß, muß der angehende Dichter irgendwie die Macht seiner Vorgänger, meist eines besonders mächtigen Vorgängers, brechen, während er zugleich dessen Stärke und Autorität in sich aufnimmt und transformiert. Ein *starker* Dichter ist ein Dichter, dem dies gelingt, und in Blooms Buch *The Anxiety of Influence* geht es nur um solche starken Dichter, die die Kraft haben, mit ihren wichtigsten Vorgängern 'bis auf den Tod' zu kämpfen (1973, 5). Blooms Assoziation von Einfluß und *Angst* gehört zu diesem Bild: Die Haltung des Dichters seinen Vorgängern gegenüber zeichnet sich durch eben jene angstvolle Mischung aus Liebe und Rivalität aus, die man mit Freud als *Ödipuskomplex* beschreibt. Damit wird das Ödipusthema, wie es in die Literaturkritik übernommen wurde, von der inhaltlichen Ebene im engeren Sinn auf eine allgemeinere biographisch-inhaltliche Ebene verlagert. Für Bloom leidet der Dichter immer an dem Gefühl, *zu spät gekommen zu sein*, dem Gefühl, daß vor ihm wichtige Dinge gesagt worden sind, auf eine Art und Weise gesagt worden sind, die für ihn beschränkend ist und gegen die er ankämpfen muß.

Folglich faßt Bloom auch den LEKTÜREprozeß ganz anders auf. Zuerst geht es ihm nur um die Frage, wie der starke Dichter seine Vorgänger liest, und er stellt fest, daß es sich beim dichterischen Einfluß '*immer um eine Fehllektüre des vorangegangenen Dichters handelt, einen Akt kreativer Korrektur, der tatsächlich und notwendig eine Mißdeutung darstellt'* (1973, 30; Hervorhebung von Bloom). Er ist dann aber schnell bereit, diese Auffassung auch auf die Lektüre durch den gewöhnlichen LESER und den Literaturkritiker auszudehnen, die in seinen Augen ebenso ödipal ist wie die Lektüre durch den starken Dichter. Die meisten 'sogenannten "richtigen"' INTERPRETATIONEN von Gedichten sind, so Bloom, schlimmer als Fehler, und 'vielleicht gibt es nur mehr oder weniger kreative oder interessante Fehllektüren', weil jede Lektüre notwendig ein *clinamen* darstellt – wörtlich Biegung oder Neigung, worunter er die 'eigentliche' dichterische Fehllektüre oder Mißdeutung (*misreading or misprision*) versteht (1973, 43).

Clinamen ist eines von sechs 'revisionistischen Verhältnissen', die Bloom in *The Anxiety of Influence* nennt. Die anderen fünf sind:

Tessera, oder Vervollständigung und Antithese; 'Ein Dichter "vervollständigt" antithetisch seinen Vorläufer, indem er dessen Gedicht so liest, daß die Wörter zwar dieselben bleiben, ihr Sinn sich aber ändert, so als ob der Vorläufer nicht weit genug gegangen wäre.'

Kenosis, oder Bruch mit und Wegbewegung von dem Vorgänger, wobei der Dichter, indem er sich selbst demütigt, auch seinen Vorgänger entleert.

Dämonisierung: Der nachfolgende Dichter öffnet sich einer Macht im Gedicht des Vorläufers, die seiner Meinung nach nicht zum Vorläufer selbst gehört, sondern zu einem Wesensbereich jenseits dieses Vorläufers. Das tut er in seinem Gedicht, indem er es so zum älteren Gedicht in Beziehung setzt, daß die Einzigartigkeit des älteren Gedichts weggeneralisiert wird.

Askese, oder Selbstreinigung, bei der der Dichter einen Teil seines eigenen Vermögens aufgibt, um sich von anderen, auch von seinem Vorläufer, zu distanzieren.

Apophrades, oder die Rückkehr des Toten, wobei der Dichter sein Werk für das des Vorgängers so offen hält, daß man den Eindruck hat, daß letzteres tatsächlich von ihm, dem späteren Dichter, geschrieben worden wäre (1973, 14–6).

Diese Kategorien sind für andere Kritiker zwar wohl nur sehr beschränkt brauchbar, dennoch ist *The Anxiety of Influence* Blooms wichtigstes Buch, und Begriffe wie *Revisionismus* oder *Fehllektüre* gehören heute zum gängigen literaturkritischen Sprachgebrauch.

→ AGON

Rezeptionsästhetik In engerem Sinne bezeichnet der Begriff die von einer Gruppe (hauptsächlich deutscher) Wissenschaftler entwickelten Theorien über die Art und Weise, wie literarische WERKE durch die LESER über die Zeit 'rezipiert' werden; die wichtigsten Vertreter dieser Richtung sind Hans Robert Jauß, Wolfgang Iser, Karl-Heinz Stierle und Harald Weinrich. In weiterem Sinne umfaßt der Begriff alle Theorien, die sich damit beschäftigen, wie Kunstwerke von ihren 'Konsumenten' einzeln oder kollektiv aufgenommen werden.

Der Terminus *Rezeption*, wie er von den genannten Wissenschaftlern verwendet wird, bezieht sich auf den Akt des Lesens, die Auslegung der Bedeutung und die Reaktionen des Lesers auf das Gelesene. Ein zentraler Begriff in der Erforschung des Leseakts ist der von Hans Robert Jauß – zusammen mit Wolfgang Iser der bedeutendste Mitbegründer der Gruppe – entwickelte Begriff des *Erwartungshorizonts*. In seinem frühen richtungsweisenden Aufsatz 'Literaturgeschichte als Provokation der Literaturwissenschaft' nennt Jauß drei Möglichkeiten, wie der Autor die Reaktion des Lesers antizipieren kann; und aus eben diesen drei Komponenten setzt sich nach Jauß der Erwartungshorizont des Lesers zusammen:

> erstens aus bekannten Normen oder der immanenten Poetik der Gattung, zweitens aus den impliziten Beziehungen zu bekannten Werken der literarhistorischen Umgebung und drittens aus dem Gegensatz von Fiktion und Wirklichkeit ... Der dritte Faktor schließt ein, daß der Leser ein neues Werk sowohl im engeren Horizont seiner literarischen Erwartung als auch im weiteren Horizont seiner Lebenserfahrung wahrnehmen kann. (1970, 34–5)

Indem der TEXT einen gewissen Bekanntheitsgrad erreicht, verbinden sich die genannten Faktoren zu einer komplexen Tradition, mit der der Leser bei der Lektüre des Textes konfrontiert wird. An einen sehr bekannten Text stellt der Leser in höherem Maße ganz spezifische Erwartungen als an einen Text, der keine solche Tradition besitzt. (Das heißt auch, daß der Leser eines *alten* Textes diesen *nicht* vom erweiterten Horizont seiner eigenen Lebenserfahrung aus betrachten muß, was dieser Theorie fast einen gewissen formalistischen Anstrich verleiht.)

Die Rezeptionsästhetik betrachtet Texte grundsätzlich als teilweise offen und die von ihnen hervorgerufenen Reaktionen als (auch teilweise) vom Leser hervorgebracht. Für Wolfgang Iser bewegt sich die Bedeutung, die ein Leser einem literarischen Text aktiv *beilegt*, innerhalb gewisser Grenzen, die vom Text selbst gesetzt werden. An einer vielzitierten Stelle schreibt er:

> Ebenso können zwei Menschen dasselbe Sternbild am Nachthimmel betrachten, und doch wird einer einen Wagen sehen und der andere vielleicht einen Bären. Die 'Sterne' eines literarischen Textes sind fixiert, variabel sind die Linien, die sie verbinden. (1974, 282)

Der amerikanische Kritiker Stanley Fish stimmt dieser behaupteten Grenzsetzung durch den Text nicht zu, und seine Konzeption der INTERPRETATIONSGEMEINSCHAFT folgt einer anderen Argumentationslinie als der Erwartungshorizont der Rezeptionsästhetiker: denn für Fish wird der Text seinerseits durch die bereits existierenden KONVENTIONEN der Interpretationsgemeinschaft konstituiert.

Im allgemeinen zeichnet sich die Rezeptionsästhetik durch eine gewisse Interdisziplinarität aus und integriert auch Elemente aus der ÄSTHETIK, der Philosophie, der Psychologie und (vor allem) aus der PHÄNOMENOLOGIE.

Rückblende/Rückverweis → ANALEPSE

Russischer Formalismus   Eine heute im allgemeinen als einheitliche Schule betrachtete literaturwissenschaftliche und literaturtheoretische Richtung, die aber aus zwei Gruppen entstanden ist – dem Moskauer Linguistik-Kreis und der *Opojaz*-Gruppe (= Gesellschaft zur Erforschung der poetischen Sprache). 'Formalismus' ist heute ein relativ neutraler Begriff, im Sprachgebrauch zeitgenössischer Kritiker und Theoretiker, vor allem aus dem MARXISTISCHEN Lager, war er allerdings abwertend konnotiert. Die bedeutendsten Vertreter des russischen Formalismus waren Viktor Šklovskij, Boris Ejchenbaum, Boris Tomaševskij, Jurij Tynjanov und Roman Jakobson – der später dem PRAGER KREIS angehörte und dann in die Vereinigten Staaten emigrierte. Vladimir Propp, der Verfasser der *Morphologie des Märchens*, wird heute im allgemeinen nicht mehr zum russischen Formalismus gerechnet, obwohl man ihn in der Vergangenheit wiederholt als Mitglied dieser Schule betrachtete; ebenso werden die Arbeiten Roman Jakobsons, die nach seiner Emigration aus der ehemaligen Sowjetunion entstanden, normalerweise nicht mehr zum 'russischen Formalismus' gezählt.

Der russische Formalismus entwickelte sich in den Jahren des Ersten Weltkriegs und war, wie Viktor Erlich es formulierte, ein 'Kind der

Revolution ... ein wesentlicher Bestandteil der damaligen intellektuellen Atmosphäre' (zitiert nach Bowlt 1972, 1). Das Kind wurde von seinen (vermeintlichen) Eltern dann allerdings verstoßen: Durch die zunehmend monolithische und repressive Haltung der Literaturtheorie gegenüber kam der russische Formalismus in der Sowjetunion zunehmend unter Druck und wurde 1930 ins Exil gezwungen.

In seinem Aufsatz 'Die Theorie der formalen Methode' (1925) deutet Ejchenbaum bereits das Wesentliche an: 'Die sogenannte "formale Methode" hat sich ... im Kampf um die Selbständigkeit und Konkretisierung der Literaturwissenschaft [herausgebildet]' (Ejchenbaum 1965, 7). Begriffe wie 'Selbständigkeit' und 'Konkretisierung' lassen unweigerlich an den NEW CRITICISM denken, doch wäre es, obwohl beide Gruppen formalistische Züge aufweisen und in Theorie und Praxis in einigen Punkten übereinstimmen, dennoch falsch, eine zu enge Beziehung zwischen den beiden Richtungen anzunehmen. (Zumal nur einige wenige New Critics – nämlich jene mit osteuropäischem Hintergrund – mit den Arbeiten der russischen Formalisten näher bekannt waren.) Die Autonomie, an der die russischen Formalisten interessiert waren, bezog sich weniger auf das einzelne literarische WERK als vielmehr auf die Literaturwissenschaft im allgemeinen bzw. auf die LITERARIZITÄT; und bei KONKRETISIERUNG handelte es sich weniger um das, was man nach F.R. Leavis als die unmittelbare Wirkung des literarischen Werkes und die Darstellung des Lebens betrachten würde, als vielmehr um die Isolierung technischer Verfahren und sprachlicher Spezifizierungen. Was den russischen Formalismus dagegen mit dem New Criticism verbindet, ist die Ablehnung einer Literaturkritik, die auf Details aus der Biographie des AUTORS oder Informationen über die soziokulturellen Verhältnisse seiner Zeit zurückgreift. Beide Richtungen wollen in diesem Sinne die Literaturwissenschaft als eigene, von Geschichte, Philosophie, Biographie, Psychologie u.ä. unabhängige Disziplin etablieren. In seiner beharrlichen Forderung einer unabhängigen *Literaturtheorie* unterscheidet sich der russische Formalismus aber wiederum vom New Criticism. Nach Ejchenbaum bezog die Gruppe aus ihrem Kampf gegen die Symbolisten auch den neuen Geist einer 'wissenschaftlichen Tatsachenforschung', die für den Formalismus charakteristisch wurde: die Ablehnung 'subjektivistischer, ästhetischer und philosophischer Theorien' (Ejchenbaum 1965, 12). Der moderne Leser mag sich am Begriff 'Tatsachenforschung' stoßen, doch entspricht er der Forderung nach Konkretisierung:

> Es ging darum, den Fakten zu ihrem Recht zu verhelfen; also, unter
> Verzicht auf nur allgemeine Systeme und Fragen, dort anzusetzen,
> wo die Tatsachen evident werden. Die Kunst verlangte, daß man
> sich ihr stellte; die Wissenschaft wünschte konkret zu werden.
> (Ejchenbaum 1965, 13)

Diese Konkretheit wird, wie bereits betont, nicht im einzelnen Kunstwerk gesucht: Ejchenbaum zitiert hier Jakobson dahingehend, daß das
Untersuchungsobjekt der Literaturwissenschaft nicht die Literatur sei,
sondern die LITERARIZITÄT (siehe diesen Eintrag), und für die Formalisten
haben Wert und Autonomie des einzelnen Kunstwerkes viel weniger
Bedeutung als für die New Critics: Sie durchkämmen, so könnte man
sagen, literarische Werke nach passenden Beispielen, um mit deren Hilfe
zu allgemeineren Theorien zu gelangen.

Der Beitrag des russischen Formalismus ist dreifach und besteht in
(i) der Überzeugung, daß sich die poetische Sprache von der Alltagssprache unterscheidet – was heute kaum jemand mehr unterschreiben
würde; (ii) der Bedeutung der VERFREMDUNG – ein Begriff, der seine
Brauchbarkeit noch nicht verloren hat; und (iii) der Unterscheidung
zwischen *fabula* und *sjužet* (siehe dazu den Eintrag STORY UND PLOT),
die in der modernen ERZÄHLTHEORIE eine Schlüsselrolle spielt.

1928 erschien in der Sowjetunion eine Arbeit, die bedeutende Kritik
an der formalistischen Methode übte: P.N. Medvedevs *Die formale
Methode in der Literaturwissenschaft*, als deren Verfasser bisweilen
auch Michail Bachtin genannt wird (Medvedev gehörte dem Kreis um
Bachtin an). In diesem Buch erkennt Medvedev sehr wohl die positiven
Elemente in der Leistung der Formalisten an (seine Kritik ist nicht mit
der stalinistischen Unterdrückung des Formalismus gleichzusetzen),
kritisiert aber die strenge Trennung von inneren und äußeren Faktoren
und die Unfähigkeit zu erkennen, daß ein 'äußerlicher sozialer Faktor,
der auf Literatur einwirkt, zum inneren Faktor der Literatur selbst
werden kann, zu einem Faktor ihrer immanenten Entwicklung' (1976,
89). Marxistischen Angriffen auf den Formalismus tritt Medvedev ge-
konnt entgegen: Letzterer leugne ja nicht, daß die Literatur von äußeren
Faktoren beeinflußt werde, sondern nur, daß diese auf die innere Natur
der Literatur unmittelbar einwirken (1976, 88). Weiter kritisiert Medvedev das Festhalten der Formalisten an der Existenz einer eigenen poetischen Sprache und behauptet: 'Weder die Sprache noch deren Elemente
verfügen über die Merkmale des Poetischen, sondern nur die poetische

Konstruktion' (1976, 110–1). Am schärfsten kritisiert Medvedev den Formalismus aber, wie es aus dem Kreise um Bachtin wohl zu erwarten war, für seine Ahistorizität und sein Verkennen der Tatsache, daß

> |s|ogar die innere Äußerung (innere Rede) ... sozialer Natur |ist|; sie ist auf irgendein potentielles Auditorium orientiert, auf irgendeine potentielle Antwort, und nur in einem solchen Orientierungsvorgang kann sie sich herausbilden und in irgendeiner Weise Form gewinnen. (1976, 165)

Medvedev stellt schließlich noch fest, daß sich die Formalisten zwar bemühten, einen psychologischen Subjektivismus zu überwinden, die Grundlagen ihrer Theorie (das Herausführen aus dem Automatismus usw.) aber 'gerade ein wahrnehmendes subjektives Bewußtsein' voraussetzten (1976, 192).

S

Satellitenereignis → EREIGNIS

Schluß Jedes literarische WERK besitzt einen Schluß, aber nicht jeder Schluß vermittelt dasselbe Gefühl der Befriedigung oder Unvermeidbarkeit. Dieser Ansicht ist etwa Barbara Herrnstein Smith. Sie wählt im Englischen den Ausdruck *closure* (und nicht etwa *close* oder *conclusion*) für einen Schluß, der 'eine *Stasis* oder die Nicht-Weiterführung zum wahrscheinlichsten Ereignis macht'. Der LESER ist, so Smith weiter, durch die nicht stattfindende Weiterführung befriedigt oder, anders ausgedrückt, im Leser wird 'die Erwartung von nichts' geweckt (1968, 34).

Bei *closure*, dem von Smith beschriebenen Schluß, handelt es sich also um mehr als nur um die Beendigung des literarischen Werkes: Der Schluß muß eine gewisse ÄSTHETISCHE Kraft besitzen. Das heißt nicht unbedingt, daß der Leser nach der Lektüre so befriedigt ist, daß er nicht weiter darüber nachdenkt, oder daß das Werk keinerlei Fragen offen läßt, sondern nur, daß der Leser das Gefühl hat, daß die Art und Weise, wie das Werk endet, und der Punkt, an dem es endet, ästhetischen Wert besitzen.

Andererseits verbindet man einen fehlenden Schluß sehr oft mit MODERNER oder experimenteller Kunst oder Literatur. Die moderne Literatur scheint oft gerade die literarischen Konventionen in Frage zu stellen, die im Leser bestimmte Erwartungen wecken hinsichtlich dessen, was als Schluß für ein literarisches Werk akzeptabel ist. In diesen Fällen spricht man von Werken *mit offenem Schluß* oder ohne Schluß, wobei sich dies nicht nur auf die STORY oder den PLOT, sondern auch auf ästhetische und IDEOLOGISCHE Aspekte beziehen kann.

Schreibbar → LESBARE UND SCHREIBBARE TEXTE

Schrift → ÉCRITURE

Scriptible → LESBARE UND SCHREIBBARE TEXTE

Segmentierung → INTERPUNKTION

Sekundärvorgang → PRIMÄRVORGANG

Selbst → SUBJEKT

Self-consuming artifact   Nach einem Buch von Stanley Fish mit dem Titel *Self-consuming Artifacts* (1972). Literarische TEXTE sind insofern selbstkonsumierend, als AFFEKTE, die bei der LEKTÜRE eines Textes ausgelöst werden, im Laufe der weiteren Lektüre wieder zerstört werden. Fish schreibt dazu in einer späteren Arbeit:

> Platons *Phaidros* zu lesen, heißt, dieses Werk zu verbrauchen; denn sein Wert an irgendeinem Punkt besteht darin, daß er *uns* (und nicht irgendeine Argumentation) zum nächsten Punkt bringt, der nicht so sehr ein Punkt (im logisch-demonstrativen Sinne) ist als vielmehr eine Stufe der Einsicht. Daher ist er ein *selbstkonsumierendes Artefakt*, eine mimetische Nachstellung der platonischen Leiter im Leseakt, wobei jede überwundene Sprosse weggestoßen wird. (1980, 40)

Sem → SEMEM

Semantische Achse   Den Begriff prägte Mieke Bal im Zusammenhang mit der von ihr vorgeschlagenen Methode zur Feststellung, welche Merkmale einer literarischen Figur von NARRATIVER Relevanz und welche nur von sekundärer Bedeutung sind. Unter semantischen Achsen versteht Bal Paare von Bedeutungsgegensätzen wie zum Beispiel *groß/klein*, oder *reich/arm*. Um jene Achsen zu finden, die zu den fruchtbarsten analytischen Ergebnissen führen, muß man sich, so Bal, auf 'die Achsen konzentrieren, die das Bild der größten möglichen Zahl literarischer Figuren bestimmen, sei es positiv oder negativ' (1985, 86).

Was Bal fordert, gehört zumindest im Ansatz schon seit langem zum Rüstzeug der Literaturkritik – nämlich die Erkenntnis, daß die Personen eines literarischen WERKES, auch wenn sie sich im einzelnen voneinander unterscheiden, doch nur verschiedene Optionen eines linearen Kontinuums darstellen (oder vieler solcher Kontinua). So kann man etwa die verschiedenen Personen in Joseph Conrads *Heart of Darkness* entlang einer Skala gruppieren, die von 'Zurückhaltung' am einen Ende bis zu 'Aufgabe und moralischem Zusammenbruch' am anderen Ende reicht. Der Nutzen der Formalisierung, die Bal hier vorschlägt, scheint zweifelhaft; vor allem scheinen REDUKTIONISMUS und übermäßiger Simplifizierung Tür und Tor geöffnet. Die Personen aus *Heart of Darkness* nach obigem (nicht von mir entwickeltem) Schema zu klassifizieren, mag in gewisser Hinsicht aufschlußreich sein, birgt aber die Gefahr, daß man dies zum *beherrschenden* oder gar *einzig möglichen* Ordnungsprinzip erhebt, und auch wenn man Bal nicht für eine falsche Anwendung ihrer Theorie verantwortlich machen kann, so bleibt doch zu befürchten, daß sie dadurch einem Reduktionismus in die Hände arbeitet.

Wie viele andere Begriffe und Methoden ist wohl auch der Begriff der semantischen Achse fruchtbarer und weniger gefährlich, wenn er nicht auf klassische oder KANONISIERTE Werke angewendet wird, sondern auf FORMELHAFTE Literatur.

Semantische Position   Der Begriff stammt aus den Schriften Michail Bachtins und bezieht sich auf die Tatsache, daß eine Stimme nicht nur einen Menschen charakterisiert, sondern auch ein (bewußtes oder unbewußtes) Zeichen einer bestimmten IDEOLOGISCHEN Überzeugung ist. Das Wort 'Position' ist hier natürlich metaphorisch zu verstehen; genauso wie von der Position unseres Körpers nicht nur abhängt, was wir sehen können, sondern auch, wie wir es sehen, wie wir *uns selbst in bezug auf das Objekt, das wir betrachten, positionieren*, hat auch die Stimme (so Bachtin) entsprechende Implikationen auf ideologischer Ebene. ('Stimme' ist hier in der weiteren Bedeutung gebraucht, die das Wort normalerweise bei Bachtin hat: Nicht nur, daß jemand, der, sagen wir, mit einem Mittelklasseakzent spricht, sehr oft auch die Ansichten dieser Klasse vertritt; jemandes Stimme spiegelt in ihrer Totalität die Art und Weise wider, wie sich jemand in einem bestimmten Kontext anderen Menschen gegenüber verhält.)

Die semantische Position einer Person ist auch aus einem anderen Grund überindividuell: Indem sie von anderen Personen bestimmte Dinge erwartet oder annimmt, übt sie auf diese Personen Druck aus, dieser Erwartung zu entsprechen oder sich dagegen aufzulehnen.

Der Begriff der semantischen Position ließ sich für die Analyse literarischer Dialoge (allerdings nicht in Bachtins Sinn des Wortes) fruchtbar machen.

Semem   Der Terminus wurde von Umberto Eco geprägt und bezeichnet eine semiotische Grundeinheit, so wie etwa *Phonem* die kleinste bedeutungsunterscheidende lautliche Einheit in einer Sprache bezeichnet. Ein Semem ist demnach die kleinste selbständige Einheit auf SEMIOTISCHER Ebene, wobei aber die Bedeutung eines einzelnen Semems – wie auch die eines Phonems – durch Auswahl- und Kombinationsverfahren differenziert, verändert oder eindeutig gemacht werden kann.

Eco stellt weiter fest, daß '*das Semem als virtueller Text und ebenso der Text als Expansion eines Semems erscheinen*' muß (1987, 27).

Eine vergleichbare Prägung ist das von Eco verwendete Wort *Stilem*: Eco versteht darunter die kleinste selbständige Einheit auf *stilistischer* Ebene.

Derartige Begriffe illustrieren sehr schön, wie durch die Verwendung des LINGUISTISCHEN PARADIGMAS neue Termini in Analogie zu sprachwissenschaftlichen Ausdrücken geprägt werden.

Der Begriff *Sem* findet sich zum Beispiel in der deutschen Übersetzung von Roland Barthes' *S/Z* und wird darin von Barthes auf semantischer Ebene mehr oder weniger mit dem *Signifikant* gleichgesetzt (siehe den Eintrag zu ZEICHEN): 'in der Semantik ist das Sem die Einheit des Signifikanten' (1976, 22).

Vergleiche IDEOLOGEM.

Semiologie/Semiotik   Ende des 19. Jahrhunderts prägte der amerikanische Philosoph Charles Sanders Peirce den Begriff *semiotic* (semiotisch), um damit eine neue, von ihm begründete Disziplin zu beschreiben. Der englische Terminus *semiotics* (Semiotik) geht somit auf ihn zurück. Der Begriff *Semiologie* wurde von dem Schweizer Sprachwissenschaftler Ferdinand de Saussure geprägt. In seinem posthum erschienenen Buch *Grundfragen der allgemeinen Sprachwissenschaft* verteidigte er die Neuprägung damit, daß sie notwendig geworden sei, um einen neuen Wissenschaftszweig zu beschreiben, der der Sozialpsychologie zuzurechnen ist und '*das Leben der Zeichen im Rahmen des sozialen Lebens untersucht*' (1967, 19). (Diese Einordnung der Semiologie in die Sozialpsychologie wurde in der Folge von Jacques Derrida aufs heftigste kritisiert, der meint, daß Saussure nur dadurch, daß er das phonetische Zeichen zum 'Hauptvertreter' aller anderen Zeichen machte, die Semiologie in eine Psychologie einschreiben konnte – nach Derrida kein taugliches Vorgehen [1986, 61].)

Heute werden die Begriffe Semiologie und Semiotik im allgemeinen gleichbedeutend verwendet, wenn es auch immer wieder Versuche gegeben hat, sie zu differenzieren und unterschiedlich zu definieren; so schien man eine Zeitlang in Großbritannien eher den Ausdruck *semiology* zu verwenden (vielleicht auch, weil französische Theoretiker vorwiegend von *sémiologie* sprachen), während in den USA *semiotics* geläufiger war. Inzwischen scheint *semiotics* bzw. *Semiotik* allgemein gängiger zu sein, weshalb auch in den folgenden Ausführungen immer von *Semiotik* die Rede ist. (Beide Termini gehen auf das griechische Wort *semeion*, 'Zeichen', zurück, weshalb sich – vor allem noch in älteren Texten wie jenen Saussures – auch oft die Schreibung Semeologie findet.)

Saussure ist in diesem Punkt sehr allgemein und prädiktiv, Peirces Arbeiten sind im Vergleich dazu umfangreicher bzw. mehr ins Detail gehend und liefern ein zusammenhängendes und formalisiertes System. (Peirce verdanken wir auch die Unterscheidung zwischen IKON, INDEX und Symbol: siehe dazu den Eintrag ZEICHEN.) W.T. Scott etwa sieht gerade in der 'Abstraktheit, der Dichte und dem Umfang' der Arbeiten Peirces den Grund dafür, daß sie nicht stärker von späteren Wissenschaftlern, die weder Philosophen noch Logiker waren, noch besonders an abstrakten Denk- und Bedeutungsuniversalien interessiert, aufgegriffen und weiterentwickelt wurden. Dagegen waren Saussures Arbeiten, so Scott weiter, auf Grund 'ihrer Skizzenhaftigkeit und Konkretheit leichter zugänglich' (1990, 71), und durch die Verbindung zur Sprachwissenschaft fand die Semiologie Anschluß an die Geisteswissenschaft mit dem wohl höchsten theoretischen Anspruch in den letzten Jahrzehnten. Die Verbindung zur Sprachwissenschaft äußert sich vor allem auch in der Verwendung des LINGUISTISCHEN PARADIGMAS in der Semiotik.

Von den 60er Jahren bis in die 80er Jahre gab es zahlreiche Versuche, eine einheitliche Wissenschaft mit der Bezeichnung *Semiotik* zu etablieren, was mit der Schaffung einer umfangreichen neuen Terminologie verbunden war, die dann in die verschiedensten Disziplinen Eingang fand – unter anderem auch in die Literaturwissenschaft. Obwohl Saussure sicher kein engstirniger Formalist war, zeichnet sich die Semiotik vielfach durch formal-technische Ansätze bei der Untersuchung von Zeichen aus, und wenn auch Begriffe wie *Kontext* durchaus vorkommen, finden soziale und KULTURELLE Determinanten in der Regel kaum Berücksichtigung. Viele Termini Saussures – SIGNIFIKANT und SIGNIFIKAT, LANGUE und PAROLE – wurden auch, häufig unter der Ägide des STRUKTURALISMUS, von Richtungen innerhalb der Semiotik ins Repertoire aufgenommen, die an kulturellen und sozialen Aspekten nicht oder kaum interessiert waren.

Daneben gibt es aber auch Richtungen innerhalb der Semiotik, die sich, wie Saussure vorschlug, als zur Sozialwissenschaft gehörend verstehen, nicht als abstrakte, formale und technische Disziplinen, und deren Arbeiten in nächster Nähe zu den CULTURAL STUDIES angesiedelt sind. Symptomatisch dafür ist etwa, daß die englische Übersetzung von Umberto Ecos Beitrag zum 'Symposium International de Sémiotique' 1968 in Warschau, 'Lignes d'une recherche sémiologique sur le message télévisuel' zuerst in den *Working Papers in Cultural Studies* erschien; darin betrachtet Eco Fernsehsendungen zwar grundsätzlich als 'Zeichensysteme', gesteht aber empirischen Untersuchungen darüber, wie die Zuschauer das, was sie sehen, tatsächlich 'lesen' und verstehen – also was sie tatsächlich 'bekommen' – auch wesentliche Bedeutung zu (1972, 104).

Jonathan Culler sieht die Aufgabe der Semiotik nicht so sehr im Hervorbringen von INTERPRETATIONEN als im Aufzeigen, wie Interpretationen oder Bedeutungen hervorgebracht werden.

> Die Semiotik, die sich selbst als Wissenschaft von den Zeichen definiert, hat einiges mit der Zoologie gemein: Der Semiotiker will herausfinden, welche Arten von Zeichen es gibt, wie sie sich voneinander unterscheiden, wie sie in ihrem natürlichen Umfeld funktionieren, wie sie mit anderen Arten in Beziehung treten. Der Analytiker, der mit einer Plethora von Texten konfrontiert ist, die dem Leser verschiedene Bedeutungen vermitteln, strebt nicht nach einer Bedeutung; er will die Zeichen identifizieren und ihre Funktionsweise beschreiben. (1981, vii–viii)

Vor einem Jahrzehnt war die Semiotik weit mehr in Mode als sie es heute ist, und Arbeiten, die man in den 70er und 80er Jahren der Semiotik zugerechnet hätte, werden heute nicht mehr so streng kategorisiert. Theoretiker, die sich selbst als Semiotiker bezeichnen, weisen heute Zeichen eine viel größere IDEOLOGISCHE Bedeutung zu als noch in den 70er und 80er Jahren. Für diese Akzentverschiebung dürften vor allem die Arbeiten Michail Bachtins und seines Kreises verantwortlich sein, die zum Großteil erst in den letzten Jahrzehnten übersetzt wurden, obwohl sie zumeist schon in den 20er und 30er Jahren verfaßt und/oder veröffentlicht worden waren. So erschien etwa V.N. Vološinovs *Marxismus und Sprachphilosophie* auf russisch bereits 1929, aber erst 1973 in englischer und 1975 in deutscher Übersetzung. Das erste Kapitel dieses Buches ist mit 'Die Wissenschaft von den Ideologien und die Sprachphilosophie' überschrieben und befaßt sich im besonderen mit dem Wesen des *Zeichens*.

> Der Bereich der Ideologie fällt mit dem der Zeichen zusammen. Man kann zwischen ihnen ein Gleichheitszeichen setzen. Wo Zeichen sind, ist auch Ideologie. *Alles Ideologische hat Zeichencharakter.* (1975, 56)

Roland Barthes hat zu verschiedenen Zeiten während seines Schaffens sowohl auf formalistisch ausgerichtete als auch auf eher kulturell orientierte Zweige der Semiotik großen Einfluß ausgeübt. Eine strukturale Semiotik muß nicht unbedingt formalistisch sein: Die Kulturanthropologie eines Claude Lévi-Strauss ist strukturalistisch, und doch kann man ihr nur sehr beschränkt Formalismus vorwerfen.

Wie bereits erwähnt, spielt das linguistische Paradigma in semiotischen Analysen oft eine zentrale Rolle: Ganz unterschiedliche Systeme wie etwa ganze KULTUREN (Lévi-Strauss), Striptease (Roland Barthes) oder das UNBEWUßTE (Jacques Lacan) werden als Zeichensysteme, die wie eine Sprache funktionieren, behandelt, und was eine Komponente dieses Systems ist, ist davon abhängig oder wird daraus erklärt, welche semiotische Funktion sie erfüllt. Damit kommt die semiotische ANALYSE erwartungsgemäß in einigen Aspekten der traditionellen literarischen Analyse sehr nahe. So greift etwa Robert Scholes in seiner 'semiotischen Analyse' von 'Eveline', einer der Erzählungen in James Joyces Sammlung *Dubliners* (Scholes 1982, 87–104), auf die von Roland Barthes in *S/Z* definierten Lektürecodes zurück (siehe dazu den Eintrag zu CODE).

Semiotiker beschäftigen sich – möglicherweise, weil in der modernen Literaturwissenschaft die Forderung nach Interpretationen an erster Stelle steht – weit weniger mit Literatur als man erwarten würde, obwohl Jonathan Culler etwa von Literatur als der interessantesten Form der Semiose spricht, da sie nicht an unmittelbare PRAGMATISCHE Zwecke gebunden ist, die andere Zeichensituationen simplifizieren, und da deshalb die 'potentiellen Komplexitäten von Bedeutungsprozessen in der Literatur frei wirken können'. Außerdem, so Culler weiter, können wir im Falle von Literatur nur schwer genau sagen, was mitgeteilt wird, während wir zugleich wissen, daß 'zweifellos Bedeutung hervorgebracht wird' (1981, 35).

Auch im Bereich der literaturwissenschaftlichen Semiotik gibt es (vereinfacht ausgedrückt) formalistische und kulturelle Spielarten. So stellt Robert Scholes etwa fest, daß Yuri Lotman in seinem Buch *Die Analyse des poetischen Textes* (1975) und Michael Riffaterre in *Semiotics of Poetry* (1978) 'vermittels Konventionen und Codes an Gedichte herangehen, jedoch wie die New Critics den poetischen Text als im wesentlichen auf sich selbst bezüglich und nicht als auf einen weltlichen Kontext gerichtet betrachten', während Barbara Herrnstein Smith in *Poetic Closure* (1968) zwar auch Codes und KONVENTIONEN als Interpretationshilfen heranzieht, aber dennoch bereit ist, 'vom "Wahrheitsgehalt" eines Gedichtes zu sprechen', was sie in eine Reihe mit jenen Kritikern stellt, denen es um die emotionale und intellektuelle Wirkung eines Textes auf die LESER geht (1982, 12). Das Interesse für den Leser ist damit charakteristisch für eine nicht-formalistische literarische Semiotik. Um den AUTOR kümmern sich die Kritiker dieser Ausrichtung kaum, nachdem die meisten von ihnen zu einer Zeit schrieben, als der Glaube an den Tod des Autors besonders stark war.

Robert Scholes stellte in diesem Zusammenhang die interessante These auf, daß die Semiotik inzwischen nicht mehr die Wissenschaft von den Zeichen ist, sondern die Wissenschaft von den CODES, 'den Systemen, die Menschen in die Lage versetzen, bestimmte Ereignisse oder Einheiten *als* bedeutungstragende Zeichen erkennen zu können' (1982, ix).

Zu Derridas Kritik an Saussures Verwendung des Begriffs *Semiologie* siehe den Eintrag GRAMMATOLOGIE.

Semischer Code → CODE

Sender → FUNKTIONEN DER SPRACHE; KOMMUNIKATIONSMODELL VON SHANNON & WEAVER

Sequenz → FUNKTION; INTERPUNKTION

Sexismus   Maggie Humm definiert Sexismus als 'eine soziale Beziehung, in der Männer Frauen degradieren' (1989, 202–3), doch ist diese Definition aus mehreren Gründen zu eng. Erstens umfaßt der Begriff im gängigen Sprachgebrauch auch IDEOLOGISCHE Aspekte, nicht nur soziale Beziehungen, und zweitens können sich auch Frauen des Sexismus schuldig machen, wenn sie ein PATRIARCHALISCHES Verhalten an den Tag legen. Der Definitionsfrage ist, obwohl der Begriff inzwischen durchaus gängig ist, bisher nicht genügend Aufmerksamkeit gewidmet worden. Rosalind Coward etwa fordert, wie Lynne Segal auch anmerkt, eine differenziertere Betrachtungsweise sexistischer Chiffren und bedauert, daß 'unsere Bezeichnungen "sexistisch", "anstößig" und "degradierend"' seltsam unterentwickelt bleiben (Segal 1989, 151; Cowards Forderung stammt von 1982).

In einem allgemeineren Sinne könnte man im Sexismus eine Form von ESSENTIALISMUS hinsichtlich GESCHLECHTSspezifischer Merkmale sehen, der im wesentlichen auf STEREOTYPEN zurückgreift, so daß Frauen bzw. dem Weiblichen negative Eigenschaften und Männern bzw. dem Männlichen positive Eigenschaften zugeschrieben werden. Humms Definition ist vor allem eines zugute zu halten: Sie macht uns darauf aufmerksam, daß es sich beim Sexismus nicht nur um eine Form der Beleidigung handelt, sondern auch um ein Mittel der Repression. Der Sexismus als Ideologie ist daher aufs engste mit der Ausübung patriarchalischer Macht verknüpft. (Die Begriffe *sexistisch* und *patriarchalisch* werden umgangssprachlich auch oft fast bedeutungsgleich verwendet.) Deshalb fällt wohl auch ein Essentialismus, bei dem Männern negative Eigenschaften zugeschrieben werden, nicht unter den Begriff Sexismus: Auch wenn die Bezeichnung sexistisch angebracht scheint, entspricht es, soweit sich feststellen ließ, zumindest nicht dem üblichen Sprachgebrauch.

Der Begriff scheint vor allem über Kate Milletts 1969 veröffentlichtes Buch *Sexual Politics* (dt. *Sexus und Herrschaft*, 1971) nicht nur in feministischen Kreisen Verbreitung gefunden zu haben. Für uns von Interesse ist vor allem, daß Millett ihre Untersuchung in der Hauptsache auf literarische TEXTE gründete und die Frauenbewegung mit Formen von Sexismus in Zusammenhang brachte, die sich in Werken des literarischen KANONS und in literaturkritischen Texten aufzeigen ließen (im besonderen ist ihre Untersuchung D.H. Lawrences hervorzuheben).

Shifter   Auch *shift-word*, *Wechselwort*. In der Sprachwissenschaft: eine sprachliche Einheit, die je nach Kontext, in dem sie vorkommt, die REFERENZ verschiebt. So können sich die Wörter 'ich' und 'der Papst' beide auf eine ganze Reihe verschiedener historischer oder fiktiver Personen beziehen, je nachdem, wer sie, in welcher Situation und zu wem spricht. Der Terminus findet sich, allerdings nur sehr vereinzelt, auch in literaturwissenschaftlichem Zusammenhang.

→ DEIXIS

Signal → INDEX

Signifiance → ZEICHEN

Signifiant → ZEICHEN

Signification → ZEICHEN

Signifié → ZEICHEN

Signifikant → ZEICHEN

Signifikante Praxis   In *La Traversée des Signes* definiert Julia Kristeva den Begriff der signifikanten Praxis (frz. *pratique signifiante*; in Kristeva [1971] als dialytische Arbeit ins Deutsche übersetzt) wie folgt:

> Ich werde die Etablierung und die Auflösung eines Zeichensystems als signifikante Praxis bezeichnen. Die Etablierung eines Zeichensystems setzt die Identität eines sprechenden Subjekts innerhalb einer gesellschaftlichen Struktur voraus, die es als Basis für seine Identität anerkennt. Das Zeichensystem wird aufgelöst, indem man das Subjekt einem zerrüttenden, verunsichernden Prozeß aussetzt; dadurch wird indirekt die gesellschaftliche Struktur in Frage gestellt, mit der es sich bis dahin identifiziert hat, weshalb dies mit Zeiten abrupter Veränderungen, Neuerungen oder Revolutionen in der Gesellschaft zusammenfällt. (Zitiert von Leon S. Roudiez in seiner Einführung zu Kristevas *Desire in Language* |Kristeva 1980, 18|.)

Für Roland Barthes ist die signifikante Praxis 'in erster Linie ein differenziertes signifikantes System, abhängig von einer Bedeutungstypologie (und nicht von einer universellen Zeichenmatrix)'. Das heißt, so Barthes weiter, daß Bedeutung nicht auf der abstrakten Ebene der LANGUE hervorgebracht wird, sondern durch 'einen mühsamen Prozeß, in den sowohl die Debatte des Subjekts und des Anderen als auch der gesellschaftliche Kontext investiert werden' (1968, 1014–5). Damit bekommt nach Barthes die Sprache ihre aktive Energie zurück.

Der Begriff der signifikanten Praxis impliziert also einen Kampf um BEDEUTUNGEN innerhalb eines gesellschaftlichen Kontextes und gegen andere Interessen, einen Kampf, der von der Identität, die ein Individuum für sich selbst beansprucht und von anderen zugewiesen bekommt, nicht zu trennen ist.

→ DISKURS; IDEOLOGIE; ÄUßERUNG

Signifikanz → ZEICHEN; BEDEUTUNG UND SIGNIFIKANZ

Signifikat → ZEICHEN

Singulativ → FREQUENZ

Sinn und Bedeutung   Die Unterscheidung geht auf den Philosophen Gottlob Frege und seinen 1892 in der *Zeitschrift für Philosophie und philosophische Kritik* veröffentlichten Aufsatz 'Sinn und Bedeutung' zurück. Im Englischen wird das Begriffspaar meist als *sense and reference*, vereinzelt aber auch als *meaning and reference* wiedergegeben.

Frege beschäftigte sich eingehend mit der Frage, worauf sich denn Sprache bezieht, und stellte in diesem Zusammenhang fest, daß Ausdrücke wie 'der Morgenstern' und 'der Abendstern' zwar dieselbe *Bedeutung* besitzen (sie bezeichnen bzw. beziehen sich beide auf den Planeten Venus), aber nicht denselben *Sinn*. Nicht nur, daß sich ein Ausdruck auf den Planeten, wie man ihn am Morgen sieht, bezieht, und der andere darauf, wie man den Planeten am Abend sieht; jeder der beiden Ausdrücke ist mit komplexen Assoziationen KULTURELLER und literarischer Art verbunden. Die Sprache gliedert also nicht nur die Welt in Teile, die man dann benennen kann; sie schließt auch die Beziehung ein, die die Menschen zu dieser Welt haben, sowie kulturelle und menschliche Sinngebungen, die die Sprache zum Teil schafft und zum Teil widerspiegelt. ('Bedeutung' wird hier allgemeinsprachlich und nicht in dem spezifischen Sinn verwendet, in dem E.D. Hirsch das Wort gebraucht, um zwischen Bedeutung und Signifikanz, *meaning* und *significance*, zu unterscheiden [siehe dazu den Eintrag BEDEUTUNG UND SIGNIFIKANZ].)

Diese Unterscheidung war von großem Interesse für diejenigen Ästhetiker und Literaturtheoretiker, die bei der Beantwortung der Frage, ob literarische WERKE oder andere Kunstwerke einen Bezug zur realen Welt haben (wie immer man diese definiert), Extrempositionen ablehnten, d.h. die Auffassung, daß (i) literarische Werke keinen Bezug zur realen Welt haben, sondern ihre eigene Realität schaffen, sowie die Auffassung, daß (ii) literarische Werke abgesehen von ihrer Bezugnahme auf die reale Welt keinen Sinn besitzen. Statt dessen sind sie davon überzeugt, daß literarische Werke zwar einen Bezug zur realen Welt haben, zugleich aber auch einen über diese Bezugnahme hinausgehenden Sinn. Dieser Punkt ist wichtig, denn wenn man ihrer Argumentation zustimmt, heißt das, daß der Leser oder Kritiker eines literarischen Werkes die außertextliche Welt, auf die das Werk hinweist, einbeziehen und etwas über sie wissen sollte, daß er aber andererseits auch nicht glauben sollte, der künstlerische oder ästhetische Wert des Werkes könne auf diese außertextliche Realität reduziert (und damit erklärt) werden. Es ist daher für den Leser von *Huckleberry Finn* ratsam, etwas über die Geschichte der schwarzen Bevölkerung in den Vereinigten Staaten zu wissen, doch darf dieses Wissen nicht als Maßstab für den ÄSTHETISCHEN oder künstlerischen Wert des Werkes herangezogen werden.

Wörter, die zwar dasselbe bedeuten, aber nicht denselben Sinn haben, werden auch oft als *partielle Synonyme* bezeichnet (siehe dazu die Diskussion in Scott 1990, 108–14).

Sjužet → Story und Plot

Skaz   Eine Erzähltechnik nach dem Muster der mündlichen ERZÄHLUNG. In einer sehr brauchbaren Definition des Begriffes stellt Ann Banfield fest, daß der *skaz* außer dem Briefroman 'die einzige Erzählform in der ersten Person ist, in der es eindeutig eine zweite Person gibt' (1982, 172). Der Begriff kommt aus dem Russischen, und die RUSSISCHEN FORMALISTEN waren die ersten, die sich mit der Problematik des *skaz* auseinandersetzten, wobei es aber auch viele Beispiele aus anderen Sprachräumen gibt. So kann man Joseph Conrads *Heart of Darkness* zum Großteil als *skaz* einstufen, weil ein Großteil dessen, was wir lesen, von der mündlichen Rede der Figur Marlows an seine Zuhörer getragen wird.

Nach Auffassung des russischen Formalisten Boris Ejchenbaum spielen beim *skaz* Aspekte der mündlichen Rede eines ERZÄHLERS wie etwa Artikulation, Mimik, Gestik usw. eine entscheidende Rolle bzw. können eine entscheidende Rolle spielen. Ejchenbaum unterscheidet auch zwischen PLOT und STORY bzw. zwischen Konstruktion und Material. Der *skaz* ist für Ejchenbaum deshalb wichtig, weil er das 'Konstruktionsprinzip der sujetlosen Novelle' ist (1965, 32). (→ Story und Plot)

Michail Bachtin ist anderer Meinung als Ejchenbaum, nämlich daß der *skaz* nicht ausschließlich '*Ausrichtung auf die mündliche Form des Erzählens*' bedeutet, sondern in den meisten Fällen vor allem 'Ausrichtung auf *fremde Rede*' (1971, 213). Für Bachtin ist das Wichtigste am *skaz* nicht die Mündlichkeit der Rede (bzw. deren Nachahmung oder Darstellung), sondern die Einführung einer anderen Stimme (in der vollen Bedeutung, die das Wort in Bachtins Schriften hat) durch den AUTOR. So würde Bachtin wohl die Einführung Marlows durch Conrad in *Heart of Darkness* nicht so sehr wegen der mündlichen Rede Marlows für wichtig erachten als vielmehr wegen Conrads Verwendung von Marlows Stimme, einer 'sozial bestimmten Stimme, die eine Reihe von Gesichtspunkten und Wertungen mit sich bringt, deren der Autor bedarf' (1971, 214).

Bachtins Argumentation ist nicht uninteressant, aber vielleicht etwas einseitig. Marlow (um bei seinem Beispiel zu bleiben) ist für Conrad wahrscheinlich wegen der Stimme (im Sinne Bachtins), die er zur Verfügung stellt, wichtig, aber ebenso ist die Mündlichkeit seiner Rede wichtig, die einige Möglichkeiten und Beschränkungen bedingt, die man in einer Erzählung in der ersten Person (wie etwa in Charles Dickens'

David Copperfield) nicht hat, auch wenn diese Erzählung dem Autor dieselbe Stimme zur Verfügung stellt.

Ann Banfield spricht noch eine Reihe sehr komplexer Punkte an. So stellt sie fest, daß der *skaz* eigentlich keine Form der Erzählung ist, sondern 'die Imitierung eines Diskurses'. Für sie zeichnet sich ein DISKURS dadurch aus, daß das Erzählelement (erzählen hier im Sinne von berichten, etwas sagen) und das Ausdruckselement (etwas von der Persönlichkeit des Erzählenden wird ausgedrückt) nicht voneinander getrennt werden können, während die Funktion eines Satzes in einer Erzählung 'nur im Erzählen' liegt (1982, 178). Ihre Theorie ist keineswegs unumstritten, und die Definitionen von *Diskurs* und *Erzählung*, mit denen sie arbeitet, sind nicht unbedingt allgemein anerkannt. Als letzten wichtigen Punkt führt sie an, daß sich dargestellte Rede oder dargestelltes Denken (siehe dazu den Eintrag ERLEBTE REDE) in der mündlichen Literatur oder in Literatur, die sich von mündlichen Formen ableitet – also auch im *skaz* – nicht finden (1982, 239–40).

Sous rature → DURCHSTREICHUNG

Sozialistischer Realismus → REALISMUS

Soziolekt   Der Begriff wurde analog zu *Dialekt* (vergleiche IDIOLEKT und GENDERLEKT) gebildet und bezeichnet eine Sprache (im Sinne von PAROLE und nicht LANGUE), die für eine bestimmte soziale Gruppe charakteristisch ist und als solche die Werte und den Status dieser Gruppe mitträgt. Diese soziale Gruppe kann entweder nach KLASSE (wie immer diese verstanden wird), Alter oder GESCHLECHT – oder einer Permutation aller drei – definiert werden. Soziolekte finden sich normalerweise nur in der gesprochenen Sprache, obwohl man, da ein Soziolekt durch lexikalische, grammatische und syntaktische Elemente identifiziert werden kann, auch in geschriebenen TEXTEN auf Soziolekte stößt. Andere Definitionsmerkmale beziehen sich vor allem auf die Aussprache: Bestimmte Laute sind für bestimmte Soziolekte innerhalb einer Sprache charakteristisch.

Spannung   Den Begriff der Spannung verwendet man in seiner alltäglichen Bedeutung schon seit langem im Zusammenhang mit Literatur, im besonderen FIKTIONALER Literatur, und damit, wie Zuschauer ein Theaterstück erleben. Leser lesen auch deshalb immer weiter (und

Zuschauer bleiben auch deshalb wie angenagelt sitzen), weil sie sich in einem Zustand der Erregung befinden, sie wollen wissen, was als nächstes passiert und wie alles ausgeht. Spannung ist zum Teil die Folge von Identifikation und Anteilnahme: Wenn uns keine der Figuren oder nichts von dem, wofür sie stehen, berührt, werden wir uns kaum dafür interessieren, wie die Geschichte ausgeht. Es handelt sich dabei um eine Art von Erleben, wie wir es uns im wirklichen Leben nicht wünschen, an dem wir aber, wenn es nur in der Berührung mit Kunst besteht, Vergnügen finden. Darauf wird gerne von jenen hingewiesen, die eine der Funktionen der Kunst darin sehen, daß sie uns gestattet, Gefühle und Verhaltensmuster, mit denen wir im täglichen Leben fertig werden müssen, 'durchzuspielen' und auf diesem Wege steuern zu lernen (so wie etwa Kinder wollen, daß man ihnen Geschichten vorliest, bei denen sie sich fürchten). Zugleich berufen sich aber auch jene darauf, die der Literatur die Fähigkeit, die außerliterarische Welt widerzuspiegeln oder zu beeinflussen, absprechen.

Clemens Lugowski unterscheidet zwischen zwei Arten von Spannung, nämlich jener, die 'auf das "Ob überhaupt"' geht, und jener, die 'auf das "Wie"' geht (1932, 41). Im ersten Fall will der Leser/Zuschauer unbedingt wissen, *was* passiert; im zweiten Fall will er wissen, *wie* es passiert. Der Leser eines Groschenromans weiß, daß die Heldin auf der letzten Seite glücklich in die Arme des Helden sinken wird, empfindet es aber doch als spannend, wie es zu diesem glücklichen Ausgang kommt. (Ähnliches ließe sich in den Romanen Jane Austens nachweisen.) Der Leser von *Great Expectations* wird dagegen von der 'Spannung des "Ob überhaupt"' (1932, 42) gepackt, er will wissen, ob Pip Estella heiraten wird, wer Pips Wohltäter ist und so fort.

Im Bereich der POPULÄREN Kunst und Literatur steht das Wort 'Spannung' inzwischen oft für eine eigene Kategorie, was zum Beispiel in Videoverleihgeschäften besonders ins Auge springt. Für viele impliziert der Begriff Spannung etwas Primitives und Niveauloses, mit dem sich Produzenten und Konsumenten hoher Kunst oder guter Literatur nicht abgeben sollten. Einige sehr ernsthafte Schriftsteller haben sich vielleicht aus diesem Grund sogar besondere Mühe gegeben, bei ihren Lesern möglichst keine Spannung zu erzeugen (ein Beispiel ist Joseph Conrad, der in seinem *Nostromo* viele Gelegenheiten zur Erzeugung von Spannung ungenützt läßt und den Leser den Ausgang vieler Handlungsstränge schon lange, bevor es notwendig wäre, wissen läßt). Dennoch ist die Erzeugung von Spannung in vielen bedeutenden literarischen Werken

ein zentrales Element, nicht nur bei 'klassischen REALISTEN' wie Dik-
kens, sondern zum Beispiel auch in vielen Werken Kafkas; grundsätzlich
ist aber die Ablehnung von Spannung eher für die Literatur der MODER-
NE charakteristisch als für ältere Literatur. (Nachdem Conrad den Höhepunkt seiner Schaffensperiode bereits überschritten hatte, schrieb er
einen Roman mit dem Titel *Suspense*, der allerdings unvollendet blieb
-- nach dem, was oben über Conrad gesagt wurde, ein interessantes
Detail.)

Spiegelstadium   In seinem Essay 'Das Spiegelstadium als Bildner der
Ichfunktion, wie sie uns in der psychoanalytischen Erfahrung erscheint',
zuerst 1949 als Rede gehalten und später in den *Schriften* abgedruckt,
verteidigt Jacques Lacan diesen *Begriff* als notwendig für das Verständnis der 'Funktion des *Ich*' (1973, 63). Lacan vergleicht das Verhalten
von Kindern und Schimpansenjungen, wenn sie mit ihrem eigenen
Spiegelbild konfrontiert sind; das Kind erkennt auch in einem Alter, in
dem es vom Schimpansenjungen an motorischer Intelligenz übertroffen
wird, sein eigenes Bild im Spiegel bereits als solches. Während sich
dieser Akt des Erkennens für den Schimpansen 'erschöpft', löst er beim
Kind eine Reihe von Gesten aus, mit deren Hilfe es die Beziehung der
realen zu den gespiegelten Bewegungen spielerisch untersucht. Dadurch
wird ein *Ideal-Ich* (der Begriff stammt von Freud) geschaffen, das 'vor
jeder gesellschaftlichen Determinierung die Instanz des *Ich* ... situiert'
(1973, 64).
   Lacans weitere Erörterung des Konzepts ist sehr komplex; zentral
scheint die Erkenntnis zu sein, daß das Ich dadurch in einer fiktiven
Form fixiert wird: Unser Begriff von uns selbst ist notwendig eine
FIKTION, die wir gegen den Angriff der eigenen Realität verteidigen
müssen. Das Ich sollte nicht, so Lacan, als auf das *Wahrnehmungs- und
Bewußtseinssystem* zentriert und vom 'Realitätsprinzip' organisiert
aufgefaßt werden, sondern als durch die VERKENNUNGsfunktion charakterisiert (1975, 69).

Spiegeltext → MISE-EN-ABYME

Spiel → LUDISMUS

Sprechakttheorie   Wie schon der Name andeutet, versucht die
Sprechakttheorie zu erklären, was genau passiert, wenn Menschen

miteinander sprechen. Sie spielt nicht nur in der Linguistik und der PRAGMATIK eine große Rolle, sondern – durch Bücher wie etwa Mary Louise Pratts *Towards a Speech Act Theory of Literary Discourse* (1977) – auch in der Literaturkritik. Die Sprechakttheorie geht auf den Philosophen John Austin und seine Abhandlung *How to do Things with Words* (1962; *Zur Theorie der Sprechakte*) zurück, worin Austin zu widerlegen versucht, daß verbale Aussagen isoliert für sich und nur darauf hin, ob sie wahr oder falsch sind, analysiert werden können.

Eine Reihe anderer Philosophen – allen voran John Searle, aber auch H.P. Grice und P.F. Strawson – haben Austins Ansätze weiterentwickelt. Sie haben darauf hingewiesen, wie die öffentliche Äußerung von Sprechhandlungen durch Regeln und KONVENTIONEN gesteuert wird, die von Sprechern und Zuhörern verstanden und befolgt werden müssen, wenn eine effektive Kommunikation stattfinden soll, und weiter auch auf die Tatsache, daß Sprechhandlungen nicht nur Dinge *sind*, sondern auch Dinge *tun*. Searle (1988; englisches Original 1969) trifft eine sehr brauchbare Unterscheidung zwischen verschiedenen Ebenen verbaler Akte:

(a) Äußerung von Wörtern (Morphemen, Sätzen) = Vollzug von *Äußerungsakten*;

(b) Referenz und Prädikation = Vollzug *propositionaler Akte*;

(c) Behaupten, Fragen, Befehlen, Versprechen usw. = Vollzug *illokutionärer Akte*. (1988, 40)

Searle und Austin folgen einer unterschiedlichen Terminologie: Obwohl zum Beispiel Searle Austins Begriff des 'illokutionären Akts' verwendet, akzeptiert er nicht Austins Unterscheidung zwischen lokutionären (Äußerungsakten) und illokutionären Akten (1988, 40, Anm. 1).

Austin unterscheidet zwischen *konstativen* Äußerungen – Äußerungen, die entweder wahr oder falsch sein können, weil sie behaupten, daß etwas Bestimmtes in einer bestimmten Welt der Fall ist – und *performativen* Äußerungen, das heißt, Äußerungen, die gebraucht werden, um etwas zu tun, und nicht nur um festzustellen, daß etwas der Fall ist (z.B. 'Ich verspreche, dich zu heiraten'), und bei denen die Behauptung, sie seien wahr oder falsch, sinnlos ist. Dem ist hinzuzufügen, daß auch eine konstative Äußerung einen performativen Aspekt aufweisen kann – zum Beispiel durch pragmatische Implikation.

Äußerungsakte bezeichnet man auch als *lokutionäre Akte*, wenn es dabei um die Hervorbringung einer erkennbar grammatischen Äußerung innerhalb einer Sprachgemeinschaft geht. Zu *illokutionären Akten* zählen Sprechhandlungen wie Verteidigen, Warnen, Versprechen und so weiter, wobei nach Austin im Englischen über tausend verschiedene solcher Handlungen vollzogen werden können. Searle teilt illuktionäre Akte in fünf große Kategorien ein: *Repräsentativa*, die die Absicht oder den Zweck haben, einen Sachverhalt darzustellen; *Direktiva*, die den Hörer dazu bewegen wollen, etwas zu tun; *Kommissiva*, die den Sprecher auf einen zukünftigen Lauf der Dinge verpflichten; *Expressiva*, die eine psychische Einstellung des Sprechers zu dem Sachverhalt ausdrücken, der im propositionalen Inhalt gekennzeichnet ist; und *Deklarativa*, die Übereinstimmung zwischen dem propositionalen Inhalt und der Wirklichkeit herbeiführen (z.B. 'Hiermit erkläre ich Euch zu Mann und Frau') (1973, 116ff).

Nach Searle kann jemand, der einen illokutionären Akt vollzieht, auch einen sogenannten *perlokutinären Akt* vollziehen, daß heißt, er erzielt beim Zuhörer bestimmte beabsichtigte Wirkungen. Als Beispiele nennt Searle jemanden *dazu bringen, etwas zu tun*, jemanden *überzeugen (aufklären, belehren, anregen, dazu bringen, etwas zu begreifen)* (1988, 42).

Sprechakttheoretiker bezeichnen die Konventionen, die einer effektiven Konversation zugrundeliegen, als *Konversationsmaximen*. Diese ergeben zusammen das *Kooperationsprinzip* (der Begriff stammt von H.P. Grice), durch das die Konversation in Idealsituationen gesteuert wird. Diese Konversationsmaximen sind: (1) die *Maxime der Quantität* (Mache deinen Beitrag zur Kommunikation so informativ wie erforderlich und nicht informativer als erforderlich); (2) die *Maxime der Qualität* (Versuche deinen Beitrag zur Kommunikation so zu machen, daß er wahr ist); (3) die *Maxime der Relation* (Mache deinen Beitrag relevant); (4) die *Maxime der Modalität* (Sei klar und deutlich) (Nach Pratt 1977, 130, die hier Grice folgt).

Auf Grund solcher Maximen und ihrer Einhaltung durch die Konversationsteilnehmer kann man sagen, daß Äußerungen, die nicht unmittelbar als relevant interpretierbar sind, eine bestimmte *Implikatur* oder Implikation haben. Ein Beispiel wäre der folgende Wortwechsel eines Ehepaares: 'Möchtest du nach Hause gehen?' 'Es ist schon ziemlich spät.' Die zweite Äußerung scheint das Thema zu wechseln, doch ist ihre pragmatische Bedeutung oder Implikatur eindeutig 'Ja'.

Eine Theorie über sprachliche Äußerungen, bei der der Wahrheitsbezug nicht mehr so wichtig war und die statt dessen den Pakt zwischen Sprecher und Zuhörer durch die beiderseitige Anerkennung bestimmter Konventionen betonte, ließ Literaturkritiker aufhorchen, denn sie schien sich eher für die Literaturkritik nutzbar machen zu lassen als traditionellere philosophische Betrachtungen sprachlicher Äußerungen. Ein naheliegender Anwendungsbereich für eine solche Theorie waren Konversationen, die Figuren in Theaterstücken und ERZÄHLUNGEN führten, aber es gab auch noch andere, interessantere Möglichkeiten. In seinem Aufsatz 'Der Tod des Autors' stellt Roland Barthes fest, daß das Wort Schrift (siehe den Eintrag ÉCRITURE) nicht mehr 'eine Operation der Aufzeichnung, Notierung, Darstellung, "Beschreibung"' bezeichnet, sondern 'einen performativen Akt ..., bei dem die *énonciation* nichts anderes zum Inhalt hat ... als den Akt, durch den sie geäußert wird' (1977, 145–6; → AUTOR). Damit läßt sich die Position untermauern, daß ein literarisches Werk nichts über die außerliterarische Welt aussagt, sondern sich selbst darstellt, auf unendlich viele verschiedene Arten die Aussage 'Ich drücke mich aus' wiederholt.

In ganz anderer Hinsicht erwies sich die Theorie der konversationellen Implikatur für die Literaturkritik als besonders vielversprechend. Wenn ein Autor etwas schrieb, das irrelevant zu sein schien in bezug auf das, wofür er den LESER zuvor interessieren konnte, tat er das nicht deshalb, weil er sich darauf verlassen konnte, daß der Leser im TEXT nach Relevanz *suchen* würde? Nehmen Leser nicht an, daß alles, was in einem literarischen Text steht, aus einem bestimmten Grund dort steht, mit anderen Worten also eine Implikatur bezweckt? Allerdings scheint diese Anwendung der Sprechakttheorie nicht viel mehr geleistet zu haben, als etwas, worüber Literaturkritiker und Leser schon seit langem Bescheid wußten, einen neuen Namen zu geben.

Waren Autor und Leser, und ihre Zwiesprache, nicht mit den Teilnehmern an einer Konversation vergleichbar, die vom Kooperationsprinzip gesteuert wurde? War es nicht so, daß genauso wie eine Konversation, die sich nicht an die Maximen Grices hielt, unvermeidlich mißglücken und unproduktiv bleiben mußte, auch jede Lektüre eines literarischen Werkes, die die Konventionen der literarischen Kommunikation nicht berücksichtigte, sinnlos und unproduktiv sein mußte?

Gegen eine solche Auffassung lassen sich mehrere Einwände vorbringen. Der erste Einwand ist eigentlich eine Kritik an der Sprechakttheorie als solcher, nämlich daß sie die Kooperation auf Kosten der Auseinandersetzung und des Widerspruchs zu stark betont. Die meisten Konversationen werden nicht von Menschen mit denselben Interessen geführt; sie werden von Menschen geführt, deren Interessen divergieren und die entweder über gesellschaftliche Macht und Autorität verfügen oder dieser Macht ausgesetzt sind. Daher mißachten viele Konversationsteilnehmer, so kann man weiter einwenden, typischerweise viele der genannten Maximen, um ihre eigenen Interessen zu fördern, und erwarten das auch von den anderen Teilnehmern. Dasselbe läßt sich von der literarischen Lektüre sagen: Der Autor und der Leser haben unterschiedliche Interessen und versuchen ebenso, einander zu überlisten, wie miteinander zu kooperieren. In ihrem Gedicht 'Murder in the Dark' vergleicht Margaret Atwood den literarischen Prozeß mit dem Gesellschaftsspiel, auf das sie im Titel anspielt, mit dem Autor als Mörder und dem Leser als Detektiv, und der NEW HISTORICIST Stephen J. Greenblatt weist uns darauf hin, daß Platons Rivale Gorgias 'der Ansicht war, daß die Täuschung – *apate* – der Kern der kreativen Phantasie ist: die besondere Macht des tragischen Künstlers ist die Macht zur Täuschung' (1990, 52). (Greenblatt merkt weiter an, daß Gorgias damit nicht die Macht der Kunst ausschloß, Betrug zu beseitigen, da 'der erfolgreiche Praktiker der Realität näher ist als der erfolglose, und der, der sich täuschen läßt, weiser ist als der, der es nicht tut' [1990, 52, nach Gorgias zitiert].)

Auch wenn man diesen Einwand gelten läßt, ändert das nichts an der Tatsache, daß es sowohl in der Konversation als auch bei der literarischen Lektüre gemäß den beiderseitig anerkannten Konventionen zu taktischen Manövern, Positionskämpfen, Versuchen, seinen eigenen Interessen zu dienen, kommt.

Zu Grices Verteidigung ist zu sagen, daß er nie beabsichtigte, das Kooperationsprinzip normativ zu machen. Er war vielmehr der Auffassung, daß man, solange man keine Beweise hat, daß ein Konversationspartner wissentlich seine Kooperation verweigert, annimmt, daß er die Regeln befolgt, und weiterhin in dem Gesagten nach einer entsprechenden Bedeutung sucht.

Gegen eine Übernahme der Sprechakttheorie in die Literaturkritik spricht ferner, daß literarische Werke nicht in dem Maße wie Konversationen auf die Erreichung bestimmter Ziele gerichtet sind. Ein literarisches Werk wird GEWÜRDIGT, INTERPRETIERT und (manchmal) AUFGEFÜHRT. Es hat also ganz anders als eine Konversation das Potential, neue Erfahrungen, neue BEDEUTUNG, zu generieren. Darüber hinaus ist die Interaktion zwischen Autor und Leser, auch wenn es durchaus sinnvoll ist, darüber zu sprechen, sehr verschieden von den spontanen Reaktionen und dem Sich-Aufeinander-Einstellen von Konversationsteilnehmern. Wir können, wenn wir *Wuthering Heights* lesen, Emily Brontë unsere

Meinung sagen, aber deshalb wird sich der Text – bzw. was immer von ihr in diesem Text ist – nicht ändern.

Ein literarisches Werk hat außerdem eine ÄSTHETISCHE Dimension, die der Konversation fehlt. Das erklärt, weshalb literarische Werke im Gegenteil gerade dafür hoch geschätzt werden, daß sie einige der Grice-schen Maximen brechen – und zum Beispiel einen hohen Grad an AMBIGUITÄT aufweisen. Ist es immer sinnvoll zu untersuchen, wie ein Autor einen Leser, in einer idealen Situation, mit nicht mehr und nicht weniger als der erforderlichen Information versieht?

Abgesehen von diesen Einwänden hat die Sprechakttheorie wohl insofern auf die Literaturkritik einen positiven Einfluß ausgeübt, als sie die Rolle der Konventionalität beim Lektüre- und Schreibprozeß in den Vordergrund gerückt und damit auf die in LITERARIZITÄT implizit vorhandenen konventionellen Elemente aufmerksam gemacht hat.

Spur → URSCHRIFT

Starker Dichter → REVISIONISMUS

Stereotyp   Der Begriff stammt ursprünglich aus dem Druckwesen, steht aber im allgemeinen Sprachgebrauch inzwischen für etwas Fest-stehendes, Unveränderliches und ist in der Regel pejorativ konnotiert. Eine bedeutende Rolle spielt der Begriff in der neueren FEMINISTISCHEN Literaturtheorie im Zusammenhang mit der Beschreibung feststehender und normalerweise PATRIARCHALISCHER oder SEXISTISCHER Sichtweisen GESCHLECHTsspezifischer Rollen und Charakteristika.

Das dritte Kapitel in Mary Ellmanns sehr einflußreichem Buch *Thinking About Women* (erstmals 1968 veröffentlicht) ist 'Weiblichen Stereotypen' gewidmet und nennt als solche Formlosigkeit, Passivität, Instabilität, Einengung, Frömmigkeit, Materialität, Spiritualität, Irrationa-lität und Willfährigkeit – neben 'zwei unverbesserlichen Figuren': der Xanthippe und der Hexe. Ellmanns Liste ist vielfach diskutiert und modifiziert worden, und es steht außer Frage, daß die Erforschung der Stereotypenbildung in der Diskussion sehr vieler IDEOLOGISCHER Prozesse eine zentrale Rolle spielt.

Von der Stereotypisierung sind aber natürlich nicht nur Frauen betroffen: Stereotypen gründen sich auf ethnische Zugehörigkeit oder KULTUR, Alter, Beruf und so weiter. Darüber hinaus erscheinen viele Stereotypen in positivem Gewande: So ist etwa der Glaube, daß Frauen von Natur aus intuitiv sind, oder daß Schwarze immer fröhlich sind und einen wunderbaren Sinn für Rhythmus haben, nicht weniger stereotyp als offener zutage tretende negative Ansichten. (Dabei wird man bemerken, daß solche 'positiven' Stereotypen charakteristischerweise dazu dienen, verborgene negative Bilder zu transportieren.)

Die Fähigkeit, Stereotypen in Frage zu stellen, zu analysieren und anzufechten, unterscheidet, so könnte man sagen, große literarische Werke von Trivialliteratur. Viele Theoretiker sind außerdem der Auffassung, daß ein Stereotyp nur dann voll wirksam ist und eine bestimmte Ideologie verbreitet, wenn es nicht als solches erkannt wird, sondern als die Wahrheit oder etwas Naturgegebenes angesehen – *automatisiert* – wird (siehe dazu den Eintrag VERFREMDUNG). Bei Manipulationsversuchen, wie etwa bei Propaganda oder in Medienkampagnen, werden Stereotypen bewußt eingesetzt; es geschieht aber auch oft unbewußt. Als zum Beispiel Charles Dickens darauf aufmerksam gemacht wurde, daß seine Darstellung Fagins in *Oliver Twist* das stereotype Bild, das man von Juden hatte, perpetuierte (man formulierte es damals anders), versuchte er, das begangene Unrecht mit der Figur Riahs in *Our Mutual Friend* wiedergutzumachen.

Stereotypen sind auch Teil des Prozesses, durch den SUBJEKTE von ideologischen Kräften *angerufen* werden (siehe dazu den Eintrag INTERPELLATION).

Stil und Stilistik   Das Wort *Stil* hat eine lange Geschichte und viele Bedeutungen. Es geht auf das lateinische Wort *stilus*, ein spitzes Schreibgerät, Schreibstift, zurück, und modernere Bedeutungen des Wortes stellen METAPHORISCHE oder METONYMISCHE Weiterführungen dieser ursprünglichen Bedeutung dar. In unserem Zusammenhang geht es um die Bedeutung von Stil als die durch Besonderheiten geprägte Art und Weise, etwas mündlich oder schriftlich auszudrücken.

Im Laufe des 20. Jahrhunderts hat sich die Stilistik als eigene Disziplin im Grenzbereich zwischen Sprachwissenschaft und Literaturwissenschaft etabliert (obwohl auch nicht-literarische Texte stilistischen ANALYSEN unterzogen werden können und auch werden) und befaßt sich mit der Erforschung und der Analyse von 'Ausdrucksweisen'. Auf Grund des engen Verhältnisses der Stilistik zur Literaturwissenschaft und ihrer Einflußnahme auf letztere haben mit der Stilistik eine Reihe spezifisch sprachwissenschaftlicher Termini und Analysemethoden in die Literaturkritik und Literaturtheorie Eingang gefunden.

Zur Kategorisierung von Stilen kann man verschiedene Gesichtspunkte heranziehen: die Intention des Sprechers oder Verfassers (ein humorvoller Stil); die Bewertung durch den Zuhörer oder Leser (ein unpräziser Stil); den Kontext (ein unpassender Stil oder ein unpassendes REGISTER); ÄSTHETISCHE Kriterien (ein überladener Stil); den Grad der Formalität (ein umgangssprachlicher Stil); die gesellschaftliche KLASSE (ein weltgewandter Stil) – und so weiter. Für die Sprachwissenschaft sind diese Kategorien natürlich nicht präzise genug, und die wissenschaftliche Beschäftigung mit Stilfragen versucht daher auch, was man impressionistisch als unterschiedliche Stile wahrnimmt, durch formalere und objektive Methoden zu analysieren, sehr oft zum Beispiel durch statistische Syntax-, Wortschatz- oder Grammatikanalysen. Auf dieser Ebene stellt die Stilistik einen Versuch dar, gefühlsmäßige Urteile des durchschnittlichen LESERS ('Hemingway hat einen typischen, sehr einfachen Stil') durch statistische Nachweise zu stützen. Auf einer anderen Ebene versucht sie, über die gefühlsmäßige Einschätzung des durchschnittlichen LESERS hinauszugehen und stilistische Nuancen festzumachen, die vom Leser oder Zuhörer nicht unbedingt bewußt wahrgenommen werden, aber dennoch eine Funktion haben können.

An dieser Stelle drängt sich die Frage nach dem Sinn solcher Analysen auf. Geoffrey Leech und Michael Short beantworten sie in ihrem *Style in Fiction* (1981) damit, daß 'wir etwas erklären wollen, und im Zusammenhang mit Literatur hat die Stilistik im allgemeinen implizit oder explizit zum Ziel, das Verhältnis zwischen Sprache und künstlerischer Funktion zu erhellen' (1981, 13). Dies ist natürlich auch eines der Hauptziele der *Rhetorik*, und die Stilistik hat tatsächlich einige grundsätzliche Anliegen der Rhetorik übernommen und weiterentwickelt.

Im anglo-amerikanischen Raum hat die Stilistik sehr viele theoretische Anregungen und Ansätze auch außerhalb der Literaturkritik gefunden, wie etwa bei den RUSSISCHEN FORMALISTEN, der PRAGER SCHULE, den Mitgliedern des Bachtin-Kreises, dem Schweizer Sprachwissenschaftler Ferdinand de Saussure oder bei Leo Spitzer – möglicherweise auf Grund der unterschiedlichen Wege, die die akademische Beschäftigung mit Literatur in Großbritannien und den Vereinigten Staaten im Vergleich zum nicht-englischsprachigen Europa gegangen ist. Darüber hinaus stehen die meisten anglo-amerikanischen Literaturkritiker der Möglichkeit, über eine 'objektive' Analyse literarischer Texte zu literaturkritisch relevanten Ergebnissen zu kommen, sehr skeptisch gegenüber: ein gutes Beispiel ist das mit 'Jakobson's Poetic Analysis' überschriebene Kapitel in Jonathan Cullers *Structuralist Poetics* (1975).

Interessanterweise ist der Beitrag der Stilistik zu literaturkritischen Analysen im Bereich der Prosa unter Literaturkritikern weit weniger umstritten und spielt dort auch eine größere Rolle als im Bereich der Lyrik. Auch die traditionalistischsten Literaturkritiker werden Leechs und Shorts *Style in Fiction* zum Großteil sehr brauchbar finden und kaum etwas daran auszusetzen haben; dagegen sehen die meisten Literaturkritiker Roman Jakobsons Gedichtanalysen wie Culler, nämlich als nützliche Demonstration dessen, was Stilistikanalysen nicht leisten können. Formale und statistische Untersuchungsansätze scheinen sich eher für die Analyse von ERZÄHLtechniken zu eignen als für Lyrik – vielleicht auch deshalb, weil viele Entscheidungen, die ein Erzähler zu treffen hat, in dieser Hinsicht nur eine Auswahl unter einer relativ festen Anzahl von Alternativen bedeuten.

Zur *affektiven Stilistik* siehe den Eintrag AFFEKTIV.

Stilem → SEMEM

Stimme → PERSPEKTIVE; POLYPHONIE

Story → STORY UND PLOT

Story und Plot　　Hier handelt es sich um eine eigentlich sehr einfache Unterscheidung, die aber auf Grund der uneinheitlichen Verwendung der Termini zu erheblichen Mißverständnissen und Verwirrungen geführt hat. Es gilt zu unterscheiden zwischen einerseits einer *Abfolge realer oder fiktiver Ereignisse, die durch eine bestimmte Logik oder Chronologie verbunden sind und in die bestimmte AKTEURE involviert sind*, und andererseits der *ERZÄHLUNG dieser Ereignisfolge*. Will man die Story von *Wuthering Heights* wiedergeben, beginnt man damit, wie Heathcliff als Kind das erstemal auf Wuthering Heights kommt, und schließt daran die Ereignisse, die im Roman vorkommen, in chronologischer Reihenfolge an bis zum Tod Heathcliffs und zu seiner (möglichen) Wiedervereinigung mit Cathy. Unter dem Plot von *Wuthering Heights* dagegen versteht man die Ereignisfolge, *wie sie in Emily Brontës Roman dargestellt ist*. Dieselbe Story kann daher eine Vielzahl unterschiedlicher Plots anregen, wie Beispiele FORMELHAFTER Literatur sehr deutlich zeigen.

Die Verwirrung in der Verwendung des Vokabulars ist dadurch entstanden, daß dieselbe Unterscheidung auch durch die von den russischen Formalisten verwendeten Wörter *fabula* (Story) und *sjužet* (Plot) ausgedrückt wird, und diese Wörter in einigen Übersetzungen so übertragen werden, daß ihre Bedeutung der oben genannten Verwendung der (englischen) Begriffe Story und Plot zuwiderläuft. Mieke Bal etwa setzt für unsere Begriffe Story und Plot *fabula* und *story* (1985, 5), wodurch *story* eine Bedeutung bekommt, die genau das Gegenteil der von uns eingangs festgesetzten ist. Zugleich kam von einigen Übersetzern von Texten RUSSISCHER FORMALISTEN der Vorschlag, fabula als *plot* wiederzugeben – wodurch auch dieser Begriff genau die gegenteilige Bedeutung bekommt als jene, die in unserem Begriffspaar dem Wort Plot zugewiesen ist. (Wieder andere Übersetzer haben vorgeschlagen, im Englischen *fable* und *subject* für fabula und sjužet zu setzen, was die Verwirrung nur noch steigerte.)

Im Deutschen werden in jüngster Zeit sehr oft – allerdings nicht immer in obigem Sinne korrekt – die englischen Termini verwendet; die häufigsten entsprechenden deutschen Begriffe sind Geschichte (für Story) und Fabel (für Plot), einige Autoren setzen für das russische *fabula* dagegen das deutsche Wort Fabel, d.h. daß auch der deutsche Sprachgebrauch hier sehr uneinheitlich ist und immer wieder Anlaß zu Mißverständnissen gibt.

Um Mißverständnissen vorzubeugen, empfiehlt es sich für den Leser zunächst zu klären, an welche Konventionen der Autor eines Textes sich in der Handhabung der Termini hält, und für den Autor, entweder seine Verwendung der gewählten Begriffe vorab zu erklären oder sich an das wohl einzige eindeutige Begriffspaar zu halten: nämlich *fabula* und *sjužet*.

Struktur Der Begriff der Struktur ist nicht auf die STRUKTURALISTISCHE Literaturtheorie beschränkt, sondern in der literaturkritischen Diskussion in unterschiedlichstem und oft sehr allgemeinem Zusammenhang gebräuchlich. Man unterscheidet gewöhnlich zwischen der Struktur und dem Plot eines literarischen Werkes (siehe STORY UND PLOT): Während man unter dem Plot das NARRATIVE Arrangement der Geschichte versteht, bezieht sich der Begriff der *Struktur* auf die gesamte Organisation (oder gesamte ÄSTHETIK) des Werkes.

In der Verwendung des Begriffs wird besonders der SYNCHRONE, nicht-historische Aspekt akzentuiert, was vor allem auf den Einfluß strukturalistischer Theorien zurückzuführen ist, die jede historische Veränderung als das Ersetzen einer Struktur durch eine andere auffassen (und nicht so sehr als Modifizierung oder Weiterentwicklung einer Struktur).

Eine sowohl vom Strukturalismus als auch von der Systemtheorie her entwickelte Definition liefert Anthony Wilden: 'Eine Struktur ist die Gesamtheit von Gesetzen, die das Verhalten eines Systems bestimmen' (1972, 242). Diese Gesetze kontrollieren außerdem Elemente oder Teile, die austauschbar sind – so bleibt ein wirtschaftliches System dasselbe, auch wenn die wirtschaftlichen Handlungen, die es ermöglicht und steuert, einmalig sind. Damit sind wir bei der strukturalistischen Auffassung einer Gruppe von Regeln, die immer dieselben bleiben, auch wenn die literarischen Werke oder Leseakte, die von ihnen ermöglicht oder gesteuert werden, sich verändern (LITERARIZITÄT).

Der Linguist Noam Chomsky prägte im Zuge seiner Standardtheroie das Begriffspaar *Tiefenstruktur* und *Oberflächenstruktur*. Nach Chomsky haben die folgenden Sätze dieselbe Tiefenstruktur, aber unterschiedliche Oberflächenstrukturen:

> The ploughman homeward plods his weary way
> Weary, the ploughman plods his way homeward
> The ploughman plods his weary way homeward

Die Oberflächenstruktur leitet sich durch Transformationen von der Tiefenstruktur ab: daher der Begriff Transformationsgrammatik. Chomskys Theorie ist unter Linguisten umstritten; in bezug auf nicht-linguistische Disziplinen (wie etwa die Literaturkritik) läßt sich sagen, daß die Begriffe *Tiefenstruktur* und *Oberflächenstruktur* nur metaphorisch verwendet werden. Wenn also behauptet wird, daß zwei Romane von Dickens dieselbe Tiefenstruktur haben, so heißt das nicht mehr als daß sie ein gemeinsames Thema haben, oder verwandte Fragen behandeln, oder daß sie denselben PLOT haben. (Daß hier verschiedene Punkte in Frage kommen, ist auch bezeichnend für die metaphorische Verwendung der Chomskyschen Begriffe in diesem Bereich.) Sich in dem oben zitierten Beispiel auf die Tiefenstruktur im Sinne Chomskys zu konzentrieren, würde für den Literaturkritiker bedeuten, einen guten Teil dessen, was er in dem Gedicht Thomas Grays als besonders wertvoll betrachtet, zu negieren.

→ PRAGER SCHULE

Strukturalismus Es gilt zu unterscheiden zwischen dem modernen Strukturalismus, der sich im wesentlichen nach dem Zweiten Weltkrieg entwickelt hat, und dem Strukturalismus der PRAGER SCHULE (siehe diesen Eintrag). Trotz einiger Gemeinsamkeiten – vor allem die grundsätzliche Abhängigkeit von den Arbeiten Ferdinand de Saussures – weichen die beiden Richtungen in vielen Punkten voneinander ab, so daß eine getrennte Darstellung angebracht ist. In diesem Eintrag liegt der Schwerpunkt auf der Richtung, die wir als modernen Strukturalismus bezeichnen möchten und die in ihrer Anfangsphase in den 50er und 60er Jahren vor allem in Frankreich Fuß faßte. Als die wohl bedeutendsten Vertreter dieses modernen Strukturalismus sind der Anthropologe Claude Lévi-Strauss und der Literatur- und Kulturkritiker Roland Barthes zu nennen. Strukturalistische Arbeiten wurden aber auch von einer Vielzahl anderer Autoren verfaßt, so etwa von MARXISTISCHEN Literaturtheoretikern wie Louis Althusser und Lucien Goldmann (der gebürtige Rumäne gilt als 'genetischer Strukturalist'), die innerhalb des Marxismus allerdings unterschiedliche Positionen einnehmen; von ERZÄHLTHEORETIKERN wie Gérard Genette, oder von Michel Foucault, den wir mangels einer besseren Klassifizierung hier als Historiker bezeichnen möchten. Auch Jacques Lacan vertritt eine klassische strukturalistische Position, wenn er behauptet, das UNBEWUßTE sei wie eine Sprache strukturiert.

Allen Richtungen gemeinsam ist die Beschäftigung mit Strukturen oder SYSTEMEN, die eher in ihrem SYNCHRONEN Aspekt untersucht werden als diachron im Kontext ihrer Entstehung oder Entwicklung (das gilt auch für Foucault und mit Einschränkungen für Goldmann), sowie ihre Abhängigkeit von den Theorien Saussures – was vielfach die Übernahme des LINGUISTISCHEN PARADIGMAS bedeutet. Grob gesagt geht es dem Strukturalismus (zumindest in seiner frühen oder 'reinen' Form) mehr um das, was BEDEUTUNG möglich macht, als um die Bedeutung selbst: noch allgemeiner ausgedrückt, es geht eher um die Form als um den Inhalt.

Viele Ansätze des Strukturalismus gehen entweder direkt oder über die Prager Schule auf den RUSSISCHEN FORMALISMUS zurück. Ein klassisches Beispiel einer frühen strukturalistischen Literaturbetrachtung (oder, je nach Definition von Literatur, zumindest einer strukturalistischen Analyse von ERZÄHLUNGEN) liefert Vladimir Propps *Morphologie des Märchens* (russisch 1928, deutsch 1975). Propp geht es darin um die Generalisierung von Merkmalen (oder FUNKTIONEN) über Textgrenzen hinaus und damit um ein System zur Generierung von Bedeutung, das über die Grenzen des einzelnen WERKES hinausgeht, während er keinerlei Interesse an der INTERPRETATION des einzelnen Werkes, ja nicht einmal an dessen Spezifizität hat. (Die von Roland Barthes vorgeschlagenen LEKTÜRECODES können als direkte Abkömmlinge von Propps Funktionen betrachtet werden.) Von dieser Perspektive aus gesehen wird ein Werk nicht von seinem AUTOR (sei es ein kollektiver Autor oder eine Einzelperson) geschrieben, sondern durch die gegebene 'Grammatik' oder das Transformationssystem, das schon vor dem Werk existiert. Dies läßt sich damit vergleichen, was Lévi-Strauss über das System des Schenkens in einer KULTUR zu sagen hat, oder Roland Barthes in seinem Buch *Mythen des Alltags* über 'Beefsteak und Pommes frites' oder 'Striptease'. Allen diesen Arbeiten gemeinsam ist die Auffassung, daß ein existierendes System einzelne ÄUSSERUNGEN erst möglich macht. Tatsächlich bedeutet die Anwendung des linguistischen Paradigmas, daß der Strukturalist eine bestimmte Mahlzeit oder den Akt des Schenkens als eine Art von Äußerung betrachtet, als Beispiel von PAROLE, hinter welcher die LANGUE steht. Wenn wir einem Gast Beefsteak und Pommes frites servieren, so wird die Bedeutung, die diese Mahlzeit für den Gast hat, nicht nur (oder sogar nicht einmal hauptsächlich) dadurch bestimmt, wie sie schmeckt oder aussieht, sondern durch die grammatikalische Funktion, die 'Beefsteak und Pommes frites' in der *langue* der Mahlzeiten besitzt. Wie und weshalb sich diese *langue* zu dem nun existierenden System entwickelt hat, ist für den Strukturalisten kaum (oder gar nicht) von Bedeutung.

Damit wird natürlich die Bedeutung der 'Mahlzeit selbst' und der Fähigkeiten des jeweiligen Kochs herabgesetzt; durch die strukturalistische Betrachtung literarischer Werke verliert die Auffassung, daß das 'Werk selbst' oder der Autor bestimmt, wie es zu lesen sei, an Bedeutung oder wird vollends negiert. Culler schreibt dazu in seiner Einleitung zu Genettes *Narrative Discourse*:

> Das Projekt |des Strukturalismus|, wie es Barthes in *Critique et verité* |dt. *Kritik und Wahrheit*| und Todorov in 'Poétique' (in *Qu'est-ce que le structuralisme?* |dt. 'Poetik' in Todorov, 1973|) beschreiben, sollte zu einer Poetik führen, die sich zur Literatur so verhält wie die Linguistik zur Sprache, und deren Ziel daher nicht wäre zu erklären, was einzelne literarische Werke bedeuten, sondern das System von Figuren und Konventionen aufzudecken, auf Grund dessen Werke ihre jeweilige Form und Bedeutung haben. (Genette 1980, 8)

Vielen Strukturalisten dient die Linguistik Saussures als Grundlage für ihr Argument, daß Strukturen, wie etwa die Sprache, in sich selbst geschlossen sind und weder durch außerhalb der Struktur liegende Bedingungen (die 'reale Welt') beeinflußt (oder verursacht) werden noch eine außerhalb der Struktur liegende Realität verändern bzw. sich auf eine solche beziehen. Meiner Meinung nach ist der Rückgriff auf Saussures Theorien in diesem Argumentationszusammenhang ebenso zweifelhaft bzw. sogar unrichtig wie die Behauptung, Saussure lehne die historische Methode zugunsten der synchronen Methode ab (da er tatsächlich die Notwendigkeit beider Methoden feststellte). Wie dem auch sei, die strukturalistische Literaturtheorie und -kritik zeichnet sich oft durch solipsistische und idealistische Positionen aus, obzwar sich etwa in den Arbeiten Roland Barthes' strukturalistische Analysen auch nach außen auf soziale, IDEOLOGISCHE und politische Realitäten richten lassen.

Der Strukturalismus war (und ist bis heute) eine umstrittene Richtung, doch kann er in einigen Disziplinen auf Erfolge verweisen. Innerhalb der Literaturkritik liegt seine anerkannteste Leistung wohl im Bereich der ERZÄHLFORSCHUNG. Genette – einer der bedeutendsten Erzähltheoretiker – sieht im Strukturalismus mehr als nur eine Methode und will ihn als allgemeine Denkrichtung oder als Ideologie verstanden wissen (1972b, 77). Interessanterweise faßt Genette die Betonung der Form auf Kosten des Inhalts als *Korrektiv* auf, was er in einem (vielzitierten) Kommentar so formuliert: 'Man hat die Literatur lange genug als eine Nachricht ohne Kode betrachtet, so daß es nachgerade nötig war, sie einen Augenblick lang als einen Kode ohne Nachricht zu betrachten' (1972b, 74). Er begründet die Notwendigkeit dieser Korrektur, indem er den Strukturalismus als Reaktion auf den Positivismus, den Historismus und die 'biographische Illusion' beschreibt und ihn versteht als eine Bewegung,

> die in dem kritischen Werk eines Proust, eines Eliot, eines Valéry, im russischen Formalismus, in der 'thematisch orientierten Kritik' Frankreichs oder im angelsächsischen New Criticism ihren verschiedenartigsten Ausdruck findet. In gewisser Weise kann der Begriff 'strukturale Analyse' als ein bloßes Äquivalent dessen angesehen werden, was die Amerikaner *close reading* nennen und was man in Europa, Spitzers Beispiel folgend, wohl *immanente Interpretation* nennen würde. (1972b, 77–8)

Mit dieser Argumentation erweitert Genette den Begriff des Strukturalismus wesentlich, ebenso wie mit seiner weiteren Feststellung, daß 'jede

Analyse, die sich in ein Werk einschließt, ohne seine Quellen oder Motive zu berücksichtigen, implizite schon eine strukturalistische' ist (1972b, 78).

Struktur mit Dominante   Der Begriff hat über die Schriften Louis Althussers, vor allem seinen in *Für Marx* (1968) enthaltenen Aufsatz 'Über die materialistische Dialektik', Eingang in das literaturkritische Vokabular gefunden. Mit dem Begriff führt Althusser in die Reihe von Widersprüchen, die in seinen Augen eine strukturierte Einheit darstellen, ein hierarchisches Element ein. Damit kann man einem Problem ausweichen, das der für den STRUKTURALISMUS und Neostrukturalismus typischen Beschränkung auf die SYNCHRONIE inhärent ist. Weil Synchronie per definitionem Entwicklung ausschließt, und weil Veränderung durch Entwicklung das klassische Unterscheidungsmerkmal zwischen bestimmenden und nicht-bestimmenden (oder dominanten und untergeordneten) Einflüssen und Kräften ist, steht der Strukturalismus vor dem Problem, daß er Relationen zwar aufspüren, diese aber nicht nach ihrer (wie immer definierten) Wichtigkeit ordnen kann. Mit dem Konzept der Struktur mit Dominante hat Althusser sozusagen in ein grundsätzlich synchrones Schema ein historisches Element eingeführt: Die Dominante wird nur im zeitlichen Zusammenhang sichtbar.

Der Begriff wird nun gelegentlich von strukturalistischen Literaturkritikern verwendet, die dem Gewirr nicht-hierarchisch geordneter Relationen entkommen wollen, mit dem sie sich sonst vielleicht konfrontiert sehen.

Style indirect libre → ERLEBTE REDE

Subalternität → MARGINALITÄT

Subjekt und Subjektivität   In neueren literaturtheoretischen Schriften ist der Begriff des *Subjekts*, in seiner traditionellen Bedeutung als Kurzform für das erkennende, mit Bewußtsein ausgestattete, handelnde Ich zumeist pejorativ assoziiert. Dabei sind die Hauptangriffspunkte (i) die Auffasung, daß das menschliche Subjekt irgendwie der Ursprung größerer historischer, gesellschaftlicher oder auch persönlicher Bewegungen und Ereignisse ist, und (ii) der Glaube, daß der einzelne Mensch sich selbst erkennen, aktivieren und steuern kann.

Ein Beispiel für die Verwendung von *Subjekt* in diesem Sinne findet sich im Eintrag INTERPELLATION, in dem die Position des französischen

MARXISTISCHEN Philosophen Louis Althusser skizziert ist. Nach Althusser '*ruft jede Ideologie konkrete Personen als konkrete Subjekte an*', und zwar durch die Funktionsweise der Kategorie des Subjekts (1977, 142). Das *Subjekt* steht damit für das Selbst-Bewußtsein des einzelnen Menschen, nachdem er von der Ideologie angerufen worden ist. Etienne Balibar und Pierre Macherey haben auf Althussers Theorie aufbauend die Rolle der Literatur in diesem Prozeß untersucht. Die Literatur, so Balibar und Macherey, 'produziert' durch das endlose Funktionieren ihrer TEXTE

> unaufhörlich *Subjekte*, für jeden sichtbar. So können wir paradoxerweise unter Verwendung desselben Schemas sagen, daß die Literatur unaufhörlich (konkrete) Menschen in Subjekte verwandelt und sie mit einer quasi-realen halluzinatorischen Individualität ausstattet. (1973, 10)

Diese Subjekte sind, wie sie weiter schreiben, nicht nur die Leser literarischer Werke, sondern auch der Autor und seine Figuren. Dabei scheint es unter anderem darum zu gehen, daß, da Subjekte immer in Opposition zu Objekten und Dingen stehen und in ihrer Relation zu diesen gesehen werden, der Eindruck entsteht, daß der Motor oder das steuernde Element in der Geschichte das individuelle Selbst oder Bewußtsein ist und nicht außer- oder überindividuelle Kräfte. (Das Subjekt ist aktiv und lebendig: äußere Kräfte sind tot und passiv.)

Wie man unschwer sieht, spiegelt das bis zu einem gewissen Grad die traditionelle marxistische Unterordnung der Rolle des Individuums unter die Rolle außerindividueller Kräfte. Dieselbe Unterordnung findet man auch in den Nachrufen auf den verstorbenen AUTOR, außer daß in Barthes' 'Der Tod des Autors' dieses außerindividuelle Element die Sprache ist und nicht der KLASSENkampf oder die Produktivkräfte. Das Individuum taucht in diesem Essay allerdings im Gewand des LESERS wieder auf; vollständiger und konsequenter hat die Auflösung des Subjekts Michel Foucault in seinem Aufsatz 'Was ist ein Autor?' vollzogen. In seinen Augen geht es darum, dem Subjekt 'seine Rolle ursprünglicher Begründung zu nehmen und [es] als variable und komplexe Funktion des Diskurses zu analysieren' (1979, 31).

Diese Position drückt sich auch in der Auffassung des Subjekts als ORT und nicht als ZENTRUM oder PRÄSENZ aus, das heißt, das Subjekt ist das, wo die Dinge passieren oder dem sie passieren, und nicht das, was sie auslöst: Außerindividuelle Kräfte benutzen das Subjekt, um ihre

Herrschaft geltend zu machen, nicht umgekehrt (wenn das Subjekt das auch glaubt – eine der Feinheiten dieses Systems). Zum Vergleich sei hier auf Jonathan Cullers Ansicht verwiesen, daß das Selbst, indem es in Teilsysteme aufgebrochen wird und seinen Status als Bedeutungs- ursprung, als Herr und Meister über die Bedeutung verliert, immer stärker einem Konstrukt zu gleichen scheint: dem 'Ergebnis von Kon- ventionssystemen', so daß 'sogar die Idee der individuellen Identität durch den Diskurs einer Kultur hervortritt: das "Ich" ist nicht etwas Gegebenes, sondern erlangt seine Existenz als das, was von anderen angesprochen wird und sich auf andere bezieht' (1981, 33).

Diesen Standpunkt nehmen grundsätzlich auch die POSTSTRUKTURALI- STEN ein, die die Auffassung des Subjekts als primär, einheitlich, selbst- präsent, selbstbestimmend, autonom und homogen ablehnen; für sie ist das Subjekt sekundär, konstruiert (zum Beispiel durch die Sprache oder die Ideologie), flüchtig, in seinem eigenen Schatten stehend und geteilt. Sehr einflußreich in diesem Zusammenhang sind die Theorien des fran- zösischen Psychoanalytikers Jacques Lacan, dessen Schriften zum SPIE- GELSTADIUM von Theoretikern häufig zitiert werden, die die Entstehung des Subjekts unter anderen Vorzeichen untersuchen als Althusser.

Eine nuanciertere Auffassung von Subjekt und von Subjektivität findet sich in der neueren FEMINISTISCHEN Theorie. In der ersten Zeit der wieder erstarkten Frauenbewegung in den 60er und 70er Jahren läßt sich eine weit weniger antagonistische Sicht des Subjekts feststellen – die Überzeugung, daß das Subjektive tatsächlich ein Sammelpunkt *gegen* SEXISTISCHE Ideen und gegen die Ideologie des PATRIARCHATS sein kann. Im Juni 1971 schrieb Doris Lessing ein neues Vorwort zu ihrem *Golden Notebook* – einem seit seiner Erstveröffentlichung 1962 beson- ders wichtigen Roman für die Frauenbewegung. Darin geht sie ausführ- lich auf die Frage der Subjektivität ein.

> Als ich anfing zu schreiben, waren die Schriftsteller dem Diktat, nicht 'subjektiv' zu sein, unterworfen. Dieses Diktat war innerhalb der kommunistischen Bewegung entstanden, als eine Ausprägung der gesellschaftsbezogenen Literaturkritik, die im Rußland des neun- zehnten Jahrhunderts von einer Gruppe beachtlicher Talente, deren bekanntestes Belinsky war, entwickelt wurde ... (1983, 12–3)

Lessing stellt aber auch fest, daß trotz des Anspruchs an den Schriftsteller, seinen 'blöden Privatkram [beiseite zu lassen], während Rom brennt', Romane, Geschichten, Kunst aller Art in der ganzen Zeit immer persönlicher wurden (1983, 13). Schließlich wurde ihr klar, so schreibt sie weiter, daß für den Schriftsteller der einzige Ausweg aus diesem Dilemma die Erkenntnis war, 'daß nichts in dem Sinne persönlich ist, daß es ausschließlich das Eigene ist', und daß man mit dem Problem der Subjektivität nur fertig werden konnte, wenn man das Subjekt als Mikrokosmos betrachtete und das Persönliche allgemein machte (1983, 13–4).

Lessings Position ist charakteristisch für die in der Frauenbewegung der 60er und 70er Jahre sehr verbreitete Haltung, subjektive Gefühle, Reaktionen, Überzeugungen (vor allem die einer Frau), als wahr zu betrachten, als eine dem Patriarchat entgegengesetzte Kraft, die es zu unterstützen und zu nähren galt. Dies war allerdings begleitet von Bemühungen, das Subjekt von sexistischen Ideen zu reinigen – unter anderem durch CONSCIOUSNESS-RAISING-Sitzungen. Das bedeutete aber, daß man die Beziehung des Subjekts zu den Ideen und Haltungen der herrschenden Ideologie ganz anders sah als spätere von Althusser und Lacan beeinflußte Theoretiker.

Als Vergleich könnte man hier zum Beispiel die Reaktion der englischen Romantiker auf die herrschenden Ideen ihrer augusteischen Vorgänger heranziehen. Während Schriftsteller wie Alexander Pope und Samuel Johnson der Subjektivität mit großer Skepsis gegenüberstanden, galt den großen Romantikern wie Wordsworth und Keats die grundsätzliche Reinheit des vorgesellschaftlichen Selbst – 'the holiness of the heart's affections' formuliert Keats – als Argument gegen das, was in ihren Augen eine künstliche Ordnung war.

Wenn sich die Einstellung dem Subjekt gegenüber verändert, hat das unweigerlich Folgen für Schriftsteller wie für Kritiker. Während Doris Lessing dazu beitrug, das Persönliche und Subjektive sozusagen zu legitimieren, setzen Althusser, Lacan und einige andere den Schriftsteller und den Kritiker unter Druck, das Subjekt zu DEKONSTRUIEREN, es nicht als Ausgangspunkt und verläßliches Maß zu betrachten, sondern als Rumpelkammer voll (hauptsächlich oder ausschließlich) falscher Ideen, die von einer Vielzahl äußerer Kräfte dort hineingepfercht werden.

→ INTERSUBJEKTIVITÄT

Substitutionstest Beim Substitutionstest wird die Funktion oder die Bedeutung von etwas untersucht, indem man es durch etwas anderes ersetzt.

So läßt sich etwa bei der ANALYSE eines literarischen WERKES, indem man einen Ich-ERZÄHLER durch einen allwissenden Erzähler oder die direkte Rede durch die ERLEBTE REDE ersetzt, feststellen, was die ersetzten Elemente zu der untersuchten Passage oder dem untersuchten Werk beitragen.

Subtext   Das, was implizit und nicht direkt oder offen ausgedrückt wird. Der Begriff kommt aus der Theaterwissenschaft und ist dem sogenannten *Theater der Stille* assoziiert, dem *Théatre de l'Inexprimé*, das in den 20er Jahren von Jean-Jacques Bernard begründet wurde. Unter den modernen Dramatikern verbindet man vor allem Harold Pinter mit dem Begriff, dessen Theaterstücke meistens Subtexte sehr gewalttätiger oder sexueller – oberflächlich nicht formulierter – Natur besitzen. Der Begriff weist außerdem auf eine gewisse Kontinuität in implizierten BEDEUTUNGEN: Es ist unwahrscheinlich, daß der Subtext eines bestimmten Werkes verschiedene Bedeutungen enthält, die nichts miteinander zu tun haben.

Der Begriff wird in den letzten Jahren zum Teil wegen seiner Berührungspunkte mit der Theorie der konversationellen Implikatur der SPRECHAKTTHEORIE sehr häufig verwendet, zum Teil aber auch deshalb, weil er sich in eine Reihe kritischer Theorien einfügt, die nachzuweisen versuchen, daß für das Funktionieren von Literatur im speziellen und Sprache im allgemeinen indirekte, versteckte oder implizierte Bedeutungen ebenso wichtig sind wie offene und direkte.

Ein anderer theoretischer Begriff in diesem Zusammenhang, der allerdings nicht so häufig verwendet wird, ist der Begriff der *Suggestivität* literarischer Werke. In seinem Buch *Text and Sub-text: Suggestion in Literature* (1987) stellt Krishna Rayan eine interessante Verbindung zwischen den beiden Begriffen her. Im allgemeinen Sprachgebrauch haben allerdings *Suggestion* und davon abgeleitete Begriffe, wenn sie im Zusammenhang mit Literatur verwendet werden, nicht so klar festgelegte Implikationen. Rayan trifft eine sehr brauchbare Unterscheidung zwischen zwei Verwendungen des Wortes Suggestion: Er untersucht, wie Douglas Bush und Christopher Rick den Begriff 'Suggestion' bzw. 'Suggestivität' in ihrer Kritik von Miltons *Paradise Lost* verwenden; während bei Bush, so Rayan, das Wort für 'suggestive Unbestimmtheit' steht, faßt Rick Suggestivität auf 'als delikates und subtiles verbales Leben, bestehend aus Bedeutungsfeinheiten und -nuancen, jenen mehr oder weniger spezifischen semantischen Erweiterungen, die durch Wortfolge, Metaphorik, Wortspiele, Vorausdeutung, Echo – selbst Alliteration und Zeichensetzung – vollbracht werden' (1987, 18–20).

Wie Rayan auch richtig feststellt, sind sich viele Kritiker der Bedeutung des 'suggestiven' Potentials von Literatur sehr wohl bewußt, ohne daraus eine Theorie entwickelt zu haben. Und auch für Schriftsteller ist es nichts Neues, daß es oft wichtiger ist, die Phantasie der Leser in Gang zu setzen, als ihnen etwas mitzuteilen. In einem sehr interessanten Brief an seinen Freund Richard Curle wehrt sich Joseph Conrad gegen Curles Versuch, das zu spezifizieren, was er, Conrad, absichtlich nicht spezifiziert hatte. Er wehrt sich dagegen, daß das, was er mit 'künstlerischer Absicht' und viel Mühe 'unbestimmt, suggestiv, im Halbschatten der ursprünglichen Inspiration' belassen hatte, expliziert werden sollte: 'Explizitheit, mein Lieber, ist für den Zauber jedes künstlerischen Werkes fatal, da es ihm seine ganze Suggestivität raubt und die ganze Illusion zerstört' (Curle 1928, 142).

Es gibt noch einen weiteren sehr bedeutenden theoretischen Unterschied zwischen *Subtext* und *Suggestivität*. Ein Subtext wird (bewußt oder unbewußt) vom AUTOR geschaffen; er kann vom LESER oder Zuhörer entdeckt, aber niemals hervorgebracht werden. Dagegen steht im Zentrum der Suggestivitätstheorie die Annahme, daß der Autor den Leser dazu anregt, seine Kreativität ins Spiel zu bringen, und mit textuellen Mitteln eine Richtung angibt, in die der Leser oder Zuhörer bei der Erkundung nicht formulierter Möglichkeiten vordringen kann. Mit der Suggestivität läßt sich also mit anderen Worten die Kreativität des Lesers oder Zuhörers theoretisch rechtfertigen und legitimieren. Das heißt allerdings nicht, daß der Autor keinen Einfluß darauf hat, wie ein Leser auf suggestive Elemente in einem Werk reagiert (wie zum Beispiel Laurence Sterne in *Tristram Shandy* bewiesen hat).

Suggestivität → SUBTEXT

Summarische Darstellung → ERZÄHLZEIT

Supplementarität → MARGINALITÄT

Surfiction → MODERNE UND POSTMODERNE

Syllepse   Eine Anhäufung oder Ansammlung (von Ereignissen, Umständen, Erfahrungen usw.), die nach einem anderen Prinzip als dem zeitlicher Einheit oder Abfolge geordnet ist. 'John erzählte ihr alles, was im Haus seiner Mutter vorgefallen war, und sie erzählte von all den

Malen, die sie die Eltern eines Freundes besucht hatte', enthält zwei Syllepsen: die eine gründet auf der Kohärenz der Situation, die andere auf thematischer Kohärenz.

Symbolischer Code → CODE

Symptomatische Lektüre → LESER UND LEKTÜRE

Synchron → DIACHRON UND SYNCHRON

Synekdoche → SYNTAGMATISCH UND PARADIGMATISCH

Synonyme Figuren   Mieke Bal schlägt diesen Begriff im Zusammenhang mit ihrer Forderung vor, zwischen primären und sekundären Merkmalen literarischer Figuren zu unterscheiden, indem man diese Merkmale auf entsprechenden SEMANTISCHEN ACHSEN einträgt. Figuren mit genau denselben positiven, negativen und nicht markierten Elementen werden als synonym bezeichnet. Synonyme Figuren sind den traditionellen *Typen* sehr ähnlich, wobei allerdings synonyme Figuren Merkmale gemeinsam haben, die nur für ein bestimmtes WERK spezifisch sind, während Typen normalerweise eine KONVENTIONELLE Bedeutung implizieren, die über die Grenzen des Werkes hinausgeht. Synonyme Figuren in verschiedenen Werken bezeichnet man daher als Typen oder FUNKTIONEN (Funktion in dem Sinne, wie etwa Vladimir Propp den Terminus verwendet, obwohl Propp das Schwergewicht auf die 'Aktionen handelnder Personen' legt und nicht auf die literarischen Personen an sich).

Syntagmatisch und paradigmatisch   Nach Saussures Untersuchung der Sprache in seinen *Grundfragen der allgemeinen Sprachwissenschaft* sind 'Kombinationen, deren Grundlage die Ausdehnung ist', *Syntagmen*, während er Zusammenordnungen, die 'nicht von der Zeiterstreckung getragen' werden, sondern Teile jenes inneren Schatzes sind, 'der bei jedem Individuum die Sprache bildet', *assoziative Beziehungen* nennt (1967, 147–8). Im heutigen Sprachgebrauch spricht man häufiger von *Paradigmen* als von *assoziativen Beziehungen*. Der Unterschied läßt sich wahrscheinlich am besten anhand eines Beispiels aufzeigen. Um einen grammatischen Satz zu konstruieren, müssen wir nach bestimmten Regeln Wörter auswählen und diese nach anderen Regeln miteinander kombinieren. Die ersten sind *paradigmatische* (oder *assoziative*) Regeln, die zweiten *syntagmatische* Regeln. In dem Satz

>   Die Katze saß auf dem Teppich

könnte das erste Wort durch 'Eine' oder 'Keine' ersetzt werden; das zweite Wort könnte durch 'Maus' oder 'Fliege' ersetzt werden. Die Beziehungen zwischen diesen Gruppen austauschbarer Wörter (austauschbar nach den Regeln der Grammatik oder Syntax, natürlich nicht *semantisch* austauschbar) sind *paradigmatisch*; das heißt, es geht um Regeln, die die *Auswahl* (nicht die Kombination) von den in einem Satz verwendeten Wörtern bestimmen. Hat man aber einmal 'Die' als erstes Wort des Satzes ausgewählt, sind die Auswahlmöglichkeiten für das zweite Wort nicht mehr unbeschränkt: das zweite Wort kann zum Beispiel nicht 'eine' sein. Dafür sind Regeln verantwortlich, die die *Kombination* von Wörtern in einem Satz bestimmen: *syntagmatische* Regeln.

Jonathan Culler formuliert die Unterscheidung wie folgt: Syntagmatische Beziehungen bestimmen die Kombinationsmöglichkeit, paradigmatische Beziehungen die Austauschmöglichkeit (1975, 13).

In seinem Buch *Das wilde Denken* wendet Claude Lévi-Strauss die Unterscheidung zwischen syntagmatischen und paradigmatischen Relationen auf sehr amüsante Weise auf ein konkretes literarisches Werk an, nämlich Charles Dickens' *Great Expectations*. Die Figur des Mr Wemmick beschreibt er als BRICOLEUR oder Bastler und die Verwandlung von Wemmicks Vorstadtvilla in eine Burg kommentiert er wie folgt:

> Was Mr. Wemmick ... unternommen und verwirklicht hat ..., besteht in der Einsetzung paradigmatischer Beziehungen zwischen den Elementen dieser beiden Ketten; um seine Behausung zu bezeichnen, kann er zwischen Villa und Schloß wählen; um das Gewässer zu bezeichnen, zwischen Bassin und Wassergraben; um den Zugang zu bezeichnen, zwischen Freitreppe und Zugbrücke; um seine Salate zu bezeichnen, zwischen Salatpflanzen und Lebensmittelreserven.

Wemmicks häusliches Leben, so Lévi-Strauss weiter, wird so

> zu einer Folge ritueller Gesten, deren peinliche Wiederholung dazu dient, als einzige Wirklichkeit paradigmatische Beziehungen zwischen zwei gleich unwirklichen syntagmatischen Ketten zu schaffen: der des Schlosses, das nie existiert hat, und der der Villa, ge-

opfert worden ist. Der erste Aspekt der Bastelei ist es also, daß sie ein System von Paradigmata aus Bruchstücken syntagmatischer Ketten konstruiert. (1968, 175–6 Anm.)

1956 veröffentlichte Roman Jakobson einen Artikel mit dem Titel 'Zwei Seiten der Sprache und zwei Typen aphasischer Störungen', in dem die Unterscheidung zwischen Metaphorik und Metonymik eine zentrale Rolle spielt. Im traditionellen Sprachgebrauch versteht man unter *Metonymie* eine Stilfigur der Rhetorik, bei der ein Ausdruck durch einen anderen ersetzt wird, der zu dem ursprünglichen Ausdruck in einer *Kontiguität*srelation steht. Ein Beispiel wäre der Satz 'Die Feder ist mächtiger als das Schwert': *Feder* und *Schwert* stehen für die Tätigkeiten, bei denen man sich ihrer bedient. Jakobson zählt auch die *Synekdoche* zur Metonymik – das heißt, ein engerer Begriff steht für einen weiteren: zum Beispiel 'Blutvergießen' für 'Krieg'. Die *Metapher* beruht im Gegensatz dazu auf *Similarität*, nicht auf Kontiguität.

Jakobson konnte im Zusammenhang mit verschiedenen Formen von Aphasie nachweisen, daß metaphorische und metonymische Operationen durch bestimmte lokalisierte Hirnfunktionen gesteuert werden. Diese Operationen setzte Jakobson mit den, wie er sie nach Saussure bezeichnete, Selektions- und Kombinationsachsen der Sprache in Beziehung. Die Gehirnfunktionen, die die metaphorischen und metonymischen Operationen steuern, steuern auch, so Jakobson, diese zwei grundlegenden sprachlichen Achsen. Jede aphasische Störung besteht demnach aus einer Schädigung der Fähigkeit entweder zur Selektion und Substitution oder zur Kombination und Kontextbildung.

> Das erstere Leiden bringt eine Zerstörung der metasprachlichen Operation mit sich, während das letztere die Fähigkeit zur Aufrechterhaltung der Hierarchie der linguistischen Einheiten in Mitleidenschaft zieht. Beim ersten Typ der Aphasie ist die Relation der Similarität, beim zweiten Typ die Relation der Kontiguität aufgehoben. Bei der Similaritätsstörung entfallen die Metaphern, bei der Kontiguitätsstörung die Metonymien. (Jakobson & Halle 1960, 65)

Jakobson gab sich aber nicht damit zufrieden, sondern versuchte, seine Entdeckungen zu generalisieren und nachzuweisen, daß, während bei normaler Sprechtätigkeit beide Prozesse ständig in Aktion sind, unter dem Einfluß von Kultur, Persönlichkeit und Sprachstil einem dieser beiden Prozesse ein gewisser Vorzug gegeben werden kann. Er weist weiter darauf hin, daß der metaphorische Prozeß eng mit der Romantik und mit dem Symbolismus verknüpft ist, die Metonymie dagegen mit dem REALISMUS (Jakobson & Halle 1960, 66).

Laut Anthony Wilden stellt, nachdem der metonymische Pol der Sprache in Jakobsons Theorie den syntagmatischen, verknüpften oder 'verketteten' Aspekt repräsentiert, Lacan fest, 'daß Metonymie Begehren *ist*'. Der Grund dafür ist, so Wilden, daß für Lacan die Metapher sich zum Sein verhält wie die Metonymie zum Nicht-Sein, und da der Phallus für das Fehlen des Objekts im Verhältnis zwischen Mutter und Kind steht, repräsentiert er eine ABSENZ, die auf symbolischer Ebene zwischen den Menschen zirkuliert. 'Folglich ist das vielleicht Wichtigste in der Beziehung zwischen "Analytiker" und "Patient", daß beide erkennen müssen ..., daß man nicht der Phallus *sein* kann, weil das das Begehren des Anderen ist' (1972, 29; siehe auch die Einträge zu ANDERS; PHALLOZENTRISMUS).

Jakobsons Artikel war sehr einflußreich; Jacques Lacan nimmt in seinem Essay 'Das Drängen des Buchstabens im Unbewußten oder die Vernunft seit Freud' (in Lacan 1975, 15–55) darauf Bezug, und David Lodge hat sein Buch *The Modes of Modern Writing* (1977) um den Versuch strukturiert, Jakobsons Theorie zur Metaphorik und Metonymik auf die ANALYSE und INTERPRETATION literarischer TEXTE anzuwenden.

In einem Essay über die Semantik der Metapher ('Semantica della metafora', 1971) vertritt Umberto Eco die Ansicht, daß Metapher und Metonymie auf einer tiefer liegenden Ebene miteinander verbunden sind, da 'jede Metapher auf eine darunter liegende Kette metonymischer Verbindungen zurückgeführt werden kann, die den Coderahmen konstituieren und auf denen die Konstituierung jedes semantischen Feldes, sei es partiell oder (theoretisch) umfassend, gründet' (zitiert nach Eco 1981, 68).

'Neo-Freudianer' wie etwa 'Jacques Lacan und sein Kreis', so stellt Robert Scholes fest, sehen bedeutende Parallelen zwischen Jakobsons Metaphern und Metonymien und Freuds Begriffen der VERDICHTUNG UND VERSCHIEBUNG (1982, 75–6).

System   Der Begriff *System* wird in der Literaturwissenschaft heute in einer Reihe unterschiedlicher Bedeutungen verwendet. Am präzisesten ist dabei wohl der Gebrauch des Terminus in der strukturalen Linguistik: Hier wird Sprache als ein System von Beziehungen aufgefaßt, die auf DIFFERENZEN beruhen und BEDEUTUNGEN hervorbringen.

Ansonsten wird der Begriff auch mehr oder weniger bedeutungsgleich mit dem STRUKTURALISTISCHEN Terminus *Struktur* verwendet –

was insofern irreführend ist, als ein System typischerweise durch seine Dynamik und Zielorientiertheit charakterisiert ist, während man unter einer Struktur im allgemeinen eher eine Folge von konstanten übergreifenden Regeln versteht (siehe dazu den Eintrag STRUKTUR). Im Zusammenhang mit der strukturalen Anthropologie von Lévi-Strauss spricht Josué Harari davon, daß die 'Geschichte' dazu neigt, durch 'Diachronie' ersetzt zu werden, wobei erstere als '*System*' – und nicht so sehr als *Struktur* – gesehen wird (1980, 20).

Aus diesem Grund ist auch Robert Young der Überzeugung, daß die *Lektürecodes* (siehe dazu den Eintrag CODE) Roland Barthes' nicht 'ein festes, einheitliches System' darstellen: sie haben eher Strukturcharakter und funktionieren als übertextliche 'Assoziationsfelder' (1981, 134).

Michel Foucault definiert in seinen Schriften eine (wissenschaftliche) Disziplin als 'ein anonymes System, das jedem zur Verfügung steht, der sich seiner bedienen will oder kann' (1991, 22).

Für Michael Riffaterre ist das System eines literarischen Werkes 'ein Netz von Wörtern, die zueinander in Beziehung stehen und um ein in einem Kernwort enthaltenes, zentrales Konzept organisiert sind' (1981, 114).

Szene → ERZÄHLZEIT

T

Tauschwert → FETISCHISMUS

Technologischer Determinismus   Die Überzeugung, daß technologische Veränderungen und Innovationen notwendig (und oft automatisch) zu Veränderungen in der Gesellschaft, der KULTUR und manchmal auch in der Kunst führen. Normalerweise ist man dann zugleich der Auffassung, daß alle derartigen Veränderungen mit technologischen Entwicklungen beginnen oder (umgekehrt ausgedrückt) daß alle Veränderungen in Gesellschaft, Kultur oder Kunst auf die Technik zurückgeführt werden können. Marshall McLuhan, dem man vorwirft, diesen technologischen Determinismus in seinen Arbeiten zu unterstützen, legt eine ähnliche Naivität zum Beispiel auch hinsichtlich der Macht und des Einflusses wirtschaftlicher und politischer Faktoren an den Tag.

Aus wohl einleuchtenden Gründen taucht der Begriff vor allem im Bereich der MEDIA STUDIES und weniger im Bereich der Literatur auf. Dennoch hat man jenen technologischen Determinismus vorgeworfen, die den Aufstieg des Romans vor allem mit Dingen wie etwa Entwicklungen in der Drucktechnik oder in der Buchproduktion und im Buchvertrieb erklären.

Leichter lassen sich wohl Gegenargumente im Bereich der Media Studies finden. So kann man sagen, daß viele technische Fortschritte (wie zum Beispiel der Tonfilm oder das Fernsehen) erst dann greifen, wenn die richtigen gesellschaftlichen, politischen und (nicht zuletzt) wirtschaftlichen Umstände ihren Einsatz gestatten.

Telos → ZENTRUM

Tempo → ERZÄHLZEIT

Terrorismus   Gérard Genette bezeichnet mit dem von dem französischen Schriftsteller Jean Paulhan geprägten Begriff eine Schreibart, die es ablehnt, sich 'der Blüten der Rhetorik' oder irgendwelcher traditionellen Stützen und Hilfsmittel der Literatur zu bedienen (Genette 1966, 221). Abwertend wird der Begriff auch verwendet, um eine (sehr oft SEXISTISCHE) aggressive und skrupellose Argumentationsweise zu beschreiben.

Tessera → REVISIONISMUS

Text und Werk   Seit einiger Zeit spielt die Unterscheidung zwischen *Text* und *Werk* in der literaturtheoretischen Diskussion eine wichtige Rolle; die AMBIGUITÄT der beiden Begriffe konnte sie jedoch nicht ganz aufheben.

In seinem Artikel 'Texte' in der *Encyclopaedia Universalis* unterscheidet Roland Barthes zwischen dem Werk, einem 'fertigen Objekt, etwas Berechenbarem, das einen physischen Raum einnimmt', und dem Text, einem 'methodologischen Feld': 'Das Werk hält man in der Hand, der Text liegt in der Sprache.' Barthes schlägt dafür noch eine alternative Beschreibung vor:

> [W]enn man das Werk zur Sprache heterogen definiert (vom Format des Buches bis zu den sozialhistorischen Bedingungen, unter denen das Buch entstanden ist), dann sind Text und Sprache vollkommen homogen: der Text ist nichts anderes als Sprache und kann nur durch eine von ihm selbst verschiedene Sprache existieren. Anders ausgedrückt 'ist der Text nur in einer Arbeit, einer Produktion manifest': durch die 'signifiance'. (1968, 1015; zu *signifiance* siehe den Eintrag ZEICHEN.)

In der Literaturwissenschaft spricht man heute im allgemeinen von einem *Werk* nicht in dem Sinne, wie Barthes es definiert, sondern versteht darunter eine von ihrer physischen Existenz unabhängige literarische Komposition (*Hamlet* würde als Werk auch dann existieren, wenn es keine physische Kopie mehr davon gäbe, solange sich nur irgend jemand an die Wörter erinnert, aus denen es besteht, und diese weitergibt.) Nach Barthes' Definition ist es zweifelhaft, ob man auch schon von *Hamlet* als Werk sprechen konnte, als es erst auf der Bühne aufgeführt worden war und es noch kein verbindliches 'fertiges Objekt' gegeben hatte, das den Titel *Hamlet* trug und das man in der Hand halten konnte. Barthes' Text- bzw. Werkbegriff ist natürlich im Zusammenhang damit zu sehen, daß seiner Meinung nach der AUTOR tot ist, und er dem LESER entsprechend mehr Macht, Ansehen und Freiheit einräumt. Während das Werk durch eine Nabelschnur mit dem Autor verbunden bleibt, führt der Text eine gewissermaßen parthenogenetische Existenz, über die sein Erzeuger keine Macht mehr hat.

In der Praxis werden die beiden Begriffe heute aber ganz anders verwendet: Als *Text* bezeichnet man im allgemeinen ein literarisches oder anderes (nicht unbedingt sprachliches oder verbales) Werk ohne die traditionellen Vorurteile hinsichtlich Autonomie, auktorialer Macht, künstlerischer oder ÄSTHETISCHER Kraft und so fort. Das impliziert vielfach die Forderung, die Unterscheidung zwischen literarischen und nicht-literarischen Texten zu relativieren bzw. ganz aufzugeben. Mieke Bal etwa definiert einen Text für ihre Zwecke als 'ein endliches, strukturiertes Ganzes, das aus sprachlichen Zeichen besteht' (1985, 5) – was auf eine politische Rede ebenso zutrifft wie auf einen Roman. Mit dem Begriff *Werk* werden dagegen zweifellos traditionellere Inhalte assoziiert, was sich etwa auch darin äußert, daß Mieke Bal den Begriff in ihrer Einführung in die Erzähltheorie (*De theorie van vertellen en verhalen*) nicht weiter definiert. Im heutigen literaturwissenschaftlichen Sprachgebrauch wird, so könnnte man zusammenfassend sagen, ein von vielen seiner traditionellen Attribute befreites Werk als Text bezeichnet – eine Definition, die auch auf viele nicht-literarische (oder sogar nicht-sprachliche) Produktionen zutrifft.

Die *Textlinguistik*, eine Disziplin der Linguistik, ist in vielerlei Hinsicht der Diskursanalyse sehr ähnlich (ein Begriff, der seinerseits, wie im Eintrag DISKURS dargelegt, keineswegs nur in einer einzigen Bedeutung verwendet wird). Für Michael Stubbs (1983) sind die Begriffe Text und Diskurs mehr oder weniger gleichbedeutend, während andere Autoren, wie Stubbs auch anmerkt, hier sehr wohl Unterscheidungen treffen: entweder zwischen dem schriftlichen Text und dem mündlichen Diskurs; oder zwischen dem nicht-interaktiven Text und dem interaktiven Diskurs (siehe dazu das Zitat aus Leech und Short weiter unten); oder zwischen dem Text, der kurz oder lang sein mag, und dem Diskurs, der immer eine gewisse Länge impliziert; oder zwischen dem Text, der eine Oberflächenkohäsion aufweist, und dem Diskurs, der eine tiefer liegende Kohärenz aufweist. Einige Autoren, so Stubbs weiter, unterscheiden zwischen dem abstrakten theoretischen Konstrukt und der PRAGMATISCHEN Realisierung, sind sich allerdings, was für zusätzliche Verwirrung sorgen mag, nicht darüber einig, was davon als *Text* zu bezeichnen ist.

Grundsätzlich ist die Textlinguistik jedoch ein weiteres Gebiet als die Diskursanalyse und umfaßt unter anderem auch Elemente der STILISTIK und der ERZÄHLTHEORIE. Geoffrey Leech und Michael Short treten, wie bereits erwähnt, auch für eine Unterscheidung zwischen Text und Diskurs ein:

Ein Diskurs ist eine sprachliche Kommunikation, die nur als Transaktion zwischen Sprecher und Zuhörer aufgefaßt wird, als zwischen-

> menschliche Tätigkeit, deren Form durch ihren sozialen Zweck be-
> stimmt wird. Ein Text ist eine sprachliche Kommunikation (in
> schriftlicher oder mündlicher Form), die nur als in ihrem jeweiligen
> (akustischen oder visuellen) Medium codierte Botschaft aufgefaßt
> wird. (1981, 209)

Der springende Punkt ist hier die Gegenüberstellung von 'nur als Botschaft' aufgefaßter Kommunikation und 'Transaktion zwischen Sprecher
und Zuhörer'. Das heißt, daß dieselben Wörter sowohl einen Text
darstellen können, nämlich wenn sie nur als Botschaft aufgefaßt werden,
als auch ein Element in einem Diskurs, wenn sie als Transaktionsträger
zwischen Sprecher und Zuhörer aufgefaßt werden. Spricht man von
einem Text, heißt das also, daß man sich auf die verwendete Sprache
konzentriert und den Kontext, in dem sie verwendet wird, ignoriert
oder zumindest als weniger wichtig bewertet. Versucht man nun aber
zu definieren, was mit 'nur als Botschaft' gemeint ist, steht man vor
einem Problem, denn, so könnte der nicht unbegründete Einwand
lauten, um etwas (auch 'nur') als Botschaft aufzufassen, muß man auf
jeden Fall irgendeinen Kontext postulieren, nachdem eine Botschaft
nicht nur auf Grund ihrer sprachlichen Eigenschaften als Botschaft
definiert wird, sondern vor allem auf Grund ihrer *Funktion* als Botschaft. 'Verschwinde!' ist nur dann eine Botschaft, wenn damit eine
Information von einem Ursprung zu einem Ziel transportiert werden
soll: wenn es als Beispiel für die deutsche Rechtschreibung dienen soll,
ist es keine Botschaft. (Im *Duden* der deutschen Sprache (1976) wird
Botschaft definiert als 'wichtige, für den Empfänger bedeutungsvolle
Nachricht [die durch einen Boten überbracht wird]', was sehr nach
'Transaktion zwischen Sprecher und Zuhörer' klingt.)

   In ihrer *Einführung in die Textlinguistik* (1981) nennen Beaugrande
und Dressler sieben Kriterien für Textualität: Kohäsion und Kohärenz,
Intentionalität, Akzeptabilität, Situationalität, Informativität und Intertextualität. Diese Definition ist zwar relativ brauchbar, deckt sich aber
nicht mit der heute üblichen Definition eines (literarischen) Werkes.
(Meist werden diese Kriterien zwar die notwendige Voraussetzung dafür
sein, um eine Gruppe von Wörtern als literarischen Text oder literarisches Werk zu bezeichnen, vielfach wird man aber noch auf die Erfüllung weiterer Bedingungen pochen: künstlerische oder ästhetische Qualität, die Erfüllung bestimmter Voraussetzungen hinsichtlich GENRE,
FIKTIONALITÄT oder einer Form modifizierter REFERENZ etc.)

Die Frage, wo ein Text (oder ein Werk) endet und ein anderer Text (oder ein anderes Werk) beginnt, wird überraschend wenig diskutiert. Sogar jene, die vom Tod des Autors überzeugt sind, sind oft bereit, diese Entscheidung dem Autor zu überlassen. In Textvarianten sieht man im allgemeinen wohl verschiedene Texte, aber nur die Modifikation ein und desselben Werkes, doch bedarf auch dieser Punkt, der von der Literaturtheorie bisher kaum behandelt worden ist, noch einer endgültigen Klärung. (Jerome McGann ist einer der wenigen, der sich in mehreren seiner Schriften theoretisch mit diesen und verwandten Fragen beschäftigt.)

Textualismus   1982 schrieb Richard Rorty:

> Im vergangenen Jahrhundert behaupteten einige Philosophen, daß es nichts außer Ideen gäbe. In unserem Jahrhundert nun schreiben einige Autoren so, als ob es nichts außer Texten gäbe. (1982, 139)

Zu diesen Autoren, die er als 'Textualisten' bezeichnet, zählt Rorty 'die sogenannte "Yale-Schule" der Literaturkritik' mit Harold Bloom, Geoffrey Hartmann, J. Hillis Miller und Paul de Man; französische POSTSTRUKTURALISTEN wie Jacques Derrida und Michel Foucault, Historiker wie Hayden White und Sozialwissenschaftler wie Paul Rabinow.

Nach Rorty haben diese Autoren folgendes gemein: (i) eine antagonistische Haltung der Naturwissenschaft gegenüber und (ii) die Überzeugung, daß man das menschliche Denken und die menschliche Sprache niemals mit 'der reinen, unvermittelten Wirklichkeit' verglichen kann (1982, 139). Diese Position bezeichnet Rorty als Textualismus, als zeitgenössisches Gegenstück zum Idealismus, und seine Verfechter als die geistigen Nachfahren der Idealisten (1982, 140).

Er unterscheidet (nach Harold Bloom) zwischen *schwachen Textualisten* und *starken Textualisten*. Die schwachen Textualisten, so Rorty, 'glauben, daß jedes Werk sein eigenes Vokabular besitzt, seinen eigenen geheimen Code, der sich von dem anderer Werke unterscheidet'. Die starken Textualisten haben dagegen 'ihr eigenes Vokabular, machen sich aber keine Gedanken darüber, ob es von irgend jemand anderem geteilt wird' (1982, 150).

Rortys Argumentation ist natürlich, um einer ironischen und polemischen Wirkung willen, sehr stark vereinfachend, trug aber offenbar trotzdem wesentlich dazu bei, daß sich eine Reihe ganz unterschiedlicher Kräfte gegen den zunehmenden Einfluß dieser sogenannten Textualisten zusammenfanden, womit, rückblickend betrachtet, ein wichtiger Schritt in der Entwicklung einer Gegenbewegung zum Poststrukturalismus getan war.

Thema und Thematik   Unter *Thema* (englisch *theme*) versteht man in der Literaturkritik, allgemein ausgedrückt, den Grundgedanken eines Werkes, wobei der Begriff vor allem in die englische und französische Terminologie, weniger in die deutsche, Eingang gefunden hat, die meist nur zwischen Stoff und Motiv unterscheidet. Der Begriff, wie er in der anglo-amerikanischen und französischen Literaturkritik verwendet wird, ist allerdings durch eine gewisse Ambiguität gekennzeichnet. Während er für viele Kritiker eine Forderung, eine Doktrin oder eine Behauptung impliziert, die offen oder indirekt in einem WERK (oder von einem Werk als Ganzem) vertreten werden, würden viele andere Kritiker in diesem Fall von einer *These* sprechen und von einem Thema nur dann, wenn es sich, einfacher ausgedrückt, um eine in einem Werk aufgeworfene Frage handelt. Prince liefert eine sehr brauchbare Unterscheidung zwischen These und Thema, wonach eine These sowohl eine Frage als auch eine mögliche Antwort oder Antworten enthält, wohingegen ein Thema 'nicht für eine Antwort wirbt, sondern nur hilft, Fragen aufzuwerfen' (1988, 97). Des weiteren ist man sich auch nicht einig darüber, ob thematische Elemente in einem literarischen Werk durch den bewußten und absichtlichen Versuch des AUTORS, bestimmte Fragen zur Sprache zu bringen, bedingt sind oder sozusagen auch unbewußt vorgebracht werden können.

Ein Thema unterscheidet sich von einem *Motiv* (oder *Leitmotiv*) grundsätzlich durch größere Abstraktheit: Motive sind im allgemeinen mit konkreten Manifestationsformen verknüpft.

Prince stellt auch eine Beziehung zwischen Thema und RAHMEN her, indem er dem Thema in einem literarischen Werk eine Rahmenfunktion zuweist (1988, 111).

M.H. Abrams ist dagegen der Ansicht – und darin zeigt sich wieder, wie wenig einheitlich der Sprachgebrauch ist –, daß die Begriffe Motiv und Thema oft bedeutungsgleich verwendet werden, während es günstiger wäre, unter einem Thema eher eine allgemeine Forderung oder Doktrin zu verstehen (1988, 111) – was Prince seinerseits als These bezeichnen würde.

Vor allem in der ERZÄHLTHEORIE taucht in jüngster Zeit immer wieder der Begriff der *Thematik* (englisch *thematics*) auf. Thematik und

Erzählung hängen in der Praxis zwar eng zusammen, unterscheiden sich auf theoretischer Ebene aber dadurch, daß die Thematik unter anderem durch die Erzähltechnik produziert und modifiziert wird. Die Thematik bezieht sich also eher auf das Endprodukt: Sie ist die Summe aller aufgeworfenen Fragen, wobei vielleicht ein paar Antworten vorgeschlagen werden. Sie hängt nicht unbedingt von den bewußten oder unbewußten INTENTIONEN des Autors ab.

Als *thematischen Raum* bezeichnet Mieke Bal einen in einem literarischen Werk beschriebenen Raum, der eine thematische Funktion annimmt. Er ist mit anderen Worten nicht nur ein ORT, an dem die Handlung stattfindet, sondern 'ein "handelnder Ort", nicht so sehr der Ort der Handlung' (1985, 95).

These → THEMA UND THEMATIK

Tiefenstruktur → STRUKTUR

Tod des Autors → AUTOR

Topic Umberto Eco definiert den *Topic* als den Textoperator, der notwendig ist, um alle relevanten semantischen Explikationen in einer DISKURSIVEN Struktur zu realisieren (1990, 221).

Eco kontrastiert den *Topic* mit Greimas' Begriff der *Isotopie*, wobei er Greimas' Definition von Isotopie als 'eine redundante Gruppe von semantischen Kategorien, die das gleichförmige Lesen der Geschichte ermöglicht', zitiert (1990, 225). Nach Eco liegt der Unterschied darin, daß, während der Topic die semantischen Elemente steuert, die bei der Lektüre eines bestimmten TEXTES berücksichtigt werden können oder müssen, die Isotopie die tatsächliche textuelle Verifizierung der vom Topic hervorgebrachten Hypothese ist. Anders ausgedrückt: Ein Topic weckt im LESER bestimmte Erwartungen, während es sich bei der Isotopie um eine LEKTÜRE handelt, die auf diese Erwartungen gegründet ist. (Ob Eco Greimas hier richtig interpretiert, ist allerdings fraglich.)

Topographisches Modell der Persönlichkeit Unter Topographie versteht man die Beschreibung und Darstellung geographischer Örtlichkeiten auf einer Karte: Ein topographisches Modell der Persönlichkeit stellt die Struktur der Persönlichkeit durch ein räumliches Modell dar, in dem den verschiedenen Elementen der Persönlichkeit verschiedene (nicht *physische*) 'Räume' zugewiesen werden.

Das berühmteste Modell dieser Art ist Sigmund Freuds Unterteilung der Persönlichkeit in das *Unbewußte*, das *Vorbewußte* und das *Bewußtsein*. Dieses Persönlichkeitsmodell Freuds löste einige seiner früher entwickelten Modelle ab und wurde seinerseits vom strukturellen Modell abgelöst, das die Persönlichkeit in das *Es* (die instinktiven Triebe, die aus den Grundbedürfnissen des Körpers erwachsen), das *Ich* (die Instanz, die sich aus dem Es ableitet und das Es und die instinktiven Triebe steuert) und das *Über-Ich* (die geistige Transformation gesellschaftlicher/elterlicher Einflüsse auf die instinktiven Triebe) unterteilt.

Die verschiedenen Persönlichkeitsmodelle sind von PSYCHOLOGISCH und PSYCHOANALYTISCH orientierten Literaturkritikern in verschiedener Hinsicht nutzbar gemacht worden.

Topos　Der Begriff kommt aus dem Griechischen und bedeutet 'Gemeinplatz', wobei oft bestimmte konventionalisierte Orte oder Szenerien gemeint sind, die aus einer feststehenden Kombination charakteristischer oder stilisierter Objekte bestehen – zum Beispiel einer Wiese, einem Baum, einem Bach (Bal 1985, 96–7). In einem weiteren Sinne versteht man unter Topos auch die konventionelle Anordnung von MOTIVEN oder THEMEN, wobei der Begriff heute oft fast deckungsgleich mit STEREOTYP verwendet wird.

Totalisierender Diskurs　Ein DISKURS, der allen verfügbaren Boden besetzen will und denen, die er ausschließt, keinen ORT für eine Opposition zugesteht.

Transaktionstheorie des literarischen Werkes　Die Theorie stammt von Louise M. Rosenblatt und ist ihrem Buch *The Reader, The Text, The Poem* (1978) dargelegt. Sie richtet sich gegen Theorien, die auf eine ausschließlich aktive und eine ausschließlich passive Komponente gegründet sind: der LESER, der aktiv den literarischen TEXT INTERPRETIERT, oder der Text, der auf den Leser einwirkt und in ihm eine Reaktion hervorruft. Nach Rosenblatt ist die Beziehung zwischen Leser und Text nicht linear, sondern eine Situation, 'ein Ereignis zu einer bestimmten Zeit und an einem bestimmten Ort, bei dem ein Element das andere bedingt' (1978, 16). Sie hat für ihre Theorie die von John Dewey und Arthur F. Bentley entwickelte 'transaktionale' Terminologie übernommen, die aus einer philosophischen Richtung mit Wurzeln im Denken William James' und C.S. Peirces hervorgegangen ist. Für Dewey und

Bentley hat der Begriff 'Transaktion' einige bedeutende Vorteile gegenüber dem Begriff 'Interaktion'; ihrer Ansicht nach impliziert letzterer das Aufeinandereinwirken von 'getrennten, eigenständigen und bereits definierten Einheiten', während ersterer 'einen laufenden Prozeß' beschreibt, 'bei dem die Elemente oder Faktoren ... Aspekte einer Gesamtsituation sind, die einander bedingen bzw. voneinander bedingt werden' (1978, 17). Die Korrektur bisheriger Auffassungen des LEKTÜREprozesses, die sie vorschlägt, vergleicht Rosenblatt mit der Revolution, die der Schritt von der ÄUßERUNG zum SPRECHAKT in der Linguistik ausgelöst hat (1978, 19).

Rosenblatts Ansatz weist einige überraschende Berührungspunkte mit der DEKONSTRUKTIVISTISCHEN Kritik auf, denn obwohl sie mit anderen Begriffen arbeitet, scheint sie doch ein endloses Spiel zwischen den verschiedenen den Lektüreprozeß konstituierenden Elementen zu postulieren, wobei keines dieser Elemente in der Art eines TRANSZENDENTALEN SIGNIFIKATS fixiert und in der Lage ist, die Richtung einer Lektüre zu bestimmen. Im Falle der dekonstruktivistischen Kritik handelt es sich natürlich um ein Spiel der SIGNIFIKANTEN und um ein Spiel ganz anderer Art, doch sehen beide in aufeinanderfolgenden Lektüreakten die endlose Hervorbringung von etwas Neuem. Für Rosenblatt liegt der Grund dafür darin, daß alle Wahrnehmung durch Interessen, Erwartungen, Ängste und andere auf vergangene Erfahrung gegründete Faktoren bedingt ist (1978, 19), und diese sind notwendig immer andere, und zwar nicht nur von Leser zu Leser, sondern auch von Lektüre zu Lektüre. (Meine zweite Lektüre von *Mrs Dalloway* wird sich unweigerlich von meiner ersten – und meiner dritten – Lektüre unterscheiden, weil ich mit einem neuen Inventar an Erfahrungen, Erwartungen etc. an den Text herangehe; der Text bleibt nur insofern derselbe, als er dieselbe Ansammlung von Signifikanten bleibt; soweit die ÄSTHETISCHE Bedeutung des Textes durch seine Interaktion mit dem Leser konstituiert wird, befindet er sich in einem ständigen Erneuerungsprozeß.)

Damit kommen wir zum zweiten wichtigen Punkt in Rosenblatts Theorie: der Unterscheidung zwischen einer ästhetischen und einer nicht-ästhetischen Lektüre, die wieder Parallelen zu einer Reihe traditioneller Unterscheidungen (einschließlich Roman Jakobsons LEKTÜRECODES) aufweist. Während den Leser bei der nicht-ästhetischen Lektüre, so Rosenblatt, in erster Linie interessiert, was er aus der Lektüre herausholen kann, interessiert ihn bei der ästhetischen Lektüre vor allem, 'was *während* des tatsächlichen Leseaktes geschieht' (1978, 24).

Diese Theorie kann auch als ein Versuch gewertet werden, sich von zumindest einem Aspekt des NEW CRITICISM zu distanzieren: nämlich der Behandlung des literarischen WERKES, als ob es ein fixes, feststehendes Objekt wäre – etwa W.K. Wimsatts 'verbal icon' oder Cleanth Brooks' 'well-wrought urn'. (Siehe dazu die Diskussion im Eintrag zu REIFIKATION.) Rosenblatt formuliert es wie folgt:

> Anstatt die Struktur eines Kunstwerkes als etwas im Text statisch Inhärentes zu sehen, müssen wir die dynamische Situation erkennen, in der der Leser, in seiner Interaktion mit dem Text, eine Beziehung zwischen den verschiedenen Teilen seiner durchlebten Erfahrung fühlt oder organisiert. (1978, 90)

Eine ähnliche Wendung gegen den New Criticism findet sich in Douglas Hewitts *The Approach to Fiction*, das kurz vor Rosenblatts Buch erschien und in dem Hewitt fordert, daß Kritiker 'sich den Prozeß vergegenwärtigen müssen, den das Erleben eines Romans darstellt', *und* (und eben nicht *nur*) den Roman als 'ein geschaffenes Objekt, auf das man zurückblickt' sehen (1972, 188–9). Rosenblatt geht hier vielleicht weiter als Hewitt, indem der Text in ihren Augen durch die Lektüre konstituiert wird und nicht bereits existiert und nur darauf wartet, erlebt zu werden. (Diese Darstellung wird Hewitts Argumentation allerdings nicht ganz gerecht.) Auf der anderen Seite geht Rosenblatt kaum auf die Konstituierung des Lesers durch nicht-textuelle Kräfte und Elemente ein (wenn sie dies auch als prinzipiell wichtig erkennt und ihre Theorie diesen und anderen 'äußeren' Faktoren Raum bieten würde), wodurch sie sich von jüngeren Theoretikern unterscheidet, die sich verstärkt mit der Konstitution des SUBJEKTS durch gesellschaftliche, KULTURELLE und historische Kräfte – und ebenso durch die Sprache – beschäftigen.

Transcodierung → VERMITTLUNG

Transgredient   Wie Cvetan Todorov in *Mikhail Bakhtin: The Dialogical Principle* (1984) feststellt, ein Terminus, den Bachtin aus Jonas Cohns *Allgemeiner Ästhetik* (Leipzig 1901) entlehnt hat. Laut Todorov ist *transgredient* ein Komplementärbegriff zu *ingredient* und bezeichnet 'die Elemente des Bewußtseins, die diesem äußerlich, aber für dessen Vollständigkeit, für dessen Erreichung der Totalität dennoch unbedingt notwendig sind' (1984, 95).

Damit ist gemeint, daß wir kein Bewußtsein nur als dessen 'Ingredienzien' verstehen können, sondern diese in Interaktion mit äußeren Elementen, die das Bewußtsein definieren helfen, und von diesen ergänzt sehen müssen. Der Begriff spiegelt Bachtins kontextuellen und DIALOGISCHEN Ansatz.

→ EXOTOPIE

Transgressive Strategie   Der Begriff wird manchmal von POSTSTRUKTURALISTEN für eine Textbetrachtung verwendet, die versucht, über die Annahmen, auf denen der Text gründet und die er (wenn er nicht in Frage gestellt wird) reproduziert, hinauszugehen. Transgressive Strategien sind *denaturalisierend* – das heißt, sie hindern uns daran, den Text *als* natürlich oder *auf* 'natürliche' Art und Weise zu sehen (eine Art und Weise, die der KONVENTION nicht zuwiderläuft).

→ INTERROGATION; GEGEN-DEN-STRICH-LESEN

Transparente Kritik → OPAKE UND TRANSPARENTE KRITIK

Transtextualität → INTERTEXTUALITÄT

Transworld identity → HOMONYMIE

Transzendentale Prätention/transzendentales Signifikat/transzendentales Subjekt   Unter dem Einfluß Jacques Derridas haben sich für viele die Konnotationen des Wortes *transzendent* bzw. *transzendental* und sinnverwandter Wörter grundlegend verändert. Während *transzendental* früher vorwiegend positiv konnotiert war – die Grenzen der Erfahrung und der sinnlich erkennbaren Welt überschreitend –, wird es seit Derrida mit dem Glauben an feststehende, außersprachliche Orte der Bedeutungsdeterminierung assoziiert, einer Sichtweise, die Derrida als LOGOZENTRISCH und als repräsentativ für die METAPHYSIK DER PRÄSENZ bezeichnet. Derrida ist der Ansicht, daß jene, die sich selbst als MATERIALISTEN verstehen, 'Materie' ebenso als ein transzendentales Signifikat auffassen wie jene, die sich als Idealisten bezeichnen, ihr transzendentales Signifikat in Gott oder einer ähnlichen Instanz finden (1986, 128).

Derrida suchte schon, wie er selbst sagt, in seinen ersten Texten 'eine systematische dekonstruierende Kritik' gegen 'eben gerade die Autorität des Sinns ..., des Sinns als *transzendentales Signifikat* oder als

"*Telos*", die letztliche Bestimmung der Geschichte als Geschichte des Sinns, als Geschichte in ihrer logozentrischen, metaphysischen, idealistischen Darstellungsform' zu entwickeln (1986, 101–2). Nach Alex Callinicos ist Derrida der Auffassung, daß

> jeder Versuch, dem endlosen Spiel der Signifikanten Einhalt zu gebieten, vor allem durch Berufung auf den Referenzbegriff, die Postulierung eines 'transzendentalen Signifikats' beinhalten muß, das irgendwie und ohne diskursive Vermittlung im Bewußtsein präsent ist. (1989, 74)

Was dies für die Literaturkritik bedeutet, liegt nahe: Auch der Text ist vollkommen dem Spiel sprachlicher DIFFERENZEN unterworfen, die nicht durch irgendeinen außersystemischen Bezugspunkt – AUTOR, INTENTION des Autors, INTERPRETATION durch den 'durchschnittlichen Leser' oder ähnliches – fixiert oder organisiert werden können.

Ähnliche Einwände werden gegen das transzendentale SUBJEKT vorgebracht, das heißt gegen den Glauben, daß das *Selbst* von sozialen und KULTURELLEN Kräften unabhängig und nicht von diesen bestimmt ist und eine Einheit darstellt, nicht einen ORT für das Spiel der Widersprüche. Die transzendentale Prätention beruht nach Robert C. Solomon auf der ideologischen Auffassung, daß 'die weiße Mittelklasse europäischer Abstammung repräsentativ für die gesamte Menschheit sei, und daß, da es nur eine menschliche Natur gibt, diese auch nur eine Geschichte haben kann' (1980, xii).

In *Positionen* weist Derrida darauf hin, daß es auch einen transzendentalen Signifikanten geben kann, und nennt als Beispiel dafür den *Phallus* 'als Korrelat eines ersten Signifikats; die Kastration oder das Begehren der Mutter' (1986, 169). (→ PHALLOZENTRISMUS)

Trivialliteratur → KANON

U

Überbau → Basis und Überbau

Übercodierung → CODE

Überdeterminierung Aus den Schriften Sigmund Freuds: Wenn ein Symbol auf mehrere isolierte oder verwandte Quellen zurückgeht, wird es als überdeterminiert bezeichnet. Freud betrachtet das Traumsymbol als überdeterminiert, da man es, will man es vollständig erklären, nicht nur mit einer Quelle oder einer BEDEUTUNG zu tun hat, sondern mehrere untereinander zusammenhängende Quellen und Bedeutungen in Betracht ziehen muß. Hinsichtlich eines seiner eigenen Träume stellt Freud fest, daß es bestimmte Elemente, sogenannte 'Knotenpunkte' gibt, 'in denen sehr viele der Traumgedanken zusammentreffen, weil sie mit Bezug auf die Traumdeutung *vieldeutig* sind' (1972, 286). Im selben Absatz erklärt er den Begriff dann aber noch etwas anders: 'Jedes der Elemente des Trauminhaltes erweist sich als *überdeterminiert*, als mehrfach in den Traumgedanken vertreten' (1972, 286).

In einen etwas allgemeineren Sprachgebrauch hat der Begriff im Sinne der ersten Definition – 'viele bestimmende Kräfte, die sich zu einem Symbol (bzw. Ereignis oder Zustand) verbinden' – Eingang gefunden. Wenn etwas überdeterminiert ist, 'explodiert' es bei seiner ANALYSE oder Erklärung in viele einzelne Teile oder Quellen: Ein Kommentar ist länger als das Symbol, weil das Symbol sehr konzentriert ist. Traumanalysen sind ebenso wie Analysen dichterischer Symbole immer viel umfangreicher als die Symbole selbst.

In den 60er Jahren wurde 'Überdeterminierung' quasi zu einem Modewort, nachdem der französische marxistische Philosoph Louis Althusser einen Aufsatz mit dem Titel 'Widerspruch und Überdeterminierung' veröffentlicht hatte (in Althusser 1968, 52–99). Er verwendete den Begriff in einem historisch-politischen Sinne: Verschiedene soziale Kräfte konnten in ein einziges, überdeterminiertes Ereignis, wie etwa eine Revolution, münden.

Eine Reihe wissenschaftlicher Disziplinen sahen im Konzept der Überdeterminierung eine Warnung vor vereinfachenden Ursache-Wirkung-Schemata. Es war ebenso unwahrscheinlich, daß die Analyse von

Symbol und Ereignis sich in der Bezugnahme auf eine einzige Ursache erschöpfen konnte, wie daß eine einzige Ursache zu einem isolierten Ereignis führen würde. Und da man es des weiteren bei der Überdeterminierung mit gegensätzlichen Kräften zu tun hatte, konnte dieses Kräftespiel auf Grund der durch komplexe VERMITTLUNGSprozesse verursachten Abweichungen zu einem ganz anderen als dem erwarteten Ergebnis führen. Wie T.S. Eliot es ausdrückte: 'History has many cunning passages.' Zum Vergleich sei ein Kommentar von Friedrich Engels zitiert:

> Zweitens aber macht sich die Geschichte so, daß das Endresultat stets aus den Konflikten vieler Einzelwillen hervorgeht, wovon jeder wieder durch eine Menge besonderer Lebensbedingungen zu dem gemacht wird, was er ist; es sind also unzählige einander durchkreuzende Kräfte, eine unendliche Gruppe von Kräfteparallelogrammen, daraus eine Resultante – das geschichtliche Ergebnis – hervorgeht, die selbst wieder als das Produkt einer, als Ganzes, *bewußtlos* und willenlos wirkenden Macht angesehen werden kann. Denn was jeder einzelne will, wird von jedem andern verhindert, und was herauskommt, ist etwas, das keiner gewollt hat. (Marx & Engels 1974, 464; die Passage stammt aus einem Brief an Joseph Bloch vom September 1890.)

Die Analyse literarischer Symbole hat sich immer in weit geringerem Maße als die Analyse von Traumsymbolen auf KAUSALE oder GENETISCHE Faktoren konzentriert. Dennoch wirkte die Übernahme des Konzepts der Überdeterminierung in der Literaturwissenschaft simplifizierenden Ansätzen entgegen, literarische Werke oder Aspekte davon geradlinig auf einen 'Ursprung' zurückführen zu wollen.

Über-Ich → TOPOGRAPHISCHES MODELL DER PERSÖNLICHKEIT

Übernatürlich → FANTASTISCH

Übertragung   In den Schriften Sigmund Freuds das Übertragen von Gefühlen auf den Psychoanalytiker, die ursprünglich mit einem Gegenstand aus der Kindheit, einem Kindheitstrauma oder einem anderen Gegenstand psychoanalytischer Untersuchung verbunden sind. In den *Studien über Hysterie* findet sich ein frühes Beispiel für diese Theorie Freuds. Eine Patientin Freuds wies ein bestimmtes hysterisches Symptom auf, das seinen Ursprung in dem Wunsch hatte, daß ein Mann, mit dem sie einst ein Gespräch geführt hatte, die Initiative ergreifen und

sie küssen möge, einem Wunsch, den sie aus Angst damals sofort unterdrückte. Am Ende einer Sitzung tauchte nun dieser Wunsch wieder auf,
allerdings in bezug auf Freud; die Patientin war entsetzt, verbrachte eine
schlaflose Nacht und war bei der nächsten Sitzung 'ganz unbrauchbar
zur Arbeit'. Aber sobald der Wunsch aufgedeckt worden war, konnte
die Psychoanalyse fortgesetzt und der ursprüngliche Wunsch, der die
Patientin so erschreckt hatte, ans Licht befördert werden (Freud &
Breuer 1991, 320).

Von *Gegenübertragung* spricht man, wenn der Analytiker seine
eigenen Wünsche auf die von ihm analysierte Person überträgt.

In der neueren Literaturtheorie wird der Begriff der Übertragung oft
in einem weiteren Sinne für einen Prozeß verwendet, bei dem der
Analytiker eines TEXTES sich so unlösbar in den Gegenstand seiner
ANALYSE verstrickt, daß er nicht mehr unterscheiden kann, was 'im'
Text ist und was er selbst während des Analyseprozesses in den Text
eingeschleust hat.

Eine ähnliche Position nehmen in dieser Hinsicht Vertreter des
reader-response criticism ein, allerdings gehen sie von einem ganz
anderen Ansatzpunkt aus. (Während in Freuds Schriften die analysierte
Person für die Übertragung verantwortlich ist, ist in der erweiterten
Anwendung des Konzepts in der Literaturtheorie der Analytiker dafür
verantwortlich, weshalb man hier vielleicht lieber von Gegenübertragung sprechen sollte.) Eher würde es unter Umständen Freuds Terminologie entsprechen, im Falle einer dritten Person, die 'im' Text das sieht,
was der Analytiker ihm injiziert hat, von Übertragung zu sprechen,
obwohl auch hier die Parallele nicht ganz stimmt. Für die Literaturtheorie ist das Konzept aber vor allem auch deshalb von Interesse, weil
es einem altbekannten Prozeß einen Namen gibt: dem Prozeß, wodurch
der Analytiker oder INTERPRET eines literarischen WERKES dieses Werk
für nachfolgende Leser verändern kann.

Umfang → ANALEPSE

Unbestimmtheit → ELLIPSE

Unbestimmtheitsstelle → KONKRETISATION

Unbewußt In einem 1962 veröffentlichten Artikel über Rhythmus
und Metaphorik in der englischen Lyrik bemerkt William Empson, daß

vier große Denker – Darwin, Marx, Frazer und Freud – 'Grund zu der Annahme geben, daß der Künstler oft nicht weiß, was er tut' (1962, 36). Das heißt, daß nicht nur Sigmund Freud dafür verantwortlich ist, wenn wir heute anders als früher nicht mehr glauben, auf alles in unserem Bewußtsein beliebig zugreifen zu können. Freuds Entwicklung einer Theorie des Unbewußten fügt sich in eine allgemeine Denkrichtung ein, die sehr viel Gewicht auf die dunklen oder verborgenen Regionen der individuellen oder kollektiven Persönlichkeit legte. Aus Empsons Bemerkung geht auch hervor, weshalb diese Ideen das Interesse der Literaturkritiker geweckt haben: Sie scheinen durch Untersuchungen des literarischen Schöpfungsprozesses bestätigt, wonach in diesem Prozeß Dinge geschehen, die vom Schriftsteller offenbar nicht bewußt gesteuert werden.

Freud und Breuer haben ihre Theorie des Unbewußten bereits in den *Studien über Hysterie* entwickelt. Dabei konnten sie eine Reihe wichtiger Ansätze innerhalb der Psychologie für die Formulierung ihrer Theorie nutzbar machen, doch kommt vor allem auch ihren Fallgeschichten eine zentrale Rolle zu. Über Freuds Unbewußtes ließe sich sehr viel schreiben, in unserem Zusammenhang ist es aber vielleicht am wichtigsten, auf die Verbindung zwischen dem Unbewußten und dem Konzept der *Verdrängung* hinzuweisen. Denn diese Verbindung ist für Literaturkritiker sehr interessant, die zu erklären versuchen, weshalb ein bestimmtes literarisches Werk Tendenzen aufweist, die scheinbar im Widerspruch zu den Meinungen und Überzeugungen stehen, die der Autor nach außen oder bewußt vertritt. William Empson schreibt dazu in seinem Artikel:

> Der Interpret eines Kunstwerks kann sich nicht zum Ziel setzen, all das ins Bewußtsein zu rufen, wo es ja eigentlich nicht hingehört; seine Aufgabe ist es in erster Linie, zwischen dem Unbewußten des Künstlers und dem Unbewußten des Publikums, für das er arbeitet, zu vermitteln. (1962, 36)

Freuds Theorie des Unbewußten ist inzwischen von vielen Theoretikern weiterentwickelt oder in Frage gestellt worden. In literaturkritischen Kreisen am einflußreichsten dürfte Jacques Lacan sein, der klar Position bezieht, wenn er von der Freudschen *Entdeckung* des Unbewußten spricht. Lacan definiert das Unbewußte als 'der Teil des konkreten Diskurses als eines überindividuellen, der dem Subjekt bei der Wiederherstellung der Kontinuität seines bewußten Diskurses nicht zur Verfügung steht' (1975, 97), und als 'das Kapitel meiner Geschichte, das weiß geblieben ist oder besetzt gehalten wird von einer Lüge'; es ist 'das zensierte Kapitel' (1975, 98). Es kann aber dennoch wiedergefunden werden – in Denkmälern, in Archivdokumenten wie etwa Erinnerungen an die Kindheit, in der semantischen Entwicklung, in der Tradition und in hinterlassenen (bewußten) Spuren (1975, 98–9).

Anthony Wilden hat darauf aufmerksam gemacht, daß Lacans linguistisches Modell des Unbewußten (in dem das Unbewußte wie eine Sprache strukturiert ist) auch Lévi-Strauss verpflichtet ist. Und Lévi-Strauss selbst, so Wilden weiter, gibt an, in seiner Entwicklung einer Theorie des Unbewußten sowohl von Freud als auch von Marx – und außerdem von der Geologie! – beeinflußt worden zu sein. Laut Wilden formuliert Lévi-Strauss das Konzept des Unbewußten als Ort 'nicht der Instinkte, nicht der Phantasien, nicht der Energie oder der Einheiten, sondern als Ort einer *symbolischen Funktion* – Regeln, die die möglichen Botschaften im System steuern, eine Art Syntax oder Code' (1972, 15). Und diese Formulierung, so meint Wilden, diente Lacan als Grundlage dafür, zuerst festzustellen, daß 'das Freudsche Unbewußte der Diskurs des Anderen' ist (1953), und kurz darauf, daß 'das Unbewußte wie eine Sprache strukturiert' ist.

Fredric Jameson versucht in seinem Buch *Das politische Unbewußte* Freuds Konzept des Unbewußten zu historisieren und das ZENTRUM des Freudschen Interpretationssystems (in den Augen Jamesons die Wunscherfüllung) der Geschichte und Gesellschaft zuzuordnen anstatt dem individuellen SUBJEKT und der individuellen Psychobiologie. Er situiert eine Reihe verwandter Freudscher Konzepte – Verdrängung, Zensur und so fort – in einem sozio-historischen Kontext und wendet sie dann auf die Lektüre literarischer Werke an. Jamesons Historisierung des Begriffs des Unbewußten läßt sich mit Gilles Deleuzes und Félix Guattaris Nutzbarmachung Freuds in ihrem *Anti-Ödipus: Kapitalismus und Schizophrenie* vergleichen. So stellen sie zum Beispiel fest, daß 'die Frauenbefreiungsbewegungen in mehr oder weniger zweideutigem Zustand das tragen, was einer jeden Forderung nach Befreiung unabdingbar ist: die Kraft des Unbewußten, die Besetzung des gesellschaftlichen Feldes durch den Wunsch, den Abzug der Besetzung von repressiven Strukturen' (1974, 77–8). (Zu einer FEMINISTISCHEN Kritik von Deleuze und Guattari siehe den Eintrag BEGEHREN.)

→ URSCHRIFT; ZENSUR; VERDICHTUNG UND VERSCHIEBUNG; PRIMÄRVORGANG; TOPOGRAPHISCHES MODELL DER PERSÖNLICHKEIT

Unheimlich → FANTASTISCH

Unmotiviert → ARBITRARITÄT

Urschrift   Der Begriff wurde von dem französischen Philosophen Jacques Derrida geprägt, der ihn von Sigmund Freuds Aufsatz 'Notiz über den "Wunderblock"' (1925) ableitete. Der Wunderblock war ein Kinderspielzeug, eine Art Schreibapparat. Man konnte darauf mit einem harten Stift schreiben, das Geschriebene dann aber scheinbar wieder löschen, indem man das doppelte Deckblatt von der Wachsunterlage entfernte. Was Freud daran faszinierte, war, daß man das Geschriebene dadurch zwar unsichtbar machen konnte, es aber nicht wirklich vollkommen löschte. Es war noch da, in die Wachsmasse gedrückt, verborgen, aber nicht verschwunden. In diesem Sinne war die Wachsmasse mit dem UNBEWUßTEN vergleichbar, aus dem (wie Freud verschiedentlich wiederholte) nichts wirklich gelöscht wird, während die auf der Unterlage befindliche Schicht aus Zelluloid und durchsichtigem Wachspapier dem Bewußtsein entsprach, das Informationen an das Unbewußte weiterleitet ohne sie selbst zu behalten.

Darüber hinaus war das Geschriebene, das durch den Schreibakt sichtbar wurde, schon vorher vorhanden, nämlich insofern, als man mit dem Stift nur einen Teil des Wachsblocks sichtbar machte, der bereits existierte, bevor man zu schreiben begann. Diese Weiterführung der Freudschen Analogie bedeutet eine Konzeptualisierung des Unbewußten als etwas durch die *Schrift* (siehe ÉCRITURE) in Form einer Urschrift im Gehirn Konstituiertes, das – sowohl phylogenetisch als auch ontogenetisch – vor jedem Schreib- und sogar Sprechakt existiert. Derrida schreibt dazu:

> Die Schrift ergänzt die Wahrnehmung, noch bevor diese sich selbst erscheint. Das 'Gedächtnis' oder die Schrift sind die Eröffnung dieses Erscheinens selbst. Das 'Wahrgenommene' läßt sich nur als Vergangenes, unter der Wahrnehmung und nach ihr lesen. (1972a, 341)

Von diesem Standpunkt aus betrachtet ist Wahrnehmung niemals ursprünglich oder direkt, sondern erhält ihre BEDEUTUNG durch eine bereits existierende Urschrift. In dieser Theorie lassen sich einige Berührungspunkte (allerdings nicht mehr als das) mit Noam Chomskys Theorie des Spracherwerbsmechanismus festmachen; durch diesen Mechanismus wird, weil er der tatsächlichen Spracherlernung vorangehen muß, die Sprache (wiederum in Form einer Ursprache oder in Form sprachlicher Universalien) im Gehirn und nicht auf sozialem oder KULTURELLEM Boden angesiedelt.

Aus derselben Quelle Freuds leitet Derrida seinen Sprachgebrauch des Wortes SPUR ab. Wenn man die Wörter, die man auf den Schreibblock geschrieben hat, löscht, bleiben auf der Oberfläche leichte Kratzer oder Spuren zurück. Freud vergleicht dies damit, wie 'die Wahrnehmungen, die an uns herankommen, ... in unserem psychischen Apparat eine Spur' hinterlassen (zitiert in Derrida 1972a, 330). Die Wahrnehmungen sind aber mehr als nur Spuren: Sie bestehen in der Beziehung dieser Spuren zu dem, was diese sichtbar werden läßt (im Falle des Schreibblocks ist das der Druck der dahinterliegenden Wachsunterlage: beim Menschen das Zusammentreffen von Spur und Unbewußtem – Derrida zitiert hier Freuds Vergleich der Wachstafel mit dem Unbewußten [1972a, 341].)

Derrida wendet diesen Gedanken in weiterer Folge auch auf die Schrift (oder vielleicht genauer auf die écriture) an. 'Freud macht uns also die Schreibszene', doch muß, so Derrida, der Freudsche Begriff der Spur 'radikalisiert werden und aus der Metaphysik der Präsenz ... herausgelöst werden' (1972a, 348–9). Für Derrida ist die Spur

> die Selbstlöschung, die Auslöschung ihrer eigenen Präsenz; sie wird durch Drohung oder die Angst ihres unwiderruflichen Verschwindens, des Verschwindens [ihres] Verschwindens konstituiert. Eine unauslöschbare Spur ist keine Spur; sie ist eine volle Präsenz ...
> (1972a, 349)

Damit sind wir wieder bei einem bevorzugten Thema Derridas angelangt: Um der Metaphysik der PRÄSENZ zu entkommen, müssen alle festen oder hierarchischen Determinanten verworfen werden. Die Spur muß wirklich eine Spur sein, etwas, das ohne Verbindung zu dem, was sie hervorgebracht hat, und ohne Garantie für ihr eigenes Überleben zurückbleibt. Nur dann steht sie für eine von der Metaphysik der Präsenz gereinigte Auffassung von Schrift, für eine Schrift, die niemals das, was ihrer Bedeutung zugrunde liegt, einholen kann. Um mit den Worten Richard Harlands zu sprechen, 'sind Wahrnehmung und Präsenz "der Dinge an sich" immer voneinander getrennt' (1987, 144), während für Freud die Spur mit der Präsenz des Wachsblocks fest verbunden ist, mit dem Unbewußten, das die Bedeutung der Spur bestätigt.

Derridas Weiterführung Freuds scheint sich an diesem Punkt nicht wesentlich von dem Schluß zu unterscheiden, daß Statuen älter sind als die Bildhauerei, wenn die Statue – im Steinblock verborgen in Erwartung ihrer 'Entdeckung' – bereits existiert, bevor der Bildhauer mit seiner Arbeit beginnt. Der psychologische Nachweis scheint wohl zu sein, daß die Wahrnehmung zum Teil durch biologisch vererbte Elemente, die allen Kulturen gemeinsam sind, konstituiert wird, daß aber diese Elemente durch kulturspezifisches Lernen überwogen und modifiziert werden können. Zugleich drängt sich hier wohl die Frage auf, warum Menschen ein bestimmtes biologisches Erbgut besitzen.

→ ZENSUR; VERDRÄNGUNG

Uses and Gratifications   Die Begriffe stammen aus dem Bereich der MEDIA STUDIES und tauchen in erster Linie im Zusammenhang mit Theorien darüber auf, wie Fernsehzuschauer die Programme, die sie sich ansehen, zur 'Befriedigung' der verschiedensten Bedürfnisse und Wünsche 'benutzen'. Nach dieser Theorie, die in den Vereinigten Staaten entwickelt wurde, wird Fernsehzuschauern eine viel aktivere Rolle zuerkannt als von seiten MARXISTISCHER Kritiker oder auch von populistischen 'Untergangspropheten', die die Übel des Fernsehens anprangern. McQuail *et al.* (1972) zum Beispiel kamen auf Grund ihrer umfassenden Untersuchungen der Reaktionen der Fernsehzuschauer auf Quizshows zu dem Schluß, daß 'sich die Typologie der Interaktion zwischen Medium und Mensch' in vier große Kategorien einteilen läßt: Unterhaltung, persönliche Beziehungen, persönliche Identifizierung und Überwachung (d.h. auf dem laufenden bleiben, was sich auf der Welt ereignet).

Die Theorie wurde vor allem wegen ihrer mangelnden Skepsis gegenüber Beteuerungen der Fernsehzuschauer, das Fernsehen aktiv und kreativ zu nützen, kritisiert; dennoch ist ihr und den Untersuchungsergebnissen, auf denen sie gründet, zugute zu halten, daß eine für die Literaturwissenschaft zentrale Frage aufgeworfen wurde, nämlich ob man auf Grund literaturkritischer Untersuchungen ebenfalls zu dem Ergebnis kommen würde, daß verschiedene LESER aus der LEKTÜRE desselben literarischen WERKES unterschiedliche Dinge herausholen: ein Ergebnis, das der traditionellen Auffassung vieler Literaturkritiker zuwiderlaufen würde, wonach Leser fähig sind oder sein sollten, auf dasselbe literarische Werk auf vergleichbare Art und Weise zu reagieren bzw. zu vergleichbaren INTERPRETATIONEN zu kommen.

V

V-Effekt → VERFREMDUNGSEFFEKT

Verdichtung und Verschiebung   Nach Freud ergibt sich aus einem Vergleich von Trauminhalt und Traumgedanken, daß 'eine großartige *Verdichtungsarbeit* geleistet wurde. Der Traum ist knapp, armselig, lakonisch im Vergleich zu dem Umfang und zur Reichhaltigkeit der Traumgedanken' (1972, 282). Mit anderen Worten wird sehr viel an BEDEUTUNG auf eine relativ kleine Größe *verdichtet*, indem einzelne Zeichen oder Bilder mehr bedeuten als nur eine Sache: die Traumgedanken sind somit ÜBERDETERMINIERT. Freuds ANALYSEN leisten daher auch Enthüllungsarbeit; aus einer einzigen in einem Traum vorkommenden Szene oder Person kann man eine ganze Reihe verschiedener Bedeutungen herauslesen. So kann, wie auch Freud meint, die Analyse eines Traumes, wenn man sie niederschreibt, sechs- oder zwölfmal so lang sein wie die Niederschrift des Traumes an sich (1972, 282). Bei Träumen hat man es mit extremer Bedeutungs*kompression* zu tun. Freud nennt verschiedene Mittel zur Traumverdichtung – die Herstellung von Sammelpersonen (wenn zum Beispiel eine bekannte Person in einem Traum für eine Reihe anderer Personen steht) oder Mischpersonen (etwa eine Person, die im Traum das Aussehen und die Eigenschaften mehrerer Personen vereint), oder auch verbale Mittel (etwa Wortschöpfungen, die eine Reihe verschiedener Wörter verbinden). Alle diese Techniken sind für die Literaturkritik sehr relevant, vor allem, wenn es um Lyrik geht, da man hier starke Parallelen zur konzentrierten Form dichterischer BILDER oder SYMBOLE findet, und in einigen Aspekten erinnern Freuds TraumANALYSEN auffallend an die Analysen lyrischer Gedichte durch die NEW CRITICS.

Für Freud geht Verdichtung typischerweise Hand in Hand mit *Verschiebung*: '*Traumverschiebung und Traumverdichtung* sind die beiden Werkmeister, deren Tätigkeit wir die Gestaltung des Traumes hauptsächlich zuschreiben dürfen' (1972, 307). Freud sieht in der Verschiebung eine Möglichkeit, die ZENSUR auszuschalten; wenn sich zum Beispiel jemand auf Grund einer funktionierenden Zensur nicht eingestehen kann, daß er jemand anderen haßt, dann überträgt er diesen Haß möglicherweise auf etwas, das er mit dieser Person assoziiert, das heißt, der Haß wird von einem durch die Zensur geschützten Objekt auf ein anderes übertragen, um das sich die zensurierende Instanz nicht kümmert. Auch dieser Gedanke der Verschiebung wurde von der Literaturwissenschaft aufgegriffen; man hat versucht, damit (oft in Verbindung mit dem Begriff der Verdichtung) die Funktionsweise der Symbolik in literarischen WERKEN zu erklären.

Vergleiche auch die Erörterung von *Metaphorik* und *Metonymik* im Eintrag SYNTAGMATISCH UND PARADIGMATISCH: In der Nachfolge Lacans haben zahlreiche Autoren festgestellt, daß die Unterscheidung zwischen Verdichtung und Verschiebung einige Berührungspunkte mit Roman Jakobsons Unterscheidung zwischen Metapher und Metonymie aufweist (siehe die Diskussion in Scholes 1982, 75–6).

Verdrängung   Ein Schlüsselbegriff in Freuds Theorie, der zum erstenmal in den von ihm gemeinsam mit Josef Breuer verfaßten *Studien über Hysterie* auftaucht. Er steht in engem Zusammenhang mit dem Begriff der ZENSUR: Bei der Verdrängung wird Material zensiert, so daß es nicht mehr oder nur indirekt (in Witzen, Träumen, 'Versprechern' und so fort) im Bewußtsein vorhanden ist. Wichtig dabei ist, daß dieses Material deshalb aber nicht verloren und auch nicht ganz ohne Wirkung auf das Bewußtsein ist; es wirkt indirekt und unbemerkt.

In den *Studien über Hysterie* nennt Freud als Beispiel den 'unersetzlich erscheinenden Verlust einer geliebten Person', auf den jemand nicht reagiert, weil die Natur des Traumas eine Reaktion ausschließt oder 'weil die sozialen Verhältnisse eine Reaktion unmöglich' machen (Freud & Breuer 1991, 34). Ein typischer Fall wäre etwa, wenn jemand seine Erleichterung über den Tod eines vielgeliebten Elternteils verdrängt (der Vater oder die Mutter war senil, das Kind konnte sich nicht mehr um ihn oder sie kümmern und so weiter). Der Akt der Verdrängung erfolgt nicht bewußt, aber sehr wohl beabsichtigt; die Zensur verweigert dem Bewußtsein Zugang zum Gefühl der Erleichterung. Das so verdrängte Material kommt aber typischerweise *zurück*; nicht direkt oder offen, sondern in zensierter Form. Nach Freud sind es gerade solche Dinge, die man in der Hypnose als Grundlage hysterischer Phänomene findet (1991, 34).

Die Relevanz dieser Theorien für die Literatur und die Literaturkritik sehen Freudianer und Neofreudianer darin, daß Kunst und Literatur sehr viel mit Träumen und anderen Tätigkeiten gemeinsam haben, bei denen die Zensur ausgeschaltet und verdrängtes Material freigegeben wird – entweder vom Schriftsteller während des Schreibaktes oder vom LESER bei der Lektüre. Ein Schriftsteller ist vielleicht nicht in der Lage, seine Erleichterung über den Tod eines Elternteils zu erkennen, sehr wohl aber, dem verdrängten Material in getarnter, konvertierter Form in seinem Werk Ausdruck zu verleihen (und damit gewissermaßen zu neutralisieren). Damit lassen sich Ansätze legitimieren (bzw. hofft man, sie damit zu legitimieren), die die INTERPRETATION literarischer Werke auf die psychoanalytische Untersuchung des AUTORS gründen.

Entsprechend lassen sich in den Augen einiger Theoretiker auch die Reaktionen eines Lesers auf seine Verdrängungen zurückführen. Das heißt, bei der Lektüre eines literarischen Werkes wären wir in der Lage, unseren Gefühlen in unzensierter Form freien Lauf zu lassen. Die ANALYSE unserer Reaktionen würde uns dann – ähnlich wie die Analyse unserer Träume – helfen, sonst unzugängliches, verdrängtes Material aufzudecken.

→ URSCHRIFT

Veredelte Sprache → DISKURS

Verfahren → FUNKTION

Verfremdung   Der Begriff geht auf den RUSSISCHEN FORMALISMUS zurück, im besonderen auf die Literaturtheorie Viktor Šklovskijs. In seinem Aufsatz 'Die Kunst als Verfahren' argumentiert Šklovskij, daß die Wahrnehmung zum Automatismus werde, sobald man sich an sie gewöhnt habe, und daß die Funktion der Kunst darin bestehe, gegen diese Automatisierung und Gewöhnung anzutreten und wieder eine direkte Wahrnehmung der Dinge zu ermöglichen.

> Die Automatisierung frißt die Dinge, die Kleidung, die Möbel, die Frau und den Schrecken des Krieges. 'Wenn das ganze komplizierte Leben bei vielen unbewußt verläuft, dann hat es dieses Leben gleichsam nie gegeben.' Und gerade, um das Empfinden des Lebens wiederherzustellen, um die Dinge zu fühlen, um den Stein steinern zu machen, existiert das, was man Kunst nennt. (1969, 15; das Zitat stammt aus dem *Tagebuch* Leo Tolstois.)

In seinem Essay 'Die funktionale Differenzierung der Schriftsprache' liefert Bohuslav Havránek, ein Vertreter der PRAGER SCHULE, eine brauchbare Definition der Begriffe *Automatisierung* und *Aktualisierung*.

> Unter *Automatisierung* ... verstehen ... wir, daß sprachliche Verfahren, isoliert oder miteinander kombiniert, so verwendet werden,

wie dies, um etwas Bestimmtes auszudrücken, üblich ist, so daß der verwendete Ausdruck an sich keine Aufmerksamkeit erregt ...

Unter *Aktualisierung* ... verstehen wir die Verwendung sprachlicher Verfahren in einer Art und Weise, daß dies unsere Aufmerksamkeit erregt und als ungewöhnlich wahrgenommen wird, als entautomatisiert, wie etwa eine lebendige poetische Metapher (im Gegensatz zu einer lexikalisierten Metapher, die automatisiert ist). (1964, 9, 10)

Für Šklovskij besteht das Ziel der Kunst darin, ein Empfinden der Dinge zu vermitteln, als Sehen und nicht als Wiedererkennen; das könne dadurch erreicht werden, daß man Dinge *fremd* macht. Ein mögliches Verfahren – Šklovskij schreibt es Tolstoi zu – besteht darin, einen Gegenstand nicht mit seinem Namen zu nennen, sondern ihn so zu beschreiben, als werde er zum ersten Mal gesehen (1969, 17). Dieses Verfahren der Verfremdung war aber schon lange vor Tolstoi bekannt: Man denke nur daran, wie die Lilliputaner in Jonathan Swifts *Gulliver's Travels* die Dinge beschreiben, die Gulliver in seinen Hosentaschen mit sich trägt. Die Verfremdungseffekte in Swifts *Gulliver's Travels* hat Boris Tomaševskij, wie Šklovskij ein Vertreter des russischen Formalismus, in seinem Aufsatz 'Thematik' untersucht (1985, 235).

Wichtig ist in diesem Zusammenhang die Auffassung der Prager Schule, wonach sich diese Automatisierung auf verschiedenen Ebenen vollziehen kann: Ein literarischer KANON könne zum Beispiel automatisiert und in der Folge durch ein Werk, das den Leser dies erkennen läßt, verfremdet werden.

Die Verfremdungstheorie geht davon aus, daß außerhalb der Kunst unsere Wahrnehmung oft durch das, was wir bereits kennen, überdeckt wird; die Folge sind vertraute STEREOTYPEN anstatt ein Wissen, das wir aus einer konkreten Information, die uns unsere Sinne liefern, ableiten. Michail Bachtin argumentiert ganz ähnlich, wenn er davon spricht, eine Ausnahmesituation zu schaffen, 'in der das Wort weder in automatisierter noch in objektivierter Form gebraucht und der Mensch gezwungen wird, die Tiefenschichten seiner Person und seines Denkens aufzudecken' (1971, 124).

Insofern durch die Verfremdung bestehende Gewohnheiten und Annahmen in Frage gestellt werden, wird der Kunst in gewissem Maße eine revolutionäre Rolle zuerkannt und sie nicht mehr nur als Widerspiegelung der herrschenden Verhältnisse betrachtet, obwohl für die russischen Formalisten Verfremdungsverfahren vor allem gegen den Automatismus in der Sprache und weniger gegen den Automatismus in politischer oder IDEOLOGISCHER Hinsicht gerichtet waren (allerdings könnte zwischen beiden ein gewisser Zusammenhang bestehen). Interessante Berührungspunkte gibt es hier aber zweiffellos mit Brechts Begriff des VERFREMDUNGSEFFEKTS, wenn auch Brecht dem Verfremdungsprozeß viel eindeutiger eine politische und ideologische Funktion zuschreibt.

Das Konzept der *Aktualisierung* stellt eine Weiterentwicklung des Verfremdungsbegriffs dar und greift damit auf die von der Wahrnehmungsforschung entwickelten 'Figur-Grund-Theorien' zurück. Heute werden die Begriffe *Aktualisierung* und *Verfremdung* oft gleichbedeutend verwendet. Beide Begriffe gehen davon aus, daß sich die 'poetische Sprache' wesentlich von anderen sprachlichen Erscheinungsformen unterscheidet; nach Jan Mukařovský besteht 'die Funktion der poetischen Sprache in der maximalen Aktualisierung der Spracherscheinung', wobei 'die Aktualisierung einer Komponente notwendigerweise die Automatisierung einer oder mehrerer anderer Komponenten bedingt' (1964, 19–20). In Analogie zum englischen Begriff *foregrounding* (Aktualisierung; in den Vordergrund treten lassen) wurde der Begriff *backgrounding* (in den Hintergrund treten lassen) geprägt, um ein Verfahren zu beschreiben, das bestimmte Elemente in einem literarischen WERK so darstellt, daß sie nicht hervorstechen oder bemerkt werden. Verwendung findet dieses Verfahren zum Beispiel in Detektivgeschichten, in denen der AUTOR Schlüsselelemente unauffällig mit dem Hintergrund verwebt und den Leser die Bedeutung dieser Elemente erst viel später bemerken läßt. Für das englische *automization* (Automatisierung) wird vielfach auch *naturalization* (Naturalisierung) als Synonym gebraucht. (Siehe auch Gérard Genettes Begriff der *hypothetischen Ellipse* im Eintrag ELLIPSE; und den Eintrag VERZÖGERTE BEDEUTUNG.)

Nach Gérard Genette besteht für Roland Barthes die 'größte Sünde der kleinbürgerlichen Ideologie' in der Automatisierung (frz. *naturalisation*) von Kultur und Geschichte (1966, 197). Das heißt, daß KULTUR und Geschichte zu etwas so Gewohntem gemacht werden, daß ihre historische und kulturelle Spezifität – und damit die Möglichkeit, sie zu verändern – verdunkelt wird. Anne Cranny-Francis ist der Ansicht, daß die Männern und Frauen eigene Subjektivität zum Teil auch darauf zurückzuführen ist, daß der SEXISTISCHE DISKURS 'als Darstellungs- und Selbstdarstellungsmodus von Frauen und Männern' automatisiert wird (1990, 2).

→ FIGUR UND GRUND; LITERARIZITÄT

Verfremdungseffekt   Ein von Bertolt Brecht in Zusammenhang mit seiner Forderung eines *epischen Theaters* geprägter Begriff, den Brecht aus zuvor verwendeten Ausdrücken wie *Fremdheit*, *befremden*, *entfremden* und dem inzwischen berühmt gewordenen Ausdruck *V-Effekt* entwickelte.

Der Begriff hat einiges mit dem Konzept der VERFREMDUNG, wie es von den RUSSISCHEN FORMALISTEN entwickelt wurde, gemeinsam, doch war es Brecht in viel stärkerem Maße um das Theater und eine besondere dramatische Technik zu tun. Verfremdungseffekte sollten eingesetzt werden, um die Einfühlung der Zuschauer in das, was auf der Bühne vor sich ging, zu zerschlagen, zu verhindern, daß sie in 'der Welt des Theaters' versanken und sich der Illusion hingaben, daß das, was sie sahen, das 'wirkliche Leben' war. Im Gegenteil sollten Inszenierung und Spielweise der Schauspieler die Zuschauer ständig daran erinnern, daß sie ein Theaterstück sahen, eine Darstellung von Ereignissen, die nicht unbedingt so sein mußten, aber so sein konnten.

Wie bereits erwähnt, entwickelte Brecht den Begriff im Zusammenhang mit seiner Theorie des *epischen Theaters*, das das *dramatische Theater* ersetzen sollte. In seiner Schrift 'Vergnügungstheater oder Lehrtheater?', die 1936 oder noch früher entstand, unterscheidet Brecht klar zwischen den beiden Formen:

> *Der Zuschauer des dramatischen Theaters sagt:* Ja, das habe ich auch schon gefühlt. – So bin ich. – Das ist nur natürlich. – Das wird immer so sein. – Das Leid dieses Menschen erschüttert mich, weil es keinen Ausweg für ihn gibt. – Das ist große Kunst: Da ist alles selbstverständlich. – Ich weine mit den Weinenden, ich lache mit den Lachenden.
> *Der Zuschauer des epischen Theaters sagt:* Das hätte ich nicht gedacht. – So darf man es nicht machen. – Das ist höchst auffällig, fast nicht zu glauben. – Das muß aufhören. – Das Leid dieses Menschen erschüttert mich, weil es doch einen Ausweg für ihn gäbe. – Das ist große Kunst: da ist nichts selbstverständlich. – Ich lache über den Weinenden, ich weine über den Lachenden. (1967b, 265)

Um diese Wirkung zu erzielen, stellte Brecht in seinem epischen Theater das Bühnengeschehen episodisch dar, sehr oft unter Einführung extra-MIMETISCHER ERZÄHLUNGEN, unterbrochen durch Lieder, auf den Bühnenhintergrund projizierte Bilder oder Texte, Kommentare etc. Interessant sind die Parallelen, die sich in Brechts Theorie und der von Michail Bachtin in einem Aufsatz über das Epos und den Roman getroffenen Unterscheidung zwischen diesen beiden Literaturformen finden; Bachtin vertritt darin die Auffassung, daß der Leser wohl in die Welt des Romans Eingang finden kann, nicht aber in die Welt des Epos (Bachtin 1981, 32).

Damit das Publikum reagierte, wie Brecht es anstrebte, mußte es überrascht werden, mit Formen konfrontiert werden, die mit den bestehenden dramatischen Konventionen brachen. Daß einige der von Brecht und seinem Mitarbeiter Erwin Piscator eingeführten Techniken auch nach Brechts Tod in dem sich über lange Zeit kaum verändernden Repertoire des *Berliner Ensembles* beibehalten wurden, widersprach, so kann man wohl behaupten, dem Geist, aus dem sie geboren wurden. Mancher, der diese – mit sozusagen aus der Tiefkühlbox stammenden technischen Elementen versetzten – Aufführungen sah, konnte sich wohl bisweilen nicht gegen das Gefühl wehren: 'Das ist nur natürlich. – Das wird immer so sein.'

In der Erzähltheorie spricht man auch von *verfremdendem Erzählen*, wenn das Bewußtsein des ERZÄHLERS von demjenigen einer oder mehrerer fiktiver Personen durch Einführung bestimmter verfremdender Elemente unterschieden und distanziert wird.

Verkettetes Ereignis → EREIGNIS

Vermittlung Viele moderne Theorien gehen von in hohem Maße vermittelten zwischenmenschlichen Beziehungs- und Kommunikationsformen aus. Sie lehnen jede einfache (oder vereinfachende) oder, wie sie behaupten, *reduktionistische* oder *mechanistische* Auffassung einer direkten Übertragung bzw. Wiedergabe ab. Wesentlich in Vermittlungsprozessen sind *Transformationssysteme*, das heißt, daß man etwas, das sich an einem Ende einer Kette komplexer Vermittlungen befindet, am anderen Ende nicht unverändert wieder erhalten kann, indem man es einfach 'abliest'.

In unserem Zusammenhang geht es hier vor allem um den Versuch, durch die LEKTÜRE literarischer WERKE zu sozialen oder historischen Erkenntnissen (oder durch soziale oder historische Untersuchungen zu einem besseren Verständnis literarischer Werke) zu gelangen, da man alle möglichen Vermittlungsfaktoren, wie zum Beispiel IDEOLOGIEN oder literarische KONVENTIONEN, in Betracht ziehen muß, wenn diese Bemühungen erfolgreich sein sollen.

In seinem Buch *Das politische Unbewußte* befaßt sich Fredric Jameson auch mit dem Vermittlungsbegriff (englisch *mediation*) und macht dabei vor allem auf dessen Zweideutigkeit aufmerksam: Vermittlung ist zum einen etwas, was der Analytiker *tut*, ein Prozeß der *Transcodierung*, die Einführung einer Reihe von Begriffen 'nach solcher Manier, daß dieselbe Terminologie benutzt werden kann, um zwei höchst unterschiedliche Objekttypen oder "Texte" bzw. zwei sehr verschiedene Strukturebenen der Wirklichkeit zu untersuchen und zu artikulieren' (1988, 34), zum anderen ist Vermittlung aber auch das *Aufdecken* von von der Arbeit des Analytikers unabhängigen Bezügen:

> Entscheidend ist: Indem wir dieselbe Sprache auf jedes dieser klar unterschiedenen Objekte oder Ebenen eines Objekts anwenden, müssen wir, zumindest methodisch, die verlorene Einheit des gesellschaftlichen Lebens wiederherstellen können, müssen wir demonstrieren können, daß weit entfernte Elemente der gesellschaftlichen Totalität letztinstanzlich Teile desselben globalen historischen Prozesses sind. (1988, 222)

Kurz: Der Analytiker vermittelt zwischen verschiedenen Ebenen oder Instanzen und deckt zugleich die Vermittlungsprozesse zwischen diesen Ebenen oder Instanzen auf. Diese *beiden* Elemente sind zu bedenken, wenn Jameson sagt:

> Vermittlung ist der klassische dialektische Terminus für die Herstellung von Bezügen zwischen beispielsweise der formalen Analyse eines Kunstwerks und seiner sozialen Grundlage oder zwischen der internen Dynamik des politischen Staates und seiner ökonomischen Basis. (1988, 33)

Wenn Jameson von der 'Herstellung von Bezügen' spricht, dürfte er sowohl das 'Feststellen, daß es Bezüge gibt' als auch das 'Schaffen von Bezügen' meinen.
→ HOMOLOGIE

Verräumlichung → INTERPUNKTION

Verschiedensprachigkeit → REDEVIELFALT

Versetzung In der Linguistik bezeichnet der Begriff Versetzung (*displacement*) 'die Eigenschaft der Sprache, die es uns ermöglicht, auf Gegenstände und Ereignisse zu referieren, die von dem Äußerungsakt selbst in Raum und Zeit weit entfernt sind' (Lyons 1980, 94). Diese Fähigkeit scheint die Menschen von anderen Lebewesen zu unterscheiden und ist, wie gesagt, sprachbedingt: Unsere Sprache gewährt uns diese einzigartige Freiheit, auf etwas jenseits des geographischen, sozialen, KULTURELLEN oder historischen Hier-und-Jetzt Bezug zu nehmen. So mag eine Aussage wie 'Erinnerst du dich an den schönen Urlaub in Bulgarien im letzten Jahr?' trivial scheinen, steht aber für etwas, worüber andere Lebewesen in dem Sinne nicht verfügen. Bienen können zwar, wenn sie zum Stock zurückkehren, anderen Bienen signalisieren, wo es Nektar gibt, jedoch mit Einschränkungen: Experimente haben gezeigt, daß sie etwa das Vorhandensein von Nektar auf der Spitze eines Mastes nicht genau angeben können.

(Man vergleiche den Unterschied, den Marx zwischen dem schlechtesten Baumeister und der besten Biene macht, im Eintrag BASIS UND ÜBERBAU.)

Menschen können sich dagegen über die Möglichkeit unterhalten, Gold auf dem Mars zu finden – oder irgendwo am Rande des bekannten Universums (und sogar jenseits dieses Universums!). Sie können über die Zeit sprechen, bevor es Menschen gab, oder über die Zeit, wenn es keine Menschen mehr geben wird. Unsere Sprache verleiht uns mit anderen Worten eine von unseren persönlichen oder menschbedingten Möglichkeiten unabhängige Macht, wodurch wir auch die Freiheit haben, uns entfernte Möglichkeiten auf eine Art und Weise vorzustellen (oder diese bzw. für diese vorauszuplanen), wie dies kein anderes Lebewesen kann.

In gewissem Sinne ist die Literatur das höchstentwickelte Beispiel dieser Fähigkeit: Andere Lebewesen können sich verstellen und andere in die Irre führen, die FIKTION scheint aber etwas ausschließlich Menschliches zu sein. In diesem Zusammenhang ist die Frage einen Gedanken wert, ob der Literatur und anderen Künsten in der Menschheitsentwicklung nicht doch eine größere Rolle zukommt als man gemeinhin annimmt. Unbefriedigend scheint es etwa auch, Literatur auf die Widerspiegelung der Lebensumstände des Verfassers oder der Gesellschaft, in der er lebt, zu reduzieren: Natürlich gehen unsere Vorstellungen auf das zurück, was wir kennen, doch gehen sie in wichtigen Belangen auch darüber hinaus. Daß wir uns vorstellen können, 'was sein könnte' oder 'was hätte sein können', erhöht nicht unwesentlich unsere Überlebenschancen (und auch die Möglichkeiten, uns und unsere Zukunft zu gefährden).

Verspätung → REVISIONISMUS

Verstummt   Im gegenwärtigen Sprachgebrauch bezeichnet man als *verstummt* vor allem nicht-dominante Gruppen in einer Gesellschaft, denen das Recht auf und die Mittel zur Artikulation – vor allem zur Selbstartikulation – verweigert werden. FEMINISTINNEN haben die Art und Weise aufgezeigt, wie Frauen typischerweise eine verstummte Gruppe darstellen, ihre reale Situation nicht artikulieren können und diese daher als individuelle Abweichung von einer proklamierten Norm erleben und nicht als gemeinsame Erfahrung, was sie in Wirklichkeit ist.

Elaine Showalter führt die Verwendung des Wortes *verstummt* in diesem Sinne auf zwei Essays von Edwin Ardener zurück. Nach Ardener können die verstummten Gruppen 'ihre Überzeugungen nur mittels der zulässigen Formen des dominanten Systems zum Ausdruck bringen' (1987, 75). Besonders wichtig ist dabei Ardeners Ansicht, daß Frauen ihre Überzeugungen in Ritualen und in der Kunst zum Ausdruck bringen, also in Artikulationsformen, die von Ethnologen entziffert werden können. Verstummen lassen ist, mit anderen Worten, nicht dasselbe wie zum Schweigen bringen; es ist ein teilweises Zum-Schweigen-Bringen und Unterdrücken gültiger Ausdrucksformen, aber nicht so absolut, daß es vom richtigen Forscher nicht an die Oberfläche gebracht werden könnte. Der Begriff wurde von der feministischen Literaturkritik übernommen und verweist darauf, wie man von Frauen in einer von Männern dominierten Gesellschaft verfaßte literarische WERKE LESEN sollte.

Verzögerte Bedeutung   In der Terminologie Roland Barthes' auch *Enigma*. Von verzögerter Bedeutung spricht man immer dann, wenn ein Element in einer ERZÄHLUNG nicht bei seinem ersten Auftreten, sondern erst an einem späteren Punkt in der Erzählung in seiner vollen Bedeutung erfaßt wird.

Vergleiche *verzögerte Decodierung* im Eintrag CODE.

Verzögerte Decodierung → CODE

Virtualität → PHÄNOMENOLOGIE

Volkstümlich → POPULÄR

Vorankündigung → PROLEPSE

Vorausdeutung → PROLEPSE

Vorgriff → PROLEPSE

Vraisemblance   Das Wort kommt aus dem Französischen und bedeutet soviel wie Wahrscheinlichkeit oder 'wahr erscheinen' und taucht
vor allem in der REALISMUSdebatte häufig auf. Der Begriff selbst ist
keineswegs neu, doch hat sich seine Verwendung insofern verändert, als
er, je mehr der Status des Realismus in Frage gestellt wird, zunehmend
pejorativ konnotiert ist.

W

Warenfetischismus → FETISCHISMUS; REIFIKATION

Weiblich → FEMINISMUS

Weiblichkeit → FEMINISMUS

Werk → TEXT UND WERK

Werkimmanente Methode *Intrinsic criticism.* Eine allgemeine Bezeichnung für die literaturkritischen Theorien und Interpretationsmethoden, die sich hauptsächlich oder ausschließlich auf das einzelne literarische WERK konzentrieren. Abgesehen von einigen früheren Ansätzen fand diese Richtung vor allem nach dem Zweiten Weltkrieg Verbreitung; im deutschsprachigen Raum verbindet man in erster Linie die Namen Oskar Walzel, Emil Staiger und Wolfgang Kayser damit.

Das Gegenteil wäre eine Literaturbetrachtung, die sich nicht darauf beschränkt, was 'in' einem Werk vorhanden ist, sondern über das Werk hinausgeht und zum Beispiel historisches, biographisches oder soziologisches Material in die LEKTÜRE und die INTERPRETATION miteinbezieht (*extrinsic criticism*). Im angelsächsischen Raum war der Gegensatz zwischen den beiden Polen vor allem vieldiskutiert, als der der immanenten Literaturbetrachtung anhängende NEW CRITICISM seinen Höhepunkt erreichte, und noch kurze Zeit nachher. In neuerer Zeit ist der Begriff nicht zuletzt deshalb aus der Mode gekommen, weil er sich, wie viele Kritiker glauben, nicht immer ganz leicht abgrenzen läßt. Frank Cioffi ist zum Beispiel der Ansicht, daß die von W.K. Wimsatt und Monroe Beardsley in ihrem einflußreichen Aufsatz 'The Intentional Fallacy' getroffene Unterscheidung zwischen internem und externem Beweismaterial von Haus aus falsch ist, weil die Reaktion eines Lesers auf ein Gedicht auch davon abhängt, was er kennt, und sich nicht so einfach sagen läßt – wie Wimsatt und Beardsley meinen –, ob eine Äußerung eine kritische Bemerkung über ein Gedicht oder eine biographische über den Autor ist (1976, 63–4).

Wet-diaper writing Dieser abwertende Begriff (*diaper* = Windel) wurde von amerikanischen FEMINISTINNEN für frühe feministische Romane Anfang der 70er Jahre geprägt, in denen hauptsächlich Erfahrungen, die mit der traditionellen Rolle der Hausfrau zusammenhingen, verarbeitet wurden.

Widersacher → AKT/AKTANT

Wiederholung Die Wiederholung ist ein zentrales Element vieler literarischer Effekte und ist gemeinsam mit anderen Elementen wie Metrum, Betonung und Rhythmus eines der wichtigsten Mittel, die REDUNDANZ in einem literarischen WERK zu steigern. Soweit es um Lyrik geht, besteht hier ein Zusammenhang mit dem Ursprung der Lyrik im MÜNDLICHEN Vortrag: Wir wiederholen Dinge in der mündlichen Kommunikation eher als in der schriftlichen, um Fehlern vorzubeugen. Im Bereich der Literatur kommt der Wiederholung vor allem aber eine hohe ÄSTHETISCHE Rolle zu, die weit über die reine Fehlervermeidung hinausgeht. Die Wiederholung in literarischen Werken unterstützt zum Beispiel die Bildung von *Mustern* auf THEMATISCHER, symbolischer oder STRUKTURELLER Ebene.

Ein wichtiger Beitrag zur Frage der Bedeutung von Wiederholung in der erzählenden Literatur ist J. Hillis Millers Buch *Fiction and Repetition*, in dem Miller sieben bedeutende erzählende Texte von Brontës *Wuthering Heights* bis Woolfs *Between the Acts* untersucht. Er unterscheidet zwischen zwei Arten von Wiederholung, wobei er auf Gilles Deleuzes Gegenüberstellung von Nietzsches Konzept der Wiederholung und jenem Platons zurückgreift. Deleuze faßt den Unterschied in zwei Aussagen zusammen: 'nur das, was sich ähnlich ist, ist unterschiedlich' und 'nur Unterschiede sind einander ähnlich' (Hillis Miller 1982, 5). Das mag auf den ersten Blick verwirrend erscheinen, doch findet sich etwa bei Mieke Bal eine Unterscheidung, die mit Deleuzes Gegensatzpaar vergleichbar ist:

> Das Phänomen der *Wiederholung* ... hat immer eine fragwürdige Seite gehabt. Zwei Ereignisse sind nie genau gleich. Das erste Ereignis einer Reihe von Ereignissen unterscheidet sich vom folgenden, und sei es nur dadurch, daß es das erste ist, und das andere das nicht ist. Genaugenommen gilt dasselbe für verbale Wiederholungen in einem Text: nur einer kann der erste sein ... Ganz offensichtlich ist es der Zuschauer, ... der die Ähnlichkeiten der Ereignisse einer Serie im Gedächtnis behält und die Unterschiede übergeht. (1985, 77)

Bal ordnet die Wiederholung dem Bereich der FREQUENZ zu; siehe diesen Eintrag hinsichtlich der verschiedenen Arten von Wiederholung in der ERZÄHLUNG.

Zu Freuds Begriff des *Wiederholungszwanges* siehe den Eintrag FORT/DA.

Wiederholungsanalepse → ANALEPSE

Wissenschaftstheoretischer Einschnitt   Auch *epistemologischer Bruch*. Der Begriff geht auf den französischen MARXISTISCHEN Philosophen Louis Althusser zurück und steht in Althussers Schriften für die Besonderheit der Veränderungen des Marx'schen Denkens, die sich bei der 'Konfrontation der Marx'schen Jugendwerke und des *Kapitals*' verdeutlicht (1968, 12). Dabei sind wir nach Althusser mit einem bedeutenden Gegensatz konfrontiert, dem Gegensatz, der eine Wissenschaft von der IDEOLOGIE trennt. Althussers Definition dieser beiden Begriffe ist umstritten und zum Teil heftig kritisiert worden. Unter anderem erkennt er der Wissenschaft eine selbstvalidierende Rolle zu, was, wie etwa Terry Eagleton feststellt, den meisten marxistischen Denkrichtungen zuwiderläuft (1993, 161).

Dieser wissenschaftstheoretische Einschnitt, oder auch *epistemologische* Einschnitt, bezieht sich für Althusser nicht nur auf den historischen Aspekt: Eine Wissenschaft und die Ideologie sind für ihn auf theoretischer wie auf historischer Ebene durch diesen Gegensatz getrennt. Der Schritt von der Ideologie zur Wissenschaft enthält immer einen solchen Einschnitt: Es gibt keinen glatten Übergang, kein geordnetes Fortschreiten von Ideologie zu Wissenschaft.

> Was unter dem Gegensatz Wissenschaft/Ideologie behandelt wird, betrifft das Verhältnis des 'Einschnitts' zwischen der Wissenschaft und der *theoretischen* Ideologie, in der, vor der Gründung der Wissenschaft, das Objekt 'gedacht' wurde, dessen Erkenntnis sie gibt. (1968, 12)

Das erinnert in vielem an andere Theorien über große Revolutionen im menschlichen Denken, und Althusser vergleicht auch Marx' epochemachenden (und, wie er behauptet, beispiellosen) Durchbruch zur wissenschaftlichen Erkenntnis mit dem Entstehen der platonischen Philosophie, die durch die Begründung der Mathematik durch Thales 'hervorgerufen' worden ist, und mit dem Entstehen der kartesianischen Philosophie, die

durch die Begründung der Physik durch Galilei 'hervorgerufen' worden
ist (1968, 13; Althussers Hervorhebung). Man kann darin auch eine
Spielart der Metapher der KOPERNIKANISCHEN WENDE sehen, auf die eine
Reihe neuerer Theoretiker Bezug nehmen; Berührungspunkte weist das
Konzept darüber hinaus auch mit Thomas Kuhns Theorie des PARADIG-
MAWECHSELS auf, wenn sich solch ein Wechsel für Kuhn auch von
Gleichem zu Gleichem vollzieht, was bei Althussers Wechsel von Ideo-
logie zu Wissenschaft nicht der Fall ist.

Im neueren Sprachgebrauch haben alle drei der genannten Begriffe
– der Paradigmawechsel, die kopernikanische Wende und der wissenschaftstheoretische Einschnitt – eher metaphorische Bedeutung angenommen und ihre ursprünglichen Unterscheidungsmerkmale weitgehend
verloren, so daß sie heute meist als mehr oder weniger synonyme
Begriffe verwendet werden.

→ ÉPISTÉMÈ; PROBLEMATIK

Würdigung   Der Literaturkritiker Stein Haugom Olsen weist dem
allgemeinsprachlichen Begriff *Würdigung* eine zentrale und klar definierte Funktion zu. Für ihn 'impliziert das Wort Würdigung eine – positive
oder negative – Werterfahrung, die eher ein Fühlen als ein Verstehen ist
... Würdigung *ist* das Erfassen eines bestimmten Wertes, und die Erfahrung *besteht in* diesem Erfassen und ist *dadurch definiert*' (Olsen 1987,
152). Durch eine Analyse der Würdigung, so Olsen weiter, 'läßt sich
jener Kernpunkt der Kritik herausschälen, der konstitutiv für unsere
Literaturauffassung ist' (1987, 137). Man kann also, nach Olsen, ein
literarisches WERK verstehen, ohne es deshalb zu würdigen; das heißt,
man versteht, was die Wörter bedeuten, aber man erkennt nicht bzw.
reagiert nicht auf die ÄSTHETISCHEN Merkmale des Werkes.

Wunderbar → FANTASTISCH

Z

Zeichen In der modernen Literaturtheorie und Literaturkritik spielt die
SEMIOTIK – eine allgemeine Theorie (oder 'Wissenschaft') vom Wesen der
Zeichen und deren Leben in der KULTUR und der Geschichte – in ihren
verschiedenen Ausprägungen eine bedeutende Rolle bzw. verdanken einige
Bereiche der Literaturtheorie und -kritik der Semiotik ihr Entstehen. Die
Semiotik ist demnach nicht das Kind der Literaturtheorie oder der Literaturkritik, und es gibt keine Zeichentheorie, die literaturspezifisch wäre
bzw. vorwiegend oder ausschließlich auf die Literatur gerichtet. Wenn sich
Literaturkritiker und -theoretiker dennoch mit semiotischen Theorien
befassen, dann ist dies zum einen darauf zurückzuführen, daß man nicht
mehr so sehr von der Spezifität der Literatur und dessen, was sich wenig
elegant als literarische Kommunikation bezeichnen läßt, überzeugt ist, zum
anderen verfügt man damit über eine Grundlage für die Erforschung der
Gemeinsamkeiten zwischen literarischen Werken und deren Lektüre und
der sogenannten 'nicht-literarischen Kommunikation'.

Zuallererst ist zwischen *Zeichen* und *Symptom* zu unterscheiden.
Der Hauptunterschied liegt wohl in der *Konventionalität* des Zeichens:
Ein Symptom ist durch die Natur festgelegt und wird auch so interpretiert, ein Zeichen dagegen ist durch KONVENTIONEN festgelegt und
wird auch in deren Lichte interpretiert. Einige Theoretiker betrachten
das Symptom als Untergruppe des Zeichens, während andere die beiden
streng voneinander unterscheiden. Dabei spielen natürlich auch Fragen
der INTERPRETATION oder der MOTIVATION eine Rolle. (Siehe dazu den
Eintrag SYMPTOMATISCHE LEKTÜRE.)

Im Bereich der Literatur ist die wahrscheinlich bisher einflußreichste
Zeichentheorie jene des Schweizer Sprachwissenschaftlers Ferdinand de
Saussure. Saussure definierte allerdings nicht das Zeichen als solches,
sondern das *sprachliche* Zeichen, wenn auch viele seiner Nachfolger
seine Definition auf nicht-sprachliche Zeichen ausgedehnt haben. Verallgemeinerungen wie 'Saussure definierte das Zeichen als ...' sind nicht
unproblematisch und umstritten. (Saussure sprach allerdings tatsächlich
von der damals noch nicht existenten Semiologie als Wissenschaft, die
Zeichen im allgemeinen und deren Rolle im sozialen Leben untersuchen
würde, aber er assoziierte die Gesetze der Semiologie aufs engste mit
den in der Sprachwissenschaft gültigen Gesetzen.)

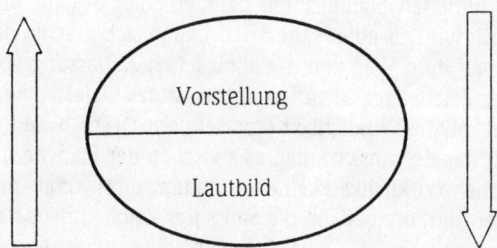

Saussure lehnte die Alltagsvorstellung ab, daß das sprachliche Zeichen einen Namen und eine Sache in sich vereinigte, und faßte es statt dessen auf als 'etwas im Geist tatsächlich Vorhandenes, das zwei Seiten hat', und sich durch das obige Diagramm darstellen ließ (1967, 77–8).

Saussure gab zu, daß dies dem damals üblichen Sprachgebrauch zuwiderlief (da, so Saussure, das Wort *Zeichen* im allgemeinen nur das Lautbild bezeichnete); um einer AMBIGUITÄT vorzubeugen, seien drei verwandte Termini notwendig:

> Ich schlage also vor, daß man das Wort *Zeichen* beibehält für das Ganze, und Vorstellung bzw. Lautbild durch Bezeichnetes und Bezeichnung (Bezeichnendes) ersetzt; ... (1967, 78–9)

Das französische *signifié* wird im Deutschen als *Signifikat* oder *Bezeichnetes*, im Englischen als *signified* (vereinzelt auch *significance*) wiedergegeben, *signifiant* als *Signifikant* oder *Bezeichnendes* bzw. *signifier* (vereinzelt auch *signal*).

Nachfolgende Theoretiker, unter anderem auch Jacques Lacan, sehen die Verbindung zwischen Signifikant und Signifikat um vieles problematischer: sich verändernd, vielschichtig und kontextabhängig. Jacques Derrida ist der Ansicht, daß Saussure die in seinen Arbeiten enthaltenen revolutionären Ansätze selbst wieder zunichte machte, denn, so Derrida, durch die Gleichsetzung von *signatum* (das, was bezeichnet wird) und Vorstellung bzw. Begriff ließ er die Möglichkeit offen, 'einen *Begriff* zu denken, der *in sich selbst Signifikat ist,* und zwar auf Grund seiner einfachen gedanklichen Präsenz und seiner Unabhängigkeit gegenüber der Sprache, das heißt gegenüber einem Signifikantensystem' (1986, 55–6). Saussure erfüllt, so Derrida weiter, die 'klassische Forderung' nach einem TRANSZENDENTALEN SIGNIFIKAT (1986, 56). Mit anderen Worten wird dem Begriff eine Identität zugeschrieben, die von dem die Unterschiede zwischen Signifikanten definierenden System unabhängig ist: Der Begriff wird als außersystemisch und in sich geschlossen betrachtet.

Was auf dem Weg von der alltäglichen Auffassung von Zeichen zu Saussures Zeichenbegriff verlorengeht, ist das Objekt bzw. das, was die außersprachliche Wirklichkeit repräsentiert. Deshalb sind viele Nachfolger Saussures der Ansicht, daß es zwischen der Sprache und der außersprachlichen Wirklichkeit keine Verbindung gibt; vor allem einige *Litera-*tur*kritiker und -theoretiker, die Saussures Zeichentheorie auf die Literatur anwenden wollen, vertreten vehement diese Auffassung. Dabei berufen sie sich auf Saussures Ausführungen über die ARBITRARITÄT der Zeichen und darauf, daß Saussures Linguistik rein SYNCHRON sei und jede DIACHRONE oder historische Sprachbetrachtung ablehne. An anderer Stelle (Hawthorn 1987, 52–7) habe ich nachzuweisen versucht, daß diese Behauptungen sämtlich unrichtig sind und Saussure das, worauf sie sich stützen, in seinen *Grundfragen der allgemeinen Sprachwissenschaft* ausdrücklich verwirft. Die Annahme sämtlicher oder einiger dieser Behauptungen als richtig hat jedoch einem neuen, seit den 60er Jahren aufgekommenen Formalismus als theoretische Basis gedient, einem Formalismus, der die Literatur vom Leben und die Kunst von der Gesellschaft, der Kultur und der Geschichte isoliert. Nur ein Beispiel soll das an dieser Stelle illustrieren: In seinem Buch *Semiotics and Interpretation* schreibt Robert Scholes über Saussures Zeichentheorie:

> Von Saussure, wie er von Roland Barthes und anderen fortgeführt worden ist, haben wir gelernt, die unüberbrückbare Kluft zwischen Wort und Ding, Zeichen und Referent zu erkennen. Die französischen Strukturalisten und deren Nachfolger haben die ganze Idee von 'Zeichen und Referent' als zu materialistisch und vereinfachend abgelehnt. Zeichen beziehen sich nicht auf Dinge, sie bezeichnen Vorstellungen, und Vorstellungen sind Aspekte der Gedankenwelt, nicht der Realität. (1982, 24)

Zur Verteidigung Scholes' ist zu sagen, daß er wohl diese 'Erkenntnis' in Frage stellt, nicht aber, ob man wirklich Saussure dafür verantwortlich machen kann. Ansonsten vermitteln seine Ausführungen ein klares Bild der in den 70er und 80er Jahren herrschenden Orthodoxie.

Eine gute Darstellung einiger weiterer wichtiger Zeichentheorien liefert Edmund Leach im zweiten Kapitel seines Buches *Kultur und Kommunikation* (1978). Er behandelt nicht nur Saussure, sondern auch C.S. Peirce, Ernst Cassirer, L. Hjelmslev, Charles Morris, Roman Jakobson und Roland Barthes; dem Wort 'Zeichen' weist er in seiner eigenen Terminologie, die er in einem komplizierten Diagramm darstellt, allerdings nur eine sehr beschränkte Funktion zu. (Auch Roland Barthes bedient sich in seiner frühen Schrift *Elemente der Semiologie* eines komplizierten Diagramms, während hier bewußt auf dieses Hilfsmittel verzichtet wurde.) In seiner Diskussion der Arbeiten Peirces betont Jonathan Culler (1981, 23), daß es sich bei der Unterscheidung zwischen IKON, INDEX und Symbol, die Peirce entwickelte und die auf nachfolgende Forscher großen Einfluß hatte, nur um eine von vielen von ihm vorgeschlagenen semiotischen Taxonomien handelt, und daß er sich letztendlich auf 66 Klassen von Zeichen festlegte – eine Zahl, die von späteren Theoretikern nicht aufgegriffen wurde.

In seinen späteren Schriften verwendet Roland Barthes vom Wort 'Zeichen' abgeleitete Termini auf sehr idiosynkratische Weise: In *Die Lust am Text* definiert er zum Beispiel *Signifikanz (signifiance)* als 'Sinn, insofern er sinnlich hervorgebracht wird' (1974, 60) – eine Definition, die sich erwartungsgemäß kaum durchsetzen konnte. Eine sehr brauchbare Diskussion der französischen Termini *signifiance* und *signification*, wie Barthes und Julia Kristeva sie verwenden, findet sich in Richard Harlands Buch *Superstructuralism;* die Verwendung dieser beiden Begriffe, so Harland, ist dadurch charakterisiert, daß *signification* Bedeutungsfixiertheit innerhalb eines Systems meint, während der Text als *signifiance* ein offener Bedeutungsprozeß und INTERTEXTUELL ist. Aber auch dieser sehr spezialisierte Sprachgebrauch hat auf die Arbeiten anderer, nicht-französischer Autoren kaum eingewirkt.

Gérard Genette hat für die Bedürfnisse der ERZÄHLTHEORIE folgende Anpassung der Saussureschen Zeichendefinition vorgeschlagen: man könnte, so Genette, 'das Signifikat oder den narrativen Inhalt als *Geschichte (histoire)* bezeichnen', 'den Signifikant, den Diskurs oder den narrativen Text als solchen als *Erzählung (récit)* und den narrativen Schöpfungsprozeß als *Erzählen (narration)*' (1972a, 72). Die vorgeschlagene Terminologie ist zweifellos brauchbar, inwiefern sie auf die Saussuresche Definition des sprachlichen Zeichens zurückgeht, sei dahingestellt.

Jacques Derrida ist der Auffassung, daß es kein Signifikat gibt, 'das dem Spiel aufeinander verweisender Signifikanten entkäme, welches die Sprache konstituiert'.

Die Heraufkunft der Schrift ist die Heraufkunft des Spiels; heute kommt das Spiel zu sich selbst, indem es die Grenze auslöscht, von der aus man die Zirkulation der Zeichen meinte regeln zu können, indem es alle noch Sicherheit gewährenden Signifikate mit sich reißt, alle vom Spiel noch nicht erfaßten Schlupfwinkel aufstöbert und alle Festen schleift, die bis dahin den Bereich der Sprache kontrolliert hatten. Strenggenommen läuft dies auf die Dekonstruktion des Begriffs 'Zeichen' und seiner ganzen Logik hinaus. (1974, 17–8)

Vielen mag dieser Nachruf vielleicht verfrüht erscheinen.

→ SEMEM

Zeit → LINGUISTISCHES PARADIGMA

Zeitlupendarstellung   Das narrative Pendant zu dem sehr oft verlangsamten Erleben in Augenblicken großer Gefahr oder großer Spannung. In einer Erzählung werden oft (im Vergleich zu den vorhergehenden und den nachfolgenden Passagen) unverhältnismäßig viele Seiten einem Geschehen gewidmet, das innerhalb einer (relativ) kurzen Zeitspanne stattfindet. Diese Technik vermittelt den Eindruck, daß das Erzählte entweder für den Erzähler oder für die literarische Figur, oder auch für beide, von großer subjektiver Wichtigkeit ist.

Man vergleiche damit die (inzwischen zum Klischee gewordenen) Zeitlupenaufnahmen im Film, wenn es sich um einen sehr spannungsgeladenen Moment handelt: ein berühmtes Beispiel ist die Schießszene am Schluß von *Bonnie und Clyde*.

Zeitlupendarstellungen lassen sich damit begründen, daß sie, im richtigen Kontext eingesetzt, den Eindruck eines psychologischen REALISMUS vermitteln, da Menschen in Augenblicken großer Spannung – vor allem, wenn es um körperliche Gefahr geht – das Geschehen wie in Zeitlupe erleben. Darüber hinaus kann der Autor auf diese Weise an passenden Stellen mehr ins Detail gehen.

Zensur   Der Gedanke, daß eine psychische Instanz in uns über eine andere eine Zensur ausüben könnte, taucht bei Sigmund Freud das erstemal in seinen *Studien über Hysterie* auf, die er gemeinsam mit Josef Breuer verfaßte und die 1895 herauskamen. In der Folge wurde der Gedanke zu einem der Hauptpunkte in Freuds Theorien, wobei ein enger Zusammenhang zu den Phänomenen der VERDICHTUNG UND VERSCHIEBUNG besteht, die Freud in der Transformation und VERDRÄNGUNG sieht, die den Prozeß der Traumgestaltung bestimmen.

In *Die Traumdeutung* zieht Freud ausdrücklich eine Parallele zum politischen Schriftsteller, der Machthabern unangenehme Wahrheiten zu sagen hat. Jede direkte Äußerung würde unweigerlich unterdrückt werden, während er aber, wenn er in Anspielungen spricht oder seine Mitteilungen 'hinter einer harmlos erscheinenden Verkleidung' verbirgt, möglicherweise der Zensur entgehen und bei den Machthabern eine gewisse Wirkung erzielen kann. Außerdem, so Freud weiter: 'Je strenger die Zensur waltet, desto weitgehender wird die Verkleidung, desto witziger oft die Mittel, welche den Leser doch auf die Spur der eigentlichen Bedeutung leiten' (1972, 159).

Dies ist einer der wichtigsten theoretischen Ansätze hinter Freuds INTERPRETATIONEN nicht nur von Träumen, sondern von allem, worin er psychische Wahrheiten in getarnter Form vermutet. Freud entwickelte daraus Deutungsmethoden, die interessanterweise nicht nur viel mit ältern und neueren Methoden zur Decodierung zensierten oder im Schatten drohender Zensur entstandenen Materials gemein haben, sondern die auch einigen literaturkritischen Interpretationsmethoden sehr nahe stehen bzw. diese sogar beeinflußt haben. Bei vielen von Freuds psychoanalytischen Deutungen denkt man sofort an die Interpretation komplexer oder 'schwieriger' Texte.

Vergleiche MARXISTISCHE und andere Theorien zur Lokalisierung von ABSENZEN in literarischen WERKEN.

Zentrifugal/zentripetal Michail Bachtin verwendet die beiden Begriffe, die eine nach außen bzw. nach innen, also auf ein Zentrum hin oder von diesem weg gerichtete Kraft bezeichnen, nicht im physikalischen Sinn, sondern in einem gesellschaftlichen und IDEOLOGISCHEN Sinne. (Bachtins Gebrauch des Wortes ZENTRUM entspricht nicht jenem Jacques Derridas: siehe dazu den getrennten Eintrag zu diesem Terminus.)

Beide Kräfte, so behauptet Bachtin, finden sich in der Sprache: Eine Kraft drängt hin zu einer von einer zentralen Autorität auferlegten und perpetuierten Normierung, während eine zweite Kraft zur gleichen Zeit auf Diversität und POLYPHONIE hindrängt. Jede Äußerung, so stellt er in seinem Aufsatz 'Das Wort im Roman' fest,

> ist an der 'Einheitssprache' (den zentripetalen Kräften und Tendenzen) und gleichzeitig an der sozialen und historischen Redevielfalt (den zentrifugalen, differenzierenden Kräften) beteiligt. (1979, 166)

Für Bachtin besitzen bestimmte literarische GATTUNGEN eine zentripetale Kraft, sie lenken LESER auf ein Konformitäts- und Uniformitätszentrum hin, während andere Gattungen das Gegenteil tun, nämlich die Leser weg von Konformität hin zu Diversität und Heterogenität drängen. Die Lyrik hat in seinen Augen grundsätzlich eine zentripetale Kraft, während er dem Roman zentrifugale Kräfte zuschreibt. Erwartungsgemäß, so Bachtin weiter, erlebt der Roman deshalb auch in Zeiten größerer Diversität und nachlassender zentraler Lenkung meist eine Blütezeit.

Zentripetal → ZENTRIFUGAL/ZENTRIPETAL

Zentrum   Jacques Derrida verwendet in seinen Arbeiten den Begriff *Zentrum* für 'einen Punkt der Präsenz ... einen festen Ursprung' (1972a, 422), durch den das Spiel der STRUKTUREN, in die er eingeschrieben ist, begrenzt wird. Eines der Hauptanliegen der DEKONSTRUKTION ist es demnach, so Derrida, Strukturen von der Tyrannei jedweder Zentren, denen sie untergeordnet sind, zu befreien. Als im wesentlichen bedeutungsgleich mit Zentrum verwendet er eine Reihe anderer Begriffe wie *Ursprung, Ende, arche* oder *telos*.

Wenn in diesem Zusammenhang davon gesprochen wird, das SUBJEKT zu dezentrieren, so kann dieses Subjekt auch der Mensch sein. Dem menschlichen Subjekt wird jene Einheit aberkannt, die von einem alles steuernden Zentrum ausgeht und von diesem orchestriert wird, einem Zentrum, das wie ein übermächtiger Mikrochip in einem Supercomputer das ganze System durch seine alles überschattende PRÄSENZ und Disziplin steuert. Das menschliche Subjekt ist in diesem Sinne nicht mehr Ursprung, sondern ORT, noch dazu ein Ort, an dem voneinander unabhängige Besucher kommen und gehen (und sich manchmal auch bekämpfen) und es keinen allmächtigen Organisator gibt.

→ KOPERNIKANISCHE WENDE; LOGOZENTRISMUS; TRANSZENDENTALES SIGNIFIKAT

Zerrüttung → DEFORMIERUNG

Zirkulation   Der Begriff dient Stephen J. Greenblatt, einem der bedeutendsten Vertreter des NEW HISTORICISM, zur Beschreibung der Art und Weise, wie (zum Beispiel) KULTURELLE Artefakte oder IDEOLOGISCHE BEDEUTUNGEN mit Hilfe 'praktischer Verhandlungs- und Austauschstrategien' (1990, 154) von einem Ort zum anderen übertragen werden.

Greenblatts Gebrauch dieses Begriffes ist, wie er auch selbst sagt, von Jacques Derrida beeinflußt, wobei vor allem wichtig zu sein scheint, wie Artefakte oder Bedeutungen, wenn sie mit Hilfe der oben genannten Strategien weitergegeben werden, eine Reihe von *Transformationen* durchmachen. (So hat etwa ein Objekt in einem Museum eine Transformation durchgemacht, durch die es zu etwas anderem geworden ist als es war, als es zum Beispiel ein alltäglicher Gebrauchsgegenstand war.)
→ RESONANZ

Zone der Helden   Nach Michail Bachtin werden die, wie er sie nennt, Zonen der Helden

> aus der nur partiell wiedergegebenen Rede der Helden, aus verschiedenen Formen der versteckten Wiedergabe des fremden Wortes, aus verstreuten Worten und Wörtern in fremder Rede, aus dem Einbruch fremder expressiver Momente (Auslassungspunkte, Fragen, Ausrufe) in die Autorrede gebildet. Diese Zone ist der Wirkungsbereich der Stimme des Helden, die sich der Autorstimme beimischt. (1979, 206; auch zitiert in Todorov 1984, 73)

Das Bild, das sich der LESER von einer Romanfigur macht, leitet sich also mit anderen Worten nicht nur von der Beschreibung der Handlungen dieser Person oder der 'Transkription' ihrer Rede ab, sondern wird von einer breiten Zone verbaler Implikationen mitbestimmt.

Bibliographie

Die Bibliographie beschränkt sich auf in den Einträgen zitierte Werke. Lag ein Werk in deutscher Übersetzung vor, so wurde diese aufgenommen. War dies nicht der Fall, wird bei französischen und englischen Werken das jeweilige Original aufgeführt, bei Texten in anderen Sprachen (etwa Russisch oder Tschechisch) die in der Originalausgabe dieses Handbuchs benutzte englische Fassung.

Abrams, M.H. (1977): The limits of pluralism: the deconstructive angel. *Critical Inquiry*, 3, 425–438.

Abrams, M.H. (1988): *A Glossary of Literary Terms*. (5th edn.) London: Holt, Rinehart & Winston.

Althusser, Louis (1968): *Für Marx*. Frankfurt: Suhrkamp.

Althusser, Louis (1970): *Freud und Lacan*. Berlin: Merve Verlag.

Althusser, Louis (1971): *Lenin and Philosophy and Other Essays*. London: New Left Books.

Althusser, Louis (1977): *Ideologie und ideologische Staatsapparate*. Hamburg, Berlin: Verlag für das Studium der Arbeiterbewegung.

Anderson, Perry (1969): "Components of the national culture". In Cockburn, Alexander and Blackburn, Robin (eds.): *Student Power: Problems, Diagnosis, Action*. Harmondsworth: Penguin.

Austin, John (1962): *How to do Things with Words*. Oxford: Oxford University Press.

Austin, John (1985): *Zur Theorie der Sprechakte*. Stuttgart: Reclam.

Bachtin, Michail (1971): *Probleme der Poetik Dostoevskijs*. München: Hanser.

Bachtin, Michail (1979): *Die Ästhetik des Wortes*. Frankfurt: Suhrkamp.

Bachtin, Michail (1981): *The Dialogic Imagination. Four Essays*. Austin: University of Texas Press.

Bachtin, Michail (1987): *Rabelais und seine Welt*. Frankfurt: Suhrkamp.

Bal, Mieke (1985): *Narratology: Introduction to the Theory of Narrative*. London: University of Toronto Press.

Balibar, Etienne et Macherey, Pierre (1974): Sur la littérature comme forme idéologique. *Littérature*, 13.

Banfield, Ann (1982): *Unspeakable Sentences: Narration and Representation in the Language of Fiction*. London: Routledge.

Banfield, Ann (1985): "Écriture, narration and the grammar of French." In Hawthorn, Jeremy (ed.): *Narrative: From Malory to Motion Pictures*. London: Arnold.

Barrett, Michèle (1989): "Some different meanings of the concept of 'difference': feminist theory and the concept of ideology". In Meese, Elizabeth and Parker, Alice (eds.): *The Difference Within: Feminism and Critical Theory*. Amsterdam: John Benjamins.

Barthes, Roland (1959): *Am Nullpunkt der Literatur*. Hamburg: Claasen.

Barthes, Roland (1968): "Texte (Théorie du)". In *Encyclopaedia Universalis*. Paris: Encyclopaedia Universalis France.

Barthes, Roland (1974): *Die Lust am Text*. Frankfurt: Suhrkamp.

Barthes, Roland (1976): *S/Z*. Frankfurt: Suhrkamp.

Barthes, Roland (1977): "The death of the author". In Heath, Stephen (ed.): *Image – Music – Text*. London: Fontana.

Barthes, Roland (1987): *Elemente der Semiologie*. Frankfurt: Suhrkamp.

Barthes, Roland (1988): *Das semiologische Abenteuer*. Frankfurt: Suhrkamp.

Barthes, Roland (1991): *Mythen des Alltags*. Frankfurt: Suhrkamp.

Beaugrande, Robert-Alain de und Dressler, Wolfgang (1981): *Einführung in die Textlinguistik*. Tübingen: Niemeyer.

Belsey, Catherine (1980): *Critical Practice*. London: Methuen.

Blanchot, Maurice (1981): "The narrative voice (the 'he', the neuter)". In M.B.: *The Gaze of Orpheus and Other Literary Essays*. New York: Station Hill Press.

Bloom, Harold (1973): *The Anxiety of Influence: A Theory of Poetry*. New York: Oxford University Press.

Bloom, Harold (1982): *Agon: Towards a Theory of Revisionism*. Oxford: Oxford University Press.

Booth, Wayne C. (1974): *Die Rhetorik der Erzählkunst*. Heidelberg: Quelle und Meyer.

Booth, Wayne C. (1988): *The Company We Keep: An Ethics of Fiction*. London: University of California Press.

Bowlt, John (1972): Introduction. *20th Century Studies*, 7/8, Sonderheft *Russian Formalism*.

Brecht, Bertolt (1967a): *Schriften zur Literatur und Kunst*. Bd. 2. Frankfurt: Suhrkamp.

Brecht, Bertolt (1967b): *Gesammelte Werke in 20 Bänden*. Bd. 15. Frankfurt: Suhrkamp.

Bremond, Claude (1966): La logique des possibles narratifs. *Communications*, 8, 60–76.

Bremond, Claude (1973): *Logique du Récit*. Paris: Seuil.

Brooke-Rose, Christine (1981): *A Rhetoric of the Unreal: Studies in Narrative and Structure, Especially of the Fantastic.* Cambridge: University Press.

Brooks, Cleanth (1946): "Empson's criticism." In Quinn, Kerker and Shattuck, Charles (eds.): *Accent Anthology.* New York: Harcourt Brace.

Brooks, Cleanth (1983): In search of the New Criticism. *The American Scholar,* 53(1), 1983/4, 41–53.

Brown, Pamela and Levinson, Stephen (1978): "Universals in language usage: politeness phenomena". In Goody, Esther N. (ed.): *Questions of Politeness: Strategies in Social Interaction.* London: Cambridge University Press.

Brown, Pamela and Levinson, Stephen (1987): *Politeness: Some Universals in Language Usage.* London: Cambridge University Press.

Buerger, Peter (1974): *Theorie der Avantgarde.* Frankfurt: Suhrkamp.

Burden, Robert (1991): *Heart of Darkness.* London: Macmillan.

Butor, Michael (1964): "L'usage des pronoms personnels dans le roman". In *Répertoire II.* Paris: Les Editions de Minuit.

Callinicos, Alex (1989): *Against Postmodernism.* London: Polity Press.

Cameron, Deborah (1985): *Feminism and Linguistic Theory.* London: Macmillan.

Cawelti, John (1977): "Literary formulas and cultural significance". In Luedke, Luther (ed.): *The Story of ... American Culture/Contemporary Conflicts.* Deland, Fla.: Everett/Edwards.

Caws, Mary Ann (1985): *Reading Frames in Modern Fiction.* Princeton: Princeton University Press.

Cioffi, Frank (1976): "Intention and interpretation in criticism". In Newton-De Molina, David (ed.): *On Literary Intention.* Edinburgh: Edinburgh University Press.

Cohan Steven und Shires, Linda M. (1988): *Telling Stories: A Theoretical Analysis of Narrative Fiction.* London: Routledge.

Cohn, Dorrit (1978): *Transparent Minds: Narrating Modes for Presenting Consciousness in Fiction.* Princeton: Princeton University Press.

Cohn, Jonas (1901): *Allgemeine Ästhetik.* Leipzig: W. Engelmann.

Conrad, Joseph (1986): *Lord Jim.* Harmondsworth: Penguin.

Cranny-Francis, Anne (1990): *Feminist Fiction: Feminist Uses of Generic Fiction.* Oxford: Polity Press.

Culler, Jonathan (1975): *Structuralist Poetics. Structuralism, Linguistics and the Study of Literature.* London: Routledge.

Culler, Jonathan (1980): "Prolegomena to a theory of reading". In Suleiman, Susan R. and Crosman, Inge (eds.): *The Reader in the Text.* Guildford: Princeton University Press.

Culler, Jonathan (1981): *The Pursuit of Signs: Semiotics, Literature, Deconstruction*. London: Routledge.

Culler, Jonathan (1988a): *Framing the Sign: Criticism and its Institutions*. Oxford: Blackwell.

Culler, Jonathan (1988b): *Dekonstruktion*. Reinbek bei Hamburg: Rowohlt.

Curle, Richard (ed.) (1928): *Conrad to a Friend: 150 Selected Letters from Joseph Conrad to Richard Curle*. London: Sampson Low, Marston.

Dällenbach, Lucien (1989): *The Mirror in the Text*. Oxford: Polity Press.

Daly, Mary (1979): *Gyn/ecology: The Metaethics of Radical Feminism*. London: The Women's Press.

Daly, Mary (1984): *Pure Lust: Elemental Feminist Philosophy*. London: The Women's Press.

Deleuze, Gilles und Guattari, Félix (1974): *Anti-Ödipus. Kapitalismus und Schizophrenie*. Frankfurt: Suhrkamp.

Derrida, Jacques (1972a): *Die Schrift und die Differenz*. Frankfurt: Suhrkamp.

Derrida, Jacques (1972b): *La Dissémination*. Paris: Seuil.

Derrida, Jacques (1973): "Differance". In J.D.: *Speech and Phenomena, and other Essays on Husserl's Theory of Signs*. Evanston, Il.: Northwestern University Press.

Derrida, Jacques (1974): *Grammatologie*. Frankfurt: Suhrkamp.

Derrida, Jacques (1982): *Die Postkarte des Sokrates*. Berlin: Brinkmann + Bose.

Derrida, Jacques (1986): *Positionen. Gespräche mit Henri Ronse, Julia Kristeva, Jean-Louis Houdebine, Guy Scarpetta*. Graz, Wien: Böhlau 1986 (= Edition Passagen 8).

Doubrovsky, Serge (1973): *The New Criticism in France*. London: University of Chicago Press.

Draper, Hal (1978): *Karl Marx's Theory of Revolution: The Politics of Social Class*. New York: Monthly Review Press.

Eagleton, Terry (1976): *Marxism and Literary Criticism*. London: Methuen.

Eagleton, Terry (1988): *Einführung in die Literaturtheorie*. Stuttgart: Metzler.

Eagleton, Terry (1993): *Ideologie: Eine Einführung*. Stuttgart: Metzler.

Eco, Umberto (1968): "Lignes d'une recherche sémiologique sur le message télévisuel". In *Recherches sur les systèmes signifiants*. Den Haag.

Eco, Umberto (1971): "Semantica della metafora". In U.E.: *Le forme del contenuto*. Mailand: Bompiani.

Eco, Umberto (1972): Towards a semiotic inquiry into the television message. *Working Papers in Cultural Studies*, 3, 103–21.

Eco, Umberto (1977): *Das offene Kunstwerk.* Frankfurt: Suhrkamp.

Eco, Umberto (1987): *Lector in fabula. Die Mitarbeit der Interpretation in erzählenden Texten.* München, Wien: Hanser.

Eco, Umberto (1990): *Im Labyrinth der Vernunft.* Leipzig: Reclam.

Ejchenbaum, Boris (1965): "Die Theorie der formalen Methode." In B.E.: *Aufsätze zur Theorie und Geschichte der Literatur.* Frankfurt: Suhrkamp.

Ejchenbaum, Boris (1969): "Das literarische Leben". In Striedter, Jurij (Hg.): *Texte der russischen Formalisten.* Bd. 1. München: Fink.

Eliot, T.S. (1967): "Die Grenzen der Literaturkritk". In T.S.E.: *Essays.* Bd. 1. Frankfurt: Suhrkamp.

Ellmann, Mary (1979): *Thinking about Women.* London: Virago.

Ellmann, Maud (1981): "Disremembering Dedalus: *A Portrait of the Artist as a Young Man*". In Young, Robert (ed.): *Untying the Text.* London: Routledge.

Empson, William (1961): *Seven Types of Ambiguity.* (3rd edn.) Harmondsworth: Peregrine.

Empson, William (1962): Rhythm and imagery in English poetry. *British Journal of Aesthetics*, 2(1), 36–54.

Engels, Friedrich (1973): "Dialektik der Natur". In Marx, Karl & Engels, Friedrich: *Werke.* Bd. 20. Berlin: Dietz.

Fish, Stanley (1975): "Literatur im Leser: affektive Stilistik". In Warning, Rainer (Hg.): *Rezeptionsästhetik.* München: Fink.

Fish, Stanley (1980): *Is There a Text in this Class? The Authority of Interpretative Communities.* London: Harvard University Press.

Forgacs, David (1982): "Marxist literary theories". In Jefferson, Ann and Robey, David (eds.): *Modern Literary Theory: A Comparative Introduction.* London: Batsford.

Foucault, Michel (1973): *Die Archäologie des Wissens.* Frankfurt: Suhrkamp.

Foucault, Michel (1978): *Dispositive der Macht. Über Sexualität, Wissen und Wahrheit.* Berlin: Merve Verlag.

Foucault, Michel (1979): "Was ist ein Autor?" In M.F.: *Schriften zur Literatur.* Frankfurt, Berlin, Wien: Ullstein.

Foucault, Michel (1985): *Sexualität und Wahrheit.* 3 Bde. Frankfurt: Suhrkamp.

Foucault, Michel (1991): *Die Ordnung des Diskurses.* Frankfurt: Fischer.

Fowler, Roger (1990): *"The Lost Girl:* discourse and focalization". In Brown, Keith (ed.): *Rethinking Lawrence.* Milton Keynes: Open University Press.

Fox, Ralph (1953): *Der Roman und das Volk.* Berlin: Dietz.

Frege, Gottlob (1962): *Funktion, Begriff, Bedeutung. Fünf logische Studien.* Göttingen: Vandenhoeck & Ruprecht.

Freud, Sigmund (1972): *Die Traumdeutung.* Studienausgabe. Frankfurt: Fischer.

Freud, Sigmund und Breuer, Josef (1991): *Studien über Hysterie.* Frankfurt: Fischer.

Furbank, P.N. (1970): *Reflections on the Word 'Image'.* London: Secker & Warburg.

Gadamer, Hans-Georg (1986): *Hermeneutik: Wahrheit und Methode.* 2 Bde. (5. Aufl.) Tübingen: Mohr.

Gagnon, Madeleine (1980): "Body I. An excerpt from *Corps I*". In Marks, Eleine and de Courtivron, Isabelle (eds.): *New French Feminisms: An Anthology.* Amherst: University of Massachusetts Press.

Garvin, Paul L. (ed. and trans.) (1964): *A Prague School Reader on Esthetics, Literary Structure, and Style.* Washington, D.C.: Georgetown University Press.

Genette, Gérard (1966): *Figures I.* Paris: Seuil.

Genette, Gérard (1972a): *Figures III.* Paris: Seuil.

Genette, Gérard (1972b): "Strukturalismus und Literaturwissenschaft". In Blumensath, Heinz (Hg.): *Strukturalismus in der Literaturwissenschaft.* Köln: Kiepenheuer & Witsch.

Genette, Gérard (1980): *Narrative Discourse.* Oxford: Blackwell.

Genette, Gérard (1990): *Einführung in den Architext.* Stuttgart: Legueil.

Goffman, Erving (1977): *Rahmen-Analysen. Ein Versuch über die Organisation von Alltagserfahrungen.* Frankfurt: Suhrkamp.

Goldmann, Lucien (1971): *Gesellschaftswissenschaften und Philosophie.* Frankfurt: Europäische Verlagsanstalt.

Graff, Gerald (1979): *Literature against Itself: Literary Ideas in Modern Society.* London: University of Chicago Press.

Gramsci, Antonio (1992): *Gefängnishefte.* Hamburg, Berlin: Argument-Verlag.

Green, Michael (1976): "Cultural Studies at Birmingham University". In Craig, David and Heinemann, Margot (eds.): *Experiments in English Teaching: New Work in Higher and Further Education.* London: Arnold.

Greenblatt, Stephen J. (1990): *Learning to Curse: Essays in Early Modern Culture.* London: Routledge.

Gregor, Ian (1970): "Criticism as an individual activity: the approach through reading". In Bradbury, Malcolm and Palmer, David (eds.): *Contemporary Criticism.* London: Arnold.

Gregory, R.L. (1970): *The Intelligent Eye.* London: Weidenfeld & Nicolson.

Hallberg, Robert von (1985): *Canons*. London: University of Chicago Press.

Hampton, Christopher (1990): *The Ideology of the Text*. Milton Keynes: Open University Press.

Harari, Josué V. (ed.) (1980): *Textual Strategies: Perspectives in Poststructuralist Criticism*. London: Methuen.

Harland, Richard (1987): *Superstructuralism: The Philosophy of Structuralism and Poststructuralism*. London: Methuen.

Hartman, Geoffrey (1970): *Beyond Formalism*. New Haven: Yale University Press.

Harvey, David (1989): *The Condition of Postmodernity*. Oxford: Blackwell.

Hassan, Ihab (1985): The culture of postmodernism. *Theory Culture and Society*, 2(3), 119–131.

Havránek, Bohuslav (1964): "The functional differentiation of the standard language". (First published in Czech, 1932). In Garvin, Paul L. (ed. and trans.): *A Prague School Reader on Esthetics, Literary Structure, and Style*. Washington: Georgetown University Press.

Hawthorn, Jeremy (1987): *Unlocking the Text: Fundamental Issues in Literary Theory*. London: Arnold.

Hazlitt, William (n.d.): *Table Talk or Original Essays*. London: Everyman Library/J. M. Dent.

Hewitt, Douglas (1972): *The Approach of Fiction: Good and Bad Readings of Novels*. London: Longman.

Hirsch, E.D. (1972): *Prinzipien der Interpretation*. München: Fink.

Hirsch, E.D. (1976): *The Aims of Interpretation*. London: University of Chicago Press.

Hoggart, Richard (1970): "Contemporary cultural studies: an approach to the study of literature and society". In Bradbury, Malcolm and Palmer, David (eds.): *Contemporary Criticism*. Stratford-upon-Avon Studies 12. London: Arnold.

Holderness, Graham (1982): *D.H. Lawrence: History, Ideology and Fiction*. Dublin and London: Gill & Macmillan.

Holderness, Graham (1991): "Production, reproduction, performance: Marxism, history, theatre". In Barker, Francis, Hulme, Peter, and Iversen, Margaret (eds): *Uses of History: Marxism, Postmodernism and the Renaissance*. Manchester: Manchester University Press.

Holderness, Graham (1992): *Shakespeare Recycled: The Making of Historical Drama*. Hemel Hempstead: Harvester Wheatsheaf.

Holland, Norman (1975): *5 Readers Reading*. London: Yale University Press.

Hume, Kathryn (1984): *Fantasy and Mimesis: Responses to Reality in Western Literature*. London: Methuen.

Humm, Maggie (1989): *The Dictionary of Feminist Theory.* London: Harvester Wheatsheaf.

Hunt, Alan (1977): "Theory and politics in the identification of the working class". In A.H. (ed.): *Class and Class Structure.* London: Lawrence & Wishart.

Huyssen, Andreas (1988): *After the Great Divide: Modernism, Mass Culture and Postmodernism.* London: Macmillan.

Ingarden, Roman (1931): *Das literarische Kunstwerk.* Halle: Niemeyer.

Irigaray, Luce (1980): *Speculum. Spiegel des anderen Geschlechts.* Frankfurt: Suhrkamp.

Iser, Wolfgang (1972): *Der implizite Leser.* München: Fink.

Iser, Wolfgang (1974): *Der Akt des Lesens.* München: Fink.

Iser, Wolfgang (1975): "Der Lesevorgang: Eine phänomenologische Perspektive". In Warning, Rainer (Hg.): *Rezeptionsästhetik.* München: Fink.

Jakobson, Roman und Halle, Morris (1960): *Grundlagen der Sprache.* Berlin: Akademie-Verlag.

Jakobson, Roman (1969): "Über den Realismus in der Kunst". In Striedter, Jurij (Hg.): *Texte der russischen Formalisten.* Bd. 1. München: Fink.

Jakobson, Roman (1972): "Linguistik und Poetik". In Blumensath, Heinz (Hg.): *Strukturalismus in der Literaturwissenschaft.* Köln: Kiepenheuer & Witsch.

Jakobson, Roman (1979): "Die Dominante". In R.J.: *Poetik. Ausgewählte Aufsätze 1921–1971.* Frankfurt: Suhrkamp.

Jameson, Fredric (1988): *Das politische Unbewußte.* Reinbek bei Hamburg: Rowohlt.

Jauß, Hans Robert (1970): "Literaturgeschichte als Provokation der Literaturwissenschaft". In H.R.J.: *Literaturgeschichte als Provokation.* Frankfurt: Suhrkamp.

Joyce, James (1948): *Die Toten. Erzählungen.* Zürich: Diogenes.

Joyce, James (1969): *Dubliner.* Frankfurt: Suhrkamp.

Kermode, Frank (1989): *An Appetite for Poetry: Essays in Literary Interpretation.* London: Collins.

Kesteloot, Lilyan (ed.) (1968): *Anthologie Négro-africaine.* Collection Marabout Université. Verviers: Gérard.

Kettle, Arnold (1975): Literature and ideology. *Red Letters,* 1, 3–5.

Knapp, Steven and Michaels, Walter Benn (1985): "Against Theory". In Mitchell, W. J.T. (ed.): *Against Theory: Literary Studies and the New Pragmatism.* London: University of Chicago Press.

Kress, Gunther and Hodge, Robert (1979): *Language as Ideology.* London: Routledge.

Kristeva, Julia (1969): *Sémeiotiké: Recherches pour une sémanalyse.* Paris: Seuil.

Kristeva, Julila (1971): "Probleme der Textstrukturation". In Ihwe, Jens (Hg.): *Literaturwissenschaft und Linguistik. Ergebnisse und Perspektiven.* Bd. 2/2. Frankfurt: Athenäum.

Kristeva, Julia (1980): *Desire in Language: A Semiotic Approach to Literature and Art.* Oxford: Blackwell.

Kuhn, Thomas (1978): *Die Entstehung des Neuen. Studien zur Struktur der Wissenschaftsgeschichte.* Frankfurt: Suhrkamp.

Lacan, Jacques (1973): *Schriften.* Bd.1. Olten: Walter.

Lacan, Jacques (1975): *Schriften.* Bd.2. Olten: Walter.

Lacan, Jacques (1980): *Schriften.* Bd.3. Olten: Walter.

Lacan, Jacques (1986): *Das Seminar. Buch XX.* Weinheim, Berlin: Quadriga.

Larrain, Jorge (1986): *A Reconstruction of Historical Materialism.* London: Allen & Unwin.

Leach, Edmund (1978): *Kultur und Kommunikation.* Frankfurt: Suhrkamp.

Leavis, F.R. (1962a): *The Common Pursuit.* Harmondsworth: Peregrine.

Leavis, F.R. (1962b): *The Great Tradition.* Harmondsworth: Peregrine.

Leavis, F.R. (1964): *Revaluation: Tradition and Development in English Poetry.* Harmondsworth: Peregrine.

Leech, Geoffrey N. and Short, Michael H. (1981): *Style in Fiction: A Linguistic Introduction to English Fictional Prose.* Harlow: Longman.

Lehman, David (1990): Derridadaism. *Times Literary Supplement,* 18–24 May.

Lentricchia, Frank and McLaughlin, Thomas (eds.) (1990): *Critical Terms for Literary Study.* London: University of Chicago Press.

Lessing, Doris (1983): *Das goldene Notizbuch.* Frankfurt: Fischer.

Levinson, Stephen C. (1990): *Pragmatik.* Tübingen: Niemeyer.

Lévi-Strauss, Claude (1968): *Das wilde Denken.* Frankfurt: Suhrkamp.

Lodge, David (1977): *The Modes of Modern Writing: Metaphor, Metonymy, and the Typology of Modern Literature.* London: Arnold.

Lodge, David (ed.) (1988): *Modern Criticism and Theory.* London: Longman.

Lovell, Terry (1980): *Pictures of Reality: Aesthetics, Politics and Pleasure.* London: British Film Institute.

Lüthi, Max (1975): *Das Volksmärchen als Dichtung.* Düsseldorf, Köln: Diederichs.

Lugowski, Clemens (1932): *Die Form der Individualität im Roman. Studien zur inneren Struktur der frühen deutschen Prosaerzählung.* Berlin: Junker & Dünnhaupt.

Lugowski, Clemens (1936): *Wirklichkeit und Dichtung. Untersuchungen zur Wirklichkeitsauffassung Heinrich von Kleists.* Frankfurt: Diesterweg.

Lugowski, Clemens (1990): *Form, Individuality and the Novel: An Analysis of Narrative Structure in Early German Prose.* Oxford: Polity Press.

Lukács, Georg (1955a): "Es geht um den Realismus". In G.L.: *Probleme des Realismus.* Berlin: Aufbau.

Lukács, Georg (1955b): *Der historische Roman.* Berlin: Aufbau.

Lyons, John (1980): *Semantik.* Bd. 1. München: Beck.

Lyotard, Jean-François (1986): *Das postmoderne Wissen. Ein Bericht.* Graz, Wien: Böhlau.

Macherey, Pierre (1984): *Zur Theorie der literarischen Produktion.* Darmstadt, Neuwied: Luchterhand.

Machin, Richard and Norris, Christopher (eds.) (1987): *Post-structuralist Readings of English Poetry.* Cambridge: Cambridge University Press.

MacKinnon, Catharine A. (1982): "Feminism, Marxism, method, and the state: an agenda for theory". In Keohane, Nannerl O., Rosaldo, Michelle Z., and Gelpi, Barbara C. (eds.): *Feminist Theory: A Critique of Ideology.* Brighton: Harvester.

Maclean, Ian (1986): Reading and interpretation. In Jefferson, Ann and Robey, David (eds.): *Modern Literary Theory: A Comparative Introduction.* London: Batsford Academic.

Manocchio, Tony and Petitt, William (1975): *Families under Stress: A Psychological Interpretation.* London: Routledge.

Marx, Karl (1964): *Ökonomische Schriften.* Bd. 3. Stuttgart: Cotta.

Marx, Karl und Engels, Friedrich (1968): *Werke.* Bd. 39. Berlin: Dietz.

Marx, Karl und Engels, Friedrich (1969): *Werke.* Bd. 3. Berlin: Dietz.

Marx, Karl und Engels, Friedrich (1973): *Werke.* Ergänzungsband, 1.Teil. Berlin: Dietz.

Marx, Karl und Engels, Friedrich (1974): *Werke.* Bd. 37. Berlin: Dietz.

Marx, Karl und Engels, Friedrich (1988): *Werke.* Bd. 23. Berlin: Dietz.

McGann, Jerome J. (1983): *A Critique of Modern Textual Criticism.* London: University of Chicago Press.

McHale, Brian (1987): *Postmodernist Fiction.* London: Methuen.

McLuhan, Marshall (1968): *Die magischen Kanäle.* Düsseldorf, Wien: Econ.

McQuail, Denis, Blumler, Jay G. and Brown, J.R. (1972): "The television audience: a revised perspective". In McQuail, D. (ed.): *Sociology of Mass Communications.* Harmondsworth: Penguin.

Medvedev, Pavel (1976): *Die formale Methode in der Literaturwissenschaft*. Stuttgart: Metzler.

Millard, Elaine (1989): "French feminisms". In Mills, Sara, Pearce, Lynne, Spaull, Sue and Millard, Elaine: *Feminist Reading*. Hemel Hempstead: Harvester.

Miller, J. Hillis (1982): *Fiction and Repetition: Seven English Novels*. Oxford: Blackwell.

Millett, Kate (1971): *Sexus und Herrschaft*. München, Wien, Basel: Desch.

Mistacco, Vicki (1980): "The theory and practice of reading nouveaux romans: Robbe-Grillet's *Topologie d'une Cité Fantôme*". In Suleiman, Susan R. and Crosman, Inge (eds.): *The Reader in the Text*. Guildford: Princeton University Press.

Mitchell, Juliet (1985): *Psychoanalyse und Feminismus*. Frankfurt: Suhrkamp.

Moi, Toril (1989): *Sexus, Texus, Herrschaft: Feministische Literaturtheorie*. Bremen: Verlag Zeichen und Spuren.

Mukařovský, Jan (1964): "Standard language and poetic language" and "The esthetics of language". In Garvin, Paul L. (ed. and trans.): *A Prague School Reader on Esthetics, Literary Structure, and Style*. Washington: Georgetown University Press.

Mukařovský, Jan (1974): *Studien zur strukturalistischen Ästhetik und Poetik*. München: Hanser.

Nadelson, Regina (1987): Eating Out with Atwood. Interview with Margaret Atwood. *The Guardian*, 18 May.

Nead, Lynda (1988): *Myths of Sexuality: Representations of Women in Victorian Britain*. Oxford: Blackwell.

Norrman, Ralf (1982): *The Insecure World of Henry James's Fiction: Intensity and Ambiguity*. London: Macmillan.

Norrman, Ralf (1985): *Samuel Butler and the Meaning of Chiasmus*. London: Macmillan.

Nuttall, A.D. (1983): *A New Mimesis: Shakespeare and the Representation of Reality*. London: Methuen.

Olsen, Stein Haugom (1978): *The Structure of Literary Understanding*. Cambridge: Cambridge University Press.

Olsen, Stein Haugom (1987): *The End of Literary Theory*. Cambridge: Cambridge University Press.

Ong, Walter J. (1987): *Oralität und Literalität: Die Technologisierung des Wortes*. Opladen: Westdeutscher Verlag.

O'Toole, L.M. and Shukman, Ann (1977): A contextual glossary of formalist terminology. *Russian Poetics in Translation*, 4, 13–48.

Palmer, Paulina (1987): "From 'coded mannequin' to bird woman: Angela Carter's magic flight". In Roe, Sue (ed.): *Women Reading Women's Writing*. Brighton: Harvester.

Palmer, Richard E. (1969): *Hermeneutics: Interpretation Theory in Schleiermacher, Dilthey, Heidegger, and Gadamer*. Evanston: Northwestern University Press.

Pascal, Roy (1977): *The Dual Voice: Free Indirect Speech and its Functioning in the Nineteenth-century European Novel*. Manchester: Manchester University Press.

Pavel, Thomas G. (1986): *Fictional Worlds*. London: Harvard University Press.

Pettersson, Anders (1990): *A Theory of Literary Discourse*. Lund: Lund University Press.

Plechanov, G.V. (1975): *Kunst und gesellschaftliches Leben*. Berlin: Dietz.

Plimpton, George (ed.) (1989): *Women Writers at Work: The 'Paris Review' Interviews*. Harmondsworth: Penguin.

Poggioli, Renato (1962): *Teoria dell' arte d'avanguardia*. Bologna: Soc. editrice "Il mulino".

Pratt, Annis (1982): *Archetypal Patterns in Women's Fiction*. Brighton: Harvester.

Pratt, Mary Louise (1977): *Towards a Speech Act Theory of Literary Discourse*. Bloomington: Indiana University Press.

Prince, Gerald (1988): *A Dictionary of Narratology*. Aldershot: Scolar Press.

Propp, Vladimir (1975): *Morphologie des Märchens*. Frankfurt: Suhrkamp.

Rayan, Krishna (1987): *Text and Sub-text: Suggestion in Literature*. London: Arnold.

Register, Cheri (1975): "American feminist literary criticism: a bibliographical introduction". In Donovan, Josephine (ed.): *Feminist Literary Criticism: Explorations in Theory*. Lexington: University Press of Kentucky.

Rich, Adrienne (1976): The Kingdom of the Fathers. *Partisan Review*, 43(1), 17–37.

Richards, I.A. (1964): *Practical Critisim: A Study of Literary Judgment*. London: Routledge.

Rickword, Edgell (1978): *Literature in Society: Essays and Opinions (II) 1931–1978*. Manchester: Carcanet.

Riffaterre, Michael (1978): *Semiotics of Poetry*. London: Methuen.

Riffaterre, Michael (1981): "Interpretation and descriptive poetry: a reading of Wordsworth's *Yew Trees*". In Young, Robert (ed.): *Untying the Text*. London: Routledge.

Rimmon-Kenan, Shlomith (1983): *Narrative Fiction: Contemporary Poetics.* London: Methuen.

Rock, Irvin (1985): *Wahrnehmung: Vom visuellen Reiz zum Sehen und Erkennen.* Heidelberg: Spektrum der Wissenschaft.

Rodway, Allan (1970): "Generic Criticism: The Approach through Type, Mode and Kind." In Bradbury, Malcolm and Palmer, David (eds.): *Contemporary Criticism.* Stratford-upon-Avon Studies 12. London: Arnold.

Rorty, Richard (1982): *Consequences of Pragmatism: Essays 1972–1980.* Brighton: Harvester.

Rosenblatt, Louise M. (1978): *The Reader, The Text, The Poem: The Transactional Theory of the Literary Work.* London: Southern Illinois University Press.

Ruthven, K.K. (1984): *Feminist Literary Studies: An Introduction.* Cambridge: Cambridge University Press.

Salusinszky, Imre (1987): *Criticism in Society.* London: Methuen.

Saussure, Ferdinand de (1967): *Grundfragen der allgemeinen Sprachwissenschaft.* Berlin: de Gruyter.

Schmidt, Heinrich (1978): *Philosophisches Wörterbuch.* 20. Aufl. Stuttgart: Kröner.

Scholes, Robert (1982): *Semiotics and Interpretation.* London: Yale University Press.

Scholes, Robert (1985): *Textual Power: Theory and the Teaching of English.* New Haven: Yale University Press.

Scholes, Robert and Kellogg, Robert (1966): *The Nature of Narrative.* London: Oxford University Press.

Scott, William T. (1990): *The Possibility of Communication.* Berlin: Mouton de Gruyter.

Searle, John L. (1973): "Linguistik und Sprachphilosophie". In Bartsch, Renate und Vennemann, Theo: *Linguistik und Nachbarwissenschaften.* Kronberg/Ts.: Scriptor.

Searle, John L. (1988): *Sprechakte: Ein sprachphilosophischer Essay.* Frankfurt: Suhrkamp.

Segal, Lynne (1989): *Ist die Zukunft weiblich? Probleme des Feminismus heute.* Frankfurt: Fischer.

Sell, Roger (ed.) (1991): *Literary Pragmatics.* London: Routledge.

Seung, T.K. (1982): *Semiotics and Thematics in Hermeneutics.* New York: Columbia University Press.

Sharpe, R.A. (1984): "The private reader and the listening public". In Hawthorn, Jeremy (ed.): *Criticism and Critical Theory.* London: Arnold.

Showalter, Elaine (1982): *A Literature of Their Own.* London: Virago.

Showalter, Elaine (1987): "Feministische Literaturkritik in der Wildnis". In Nölle-Fischer, Karen (Hg.): *Mit verschärftem Blick. Feministische Literaturkritik.* München: Verlag Frauenoffensive.

Sinfield, Alan (1992): *Faultlines: Cultural Materialism and the Politics of Dissident Reading.* Oxford: Clarendon Press.

Šklovskij, Viktor (1969): "Die Kunst als Verfahren". In Striedter, Jurij (Hg.): *Texte der russischen Formalisten.* Bd. 1. München: Fink.

Šklovskij, Viktor (1971): "The Mystery Novel: Dicken's *Little Dorrit*". In Matejka, Ladislav and Pomorska, Krystyna (eds.): *Reading in Russian Poetics: Formalist and Structuralist Views.* London: MIT Press.

Smith, Barbara Herrnstein (1968): *Poetic Closure: A Study of How Poems End.* London: University of Chicago Press.

Smith, Barbara Herrnstein (1978): *On the Margins of Discourse: The Relation of Literature to Language.* London: University of Chicago Press.

Solomon, Robert C. (1980): *History and Human Nature: A Philosophical Review of European Philosophy and Culture, 1750–1850.* Brighton: Harvester.

Soyinka, Wole (1984): "The critic and society: Barthes, Leftocracy and other mythologies". In Gates, Henry Louis Jr. (ed.): *Black Literature and Literary Theory.* London: Methuen.

Stubbs, Michael (1983): *Discourse Analysis: The Sociolinguistic Analysis of Natural Language.* Oxford: Blackwell.

Todorov, Cvetan (1969): *Grammaire du Décameron.* Mouton: The Hague.

Todorov, Cvetan (1972): *Einführung in die fantastische Literatur.* München: Hanser.

Todorov, Cvetan (1973): "Poetik". In Wahl, François (Hg.): *Einführung in den Strukturalismus.* Frankfurt: Suhrkamp.

Todorov, Cvetan (1984): *Mikhail Bakhtin: The Dialogical Principle.* Minneapolis: University of Minnesota Press.

Tolstoj, Aleksej (1922): *Der Vampir. Eine phantastische Novelle.* München: Orchis-Verlag.

Tomaševskij, Boris (1985): *Theorie der Literatur.* Wiesbaden: Harrassowitz.

Toolan, Michael J. (1988): *Narrative: A Critical Linguistic Introduction.* London: Routledge.

Tynjanov, Jurij N. (1977): *Das Problem der Verssprache.* München: Fink.

Tynjanov, Jurij N. et al. (1977): Formalist theory. In *Russian Poetics in Translation,* 4.

Vodička, Felix (1975): "Die Rezeptionsgeschichte literarischer Werke". In Warning, Rainer (Hg.): *Rezeptionsästhetik.* München: Fink.

Vološinov, V.N. (1975): *Marxismus und Sprachphilosophie.* Frankfurt: Ullstein.

Wain, John (ed.) (1961): *Interpretations: Essays on Twelve English Poems.* London: Routledge.

Wales, Katie (1989): *A Dictionary of Stylistics.* Harlow: Longman.

Watson, George (1962): *The Literary Critics: A Study of English Descriptive Criticism.* Harmondsworth: Penguin.

Watt, Ian (1980): *Conrad in the Nineteenth Century.* London: Chatto.

Watzlawick, Paul, Beavin, Janet und Jackson, Don (1969): *Menschliche Kommunikation. Formen, Störungen, Paradoxien.* Bern, Wien, Stuttgart: Huber.

Webster, Roger (1990): *Studying Literary Theory.* London: Arnold.

Wieland, C.M. (1964): *Werke.* Hg. von Fritz Martini und Hans Werner Seiffert. Bd. 1. München: Hanser.

Wilden, Anthony (1972): *System and Structure: Essays in Communication and Exchange.* London: Tavistock.

Williams, Raymond (1972): *Gesellschaftstheorie als Begriffsgeschichte: Studien zur historischen Semantik von Kultur.* München: Rogner & Bernhard.

Williams, Raymond (1976): *Keywords.* Glasgow: Fontana.

Williams, Raymond (1977): *Marxism and Literature.* Oxford: Oxford University Press.

Wimsatt, W.K. (1970): *The Verbal Icon: Studies in the Meaning of Poetry.* London: Methuen.

Wood, James (1990): Bardbiz. Letter in *London Review of Books*, 12(10), 24 May.

Woolf, Virginia (1989): *Frauen und Literatur.* Frankfurt: Fischer.

Woolf, Virginia (1990): *Der gewöhnliche Leser.* Bd.2. Frankfurt: Fischer.

Woolf, Virginia (1992): *Ein eigenes Zimmer. Drei Guineen. Essays.* Leipzig: Reclam.

Wright, Iain (1984): "History, Hermeneutics, Deconstruction". In Hawthorn, Jeremy (ed.): *Criticism and Critical Theory.* London: Arnold.

Yanarella, Ernest J. and Sigelman, Lee (eds.) (1988): *Political Mythology and Popular Fiction.* Westport, Conn: Greenwood.

Young, Robert (ed.) (1981): *Untying the Text.* London: Routledge.

Zima, Peter V. (1991): *Literarische Ästhetik.* Tübingen: Francke.

Namenregister

Die erfolgreichste italienische Literaturgeschichte jetzt in deutscher Übersetzung

Giuseppe Petronio

Geschichte
der italienischen
Literatur 3

Francke

Band 1: Von den Anfängen bis zur Renaissance
UTB 1698, 1992, XVI, 317 Seiten
UTB-ISBN 3-8252-1698-5

Band 2: Vom Barock bis zur Romantik
UTB 1699, 1993, XVIII, 397 Seiten
UTB-ISBN 3-8252-1699-3

Band 3: Vom Verismus bis zur Gegenwart
UTB 170, 1993, XVI, 411 Seiten
UTB-ISBN 3-8252-1700-0

Giuseppe Petronio

Geschichte der italienischen Literatur

Aus dem Italienischen übersetzt von Ursula Wagner-Kuon, Sabine Kürner und Sonja Ott

Giuseppe Petronios Standardwerk zur italienischen Literatur wird hier erstmals in einer deutschen Übersetzung vorgelegt. Der Autor führt souverän durch die verschiedenen Epochen und Strömungen der italienischen Literatur – von der Volksdichtung der Anfänge bis zum Experimentalismus und zur Neoavantgarde, von der religiösen Literatur des Mittelalters bis zum modernen Drama. Die sozialgeschichtliche Situierung eröffnet den Zugang zum historischen Hintergrund und macht dieses unentbehrliche Handbuch für Italianisten zugleich zu einem spannenden Lesebuch für alle an italienischer Literatur Interessierten, die sich bislang ausschließlich auf italienische Ausgaben verwiesen sahen.
Für die deutsche Ausgabe wurde das Original vom Verfasser gestrafft und aktualisiert.

UTB
FÜR WISSENSCHAFT

Francke

Literaturwissenschaft

Peter V. Zima
Literarische Ästhetik
Methoden und Modelle der
Literaturwissenschaft

UTB 1590, 1991, XI, 439 Seiten
UTB-ISBN 3-8252-1590-3

Literarische Ästhetik ist ein Versuch,
die ästhetischen Grundlagen der
modernen Literaturwissenschaft
vom russischen Formalismus und
vom *New Criticism* bis zur Dekonstruktion im philosophischen und
historischen Kontext zu rekonstruieren.

Peter V. Zima
Komparatistik
Einführung in die Vergleichende
Literaturwissenschaft

Unter Mitarbeit von Johann Strutz

UTB 1705, 1992, XII, 354 Seiten
UTB-ISBN 3-8252-1705-1

Von einem textsoziologischen Ansatz ausgehend, rekonstruiert der
Autor die Wissenschaftsgeschichte der Komparatistik und beschreibt
essentielle Arbeitsfelder: typolo-
gischen Vergleich, genetischen
Vergleich, Rezeptionsforschung, literarische Übersetzung, Periodisie-
rung und Gattungsgeschichte.

Manon Maren-Grisebach
Methoden der Literaturwissenschaft

UTB 121, 10. Auflage 1992, 144 Seiten
UTB-ISBN 3-8252-0121-X

Die Literaturwissenschaft hat im
Verlauf ihrer Geschichte eine
Reihe von Methoden teils selbst entwickelt, teils aus verwandten Disziplinen übernommen und assimiliert.
Dieser praxisnahe Band hilft vor allem Studierenden, auch Anfängern,
zu erkennen, auf welche Weise
ihnen Literatur vermittelt wird.

Frank Griesheimer /
Alois Prinz (Hrsg.)
Wozu Literaturwissenschaft?
Kritik und Perspektiven

UTB 1640, 1992, 414 Seiten
UTB-ISBN 3-8252-1640-3

Seit einigen Jahren macht das Wort
von der "Krise der Literaturwissenschaft" die Runde. Im Gegensatz zur bisherigen Diskussion
versucht dieser Band, am internen
Selbstverständnis der Disziplinen
anzusetzen – an ihrem Wissensbe-
griff, ihren Verfahrensweisen und
Zielvorstellungen.

UTB FÜR WISSENSCHAFT

Francke